DER NATIONAL
GEOGRAPHIC TRAVELER

IRLAND

D1730899

DER NATIONAL GEOGRAPHIC TRAVELER

IRLAND

Christopher Somerville

Inhalt

Seite 1: Parade am St. Patrick's Day, Dublin
Seite 2–3: Irlands Westküste – die berühmte Sky Road in Connemara
Links: Rundturm (10. Jh.) beim Clonmacnise Kloster, County Offaly

Benutzerhinweise

Text- und Kartensymbole siehe hintere Umschlagklappe

Anhand von Texten, Bildern und Karten zeigt dieser *National Geographic Traveler* die schönsten Seiten Irlands. Der Reiseführer ist in drei Teile gegliedert. Er beginnt mit einem Überblick über Geschichte und Kultur, gefolgt von dem eigentlichen Hauptteil mit sieben Kapiteln über die einzelnen Regionen des Landes, in denen der Autor die dortigen Sehenswürdigkeiten beschreibt. Eine eigene Inhaltsübersicht befindet sich jeweils am Kapitelanfang.

Die Regionen und Orte sind nach ihrer geographischen Lage angeordnet; einige Regionen sind darüber hinaus noch weiter untergliedert. Am Anfang eines jeden Kapitels befindet sich eine Karte der Insel mit den deutlich markierten wichtigsten Sehenswürdigkeiten. Für Rundgänge und Ausflüge wurden eigene Karten erstellt. Zahlreiche Specials geben Einblicke in interessante Aspekte aus Geschichte, Kultur und modernem Leben.

Der letzte Teil des Buches enthält alle Informationen, die man zur Vorbereitung und Gestaltung der Reise benötigt – z. B. über Verkehrsmittel, Veranstaltungen, Hilfe in Notfällen –, außerdem eine Auswahl an Hotels, Restaurants, Geschäften und Unterhaltungsmöglichkeiten.

Bei Redaktionsschluss waren alle genannten Informationen auf dem neuesten Stand. Rufen Sie, wenn möglich, zur Sicherheit aber trotzdem vorher an.

Farbkodierung
Jede Region ist durch eine eigene Farbe gekennzeichnet. Suchen Sie die gewünschte Region auf der vorderen Umschlagklappe und blättern Sie dann zu den Seiten vor, die eine Markierung in derselben Farbe tragen. Auch die **Reiseinformationen** sind in der jeweiligen Farbe kodiert.

Besucherinformation
Zu den Hauptsehenswürdigkeiten gibt es in der Marginalspalte praktische Informationen (Legende der Symbole siehe hintere Umschlagklappe). Der Kartenverweis nennt Seitenzahl und Koordinaten der jeweiligen Attraktion. Weiterhin genannt sind genaue Adresse, Telefonnummer, Ruhetage und die Kategorie der Eintrittsgebühr mit € (unter 4 Euro) bis €€€€€ (mehr als 25 Euro). Bei den übrigen Sehenswürdigkeiten finden Sie entsprechende Informationen in Klammern im Text.

Kilmainham Gaol
🗺 200 A4
✉ Inchcore Rd.,
Kilmainham,
Dublin 8
☎ 01 453 2037
🕐 Geschl. Sa.
Okt.–März
🚌 Bus: 51, 51B, 78A
oder 79 von Aston
Quay; Rail: Heuston
Station
💲 $$

REISEINFORMATIONEN

Name der
Region mit
Farbkodierung

Name der
Stadt oder
des Bezirks

Hotelname,
Preiskategorie

Addresse,
Telefon und
Fax

Kurzbeschreibung

Serviceleistungen und
Kreditkarten

Restaurantname und
Preiskategorie

Addresse,
Telefon

Kurzbeschreibung

Serviceleistungen und
Kreditkarten

Hotel- und Restaurantpreise
Erläuterungen zu den Preiskategorien finden Sie im Abschnitt »Hotels & Restaurants« (Seite 353ff).

ÜBERSICHTSKARTEN

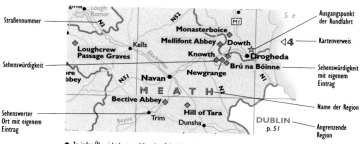

Straßennummer

Sehenswürdigkeit

Sehenswerter Ort mit eigenem Eintrag

Ausgangspunkt der Rundfahrt

Kartenverweis

Sehenswürdigkeit mit eigenem Eintrag

Name der Region

Angrenzende Region

- Zu jeder Übersichtskarte gehört eine Orientierungskarte, welche die Lage der jeweiligen Region im Land zeigt.
- Auf angrenzende Regionen wird mit Seitenverweisen aufmerksam gemacht.

SPAZIERGÄNGE

Spazierweg

Sehenswürdigkeit abseits des Weges

Beschriebene Sehenswürdigkeit am Weg (fett)

Ausgangspunkt

Empfohlene Wegrichtung

Zahlen in roten Kreisen verweisen auf Beschreibungen im Text

Lage des Gebäudes

- Ein Kasten nennt Ausgangs- und Endpunkt, Länge und ungefähre Dauer des Spaziergangs sowie Sehenswürdigkeiten am Weg, die man nicht versäumen sollte.
- Wenn auf der Karte zwei Routen eingetragen sind, ist die zweite orangefarben unterlegt.

AUSFLÜGE

Zahlen in roten Kreisen verweisen auf Beschreibungen im Text

Straßennummer

Sehenswerter Ort mit eigenem Eintrag

Name der Region

Sehenswürdigkeit

Wichtige Sehenswürdigkeit

Routenverlauf

- Ein Kasten nennt Einzelheiten, u. a. Ausgangs- und Zielpunkt, ungefähre Dauer und Länge der Fahrt sowie interessante Sehenswürdigkeiten entlang der Strecke.

DER NATIONAL GEOGRAPHIC TRAVELER

IRLAND

Über den Autor

Christopher Somerville ist einer der bekanntesten Reisebuchautoren Großbritanniens. Er hat bereits über 25 Reiseführer geschrieben, darunter beispielsweise auch den *National Geographic Traveler Großbritannien.* Als Journalist arbeitet er regelmäßig für die Reisebeilagen renommierter Zeitungen, darunter *Times, Sunday Times* und *Daily Telegraph,* aber auch für Radio und Fernsehen. Seine Liebe zu Irland entdeckte er schon bei seinem ersten Aufenthalt – auf einer 1300 Kilometer langen Wanderung durch den wilden und romantischen Westen der Insel. Seither hat er vier Bücher und unzählige Artikel über das Land verfasst, und er kehrt immer wieder gern zurück, um alte Freunde zu treffen, in den Bergen oder an den Küsten zu wandern, zu musizieren und die unvergleichliche Atmosphäre der Pubs zu genießen.

IRLAND
im Spiegel von
NATIONAL GEOGRAPHIC

ÜBER IRLAND
WAR ZU LESEN IN

Ausgabe: Mai 1951
I Walked Some Irish Miles

Seite: 653-678
Autor und Fotograf:
Sheats, Dorothea

Inhalt: Acht Wochen lang
durchquerte die Autorin und
Fotografin Dorothea Sheats
Irland Anfang der 1950er
Jahre überwiegend zu Fuß.
Sie besuchte Cork, Kerry
und Galway und hielt die
irischen Traditionen und ihre
Begegnungen mit Menschen
in dieser beeindruckenden
Reportage fest.

**Hurling – das irische Nationalspiel keltischen
Ursprungs! Hier eine packende Szene aus der
Begegnung County Offaly gegen County Galway.**

© NATIONAL GEOGRAPHIC, Grehan, Farrell

Ein Kruzifix am Wegesrand – kein seltener Anblick im katholischen Irland.

© NATIONAL GEOGRAPHIC, Abell, Sam

NATIONAL GEOGRAPHIC

Abenddämmerung auf der
Halbinsel Dingle und den ihr
vorgelagerten Inseln.

© NATIONAL GEOGRAPHIC, Abell, Sam

ÜBER IRLAND WAR ZU LESEN IN

Ausgabe: November 1978
Where the River Shannon Flows

Seite: 652-679
Autor: Fisher, Allan C.
Fotograf: Woolfitt, Adam

Inhalt: 350 Kilometer schlängelt sich der Shannon von seiner Mündung im nördlichen Connaught bis zum Atlantik durch Irland. Dabei durchfließt er u.a. Carrick on Shannon und Limerick. Die Reporter Allan Fisher und Adam Woolfitt folgen dem Flusslauf und beobachten das Leben am, im und auf dem Shannon.

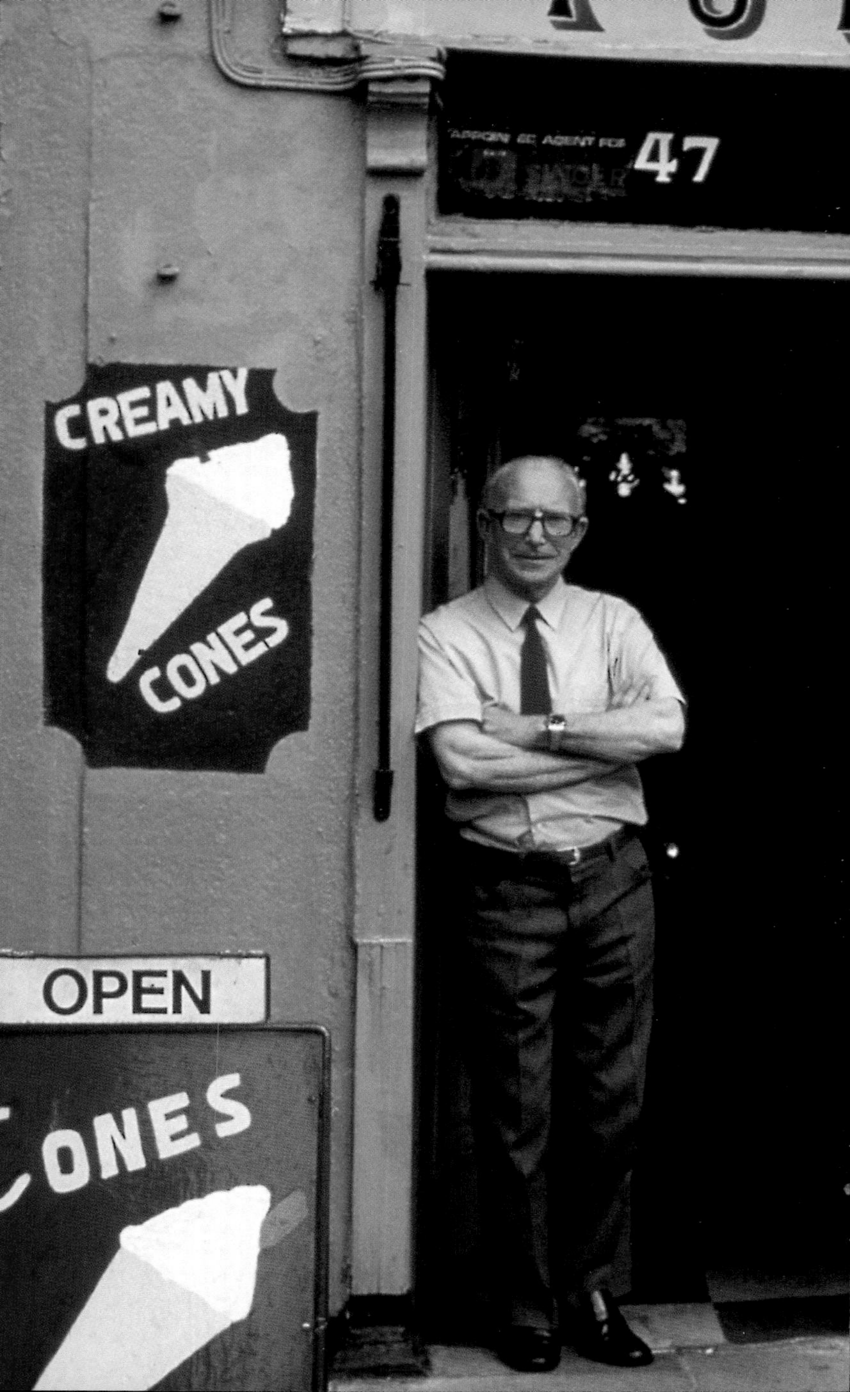
47
CREAMY
CONES
OPEN

 Scheinbar entspannt und lässig wartet Tom Ryan in der Tür seines Ladens stehend auf Kundschaft.

© NATIONAL GEOGRAPHIC, Grehan, Farrell

ÜBER IRLAND WAR ZU LESEN IN

**Ausgabe: September 1994
Ireland on Fast-Forward**

**Seite: 2-35
Autor: Corniff, Richard
Fotograf: Abell, Sam**

Inhalt: Auf satten grünen
Wiesen weidet das Vieh im
Schatten der Fabriken, die
die irischen Bauern allmählich verdrängen. Die Erinnerungen an eine romantische
und bäuerlich geprägte
Vergangenheit weichen den
Zukunftshoffnungen eines
modernen, industrialisierten
Irlands. Richard Corniff und
Sam Abell berichten über
das Irland der 1990er Jahre.

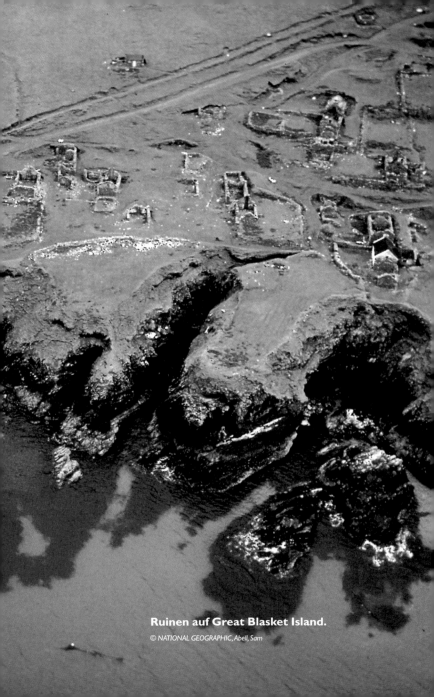

Ruinen auf Great Blasket Island.

© NATIONAL GEOGRAPHIC, Abell, Sam

Der Geiger Francis O`Halloran ist Stammgast im Day's Pub auf der Insel Inishbofin.

© NATIONAL GEOGRAPHIC, Abell, Sam

Anlässlich einer Feierlichkeit
wird der »Traum in Weiß«
schon in Kindheitstagen wahr.
© NATIONAL GEOGRAPHIC, Grehan, Farrell

Die Welt heißt Sie willkommen!

Jetzt neu: die NATIONAL GEOGRAPHIC Explorer Warschau, Peking und Edinburgh.

Karte und Reiseführer in einem!

DER NATIONAL GEOGRAPHIC EXPLORER
WARSCHAU

DER NATIONAL GEOGRAPHIC EXPLORER
EDINBURGH

DER NATIONAL GEOGRAPHIC EXPLORER
PEKING

Öffnen, aufklappen, entdecken – das kann nur der NATIONAL GEOGRAPHIC Explorer:
Jede Seite bietet aufgeklappt einen detaillierten Kartenausschnitt samt Beschreibung der Sehenswürdigkeiten
und aktuellen Tipps für Unternehmungen. *Jetzt 40 Destinationen erhältlich!*

Geschichte und Kultur

Mit der Penny Whistle wird in Irland zum Tanz aufgespielt

Irland heute

EIN LANDARBEITER MIT WETTERGEGERBTEM GESICHT UND EINER GEFLICK-
ten Jacke, der vor dem zeitlosen Hintergrund der Berge und des Meeres auf einer kleinen,
von einer Steinmauer umgebenen Wiese mit einer Gabel sein Heu wendet: Das ist das
heutige Irland. Aber auch seine Tochter, die mit grün gefärbten Haaren aus einer Dubliner
Cappuccino-Bar kommt, verkörpert das moderne Irland, ein Land in ständigem Wandel.

ROMANTIK UND IHRE NACHTEILE

Romantiker kommen in Irland mühelos auf ihre Kosten. Nur wenige Länder vermitteln ein so
verführerisches Bild wie diese regenreiche Insel
vor der Nordwestküste Europas, und nur wenige
bieten dem Besucher genau das, was er sucht –
grüne Wiesen, sanften Regen, schlagfertige und
freundliche Menschen und Guinness-Bars, in
denen die unwiderstehliche irische Musik nur
vom Gelächter der Gäste übertönt wird.

Doch diese scheinbar so fröhlichen Menschen haben auch ihre Sorgen. In den letzten
zehn Jahren haben sich Ökonomie und Sozial-
struktur in keinem anderen europäischen Land
so stark verändert wie in Irland. Überall sprechen die Menschen vom »Keltischen Tiger«,
vom Boom der 90er Jahre, als Wirtschaft und
Optimismus einen gewaltigen Aufschwung er-
lebten. Natürlich gibt es auch das »rückstän-
dige« Irland, in dem Gastfreundschaft groß geschrieben wird und in dem es niemand eilig
hat, nach wie vor – sowohl in den Köpfen der
Besucher als auch in der Realität. In Irland kann
man sich besser entspannen und willkommener
fühlen als in fast jedem anderen Land der Erde.
Für genau diese Atmosphäre ist Irland berühmt,
und das aus gutem Grund. Aber man nimmt
auch Veränderungen wahr – Ackerland, zer-
schnitten von Autobahnen, die mit EU-Geldern
gebaut wurden, extravagante moderne Häuser
und eine neue Zuversicht bei den Jugendlichen,
die nun nicht länger zur Emigration gezwungen
sind, um einen anständigen Job zu finden.

Das Bild Irlands als eines rückständigen, von
der Landwirtschaft geprägten und ein wenig
mystischen Landes, bewohnt von humorvollen,
gottesfürchtigen Bauern (und einer Hand voll
brillanter Schriftsteller und Dichter) wurde in
den 1930er und 1940er Jahren aus nationalisti-
schen Gründen absichtlich propagiert – von
Eamon de Valera, dem ersten Premierminister
des gerade unabhängig gewordenen Landes.
Das Bild entsprach teilweise durchaus der Rea-

lität, und es diente auch dem Tourismus, weil
es den Süden Irlands als idealen Zufluchtsort
zeigte. Was es verschleierte, war die Armut auf
dem Land, die junge Leute bis in die Mitte der
90er Jahre in Scharen in die Emigration trieb.
Heute, zu Beginn des 21. Jahrhunderts, kehren
viele von ihnen nach Irland zurück oder sehen
keinen Grund mehr, ihr Land zu verlassen.

Mit Geldern der Europäischen Union und
des International Fund for Ireland hat die neue,
prosperierende Republik eines der dynamischs-
ten Wirtschaftssysteme Europas aufgebaut.
Unternehmen, die landwirtschaftliche und
pharmazeutische Chemikalien herstellen, und
die Informationstechnologie sind die größten
Arbeitgeber, und in den irischen Städten machen es sich multinationale Konzerne bequem –
auf einem Federbett aus Steuerbefreiungen
und Subventionen. Sie profitieren von der
Bereitschaft der Iren, auch für wenig Geld hart
zu arbeiten, ebenso wie von der Intelligenz der
hoch motivierten Schulabgänger.

EIN TIGER IST KEINE HAUSKATZE

Trotz allem hat sich der »Keltische Tiger« als
schwer zu zähmendes Tier erwiesen. Zu viele
der neuen High-Tech-Unternehmen haben sich
in schlechteren Zeiten schon aus dem Staub gemacht, ohne ihrer Wahlheimat oder ihren An-
gestellten auch nur einen Hauch von Loyalität
entgegenzubringen. Und den einheimischen
Industrien – Textilien, Automobilbau und
Landwirtschaft –, die arbeitsintensiver und
wenig zukunftsorientiert sind, geht es nicht
allzu gut. Manche Besucher glauben, eine für
Irland untypische Unfreundlichkeit und
Arroganz bei den jungen Unternehmern zu
entdecken; andere beschweren sich darüber,
dass Dublin, einst Heimat vieler Originale, bei

**In vielen abgelegenen Ecken Irlands werden
die Felder noch immer so bestellt wie vor
Hunderten von Jahren**

der Jagd nach Wohlstand seine Intimität, den Blick für das Maß der Dinge und seinen Sinn für Humor verloren hat.

Dazu kommt noch das Unbehagen, das viele Menschen empfinden, wenn ein Teil des vermeintlich simplen, in Wirklichkeit aber sehr subtilen kulturellen Erbes plötzlich in zu grellem Scheinwerferlicht erstrahlt. Ein Beispiel ist *Riverdance*, die international erfolgreiche Show, die das Interesse der Welt auf den irischen Tanz gelenkt hat. Viele sind der An-

sicht, dass diese sehr formelle, hoch technische Kunstform zu etwas Billigem verkommt, wenn man sie mit einer fremden, glitzernden Sexualität verknüpft präsentiert. Und kann man sich in Beastie O'Shaggs irischer Kneipe in Salzburg oder Bangkok wirklich so gut amüsieren wie in einem echten irischen Pub?

Natürlich kann man diese Einwände als Snobismus abtun, aber sie sind sicher genauso gerechtfertigt wie das Unbehagen, das viele Besucher in den 50er und 60er Jahren ange-

sichts des Kobolde-und-Kleeblatt-Images empfanden, mit dem zu jener Zeit um Touristen geworben wurde.

Tatsache ist, dass die Republik in sehr kurzer Zeit enormen Veränderungen unterworfen war – Veränderungen, die sich natürlich auch auf die Menschen ausgewirkt haben. Und auch wenn der »Keltische Tiger« der Republik häufiger die Zähne gezeigt hat, ist das doch kein Vergleich mit dem, was sich im selben Zeitraum im Norden abgespielt hat.

Der »Keltische Tiger« macht Pause. Mit dem neuen Wohlstand sind auch die Cafés von Dublin modernisiert worden

NEUE HOFFNUNG FÜR DEN NORDEN

Irland besteht aus 32 Grafschaften. Die sechs nördlichsten – Antrim, Derry, Tyrone, Fermanagh, Armagh und Down – bilden die Provinz Nordirland, die ein Teil von Großbritannien blieb, als sich die übrigen 28 Graf-

Mit ihrer klaren, modernen Linienführung beweist die Waterfront Hall von Belfast, dass Nordirlands Hauptstadt ihre postindustrielle Schäbigkeit endgültig abgelegt hat …

schaften 1921 nach dem Irischen Unabhängigkeitskrieg (siehe S. 32f) zum Freistaat Irland zusammenschlossen. Nordirland ist auch unter dem Namen Ulster bekannt, denn die sechs Grafschaften sind Teil einer ehemaligen Provinz gleichen Namens. Dem alten Ulster gehörten noch drei weitere Grafschaften an (Donegal, Cavan und Monaghan), die sich aber 1921 dem jungen Freistaat (der späteren Republik Irland) anschlossen und seitdem politisch von Nordirland getrennt sind.

Mitte der 90er Jahre hätten wohl die meisten Bewohner Nordirlands alles für ein schlichtes, heiteres Image gegeben, wie es – zu Unrecht – der Irischen Republik angeheftet wird, statt noch länger als verbittert und mörderisch zu gelten – ein ebenso falsches Bild, das auf dem religiösen Fanatismus einiger weniger beruht. Nach 30 unfreiwilligen Jahren unter Sektierern und politisch motivierten Terroristen haben es die »normalen« Menschen – und sie bilden die Mehrzahl der Einwohner im Norden – gründlich satt, ständig mit ein paar Extremisten in einen Topf geworfen zu werden. Sie wissen nur zu gut, welche finanziellen Einbußen ihre Provinz hinnehmen musste, denn natürlich meiden Besucher und Investoren aus dem Ausland eine Region, in der Gewalt und Intoleranz

herrschen. Der traditionellen Schwerindustrie des Nordens ging es schlecht, und die Wirtschaft stagnierte. Und die Abwanderung der jungen Leute, die man eigentlich nur aus dem Süden kannte, begann auch im Norden dramatische Formen anzunehmen.

Doch seit dem Karfreitagsabkommen vom 10. April 1998 (siehe S. 294f) hat Nordirland wieder eine Perspektive. Betrachter von außen bemerken nun nicht ausschließlich Hass und Gewalt, sondern das zarte Pflänzchen des Friedens. Das Geld der Steuerzahler der Europäischen Union und Großbritanniens und der International Fund for Ireland haben für ein festes Fundament unter der brüchigen Wirtschaft Nordirlands gesorgt. Mit dem Einzug von High-Tech-Firmen sind auch die Arbeitslosigkeit und die Zahl der Emigranten zurückgegangen, so wie es auch in der Republik Irland in den späten 80er Jahren der Fall war.

Aber noch wichtiger ist, dass sich auch die scheinbar unüberwindliche Kluft zwischen den Menschen allmählich verringert. Seit die englische Monarchie im frühen 17. Jahrhundert begann, Protestanten nach Nordirland zu »verpflanzen«, gab es immer wieder Spannungen zwischen Katholiken und Protestanten (siehe S. 26). Seit dem letzten Ausbruch der Feind-

... während in den westlichen Grafschaften der Republik alles so läuft, wie es immer gelaufen ist – eher gemächlich

seligkeiten sind die gegenseitigen Beziehungen nur noch als vergiftet zu bezeichnen. Und sogar jetzt, nach Unterzeichnung des Friedensabkommens, flammen sektiererische Konfrontationen und Hass in den ärmeren Vierteln von Belfast manchmal wieder auf. Doch die sozialen Bedingungen, die der Grund für diese Ausbrüche waren, wurden mittlerweile deutlich verbessert. Die frühere Bevorzugung der Protestanten auf Kosten der Katholiken in Bezug auf Einkommen und Bürgerrechte besteht kaum noch, wenn es auch vereinzelt noch Ungerechtigkeiten gibt. Heute werden Sie jenseits der wenigen extremistischen Enklaven keinen Unterschied mehr zwischen Protestanten und Katholiken, Unionisten und Republikanern feststellen können.

Stabilität hilft Außenseitern – Urlaubern und Investoren gleichermaßen –, endlich auf das zu hören, was die Nordiren seit langem sagen: Nordirland ist wunderschön, und seine extrem gastfreundlichen Bewohner heißen jeden Besucher begeistert willkommen.

LÄNDLICHER CHARME
Bis heute kennen nur wenige Besucher die Geheimnisse der ländlichen Regionen von Nordirland oder haben das freundliche Willkommen erlebt, das ihnen in den Pubs und Pensionen der Provinz zuteil wird. Die meisten wissen nicht, was sie erwartet, und denken bei Nordirland sofort an Straßenschlachten (siehe S. 35). Südlich der Grenze sieht das ganz anders aus. Jedes Jahr strömen drei Millionen Besucher in die Republik Irland; damit kommt ein Tourist auf jeden Einwohner. Der Tourismus ist im Süden ein großes Geschäft.

Wer eine Reise in den Süden plant, hat meistens ein klares Bild vor Augen – die Schönheit der Berge und der Küste im Westen und Südwesten, die Weltgewandtheit und den Humor von Dublin, Spaß auf dem Golfplatz, Ausritte, Angeln, nette Gespräche mit Einheimischen, Musik und alles in allem einen entspannten Urlaub. Naturschönheiten und Sehenswürdigkeiten sind dicht gesät, und diejenigen, die kommen, um die sagenumwobene Insel der Kobolde zu erkunden, werden nicht enttäuscht. Sie kaufen Shamrocks und Shillelagh in den überfüllten Geschenkartikelläden von Killarney, stehen auf dem wunderschönen, aber immer überfüllten Ring of Kerry im Stau, kämpfen in einem Fischrestaurant in Kinsale um einen freien Tisch oder sehen irischen Schauspielerinnen dabei zu, wie sie im Bunratty Folk Park ihre Spinnräder drehen.

Und wenn Sie das alles getan haben, wird sich Ihnen vermutlich der Eindruck aufdrängen, dass das Land drauf und dran ist, sich an den Tourismus zu verkaufen.

Doch Sie werden feststellen, dass das wahre Irland noch da ist. Es liegt nur ein paar Kilometer abseits der Hauptstraßen. Entdecker und Wanderer lernen Irland am besten kennen – genauso wie Redner und Zuhörer, Autofahrer und Radler und die, die auch einen Umweg nicht scheuen, um ans Ziel zu kommen.

Natürlich gibt es noch heute Tausende von kleinen Farmen in Irland, vor allem in den irischsprachigen *Gaeltacht*-Gebieten im Westen, wo die Bauern ihre winzigen, unglaublich grünen Flächen bewirtschaften. Die kleinen Dörfer sind noch immer charmant und verschlafen, und dort finden Sie auch die altmodischen Gemüseläden und Schlachtereien und kleine, dunkle Pubs. Aber in Städten wie Galway und Cork tobt das Leben wie in anderen Städten Europas.

EINE NEUE EINSTELLUNG

Die irische Politik war immer für einen Skandal gut. Bestechung, Vetternwirtschaft, geheime Konten und zwielichtige Geschäfte hinter verschlossenen Türen waren so sehr an der Tagesordnung, dass sie zu Beginn der 90er Jahre nicht nur der Bevölkerung selbst peinlich wurden, sondern auch international Missfallen erregten. 1998 wurde der »Ethics in Public Office Act« verabschiedet, der mit der Misswirtschaft aufräumen sollte.

Wolken ziehen über Croagh Patrick, den heiligen Berg Irlands, vor den ein Farmer in der Grafschaft Mayo seine Herde treibt

Im selben Zeitraum hat ein enorm gestiegenes Umweltbewusstsein zu lebhaften Diskussionen über Planung, Bau und Design geführt; alles Dinge, für die sich bis dahin niemand interessiert hatte. Auf Ihrer Fahrt durch die ländlichen Gebiete wird Ihnen zweifellos der mittlerweile verachtete »Irische Hazienda-Stil«

auffallen – riesige Bungalows im Ranchhaus-Stil, davor eine gigantische, prärriegroße Terrasse, eingefasst von gemauerten Rundbögen. In den Städten fällt die übermäßige Verwendung von scheußlichem Plastik und grellen Farben auf. An landschaftlich besonders reizvollen Orten und Stätten von historischem Interesse sind mit EU-Geldern diverse Infozentren in mehr oder weniger aufdringlichem Design errichtet worden. Noch vor 20 Jahren hatte sich niemand daran gestört, doch sind die Stadt-

und Gemeindeverwaltungen jetzt gezwungen, auf die von der Wählerschaft vorgebrachten Einwände zu hören.

Vielleicht das beste Beispiel für einen Wandel ist der wachsende Protest gegen die Zerstörung des Torfmoors von Bord na Mona (siehe S. 258f). Bis vor kurzem wurde es noch als nutzlose Wildnis betrachtet, aus der sich bestenfalls billiger Brennstoff gewinnen ließ, doch heute gilt es als schützenswerter, auf seine Weise wunderschöner Zufluchtsort für viele Tiere.

FRAUEN AN DIE MACHT

Das Leben in Irland verändert sich, was vor allem daran zu erkennen ist, wie sehr sich der Status der Frauen im letzten Jahrzehnt des 20. Jahrhunderts gewandelt hat. Als Mary Robinson, eine liberal eingestellte Anwältin und Feministin, 1990 zur Präsidentin der Republik Irland gewählt wurde, gab das allen irischen Frauen, die bis dahin in Politik und Wirtschaft eine eher untergeordnete Rolle gespielt hatten, neuen Auftrieb und neues Selbst-

Mary McAleese, der Präsidentin Irlands, ist es gelungen, die religiösen und kulturellen Gräben in ihrem Land zu überbrücken

bewusstsein. Mary Robinson erwies sich als unermüdliche Reisende im eigenen Land und in der Welt, stets bereit, auch zu unpopulären oder heiklen Themen ihre Meinung zu sagen. Mit ihrer freundlichen und warmherzigen Art verhalf sie dem Präsidentenamt, ihrem Land und vor allem den Frauen zu neuem Ansehen.

1997 wurde sie zur Vorsitzenden der Kommission für Menschenrechte der Vereinten Nationen ernannt, und eine weitere Frau – Mary McAleese, eine katholische Juraprofessorin aus Nordirland – trat an ihre Stelle.

EINE KIRCHE IN DER KRISE

Die Frage, wer auf welcher Seite der religiösen Kluft steht, stellt sich heute kaum noch. Im rückständigen Irland von Eamon de Valera in den 1930er Jahren war die katholische Kirche der Herr im Haus; sie entschied über Wohltätigkeit und Bildung und stellte strenge Verhaltensregeln auf. Jeder, der sich dem Priester seiner Gemeinde offen widersetzte, wurde zum Geächteten. Der Respekt vor der Kirche und der christliche Glaube – entweder in der Church of Ireland oder in der katholischen Kirche – waren praktisch für jeden verpflichtend.

Doch soziale Veränderungen, ein gehobener Lebensstandard, Fernreisen und eine ver-

besserte Bildung haben all dem ein Ende gesetzt. Heutzutage hat die katholische Kirche kaum noch Einfluss. Gemeindepriester werden nicht mehr automatisch von ihrer Gemeinde respektiert; sie müssen sich diesen Respekt verdienen.

DER »ALTE« GLAUBE

Was manche als Aberglauben und andere als den »alten« Glauben bezeichnen – den Glauben an heilige Quellen und Haine, Opfergaben an

Mädchen von der Insel Aran beim Gebet. Heute ist die katholische Kirche nicht mehr automatisch der Mittelpunkt des Lebens

Naturgötter, Zeremonien an Steinen und Kreisen –, ist noch heute unverändert stark, trotz des scheinbar so modernen Lebens. Häufig existiert der alte Glaube Seite an Seite mit dem Christentum, oder er ist mit Musik und Tanz verbunden. Um ihn zu finden, werden Sie nicht lange suchen müssen. ■

Fauna, Flora und Klima

IRLANDS KLIMA IST BEKANNTERMASSEN MILD UND FEUCHT, UND ES REGNET fast das ganze Jahr über irgendwo auf der Insel. Im Westen gibt es Zeiten, in denen es Ihnen vorkommen wird, als würde der Großteil des irischen Regens genau bei Ihnen fallen. Die vom Atlantik einströmenden feuchten Luftmassen sind der Grund dafür, dass Irland so grün ist.

Blutroter Storchschnabel überzieht den nackten Kalkstein des Burren im County Clare, im Frühjahr ein wahres Paradies

Irland ist mit einem riesigen geologischen Rad zu vergleichen. Die Nabe besteht aus Kalkstein aus dem Karbon und der Außenrand aus altem vulkanischem Gestein. Im Norden und auch im Westen von Connemara finden sich Schiefer und Gneis, spektakuläre Basaltformationen entlang der Küste von Antrim, und Granit, das älteste Gestein, kommt an der Nordküste der Galway Bay, im Westen von Donegal und südwestlich von Dublin vor.

In den berühmten Torfmooren im feuchten Landesinnern wird immer noch Torf abgebaut, aber der Abbau befindet sich in der Endphase (siehe S. 258 f). Vor 10 000 Jahren hat das Schmelzwasser eiszeitlicher Gletscher in Teilen des Landes Geröll in Form von lang gestreckten und runden Moränen aufgetürmt, die heute nur noch als reizvolle grüne Hügel und Buchten zu erkennen sind. Gute Beispiele dafür sind Monaghan, Cavan und Clew Bay im County Mayo.

All diese Regionen sind Lebensraum der verschiedensten Tiere (mit Ausnahme von Schlangen); allerdings sind Irlands vierbeinige Bewohner – Wildziegen, Hasen und Rotwild – eher scheu und nur schwer zu entdecken. In der Paarungszeit im Spätherbst können Sie die Ziegen aber riechen, bevor Sie sie zu Gesicht bekommen.

Die spektakulären Seevogelkolonien auf den Klippen und Inseln der Westküste werden noch von den zahllosen überwinternden Zugvögeln an den Flussmündungen der Ostküste übertroffen, so zum Beispiel in Strangford Lough östlich von Belfast und in den Sumpfgebieten der North Slobs nahe Wexford. Greifvögel wie Kornweihen, Wanderfalken, Zwergfalken und Bussarde können Sie am besten in den Berg- und Heidelandschaften beobachten – in den Sperrins im County Tyrone, in den Macgillycuddy's Reeks in Kerry, den Wicklow Hills südlich von Dublin und in den wilden Hügeln von Donegal im Nordwesten. Die Torfmoore bieten jedem die Gelegenheit, Ammern und Sänger zu sehen, und auf den Heuwiesen an der Killala Bay und im abgelegenen Inishowen im nördlichen Donegal haben Sie vielleicht sogar das Glück, das knarrende *crex-crex* des seltenen Wachtelkönigs zu hören.

An Wildblumen erwarten Sie der wunderschöne rosafarbene Sumpfklee, Insekten fressender Sonnentau und märchenhaft gefärbte Gräser in den Mooren; im Frühling blühen Primeln an den Rändern der schmalen Landstraßen und im Sommer blutrote Fuchsien in den Hecken der südwestlichen Grafschaften. Der beste Ort für Pflanzenfreunde aber ist der Burren im County Clare (siehe S. 170 f), ein einzigartiger Lebensraum, in dem Pflanzen sowohl der Arktis als auch des Mittelmeerraums nebeneinander existieren. ∎

In langen Reihen zum Trocknen ausgelegte Torfblöcke aus dem Torfmoor von Achill Island im County Mayo dienen als Brennstoff

Irland damals

IRLAND BLICKT AUF EINE TURBULENTE GESCHICHTE ZURÜCK. DAS GOLDENE Zeitalter des geistlichen Einflusses und des künstlerischen Schaffens erreichte seinen Höhepunkt vor mehr als tausend Jahren, in einer Zeit der Mythen und einer leidenschaftlichen christlichen Gläubigkeit. Der Nachhall dieser Epoche hat den Iren in den folgenden Jahrhunderten des kulturellen Wandels und auch während des langen und erbitterten Kampfes um Emanzipation und Unabhängigkeit immer wieder Kraft gegeben. Die Geschichten von Irland und England, den beiden zerstrittenen Nachbarn, sind seit den letzten zehn Jahrhunderten untrennbar miteinander verwoben.

Ein alter Mythos besagt, dass Irlands Ureinwohner, die Firbolg, von geheimnisvollen und zauberkräftigen Eroberern, den Tuatha de Danaan, dem Volk der Danu, besiegt wurden. Diese Version der Geschichte fährt fort mit Berichten von Hochzeiten, Verrat, Schlachten, Festen und heroischen Taten von Helden und Heldinnen wie Fionn MacCumhaill (Finn McCool), Diarmuid und Gráinne (siehe S. 266f), Deidre of the Sorrows und Cúchulainn (siehe S. 338f).

Prosaischer betrachtet, war es ein Haufen zäher Fischer und Sammler, die vor rund 10 000 Jahren, am Ende der letzten Eiszeit, von Schottland aufbrachen und an der Küste von Antrim anlegten. Man weiß nur wenig über diese ersten Siedler, die sich an Seen und an der Küste niederließen.

Als um 500 v. Chr. die ersten Kelten aus Mitteleuropa kamen, hatte die irische Kultur bereits die Stein-, Bronze- und Eisenzeit hinter sich, und sie hatte großartige mehrkammrige Grabstätten hinterlassen, Steinkreise und systematisch angelegte Felder. Irisch wurde zur Universalsprache in einem Land rivalisierender Adelsfamilien, die ihre Könige stets aus den eigenen Reihen wählten. Sie lebten in Holzhäusern, umgeben von steinverstärkten Erdwällen. Das Land war Gemeineigentum; Viehbesitz war der Maßstab des Wohlstandes, und Viehdiebstähle waren ebenso an der Tagesordnung wie kriegerische Auseinandersetzungen zwischen den verschiedenen »Königreichen«.

Der allgemeine Friede und ein gewisser Sinn für Gerechtigkeit wurden durch einige recht liberale Gesetze gesichert, das »Brehon Law« – die Gelehrten, die diese Gesetze niederschrieben, hießen Brehons –, und diese Gesetze wurden von der Gesellschaft mehr oder weniger strikt befolgt.

DIE ANFÄNGE DES CHRISTENTUMS

432 kamen die Iren durch den Wanderpriester Patrick mit dem Christentum in Berührung. Irland war zu dieser Zeit in die vier großen Reiche Ulster (im Norden), Connacht (im Westen), Leinster (im Osten) und Munster (im Süden) aufgeteilt, und jede dieser Provinzen hatte ihren eigenen König. Der heilige Patrick und die anderen frühen Missionare waren so klug, mit der bestehenden Druidenreligion der Kelten zu arbeiten und nicht gegen sie. Sie bauten viele ihrer Kirchen und Klöster an bereits für heilig erklärten Orten und erwiesen den irischen Königen ihren Respekt. Belohnt wurden sie dafür mit einer begeisterten Akzeptanz des Christentums.

DAS GOLDENE ZEITALTER

Mit dem Christentum kam die Fähigkeit, zu lesen und zu schreiben, und die Kunst blühte auf. Die Klöster wurden zu Zentren der Kultur, von denen aus die Mönche aufbrachen, um ihre Botschaft in ganz Europa und darüber hinaus zu verbreiten. Dicht- und Sangeskunst, Bildhauerei und Goldschmiedekunst waren auf ihrem Höhepunkt. Das 7. und 8. Jahrhundert war das Goldene Zeitalter Irlands, das Kunstwerke wie den Ardagh-Kelch und die Tara-Brosche (8. Jahrhundert, beide im Nationalmuseum; siehe S. 58ff) und das unvergleichliche *Book of Kells*; siehe S. 56f) hervorbrachte. Von dieser Zeit an waren die Wikinger unwillkommene Besucher; Brian Boru, der Hochkönig von Irland, besiegte sie schließlich 1014 in der Schlacht von Clontarf.

Im Jahr 1123 gab der König von Connacht das Kreuz von Cong in Auftrag, das heute im Nationalmuseum in Dublin zu bewundern ist

ENGLISCHE SIEDLER

1066 eroberten die Normannen das britische Festland, doch es dauerte noch weitere hundert Jahre, bis sie auch nach Irland kamen, um Dermot MacMurrough, den König von Leinster, zu unterstützen, der vom Hochkönig Rory O'Connor vertrieben worden war. Anfangs spielten die Normannen nur ihre

Der britische Heerführer und Staatsmann Oliver Cromwell ist berüchtigt für die brutalen Methoden, mit denen er in den 1650er Jahren die irischen Rebellen bekämpfte

Macht aus und bauten Burgen auf dem von ihnen eroberten Land. Doch nach einigen verlorenen Schlachten, nach Jahrhunderten mit diversen volksübergreifenden Eheschließungen ließen sie sich nieder – überwiegend auf einem Landstreifen rund um Dublin, der wegen seiner Umzäunung mit Palisaden The Pale genannt wurde – und lebten fortan leidlich friedlich mit ihren irischen Nachbarn zusammen.

REPRESSALIEN UND REBELLION

Es waren König Heinrich VIII. von England und später seine Tochter Elisabeth I., die aus Furcht vor einer katholischen Invasion aus Irland das Feuer unter dem irischen Kessel in Brand setzten, indem sie enorme Steuern erhoben, Land enteigneten und einflussreichen katholischen Familien alle Rechte entzogen.

1541 ernannte sich Heinrich VIII. selbst zum König von Irland und unterdrückte die Katholiken dermaßen, dass es schon bald zu Aufständen kam. Die katholischen Länder Europas, begierig, Englands Seemacht zu brechen und das protestantisch gewordene Land wieder zum Katholizismus zurückzuführen, sahen im katholischen Irland ein potenzielles Sprungbrett für eine Invasion des britischen Festlandes. Eine Flotte aus spanischen und italienischen Schiffen, die 1580 auf der Dingle-Halbinsel landete, wurde von den Truppen der Krone vernichtet, und weitere Repressalien folgten. Daraufhin kam es erneut zu Aufständen, die aber jedes Mal mit eiserner Faust niedergeschlagen wurden. Der letzte Aufstand dieser Zeit, bei dem 4500 spanische Soldaten Hugh O'Neill, den Earl von Tyrone, unterstützten, wurde 1601 niedergeschlagen.

Um 1610 waren die Oberhäupter der großen Familien von Ulster außer Landes geflohen, und protestantische Farmer wurden in das Plantation of Ulster genannte Gebiet gelockt.

Besonders bedrohlich waren die Zustände für die Katholiken im 17. Jahrhundert, als Irland die Auswirkungen des Englischen Bürgerkriegs zu spüren bekam. Nach zehn Jahren wirrer Kämpfe erschien Oliver Cromwell mit seinen kampferprobten Ironsides und unterwarf die Iren Repressalien, die selbst die Brutalitäten zu Zeiten von Königin Elisabeth in den Schatten stellten. Städte wie Drogheda und Wexford wurden geplündert und Rebellen in Massen hingerichtet. Im ganzen Land verloren katholische Landbesitzer ihr Eigentum und ihre Rechte und wurden westwärts über den Shannon getrieben – »in die Hölle oder nach Connacht«, in das ärmste Land im Westen, während Siedler ihren Platz in den fruchtbaren Gebieten im Osten und den Midlands einnahmen.

VON HARTEN STRAFEN UND SWAGGERING DAN

Die berüchtigten Zeiten der harten Strafen, die »Penal Times«, hielten bis in die Mitte des 18. Jahrhunderts an. Nach den Repressalien durch Cromwell schöpften die Katholiken neue Hoffnung, als Jakob II., der vom englischen Thron abgesetzte katholische König, in Irland um Unterstützung für seine Sache ersuchte. Doch obwohl Jakob am 12. Juli 1690 in der Schlacht am Boyne geschlagen wurde, versprach sein Widersacher, König Wilhelm III. von Oranien, den irischen Katholiken ein besseres Leben und mehr Gleichberechtigung. Doch schon bald brach Wilhelm sein Wort, und wenige Jahre später traten die Strafgesetze in Kraft.

Die so genannten »Penal Laws« verboten die Ausübung des katholischen Glaubens; Katholiken durften nicht wählen, ihre Kinder nicht im katholischen Glauben erziehen und auch keinen Besitz haben. Diese Gesetze sollten eine Art ethnische Säuberung bewirken, indem sie die katholische Mehrheit aus dem politischen, gesellschaftlichen und wirtschaftlichen Leben ausschloss. Das Schlimmste für die Gläubigen aber war das Verbot der Messe. Der Katholizismus wurde eine im Geheimen praktizierte Religion; Gottesdienste fanden an abgelegenen Orten statt, die Priester riskierten die Todesstrafe. Es kam wiederholt zu Aufständen, die aber alle schnell niedergeschlagen wurden. Gruppen von Rebellen fanden sich heimlich zusammen und schmiedeten Pläne. Der letzte Aufstand des 18. Jahrhunderts, angeführt von den United Irishmen und unterstützt von 1100 Franzosen, die in der Killala Bay an der Grenze zwischen Sligo und Mayo landeten, fand 1798 statt. Anfangs war er erfolgreich, und die Engländer wurden bei Castlebar vernichtend geschlagen, doch er endete wie alle anderen Aufstände – mit der Niederlage der Rebellen und der Hinrichtung der Anführer.

Gegen Ende des 18. Jahrhunderts ließ die Intoleranz gegenüber den Katholiken ein wenig nach. Die Strafgesetze wurden nicht mehr so unerbittlich angewendet wie zur Zeit ihrer Verabschiedung. 1782 wurde Irland eine eingeschränkte parlamentarische Unabhängigkeit gewährt, doch der Aufstand von 1798 setzte dem ein Ende. Das neue Jahrhundert begann mit dem 1801 verabschiedeten Act of Union, der das neue Parlament wieder abschaffte; alle Gesetze wurden erneut in London erlassen. Die Diskriminierung der Katholiken nahm wieder zu, bis Daniel O'Connell, der streitbare Anwalt aus Kerry, nach einem langen Rechtsstreit die britische Regierung endlich dazu brachte, sich der Sorgen der verarmten Iren anzunehmen. »Swaggering Dan« oder »The Liberator«, wie ihn seine Anhänger nannten, schaffte es 1828 sogar, als katholischer Abgeordneter einen Platz im britischen Parlament zu erobern.

DIE GROSSE HUNGERSNOT

Die Geschichte Irlands wurde im 19. und auch noch im 20. Jahrhundert durch die große Hungersnot von 1845 bis 1849 geprägt. Der Kartoffelpilz *Phytophthora infestans* traf ein Land mit neun Millionen Einwohnern, von denen die meisten arme Bauern waren, die mit ihren Großfamilien auf winzigen gepachteten Höfen

1828 schaffte es Dan O'Connell die politische Emanzipation der verarmten katholischen Landbevölkerung Irlands durchzusetzen

lebten und für die Kartoffeln das Hauptnahrungsmittel waren. Als der Pilz vier Jahre lang die Knollen in der Erde zu schwarzem Schleim verrotten ließ, hatten sie dieser Katastrophe nichts entgegenzusetzen.

Die Reaktion der britischen Regierung wird oft als grausam gleichgültig bezeichnet. Doch in Wirklichkeit hat sie zunächst versucht, die Auswirkungen der Hungersnot zu bekämpfen. Doch das Ausmaß der Katastrophe, die ungeheure Zahl an Betroffenen, die mangelnde Infrastruktur – das Fehlen von Krankenhäusern, Wohlfahrtseinrichtungen, Häfen und Straßen – und die Geschwindigkeit, mit der sich Krankheit und Tod ausbreiteten, stellte die Regierung vor unlösbare Probleme. Nach dem ersten Jahr der Hungersnot schwenkte die Regierung in Westminster um und wälzte die Verantwortung für die Hilfsmaßnahmen auf die örtlichen Poor

Unzählige hungernde Bauern bemühten sich während der großen Hungersnot von 1845–49 vergeblich um Aufnahme in eines der überfüllten Arbeitshäuser und Hospitäler

Law Unions ab, auf Wohlfahrtsverbände und die jeweiligen Verpächter.

Natürlich ist es verlockend, sich die Landbesitzer als geldgierige Ausbeuter vorzustellen, die jeden Pächter, der nicht mehr zahlen konnte, gnadenlos an die Luft setzten. Einige waren zweifellos von diesem Schlag. Aber andere, wie der Marquis von Sligo, stundeten die Pacht und verkauften sogar ihren eigenen Besitz, um den Pächtern zu helfen. Den höchsten Preis für die Regierungspolitik mussten jedoch die irischen Bauern zahlen. Arbeitshäuser und Hospitäler waren so überfüllt, dass Kranke und Verhun-

gernde weggeschickt werden mussten. Typhus, Cholera und Ruhr zogen wie ein Lauffeuer durch die Hütten der armen Landbevölkerung und über die unhygienischen Straßen der Orte. Familien starben, wo sie gerade lagen, ohne von Ärzten oder Priestern versorgt zu werden. Genaue Zahlen zu nennen ist unmöglich, aber eine Million Männer, Frauen und Kinder starben mit Sicherheit während der fünf Jahre dauernden Hungersnot – entweder durch Krankheit oder indem sie buchstäblich verhungerten.

VERZWEIFLUNG UND EMIGRATION

Die Auswanderung, für die irische Landbevölkerung schon seit mehr als hundert Jahren ein Ausweg aus der Armut, erschien den Menschen während und nach der Hungersnot als Ret-

ihr Unglück verantwortlich machten. Diese Mischung aus Heimweh und Groll wurde mit der Zeit immer stärker und fachte schließlich im 19. Jahrhundert die Aktivitäten von antibritischen Organisationen wie der Fenian Brotherhood an, die 1850 in Amerika gegründet wurde und die noch heute die Extremisten in Nordirland unterstützt.

Charles Stewart Parnell, der politische Nachfolger von Dan O'Connell, setzte sich in den 1880er Jahren für Landreformen und Autonomie ein

tungsanker. Jeder, der irgendwie das Geld für die Überfahrt zusammenkratzen konnte, sicherte sich einen Platz auf einem der Auswandererschiffe – in der Hoffnung auf ein besseres Leben anderswo, auf dem britischen Festland, in Amerika, Kanada oder Australien. Im folgenden Jahrhundert verteilten sich die Iren über die ganze Welt und entzogen Irland damit fast die gesamte junge Generation, vor allem im landwirtschaftlich geprägten armen Westen. Heute leben in der Republik Irland rund drei Millionen Menschen – das ist ein Drittel der Bevölkerungszahl vor der Hungersnot.

Bei den Emigranten, die sich mit einem fremdartigen neuen Leben vertraut machen mussten, mischte sich in vielen Fällen eine enge Heimatverbundenheit mit Verbitterung und Hass gegenüber England, dem Land, das sie für

LANDREFORM UND AUTONOMIE

Die politischen Veränderungen nach der Hungersnot beschränkte sich auf heimliche Zusammenkünfte, die Organisation von Boykotten, gelegentliche Übergriffe gegen Landbesitzer und einige erfolglose Aufstände. Doch die Probleme des verarmten katholischen Irland wurden zunehmend zum politischen Thema. Michael Davitts gewaltlose Land League setzte 1881 schließlich den »Land Act« durch, ein Gesetz, das faire Pachten gewährleistete und den Pächtern einen Kündigungsschutz verschaffte. Und die immer stimmgewaltigere Autonomiebewegung fand ein wichtiges Sprachrohr in einem der größten Befürworter des »Land Act«, dem protestantischen Landbesitzer und Parlamentsabgeordneten Charles Stewart Parnell, der sich vehement für die armen Katholiken einsetzte.

1890 brachte ein Sexskandal Parnell um sein Amt, doch bis dahin hatte er so viel bewirkt, dass es sich die Regierung nicht länger leisten konnte, die Angelegenheit auf kleiner Flamme weiterkochen zu lassen. Mit dem Beginn des neuen Jahrhunderts konnte England dem militanten Druck nicht länger standhalten. Doch die Protestanten in Nordirland, die Nachfahren

Padraic Pearse, erbitterter Verfechter der Autonomie, musste für seinen Einsatz beim Osteraufstand von 1916 sterben

der Siedler aus dem 17. Jahrhundert, denen natürlich an der Beibehaltung ihres derzeitigen Status gelegen war, formierten sich hinter dem charismatischen Dubliner Abgeordneten Sir Edward Carson, um die Trennung von Großbritannien zu verhindern. Diese beabsichtigte Abspaltung Ulsters wurde in den Augen vieler Katholiken aus dem Norden noch durch Carsons Entscheidung verschlimmert, einem Ulster zuzustimmen, das auf drei der ursprünglich neun Provinzen verzichtete. In Monaghan, Cavan und Donegal waren die katholischen Wähler in der Überzahl, und ein Sieg der Protestanten war wenig wahrscheinlich. Also »ließ man sie gehen«, in den demnächst unabhängigen Freistaat Südirland. Deren Protestanten waren nicht glücklich darüber, nun zu einem Land gehören zu müssen,

das ihnen rückständig und feindselig erschien. Die auf Autonomie bedachten Katholiken in Antrim, Derry, Tyrone, Fermanagh, Armagh und Down wiederum, den sechs Grafschaften des geplanten neuen Ulster, lehnten es ab, von der politischen Freiheit abgeschnitten zu sein, die ihre Brüder im Süden bald genießen würden. So war die Saat der grenzüberschreitenden Verbitterung gesät.

1914 wurde ein Kompromiss geschlossen, der die Grafschaften Antrim, Londonderry, Tyrone, Fermanagh, Armagh und Down ausschloss. Doch diese Spaltung Irlands trat mit Ausbruch des Ersten Weltkriegs wieder außer Kraft. Damit war das Maß für die radikalen Befürworter der Autonomie endgültig voll. Sie sammelten sich unter dem Dach der Irisch-Republikanischen Bruderschaft und begannen, den bewaffneten Widerstand vorzubereiten.

DER OSTERAUFSTAND

Geplant wurde der Osteraufstand von 1916 von einer kleinen Gruppe von Unabhängigkeitskämpfern. Organisiert und angeführt wurden sie von dem sozialistischen Gewerkschafter James Connolly und dem Lehrer Padraic Pearse. »Englands Probleme sind Irlands Chance«, lautete ihr Motto, und die Aktivisten schickten Sir Roger Casement kurz vor dem für Ostern 1916 geplanten Aufstand nach Deutschland, in der Hoffnung, dort Unterstützung zu finden. Casement erkannte richtig, dass von den Deutschen keine Hilfe zu erwarten war, und drängte darauf, die Aktion aufzugeben. Doch die Republikaner waren nicht umzustimmen, denn sie hofften auf eine spontane Erhebung von mindestens 10 000 ihrer Anhänger in ganz Irland.

Doch der Mangel an Kommunikation zwischen den isoliert agierenden Gruppen führte dazu, dass sich nur 2000 Rebellen dem Aufstand anschlossen und dass fast alle Aktionen in Dublin stattfanden. Der erste Angriff am Ostermontag traf die Regierung unvorbereitet, und etwa tausend Rebellen besetzten wichtige Gebäude im ganzen Stadtgebiet. Auf den Stufen des Hauptpostamts in der O'Connell Street verlas Padraic Pearse die Proklamation der

Das Hauptpostamt in der O'Connell Street in Dublin, während des Osteraufstands von britischen Truppen belagert und beschossen, wurde zum Symbol der Freiheit

1921 reisten irische Gesandte nach London, um über die Bedingungen zur Beendigung des Unabhängigkeitskrieges zu verhandeln

Rebellen: »Hiermit erklären wir die Republik Irland zu einem unabhängigen Staat, und wir werden seine Freiheit, sein Wohlergehen und seine Position unter den Nationen mit unserem Leben und dem unserer Waffenbrüder verteidigen.«

Die Rebellen hatten keine Möglichkeiten, sich der britischen Armee lange zu widersetzen, nachdem sich diese vom ersten Schrecken erholt hatte und Truppen und Panzer anrollen ließ. Nach einer Woche der Beschießung und großen Verlusten auf beiden Seiten war das Hauptpostamt eine Ruine, und die Aktivisten mussten aufgeben. Hätte die britische Regierung danach gelassen reagiert und sich von der durch den Krieg beeinflussten öffentlichen Meinung leiten lassen, die die Rebellen anfangs nicht als Helden, sondern als irregeleitete Hitzköpfe – wenn nicht sogar als Verräter – betrachtete, wäre viel Blutvergießen vermieden worden. Doch die Regierung beging den Fehler, die Aufrührer zu Märtyrern zu machen, indem sie 15 der Anführer erschießen ließ und die Hinrichtungen auch noch über mehrere Wochen hinzog.

ZWEI KRIEGE

Das Bestreben der Republikaner verband sich zunehmend mit der Sinn Fein (»Wir selbst«), einer kleinen politischen Gruppe, die schnell zu echter Macht gelangte. Sofort nach dem Ende des Ersten Weltkriegs zwang sie Irland 1919

Das führte zu einer Spaltung der Lager. Auf der einen Seite standen die Anhänger von Michael Collins, die sich zögernd bereiterklärten, die Teilung des Landes hinzunehmen – und auch die Tatsache, dass dort im Kriegsfall britische Soldaten stationiert sein würden; auf der anderen Seite standen die Hardliner hinter de Valera, die auf einem geeinten Irland bestan-

Eamon de Valera, während des Bürgerkriegs von 1922/23 Führer der IRA, wurde im Laufe seiner langen Amtszeit als Taoiseach und später als Präsident von Irland weltbekannt

wieder auf die Tagesordnung des britischen Parlaments, indem sie seine Unabhängigkeit erklärte, ein eigenes Parlament unter Eamon de Valera gründete und den Rückzug aller britischen Truppen aus Irland forderte. Es folgten zwei Jahre des Krieges zwischen den britischen Truppen und den irregulären Einheiten der Irisch-Republikanischen Armee, Bombenattentate, Hinterhalte, Verhöre und Durchsuchungen. In dieser Zeit waren die paramilitärischen Truppen Englands berüchtigt für ihre Brutalität, und der Anführer der Republikaner, Michael Collins, wandelte sich vom schneidigen Guerillakämpfer zu einem charismatischen Politiker. 1921 sorgte ein Friedensvertrag für ein Ende der Kämpfe und für die Schaffung eines unabhängigen Freistaats Irland – ohne die sechs umstrittenen Grafschaften in Nordirland.

den und nicht bereit waren, England irgendwelche militärischen Zugeständnisse zu machen. Der Bürgerkrieg, der im Juli 1922 zwischen beiden Parteien ausbrach und im Mai 1923 mit der Niederlage von de Valeras Anhängern endete, kostete Tausenden von irischen Männern und Frauen das Leben, unter ihnen auch Collins, und sorgte für einen mörderischen Hass, der bis heute lodert.

VOM FREISTAAT ZUR REPUBLIK – JAHRZEHNTE DER STAGNATION

Eamon de Valera ging ins Gefängnis, und die frisch gebackene irische Nation leckte ihre Wunden. 1924 wurde de Valera entlassen, trennte sich 1926 von der Sinn Fein und rief eine neue Partei ins Leben, die er Fianna Fail (»Schicksalskrieger«) nannte. Sechs Jahre später

Aufgestaute Wut: Ein junger Mann wirft in der Innenstadt von Londonderry einen Stein auf seine Gegner

kam Fianna Fail an die Macht, und für de Valera begann eine lange Amtszeit als Taoiseach (Premierminister), die bis weit nach dem Zweiten Weltkrieg dauerte. Der Freistaat nannte sich von dieser Zeit an »Eire«, was bereits ein Hinweis auf die volkstümlich-nationale Richtung war, in die er steuerte: Fianna Fail schaffte den Treueeid gegenüber der englischen Krone ab und verlangte die Oberherrschaft über den Norden (ein Streitpunkt, der erst durch das Karfreitagsabkommen von 1998 gelöst wurde – siehe S. 294 f). Zur selben Zeit verstärkte die katholische Kirche südlich der Grenze ihren Einfluss auf alle Bereiche des täglichen Lebens. Im Norden behielt der Protestantismus seine Vorherrschaft, während es mit der Wirtschaft wie im Rest der Welt bergab ging.

Eire erklärte sich im Zweiten Weltkrieg für neutral; allerdings kämpften Tausende von Männern und Frauen aus dem ganzen Land freiwillig für die Alliierten. Belfast wurde schwer bombardiert; in einer Schreckensnacht im April 1941 kamen bei einem Angriff mehr als 700 Zivilisten ums Leben. 1949 trennte sich Eire – das jetzt Republic of Ireland hieß – vom britischen Commonwealth. In den 50er Jahren gab es kaum Fortschritte im landwirtschaftlich geprägten Land, es kam sogar zu einer immer

stärkeren Zensur von Büchern, Filmen und Theaterstücken durch eine Kirche und einen Staat, die nicht bereit waren, die ersten Schritte in eine moderne Welt zu tun. Unzählige junge Iren kehrten ihrem Land den Rücken, um anderswo eine besser bezahlte Arbeit und Freiheiten zu finden, die es auf den kleinen Farmen oder in den hinterwäldlerischen Dörfern Irlands nicht gab.

Aus Sicht der Protestanten im Norden war das Leben in der Republik rückständig und wenig reizvoll; allerdings machte sich in Ulster der Niedergang der Textil- und Schiffbauindustrie allmählich bemerkbar. Die Katholiken im Norden litten noch immer unter den ökonomischen und sozialen Benachteiligungen, die ihnen durch die überwiegend protestantischen Politiker ihres Landes aufgezwungen wurden.

FORTSCHRITT IN DER REPUBLIK

In den 60er Jahren ging es unter der Führung von Taoiseach Sean Leamass mit der Republik endlich bergauf – Eamon de Valera, der mittlerweile etwas weltfremde Senior des Republikanismus, war zum Präsidenten »aufgerückt«. In den 70er Jahren schloss sich Irland der Europäischen Union an und profitierte von Wirtschaftshilfen und seiner florierenden Landwirt-

Die heutige Stimmung in Londonderry veranschaulichen die ausgestreckten Hände der Friedensstatue auf der Stadtmauer

schaft. In den 80er Jahren stockte der Fortschritt, und die Emigrationsrate stieg wieder an, doch im darauf folgenden Jahrzehnt begann der Galopp zum wirtschaftlichen Erfolg auf dem Rücken des »Keltischen Tigers«. Der Tourismus boomte, und Irland erhielt endlich die internationale Anerkennung, die es verdient.

NORDIRLAND UND SEINE PROBLEME

Was Nordirland in den 70er, 80er und 90er Jahren betrifft, gibt es wohl kaum eine andere Region, die eine so gut publizierte Achterbahnfahrt des Elends und der Verzweiflung hinter sich hat. Die Diskriminierung der Katholiken am Arbeitsplatz, auf dem Wohnungsmarkt, bei der medizinischen Versorgung, Erziehung und den sozialen Leistungen war von der protestantischen Mehrheit seit 1921 unverrückbar festgelegt – und auch schon in den Jahrhunderten davor. Die Bürgerrechtsbewegungen der späten 60er Jahre wollten Veränderungen durch öffentliche Proteste erzwingen – und zwar so friedlich wie möglich. Doch bei so viel gegenseitigem Misstrauen und Verbitterung, Abscheu und religiösem Fanatismus wurden die Protestmärsche zum Auslöser eines regelrech-

ten Bürgerkriegs. Von dem Moment im August 1969 an, als britische Truppen in Derry und Belfast Stellung bezogen, waren die Kämpfe Thema Nummer eins bei jedem Fernseh- und Radiosender. Und das blieben sie auch und machten Nordirland fast 30 Jahre lang (siehe S. 293ff) zum Synonym für religiösen Fanatismus und Terrorismus – bis zum Waffenstillstandspakt und dem Karfreitagsabkommen von 1998.

Zu Beginn des 21. Jahrhunderts kann man nicht behaupten, dass alle Probleme des Nordens gelöst wären, aber zumindest ist eine bedeutende Wendung zum Besseren eingetreten. Menschen aller Traditionen und mit den unterschiedlichsten politischen und religiösen Ansichten haben sich dem Geist des neuen Realismus gebeugt und lernen, miteinander auszukommen. Der Frieden ist ansteckend, und er scheint von Jahr zu Jahr sicherer zu werden.

Darüber hinaus möchten die Menschen aus Nordirland der Welt zeigen, dass sie nicht alle so sind wie die besessenen Sektierer, die in den letzten 30 Jahren für Schlagzeilen gesorgt haben. Und schließlich hat der bisherige Mangel an Touristen dazu beigetragen, dass die Nordiren jeden Besucher besonders freudig willkommen heißen. ■

Kunst und Kultur

ROMANCIERS, DRAMATIKER, DICHTER, VERFASSER VON KURZGESCHICHTEN, Rockbands, Fiedler, Opernstars, Sänger volkstümlicher Lieder, TV-Serienstars und Komödianten, Filmregisseure und Schauspieler, Tänzer, Maler und Straßenkünstler ... Sie alle gibt es in Irland, und zwar in einer Anzahl und Qualität, die den Neid sehr viel größerer Länder erregen könnte. Man denke nur an James Joyce, Samuel Beckett, W. B. Yeats, Seamus Heaney, Edna O'Brien, U2, die Chieftains, John McCormack, Mary Black, Ballykissangel, Father Ted, The Commitments, Maureen O'Hara, *Riverdance*, Jack Yeats ...

Die mündliche Überlieferung von Sagen und Legenden hat eine mehr als 2000-jährige Geschichte und ist tief im nationalen Bewusstsein verankert. Es ist kein Zufall, dass De Danaan, eine einflussreiche Gruppe von Volksmusikern, den Namen eines mythischen Geschlechtes von Zauberern trägt oder dass das Kulturzentrum in der Grafschaft Ardagh Ti Chulainn heißt – das Haus von Chulainn, dem legendären Schmied vom nahen Slieve Gullion Mountain. Solche Namen und die Legenden, auf die sie zurückgehen, haben bis heute nichts von ihrer Magie verloren.

DIE HELDENTATEN VON FIONN MACCUMHAILL

Der bekannteste der irischen Helden dürfte Fionn MacCumhaill (»Finn McCool«) sein, der nicht eigentlich ein Riese war, aber dessen Heldentaten eines solchen würdig waren. Die ersten Geschichten über ihn wurden bereits im 4. und 5. Jahrhundert erzählt. Fionns berühmteste Tat war die Gründung einer Gruppe ritterlicher Helden, die Fianna (die »Krieger«) genannt wurden. Die Aufnahmeprüfung war hart. Jeder, der sich der Fianna anschließen wollte, musste sich – bis zur Taille in der Erde eingegraben und nur mit einer Haselrute bewaffnet – gegen neun gleichzeitig auf ihn geschleuderte Speere verteidigen. Außerdem musste er einer Gruppe von Fianna bei der Flucht durch einen Wald entkommen, ohne dabei einen Zweig abzubrechen. Außerdem musste er im vollen Lauf über einen mannshohen Stab springen, sich unter einem kniehohen hinwegducken und einen Dorn aus seiner Fußsohle ziehen. Und natürlich musste jeder Kandidat sich als unvergleichlich tapfer und ehrenhaft erweisen und außerdem aus dem Stegreif Gedichte vortragen können. Das erklärt, warum es nur wenige Fianna gab.

Die vielleicht beste Geschichte handelt davon, wie sich der alte Fionn MacCumhaill in die schöne Gráinne verliebt, die Tochter von Cormac, dem Hochkönig von Tara (siehe S. 266f), und davon, wie er ihr folgt, nachdem sie mit dem jungen Fianna-Mann Diarmuid durchgebrannt ist. Dies ist die Geschichte einer großen Verfolgungsjagd, und in ganz Irland findet man Felsen und Senken, die »Diarmuids und Gráinnes Bett« heißen. Am Ende bekommt Fionn seine Frau, aber erst, nachdem er sich auf dem Berg Benbulben an dem sterbenden Diarmuid gerächt hat (siehe S. 216).

VOM ERZÄHLEN ZUM SCHREIBEN

Geschichten wie diese waren das Fundament einer jahrhundertealten Tradition des Erzählens. Dieses Überliefern von Geschichten am heimischen Herd ist weitgehend der Fähigkeit des Lesens, der Bildung und den modernen Formen der Unterhaltung zum Opfer gefallen. Wenn diese Begabung im Umgang mit Worten ihren schriftlichen Niederschlag findet, dann wird eine typisch irische Magie spürbar. Irland hat nicht nur ungefähr vier Träger des Literatur-Nobelpreises hervorgebracht – William Butler Yeats (1923), George Bernard Shaw (1925), Samuel Beckett (1969) und Seamus Heaney (1995) – eine wahrhaft erstaunliche Ehre für ein so kleines Land. Der Schriftsteller, den viele für den größten Irlands halten, James Joyce (1882–1941), hat den Nobelpreis nie erhalten. Dennoch war es Joyce mit seinem vielfach verschlungenen, brillanten Meisterwerk *Ulysses* (1922) – unvorstellbar gewagt in seiner sexuellen Unverblümtheit und seiner offenen

Strahlendes Lächeln und eine erstaunliche Energie zeichnen diese jungen irischen Tänzerinnen aus, deren Kleider nach alten keltischen Symbolen bestickt sind

Kampfansage an die Vertreter der »Keltendämmerung« in der damaligen Literatur –, der den Prototyp des modernen Romans schuf und ihm die Bühne bereitete.

James Joyce mag unangefochten an der Spitze der literarischen Genies Irlands im 20. Jahrhundert stehen, aber es gibt noch viele weitere. Unter den Verfassern von Kurzge-

Oscar Wilde: Funkelnder, bissiger Witz

schichten ragen Liam O'Flaherty (1897–1984), Sean O'Faolain (1900–91), Frank O'Connor (1903–66) mit seinen Erzählungen aus dem Unabhängigkeitskrieg von 1919–21 wie etwa *Guests of the Nation* ebenso wie der sanfte Humorist John B. Keane (1928–2002). Zu den Romanciers, die die Nuancen irischen Lebens einfingen, zählen Brian Moore (geb. 1921), Edna O'Brien (geb. 1930), der wundervoll subtile John McGahern (geb. 1934) und der umwerfend komische und gelehrte Brian O'Nolan (1911–66), der unter den Namen Flann O'Brien und Myles na Gopaleen schrieb.

DER KAMPF UM DIE LITERARISCHE FREIHEIT

Diese Autoren hatten es nicht leicht in der repressiven kulturellen Atmosphäre des Landes, in dem sie ihre Arbeiten zu veröffentlichen suchten. 1960 wurde Edna O'Briens Roman

The Country Girls wegen Unmoral verboten, 1966 John McGaherns zweiter Roman *The Dark*, dessen Thema homosexueller Kindesmissbrauch war. James Joyce schrieb seinen *Ulysses* im selbst gewählten künstlerischen Exil und veröffentlichte ihn auch im Ausland – eine Publikation des Werkes, das viele für den bahnbrechendsten Roman seiner Zeit halten,

Samuel Beckett: Rätselhafte Brillanz

wäre in seinem Heimatland undenkbar gewesen. Auch als er 1941 starb, konnten seine Landsleute sein Meisterwerk in Irland nicht kaufen; damit mussten sie bis in die 60er Jahre warten.

Zu den späteren Autoren, die von der mühsam errungenen Freiheit profitierten, gehören Roddy Doyle (geb. 1958) mit seiner bissigen und gleichermaßen komischen Dubliner Trilogie *The Commitments, The Snapper* und *The Van*; Eoin McNamee (geb. 1960) mit dem düsteren Roman *Resurrection Man* über die Unruhen in Belfast; Maeve Binchy (geb. 1940) und Frank McCourt (geb. 1930), der für seine eindringliche Darstellung einer elenden Kindheit in *Angela's Ashes* (Die Asche meiner Mutter) 1997 den Pulitzerpreis erhielt.

Erwähnenswert sind auch drei Autoren, die weder Romane noch Kurzgeschichten schrieben, dafür aber bemerkenswerte Autobiografien – Tomás O'Crohan (*The Islandman*, 1929), Maurice O'Sullivan (*Twenty Years A-Growing*, 1933) und Peig Sayers (*Peig*, 1936). Diese drei gälisch schreibenden Autoren von den abgelegenen Blasket Islands in Kerry sind Beispiele für bemerkenswerte Talente in einer sehr kleinen, kulturell isolierten und weitgehend analphabetischen Gemeinschaft.

Monaghan. Er räumte auf mit der Legende von den würdevollen, glücklichen irischen Bauern, die Eamon de Valera propagierte, und bahnte damit den Weg für die leicht zugänglichen, unkomplizierten und dennoch tiefen Einsichten, die Seamus Heaneys Werk auszeichnen.

Heaney aus der Grafschaft Derry in Nordirland fand Möglichkeiten, die Spannungen

Seamus Heaney: Dichter mit Nobelpreis

Roddy Doyle: Rauer Dubliner Humor

LYRIK VON YEATS BIS HEANEY

In der Dichtkunst führt eine Reihe genialer Poeten von William Butler Yeats (1865–1939) über Patrick Kavanagh (1904–67) bis zu Seamus Heaney (geb. 1939). Ein Großteil von Yeats' Werk ist zurzeit wenig populär; viele Kritiker halten ihn jedoch für wichtig – wegen seiner katalytischen Wirkung auf die gälische Renaissance um die Jahrhundertwende, der Förderung eines irischen Nationalgefühls und natürlich wegen seiner Dichtkunst. Wie die Dinge liegen, gilt der Maler Jack Yeats, der Bruder des Dichters, mit seiner eindringlichen, expressionistischen Kunst, geprägt von der Landschaft von Sligo, in der die Brüder aufwuchsen, heute als wesentlich größerer Neuerer.

Patrick Kavanaghs Hauptthema waren die harte Arbeit und die finanzielle und geistige Armut seiner Heimat, der Grafschaft

und Ängste im Land darzustellen, ohne zum politischen Agitator zu werden; seine Momentaufnahmen des Lebens auf dem Land und seine Bilder der Menschlichkeit machen ihn zum bedeutendsten lebenden Dichter Irlands.

DAS THEATER ...

Unter den irischen Dramatikern, die das Welttheater beeinflusst haben (oft aus einem kulturellen Exil), finden sich weltbekannte Namen wie Oscar Wilde (1854–1900), George Bernard Shaw (1856–1950), Sean O'Casey (1880–1964) mit seiner großartigen Trilogie *Der Rebell, der keiner war, Juno und der Pfau* und *Der Pflug und die Sterne* und der Mann, der 1932 der Sekretär von James Joyce wurde, bis er erkannte, dass er selbst einiges zu sagen hatte – Samuel Beckett (1908–89), der Autor des weltberühmten, wenn auch unergründlichen Theaterstücks *Warten auf Godot*.

»The way yeh love me is frih'nin ...«, singt Brother Deco in *The Commitments* (1991)

... UND DER FILM

Der klassische irische Dokumentarfilm, Robert O'Flahertys *Man of Aran*, kam 1934 heraus. Doch erst nach der Gründung des Irish Film Board 1981 wurde Irland tatsächlich zu einem Filme produzierenden Land. Besonders erwähnenswert sind Neil Jordans *The Crying Game* (1992), *Michael Collins* (1996), ein Bericht über das Leben und Sterben eines Anführers im Unabhängigkeitskrieg (mit Liam Neeson), und *The Butcher Boy* (Der Schlächterbursche, 1998), die Verfilmung von Patrick McCabes gleichnamigem Roman über den Horror des Kleinstadtlebens.

Jim Sheridan gelangte mit seiner Verfilmung von Christy Browns *My Left Foot* (1989), in dem Daniel Day Lewis die Hauptrolle spielte, zu internationalem Ansehen. John B. Keanes ironische Parabel *The Field* (1990) wurde in der spektakulären Szenerie der Berge um Killary Harbour an der Grenze zwischen Mayo und Galway verfilmt, und auch *The Name of the Father* (1993), die Geschichte der ungerechten Einkerkerung der Guildford Four für ein IRA-Bombenattentat, an dem sie unschuldig waren, gleichfalls mit Daniel Day Lewis und teilweise in der düsteren Umgebung des Kilmainham-Gefängnisses in Dublin (siehe S. 76 ff) gefilmt, erregte Aufsehen.

Drei hochkomische Filme wurden nach Roddy Doyles *Barrytown-Trilogie* gedreht. Alan Parker verfilmte *The Commitments* (1991) und Stephen Frears *The Snapper* (1993) und *The Van* (1996). Auch Hollywood bediente sich der fotogenen Natur der irischen Landschaft – Mel Gibson drehte ein paar wilde »schottische« Szenen seines gegen die Engländer kämpfenden *Braveheart* in der Nähe von Trim in der Grafschaft Meath, und für das Schlachtgetümmel bei der Landung in der Normandie in Stephen Spielbergs *Der Soldat James Ryan* (1997) musste die Küste der Grafschaft Wexford herhalten.

DIE IRISCHE SPRACHE

Nachdem die irische Sprache, das Gälische, nach der Hungersnot so weit verschwunden war, dass kaum noch einer von zehn Menschen ihrer mächtig war, ist sie mittlerweile wieder aufgelebt und wird neuerdings sogar an den Schulen gelehrt. Zwar ist Gälisch nur für drei Prozent der Menschen in der Republik Irland die Alltagssprache, aber mehr als zehn Prozent beherrschen es, und die meisten gebildeten Leute können es zumindest verstehen. Die

Rücksichtslose Entschlossenheit: Hurler im Kampf um Ruhm bei Irlands populärster Sportart

Hochburgen des Gälischen – West-Donegal, Nordwest-Mayo, Connemara und die Aran-Inseln, West-Kerry und ein paar andere Orte – werden *Gaeltacht*-Regionen genannt, und die Gälisch sprechenden Gemeinden werden mit Subventionen gefördert. Dort haben Sie die besten Chancen, Gälisch zu hören, aber auf zweisprachigen Straßenschildern können Sie es im ganzen Land lesen. Für die Gälisch sprechende Bevölkerung senden Radio na Gaeltachta und

Aussprache

á (bodhrán) = »aw« (»bow-rawn«)

ane (cloghane) = kurzes an (»cloch-an«)

bh (cobh) = v (»cove«)

ch (Achill) = »ch« wie im schottischen »loch«

dh (bodhrán) ist stumm

eagh oder **eigh** (Glenveagh, Glenbeigh) = »ay« (»Glenvay, Glenbay«)

gh ist am Ende eines Wortes stumm; in der Mitte ist es weicher als das »ch« in »loch«, fast wie »h«, aber etwas härter

h ist etwas härter als »h«, aber weicher als »loch«

Teilifis (Fernsehen) na Ghaeilge, beide mit Sitz in Connemara.

Das Wiederaufleben der Sprache ist ein Symbol des irischen Nationalstolzes. Ein anderes ist die ungeheure Popularität traditionell irischer Sportarten wie Hurling (eine Art Hockey) und Gälischer Fußball. An den Wochenenden sieht man in den meisten städtischen Parks Kinder, die mit *hurley* (Holzstab) und *sliotar* (Lederball) spielen. Dieses Festhalten an Traditionen hat jedoch nicht verhindert, dass auch Fußball in Irland zu einer Leidenschaft wurde; die Nationalmannschaft erreichte 1990, 1994 und 2002 das Viertelfinale der Weltmeisterschaft.

Eine weitere beliebte Freizeitbeschäftigung im Süden von Armagh und in der ländlichen Grafschaft Cork ist das Straßenbowling, bei dem die Spieler einen Eisenball über eine vorher festgelegte Entfernung (in manchen Fällen etliche Kilometer weit) befördern müssen, und zwar mit so wenigen Würfen wie möglich. Wenn Sie bei Ihrer Reise auf eine improvisierte Straßensperre stoßen, findet wahrscheinlich ein solcher Wettkampf statt. Steigen Sie aus Ihrem Wagen aus, und nutzen Sie die Chance, einen sehr irischen Sport zu beobachten.

PFERDELEIDENSCHAFT

Große Beträge können beim Pferderennen, der größten Sportleidenschaft der Iren, gewonnen werden. Sie sollten den *curragh* in der Grafschaft Kildare (siehe S. 96 f) aufsuchen und unter fast 30 Bahnen und Dutzenden von Veranstaltungen wählen, von den unvergleichlich spannenden Laytown Races am Strand in der Nähe von Drogheda und der Feiertags-Atmosphäre der Galway Races bis hin zur bunten Mischung aller sozialen Schichten beim Irischen Derby auf dem *curragh* im Juni.

Bei diesen Anlässen herrscht eine fröhliche Demokratie. Aber seien Sie vorsichtig – sonst kann es passieren, dass Ihnen erst zu spät auffällt, dass Ihnen der freundliche Mann in den schmutzigen Knickerbockers gerade einen lahmen Gaul verkauft hat. Wenn Sie tatsächlich ein Pferd kaufen wollen, sollten Sie auf der Clifden Show im August (siehe S. 185) Ausschau nach einem Connemara-Pony halten.

VOLKSMUSIK – LEBENDIG UND MITREISSEND

Von allen Bereichen der Kunst ist es die Volksmusik, die heute die Flagge der irischen Kultur am offenkundigsten hochhält – diese ansteckende, unwiderstehliche Melodienflut, die ursprünglich nur zur Unterstützung von Tänzern gedacht war, aber inzwischen ein Eigenleben entwickelt hat.

In den 1960er Jahren trugen die Dubliners und die Clancy Brothers irische Lieder und

Wenn in einem Pub Volksmusik gespielt wird, darf jeder mitmachen, der die Melodie halten kann

Balladen vor, Anfang der 70er Jahre erschienen die Chieftains mit brillanten Interpretationen auf der Bühne und finden noch heute weltweite Anerkennung, und jüngere Gruppen wie De Danaan, Planxty, die Bothy Band, Dervish und Patrick Street konnten feststellen, dass es sich lohnt, irische Musik zu spielen.

Meister ihrer Kunst wie die *Uilleann*-Bläser Liam O'Floin und Davy Spillane, die Sängerinnen Dolores Keane, Mary Black und Cathal McConnell und die Geiger Tommy Peoples, Kevin Burke sowie der junge, dynamische Martin Hayes genießen eine Popularität, um die jeder Rockstar sie beneiden könnte.

Ein Junge aus Belfast: Van »The Man« Morrison trägt auf der Bühne einen meisterhaften Blues vor

Das erstaunliche internationale Interesse an irischer Volksmusik liegt zum großen Teil an der Größe und geographischen Ausbreitung der irischen Diaspora; das ist in den USA am deutlichsten, doch irische Pubs gibt es in der ganzen Welt. Auch die modernen Medien spielen eine wichtige Rolle. Ob es einem gefällt oder nicht – die eingängigen, glamourösen Darbietungen von Shows wie *Riverdance* und *Lord of the Dance* auf Fernsehschirmen in der ganzen Welt haben die Aufmerksamkeit nicht nur auf die Kostüme und den Tanz gelenkt, sondern auch auf die ungebärdige Musik, die das Ganze vorantreibt. Und wenn Zuhörer und Zuschauer auf den Geschmack gekommen sind und beschließen, nach Irland zu reisen, um zu sehen, wie das alles angefangen hat, dann werden sie zu ihrem Entzücken feststellen, dass die Musik nirgendwo lebendiger und mitreißender klingt als in ihrem Ursprungsland.

MUSIKALISCHE VERANSTALTUNGEN

Ausgefeilte Musik von professionellen Gruppen können Sie in Bunratty Castle und anderen Touristenzentren hören. Auch in den Städten werden Konzerte mit namhaften Musikern veranstaltet. Die beste und schönste Volksmusik können Sie jedoch bei den Veranstaltungen hören, die in Pubs im ganzen Land stattfinden (siehe S. 43).

Jedermann in einer Stadt oder einem Dorf kann Ihnen sagen, wo und wann Sie solche Veranstaltungen erleben können. Sie beginnen gewöhnlich um 21.30 Uhr und dauern bis 23.30 Uhr (oder viel länger); sie können völlig spontan sein, in ihrem Mittelpunkt stehen aber gewöhnlich ein oder zwei Musiker, die der Wirt des Pubs engagiert hat. Zu den Instrumenten

gehören oft Geige, Flöte, Akkordeon, *bodhrán* (eine runde Ziegenfelltrommel), Blechpfeife, *uilleann* (wörtlich »Ellbogen-Flöte«), Gitarre, Mandoline und Banjo – in vielfältigen Kombinationen. Jeder kann mitmachen, nachdem er vorher höflich um Erlaubnis gefragt hat und sofern er über die erforderlichen Fähigkeiten verfügt und die anderen nicht aus dem Takt bringt. Die Musik bei diesen Veranstaltungen hat häufig beachtliche Qualität. Manchmal verwandelt sie sich in ein erstaunliches Potpourri mit unaufhaltsamem Tempo oder in ein herzerweichendes Lied oder eine Melodie, bei der man in einer überfüllten Bar das Fallen einer Stecknadel hören könnte.

In Irland scheinen Rock- und Popkünstler geradezu aus dem Boden zu sprießen – Superstar Van Morrison aus Belfast, Boygroups wie

Eins-zwei-drei-vier! Die Meinungen über die *Riverdance*-Show sind geteilt. Sind sie ein frischer Wind oder eine Parodie auf die irische Volkskunst?

Boyzone und Westlife, Sängerinnen wie Mary Black und Sinéad O'Connor, Popgruppen von den Corrs bis hin zu den Cranberries, Rockbands von Rory Gallaghers R & B-Gruppe bis zur weltbekannten Band U2 und wilde Rockpoeten wie Shane McGowan von den Pogues und Phil Lynott von Thin Lizzy.

Erstaunliche Resultate sind auch zu bewundern, wenn experimentierfreudige Musiker Volksmusik mit Rock vermischen (The Pogues, The Waterboys), mit Jazz (Moving Hearts, Davy Spillane) oder mit klassischer Musik (Michael O'Súilleabháin). ∎

Essen und Trinken

NOCH BIS VOR KURZEM LIESS SICH DIE IRISCHE KÜCHE NUR MIT EINEM Wort beschreiben: langweilig. Doch Wohlstand und Tourismus haben die Ansprüche steigen lassen. In den 90er Jahren sind Restaurants mit internationaler Küche wie Pilze aus dem Boden geschossen; dasselbe gilt für die Filialen der Fast-Food-Ketten. Einheimische Gerichte waren out, denn sie galten als Armeleute-Essen. Dieser Trend hat sich durch die neue Lebensart neuerdings jedoch wieder umgekehrt.

Eine Göttergabe – ein frisch gezapftes Guinness und dazu ein Teller frischer Austern mit einem Hauch Zitrone

Die modernen Küchenchefs achten darauf, nur die besten frischen Zutaten zu verwenden, die eine relativ unverschmutzte Insel wie Irland zu bieten hat, darunter Wildlachs aus dem Atlantik, Berglamm, Schalentiere und biologisch angebautes Gemüse. Es macht ihnen Freude, etwas Besonderes aus traditionellen Gerichten zu zaubern, zum Beispiel aus *champ* (Kartoffelbrei und Lauch), *drisheen* (Blutwurst), *colcannon* (Kartoffeln, Kohl, Zwiebeln und Sahne), *brack* (Früchtebrot) oder auch aus dem berühmten Irish Stew, einem Eintopf, der neben den vier Hauptzutaten Hammelfleisch, Kartoffeln, Zwiebeln und einer Prise Irgendwas so ziemlich alles enthalten kann.

Besucher mit intakten Vorurteilen wundern sich oft, dass das irische Nationalgetränk nicht Guinness ist, sondern Tee. Gott allein weiß, wie viel Tee in Irland täglich getrunken wird, aber auf jeden Fall ist es sehr viel. In den Städten bekommt man aber auch einen sehr anständigen Kaffee, vom Cappuccino bis zum Espresso mit allen dazwischen liegenden Variationen. Bei den alkoholischen Getränken ist die kleine, aber feine Auswahl an irischen Whiskeys zu empfehlen, außerdem die wachsende Zahl unpasteurisierter, ungefilterter Biere von kleinen, unabhängigen Brauereien, die mit einer Handpumpe gezapft werden.

Doch zu jedem Besuch im Pub gehört natürlich auch das berühmte dunkle Bier mit der sahnigen Krone. Beamish und Murphy's (in Cork bevorzugt) sind süßer; Guinness ist schwerer und bitterer. Es stimmt, was die Iren den Besuchern erzählen: Wenn Sie Guinness zu Hause probiert haben und es nicht mochten, versuchen Sie es noch einmal, wenn Sie nach Irland kommen. Ein in einem irischen Pub getrunkenes Guinness ist ein Hochgenuss.

Wenn Sie wissen, wo Sie suchen und wie Sie danach fragen müssen, können Sie auch den berühmten *poteen*, den selbst gebrannten Whiskey probieren – versuchen Sie es in den abgelegenen Gegenden im Westen. Das Schnapsbrennen ist zwar verboten, aber alte Traditionen sind nun einmal stark – genau wie der *poteen*, der weich, aber auch extrem streng schmecken kann. Fehlerhaft destilliert, kann er verheerende Folgen haben und sogar tödlich sein, aber der gute Stoff ist durchaus trinkbar und verleiht dem einen oder anderen Genießer ungeahnte musikalische Talente. ∎

Adrette junge Kellner erfüllen den Gästen jeden Wunsch im Eden Restaurant am Meeting House Square (siehe S. 356) in Dublin

Festkalender

Manche Daten variieren von Jahr zu Jahr.
Informationen unter www.festivals.travel.ie.

Januar
**Connemara Four Seasons Walking
Festival** – wandern und feiern rund um die
Twelve Bens *(Tel. 095-213 79).*

Februar
Anfang Februar – mit Imbolc beginnen die
Keltenfeste von Derry *(Tel. 02871-264 132).*

März
17. März: St. Patrick's Day – die belieb-
teste Party der Welt *(Tel. 01-676-3205).*

April
City of Belfast Spring Fair – großartige
Blumenschau *(Tel. 02890-270 467).*

**Bei einer Parade am St. Patrick's Day
werden bekannte Persönlichkeiten karikiert**

Mai
Ende Mai: Fleadh Nua, Ennis – die Elite
der irischen Volksmusiker und -tänzer trifft sich
in dem Landstädtchen Clare *(Tel. 086-8260 300).*

Juni
Ende Juni: Irish Derby – Adel und gemeines
Volk Schulter an Schulter auf dem *curragh* am
großen Renntag *(Tel. 045-441 205).*

16. Juni: Bloomsday – eine literarische
Kneipentour durch Dublin zum Gedenken an
Leopold Bloom, den Helden von *Ulysses (Tel.
01-878-8547).*

Juli
12. Juli: Orangemen's Day – mit Flöten und
Trommeln feiern die Protestanten den Sieg von
»King Billy«, Wilhelm III. von Oranien, in der
Schlacht am Boyne 1690 *(Tel. 02890-246 609).*

Juli/August
Rennen in Galway *(Tel. 091-753 870)* und
Galway Arts Festival *(Tel. 091-509 700)* –
Spaß und Spannung auf der Rennbahn, die
überleiten zu Musik, Theater, Filmen und
literarischen Events rund um Galway.
**Dritter Donnerstag im August: Conne-
mara Pony Show** – Festival in Clifden im
County Galway mit Ausstellung, An- und Ver-
kauf der bekannten Ponys *(Tel. 095-211 63).*

September
**Den ganzen Monat: Matchmaking in Lis-
doonvarna, County Clare** – für Besucher
sehr lustige Veranstaltung, bei der Junggesellen
auf Brautschau gehen *(Tel. 065-707 4005).*

Oktober
**Mitte Oktober: Kinsale Gourmet
Festival** – Meeresfrüchte genießen vor einer
großartigen Küstenkulisse im County Cork
(Tel. 021-6772382).

November
**Ende Oktober/Anfang November:
Wexford Opera Festival** – große Opern-
stars treten vor begeistertem Publikum auf
(Tel. 053-22144).
Den ganzen Monat: Cork Arts Festival –
Kunst, Theater, Musik, Film *(Tel. 021-432 6445).*

Dezember
**Anfang Dezember: Downpatrick Christ-
mas Festival** – Kunsthandwerk, Gesang und
Weihnachtsstimmung *(Tel. 02844-610 854).*
Dingle Wren, 26. Dezember – ausgelassene
Stimmung in Dingle; extravagante Kostüme
und wilde Musik *(Tel. 066-7121 288).* ■

Was immer Sie sich von
Ihrem ersten Irlandbesuch
erhoffen – einen Einblick in die
Geschichte, der Sie nachdenklich
macht, großartige Sammlungen von
Kunstschätzen oder viel Spaß und
ausgelassenes Feiern – in Dublin
werden Sie es finden.

Dublin

**Georgianischer Türklopfer,
Dublin**

Molly Malone oder »The Tart with the Cart«, wie die Dubliner diese Statue ihrer Heldin nennen

Dublin

DAS BESTE AN DUBLIN IST, DASS ES DIE *EINE* SACHE GAR NICHT GIBT, DIE MAN als das Beste bezeichnen könnte. Jeder der unzähligen Aspekte von Irlands reizvoller Hauptstadt trägt dazu bei, das Bild einer Stadt zu formen, die reich an Geschichte ist – an schweren Zeiten und Wohlstand, würdevoller Einheit und rasanter Expansion.

Diejenigen, die Dublin in »der guten alten Zeit« erlebt haben, werden Ihnen erzählen, dass die Stadt ihre Gemütlichkeit und Menschlichkeit verloren habe, die beispielsweise James Joyce inspirierte. Natürlich hat der wirtschaftliche Aufschwung der 1990er Jahre die einst verschlafene Stadt am Fluss Liffey in einen Ort verwandelt, an dem viel Geld kursiert und an dem es neben unzähligen neuen Unternehmen auch Unmengen an schicken Restaurants, Weinbars und Tanzlokalen gibt, auf die Jungunternehmer so viel Wert legen.

Dennoch gibt es auch heute noch Armut in einigen Vierteln. Doch diejenigen, die Dublin zum ersten Mal besuchen, werden begeistert sein von dieser Stadt, in der Zuversicht und Energie zu spüren sind, ohne dass dabei die kleinen Pubs und Gärtchen verschwunden sind, die einem das Gefühl geben, auf einer Zeitreise zu sein. In den belebteren Vierteln herrscht sogar nachts ein buntes Treiben.

Eines der wichtigsten Merkmale von Dublin ist das Fehlen von Hochhäusern in der Innenstadt. Die schönen Gebäude aus der georgianischen und viktorianischen Zeit wie etwa das Hauptpostamt, das Zollgebäude und die Bauten des Trinity College beherrschen das Stadtbild. Das trägt zweifellos dazu bei, die Besucher in die richtige Stimmung für das mythische Dublin zu versetzen, das die meisten zu finden hoffen – die Stadt von James Joyce, in der die Uhren langsamer gehen und in der man immer Zeit für ein weiteres Bier und ein Schwätzchen hat.

Ein weiterer Vorteil der Stadt ist ihre Lage am Liffey. Es heißt, das Guinness sei so viel besser als die Konkurrenzprodukte, weil es mit Liffeywasser gebraut würde. Das können Sie sogar glauben – aber nur so lange, bis Sie die schlammige, braune Brühe gesehen haben. Ihr Fluss liegt den Dublinern aber trotzdem am Herzen, und es ist ein schönes Bild, wie er sich durch die Innenstadt windet, vorbei an eindrucks-

Gefängnis, ein großes Nationaldenkmal, das Sie unbedingt besichtigen sollten, und Europas größte innerstädtische Grünanlage, der Phoenix Park. Hier können Sie sich erholen, wenn Sie eine Pause brauchen, um all die neuen Eindrücke zu verarbeiten.

Auch wenn die Stadt Dublin die größte Attraktion der gleichnamigen Grafschaft ist, bedeutet das nicht, dass es im Umland nichts zu sehen gäbe. Der DART, Dublins schnelle Vorortbahn, führt Sie nach Norden oder Süden aus der Stadt heraus. Im Norden können Sie im St. Anne's Park in Killester oder auf der Landzunge von Howth Head spazieren gehen, von wo aus Sie einen wundervollen Blick über die

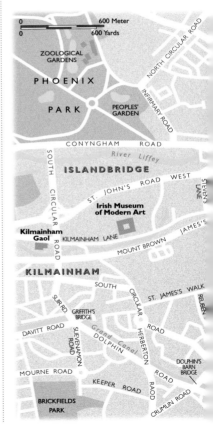

Pub-Gespräche – eine Mischung aus Weisheiten, Übertreibungen und, manchmal, Unsinn

vollen alten Kaianlagen und unter malerischen Brücken hindurch, auf seinem Weg ostwärts zur Dublin Bay. Diese Brücken sind viel mehr als nur eine Möglichkeit, den Fluss zu überqueren.

Die Innenstadt ist klein genug, um sie zu Fuß zu durchstreifen, und die meisten ihrer berühmten Sehenswürdigkeiten – Trinity College, St. Stephen's Green, die St.-Patrick's-Kathedrale, die Geschäfte und Cafés in der Grafton Street und das schick renovierte Temple-Bar-Viertel – liegen südlich des Liffey. Nördlich des Flusses herrscht ein anderer Ton, doch die Marktschreier in der Moore Street und in Mary's Lane sollten Sie sich nicht entgehen lassen.

Östlich des Stadtzentrums, an den Kaianlagen, erwarten Sie phantastische Restaurants und Bars. Im Westen liegen das Kilmainham-

Berge, das grüne Land und das Meer haben. Zur Zeit der Rhododendronblüte unternehmen viele Dubliner einen Ausflug nach Howth Castle.

Weiter nördlich kommen Sie in den hübschen Ort Malahide, der für seine guten Restaurants berühmt ist. Die Burg von Malahide, fast acht Jahrhunderte lang das Heim der Familie Talbot, ist ein romantischer Traum aus Zinnen und Türmen, erbaut auf den Überresten einer normannischen Burg. Noch weiter nördlich liegt Skerries, ein reizvolles Fischerdorf in schöner Lage am Meer.

Südlich der Stadt fährt der DART durch einige schöne Küstenstädtchen – Dun Laoghaire, Dublins wichtigster Fährhafen, ist ein hübscher Ort für gemächliche Spaziergänge, und die schmalen Gassen von Dalkey vermitteln ein angenehm altmodisches Flair.

Andere Sehenswürdigkeiten im Süden der Grafschaft Dublin sind der James Joyce Tower bei Sandycove, wo der Schriftsteller sich einst aufhielt – der Turm wird auch auf den ersten Seiten des *Ulysses* erwähnt –, und von der Spitze des Killiney Hill aus können Sie einen Blick auf die Millionärsvillen im exklusiven Killiney werfen. An der Endhaltestelle des DART können Sie im alten Badeort Bray einen traditionellen irischen Tag am Meer erleben. ■

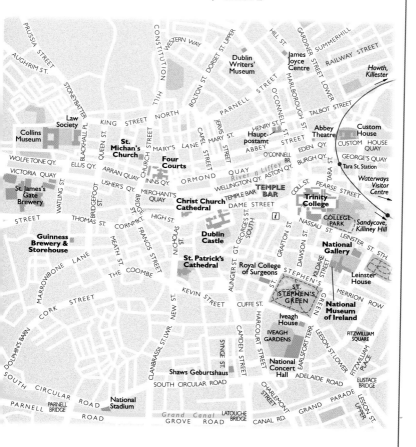

Studenten und
Touristen bevöl-
kern die Höfe des
Trinity College

**Dublin
Besucher-
information**
www.visitdublin.com

✉ Dublin Tourism,
Suffolk St., Dublin 2

☎ 01 605 7700

Trinity College
www.tcd.ie

🅰 53

✉ College St., Dublin 2

☎ 01 608 1000

🚌 Alle Stadtbusse

Trinity College

BEI DEN MEISTEN BESUCHERN VON DUBLIN STEHT DAS
Trinity College ganz oben auf der Besichtigungsliste. Das College kann
sich nicht nur der schönsten Universitätsgebäude in ganz Irland rüh-
men, sondern auch einer langen Liste von berühmten Absolventen: der
Polemiker Jonathan Swift, Irlands erste Präsidentin Mary Robinson,
die satirischen Humoristen Oscar Wilde und Brian O'Nolan (Flann
O'Brien), der Rebellenführer Wolfe Tone, Edmund Burke, *Dracula*-
Autor Bram Stoker und Samuel Beckett. Außerdem wird in der Universität das *Book of Kells* aufbewahrt, eines der kostbarsten Bücher der Welt.

Der bescheidene Torbogen in der
College Street lässt nicht erahnen,
was für großartige Gebäude sich dahinter verbergen. Nach dem hekti-
schen Treiben auf den Straßen des
modernen Dublin wird Ihnen die
Ruhe auf den gepflasterten Innenhöfen zwischen den vier Jahrhun-

derte alten Universitätsgebäuden
geradezu himmlisch vorkommen.
Königin Elisabeth I. gründete das
Trinity College 1592 mit dem Ziel,
»Irland zu zivilisieren, sowohl durch
Wissenschaften als auch durch die
protestantische Religion, und damit
dieses ungehobelte Volk aus der

Barbarei zu führen«. Die Protestanten gaben an dieser Universität tatsächlich lange den Ton an. Die katholische Kirche, deren Mitglieder schon seit dem 19. Jahrhundert hier studierten, gab dazu erst in den 60er Jahren offiziell ihren Segen. (Bis 1966 mussten Katholiken sich ihr Trinity-Studium noch von der zuständigen Diözese genehmigen lassen.) Die Tatsache, dass Frauen das Studium schon ab 1903 erlaubt war, zeigt, wie fortschrittlich diese traditionsreiche Hochschule immer war.

Im ersten Hof finden Sie links die **Universitätkapelle**, eine getäfelte Kirche mit wunderschönen Buntglasfenstern und einer in Grau- und Grüntönen gehaltenen Stuckdecke. Die Kapelle mit dem ovalen Grundriss wurde 1798 gebaut, im Jahr der gescheiterten Rebellion der United Irishmen. Beim Weitergehen kommen Sie an dem 30 Meter hohen Glockenturm vorbei und steuern dann auf die **Alte Bibliothek** zu, ein schönes Gebäude aus dem frühen 18. Jahrhundert. Im Erdgeschoss befindet sich eine Dauerausstellung mit dem Titel *Picturing the Word*. Sie erklärt, wie religiöse Manuskripte geschrieben und illuminiert wurden, und bereitet Sie auf den Höhepunkt der Ausstellung vor, das *Book of Kells* (siehe S. 56f).

Im ersten Stock der alten Bibliothek befindet sich der überaus beeindruckende **Long Room**, ein rund 60 Meter langer schattiger Tunnel mit einer Gewölbedecke, deren Säulen sich erst auf den zweiten Blick als gewaltige Bücherstapel entpuppen – insgesamt sind es etwa eine Viertelmillion Bände. Sehenswert ist auch eine Harfe aus dunklem Weidenholz, die auf das Jahr 1400 datiert wurde. Der Legende zufolge ist sie allerdings noch 400 Jahre älter und gehörte Brian Boru, dem Hochkönig von Irland, der 1014 in der siegreichen Schlacht von Clontarf gegen die Dänen starb.

Rechts: Eine Viertelmillion Bücher steht unter dem Gewölbe des Long Room in der Alten Bibliothek

Book of Kells
www.tcd.ie/info/trinity/
bookofkells/
✉ Trinity College,
College St., Dublin 2
☎ 01 608 2320
$ €€

Dublin Experience
✉ Trinity College,
Dublin 2
☎ 01 608 1688
🕐 Geschl. Okt.–Mitte
Mai
$ €€

Das andere historische Exponat ist ein leicht ramponiertes, grob gedrucktes Plakat, ein seltenes Original mit der Proklamation der Republik Irland, die während des Osteraufstandes 1916 (siehe S. 30ff) von den Rebellen überall in Dublin aufgehängt wurde und auf der volltönend verkündet wird: »Die provisorische Regierung der Republik Irland an die Menschen von Irland … Wir erklären hiermit das Recht der Iren auf den Besitz Irlands und auf die uneingeschränkte Kontrolle über Irlands Zukunft für unverbrüchlich und unantastbar … Hiermit erklären wir die Republik Irland zu einem unabhängigen Staat, und wir werden seine Freiheit, sein Wohlergehen und seine Stellung unter den Nationen mit unserem Leben und dem unserer Waffenbrüder verteidigen.«

Zwei weitere Attraktionen des Trinity sind ebenfalls sehenswert – die **Dublin Experience** genannte audiovisuelle Darstellung der Stadtgeschichte im Gebäude für Kunst und Sozialwissenschaften und die Flora und Fauna, die in die Steinmauern des **Museumsgebäudes** am New Square eingemeißelt ist. ■

Das Book of Kells

Die Mönche im Kloster von Kells schufen dieses großartige 680-seitige Buch der vier Evangelien um 800, also zu einer Zeit, in der das Talent und Einfluss der Mönche einen Höhepunkt erreicht hatten. Das Buch ist das schönste Beispiel einer illuminierten Handschrift. 1953 wurde es in vier Bänden neu gebunden, und zwei davon sind jeweils ausgestellt. Einer ist an einer Bildseite aufgeschlagen, der andere zeigt eine Textseite. Alle paar Monate werden die Seiten gewechselt, um zu vermeiden, dass die offenliegenden Seiten im Licht verblassen. Allerdings hat sich die Fixierung mit Eiweiß, die die Mönche vor 1300 Jahren vorgenommen haben, als erstaunlich dauerhaft erwiesen, denn die Details sind noch heute gut zu erkennen.

Bei genauer Betrachtung entdeckt man in den Initialen im *Book of Kells* allegorische Szenen, aber auch solche aus dem Alltagsleben im 8. Jahrhundert

Die Glaskästen mit den Büchern bilden das Herzstück der *Picturing-the-Word*-Ausstellung in der Alten Bibliothek des Trinity College (siehe S. 54f). Welche Seite auch immer aufgeschlagen sein mag, Sie werden hingerissen sein von der Schönheit, dem Sinn für Humor und der Phantasie, die Ihnen durch die Patina der Jahrhunderte entgegenstrahlt. Die Illustratoren von Kells sind offenbar stark vom künstlerischen Stil der Mönche von Iona (einem um 536 an der Westküste Schottlands gegründeten Kloster) beeinflusst worden, deren großzügige Linienführung und Liebe zum Detail auch das Buch aus Kells prägen.

Jedes Initial sieht auf den ersten Blick aus wie ein wirres Durcheinander von Kreisen, Rechtecken und verschnörkelten Blättern in Gold, Rot und Blau. Doch bei genauerem Hinsehen entdeckt man mehr – Bestien mit offenen Mäulern, verkrüppelte Teufel, kleine häusliche Szenen, sich leidenschaftlich umarmende Männer, großäugige Engel, himmlische Blüten und Früchte, allesamt geschickt eingeschmuggelt in senkrechte Linien oder runde Formen. Jede Seite wird so zu einer ermahnenden oder ermutigenden Predigt über die Fallgruben und Freuden des Lebens. Es ist unglaublich, wie viel Mühe sich die Mönche von Kells mit ihrem Meisterwerk gegeben haben – und wie viel Freude sie ganz offensichtlich daran hatten.

An Farben benutzten sie, was zur Hand war oder was sie geschenkt bekamen, kaufen oder eintauschen konnten – Blattgold, Kalk für Weiß, Grünspan für Grün. Rot gewann man aus Blei, Schwarz aus Kohle und Blau entweder von gemahlenem Lapislazuli oder aus Waid, einer Mittelmeerpflanze. Wie sehr die Arbeit die Augen beanspruchte und wie viele Migräneanfälle die Ausarbeitung der winzigen Details bei den Mönchen auslöste, können wir heute nur noch erahnen.

Versäumen Sie nicht, sich auch die anderen ausgestellten Evangeliare anzusehen: Das *Book of Mulling* im Taschenformat, das im 8. Jahrhundert für einen Missionar angefertigt wurde; das von Dimma um dieselbe Zeit geschriebene Evangeliar; das *Book of Armagh*, das 807 für Torbach, den Bischof von Armagh, angefertigt wurde; und das älteste existierende Evangeliar, das *Book of Durrow*, aus der Zeit um 675.

Wenn Sie keinen Wert darauf legen, eine halbe Stunde Schlange zu stehen, sollten Sie die Alte Bibliothek an Sommerwochenenden so früh wie möglich aufsuchen. ∎

Die Mönche, die das *Book of Kells* schufen, benutzten Dutzende von natürlichen Farben für ihr kunstvolles Werk

National Museum of Ireland

www.museum.ie

🅰 53

✉ Kildare St., Merrion Row, Dublin 2

☎ 01 677 7444

🕐 Geschl. Mo

🚌 Bus: 7, 7A, 8 (Burgh Quay), 10, 11, 13 (O'Connell St.); Zug: Pearse Station, DART

National Museum of Ireland

IN DUBLINS GROSSARTIGEM NATIONALMUSEUM IST DER größte Teil der wichtigsten archäologischen Funde Irlands versammelt, die im Laufe der Jahrhunderte von Torfschneidern, Pflügern oder Amateurarchäologen in Torfmooren, auf Feldern und Hügeln ausgegraben oder gefunden wurden. Auch die schönsten religiösen Kunstwerke Irlands können Sie in diesem Museum bewundern.

Die Eingangshalle des 1890 fertig gestellten Museums ist als Rotunde angelegt, und den Fußboden ziert ein riesiges Tierkreiszeichen-Mosaik.

DIE AUSSTELLUNGEN

Es gibt sieben Dauerausstellungen. Die Schatzkammer, die prähistorische Sammlung, »Ór – Irlands Gold« und »Der Weg in die Unabhängigkeit« befinden sich im Erdgeschoss, während auf der Galerie und in den angrenzenden Räumen im ersten Stock Ausstellungen über die Wikinger, das Alte Ägypten und über die Kirche untergebracht sind.

Das prähistorische Irland

Wenn Sie in die große Halle kommen, liegt die Ausstellung zum Thema prähistorisches Irland direkt vor Ihnen. Zu den Exponaten, die die Phantasie anregen, gehören der **Lurgan-Einbaum**, ein 19 Meter langes Boot, das vor fast 5000 Jahren aus einem Baumstamm herausgearbeitet wurde; die kleine **Knowth-Keulenspitze** aus Feuerstein, der so behauen wurde, dass sie einem erstaunt dreinblickenden menschlichen Gesicht ähnelt; schließlich die **Schilde aus Holz und Leder**, mit denen sich die Iren in der Stein- und Bronzezeit schützten.

Ór – Irlands Gold

Hinter der prähistorischen Sammlung in der Mitte der Halle finden Sie »Ór – Irlands Gold«, eine wundervolle Ausstellung von goldenen Ornamenten, hergestellt in der Bronzezeit zwischen 2000 und 700 v. Chr.

Eines der Prunkstücke ist das **Gleninsheen-Kollier**, eine schwere, mehrsträngige Goldkette mit runden Schulterauflagen, gefunden in der Nähe des Gleninsheen-Grabes im Burren in der Grafschaft Clare.

Die Schatzkammer

Auf der rechten Seite der Halle befindet sich die Ausstellung der berühmten irischen Schätze. Die drei bekanntesten sind die Tara-Brosche, der Schatz von Broighter und der Ardagh-Kelch.

Die Form der mit Edelsteinen besetzten **Tara-Brosche** aus dem 8. Jahrhundert hat als Vorbild für die vielen modernen Nachbildungen keltischen Schmucks gedient. Die Brosche wurde 1850 zufällig am Strand von Bettystown in der Nähe von Drogheda, südlich der Mündung des Boyne, gefunden. Im Museum liegt sie auf einem Spiegel, damit die Besucher auch das Goldfiligran an der Unterseite betrachten können.

Sehenswert ist auch der **Schatz von Broighter**, der in den 1890er

Oben: Die Königliche Kaserne aus dem frühen 18. Jahrhundert bot einst 3000 Soldaten Platz; unter dem Namen Collins-Kaserne ist sie heute ein Teil des Nationalmuseums

Rechts: Ein Prunkstück aus Irlands Goldenem Zeitalter, der Ardagh-Kelch aus dem 8. Jahrhundert, wurde 1868 auf einem Kartoffelacker in der Grafschaft Limerick ausgegraben

Gegenüber: Die Tara-Brosche, ein Meisterwerk der irischen Kunst des 8. Jahrhunderts, wurde 1850 durch Zufall an einem Strand entdeckt

Ein wertvoller Kelch

In den 1860er Jahren pflanzte ein Bauer namens Quinn seine Kartoffeln stets auf dem Gelände der Reerasta-Ringfestung in Ardagh. 1868 entdeckte er beim Graben einen erstaunlichen Schatz – den Ardagh-Kelch, vier Broschen, ein hölzernes Kreuz und eine Bronzetasse, die er versehentlich mit seinem Spaten zerschlug. Der ungebildete Quinn hatte keine Vorstellung vom Wert seines Fundes und verkaufte alles für 50 Pfund an einen Arzt aus der Nachbarschaft – zu jener Zeit eine enorme Summe für

einen Bauern, aber trotzdem ein schlechtes Geschäft. Acht Jahre später wurde der Schatz in Dublin ausgestellt, und sein Wert hatte sich um ein Vielhundertfaches erhöht. Quinn war zu dieser Zeit schon tot, doch seine Witwe forderte energisch eine Entschädigung. 1878 wurden tatsächlich 100 Pfund ausgezahlt – allerdings nicht an die Witwe Quinn, sondern an den Bischof von Limerick, auf dessen Land die Kartoffeln gepflanzt worden waren. Zu seiner Ehrenrettung sei erwähnt, dass er den unerwarteten Geldsegen mit ihr teilte. ■

**Oben: Das würde-
volle Leinster
House ist der
Sitz des irischen
Parlaments, des
Dáil Éireann**

Jahren in der Nähe von Limavady in der Grafschaft Derry gefunden wurde. Er repräsentiert bereits die Blütezeit der vorchristlichen Goldschmiedekunst – hauchdünne hohle Kettenanhänger, flache Scheiben mit eingehämmerten Mustern, halbmondförmige Halskragen und ein Schiffsmodell aus so feinem Blattgold, dass man das Gefühl hat, es könnte unter der leichtesten Berührung zerbrechen.

Der **Ardagh-Kelch** – eine breite Schale mit zwei Henkeln, hergestellt aus einer glänzenden Silber-Kupfer-Legierung und verziert mit feinem Blattgold, Kristall, Emaille und Bernstein – wurde in Irlands Goldenem Zeitalter im 8. Jahrhundert gefertigt. Die Geschichte seiner Entdeckung in der Nähe von Ardagh im Westen von Limerick (siehe S. 59) verrät uns einiges über die Gesellschaft des 19. Jahrhunderts und ihre Wertvorstellungen.

Zu den weiteren Exponaten gehört der **Schatz von Derrynaflan**, bestehend aus einem Silberkelch, Hostientellern und anderen Kostbarkeiten aus dem 8. und 9. Jahrhundert. Dieser Schatz wurde erst 1980 zufällig entdeckt.

Unter den vielen Reliquiaren und Schreinen befindet sich auch der **Schrein der St.-Patricks-Glocke** aus Bronze, der mit Kruzifixen, Gold und Edelsteinen verziert ist. Er wurde um 1100 angefertigt und enthielt eine schwere Eisenglocke (um 406), die ebenfalls ausgestellt ist.

Zu den weiteren Kostbarkeiten zählen mehrere edel-steinverzierte Schreine, die im 11. Jahrhundert zur Aufbewahrung von Bischofsstäben dienten, der aus dem 8. Jahrhundert stammende **Moylough-Gürtelschrein** aus versilberter Bronze und mehrere Bücherschreine. Vom Standpunkt des modernen Betrachters aus gesehen, sind die merkwürdigsten Objekte jedoch die Reliquiare für Dinge wie den Arm des heiligen Lachtins, den Schuh der heiligen Brigida und einen Zahn des heiligen Patrick.

Der Weg in die Unabhängigkeit

Die vierte Ausstellung im Erdgeschoss erzählt von Irlands Bemühen, die politischen Bande zu England zu zerreißen, beginnend mit dem frühen 20. Jahrhundert, vom Osteraufstand 1916 über den darauf folgenden Guerillakrieg, den Unabhängigkeitskrieg von 1919–21 bis hin zum schrecklichen Bürgerkrieg von 1922/23 zwischen der Armee des neu gegründeten Freistaats Irland und den Truppen der IRA. Von all den Toten des Bürgerkriegs war Michael Collins, der charismatische junge Anführer der Armee des Freistaats, wohl der namhafteste. Ausgestellt ist die Uniform, die Collins trug, als er am 22. August 1922 in der Nähe von Bandon im County Cork von einem IRA-Heckenschützen getötet wurde.

Die Wikinger in Irland

Im ersten Stock finden Sie die Wikingerausstellung auf der rechten Seite der Galerie, direkt oberhalb der Schatzkammer. Die Exponate verweisen das Vorurteil, Wikinger seien lediglich kaltherzige Plünderer und Mörder gewesen, ins Reich der Fabel, denn diese schöne Ausstellung beweist, dass sie geschickte Metallbearbeiter waren – vor allem ihre hübschen Nadeln und Broschen mit den ineinander verschlungenen Mustern sind sehenswert.

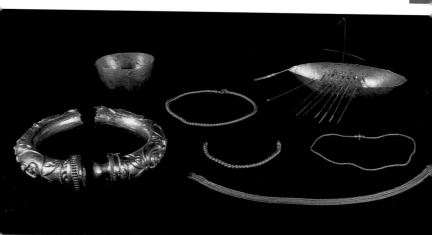

Die Kirche

Neben der Wikingerausstellung befindet sich eine weitere sehr schöne Sammlung, die den Titel »Die Kirche« trägt. Sie enthält weitere Reliquiare und Schreine und das wirklich phantastische **Kreuz von Cong**. Dieses Vortragekreuz aus Silber und vergoldeter Bronze wurde 1123 für Turlough O'Connor, den König von Connacht, angefertigt. Sein Reliquienfach war für die Aufnahme eines Splitters vom Kreuz Christi gedacht.

Das Alte Ägypten

Im vorderen Bereich der Galerie neben der Kurve der Rotunde befindet sich die letzte der Dauerausstellungen. Die altägyptische Sammlung enthält alles, was man zu diesem Thema erwartet, wie etwa bemalte Mumiensarkophage und hundsköpfige Götter.

Das Collins Museum

Zum Nationalmuseum gehört auch die Collins-Kaserne nördlich vom Wolfe-Tone-Kai am Liffey, gut zwei Kilometer östlich des Hauptgebäudes.

Das Kasernengebäude besticht durch seine Schlichtheit. Es wurde 1704 aus grauem Stein erbaut und bot einst 3000 Soldaten und tausend Pferden Platz. Heute ist dort eine ansehnliche Sammlung untergebracht. Zu den Exponaten gehören irische Keramiken, Silberkelche aus dem 17. Jahrhundert sowie moderner Schmuck, Kostüme aus allen Epochen, Waffen und Möbel.

Leinster House

Neben dem Nationalmuseum steht das Leinster House, in dem das irische Parlament, Dáil Éireann, tagt. Wenn Sie sich dafür interessieren, wie die irische Demokratie funktioniert, kaufen Sie sich eine Eintrittskarte für die Besuchergalerie, was aber nur möglich ist, wenn keine Sitzungen stattfinden.

Das zwischen 1745 und 1748 als Dubliner Sitz des Earl of Kildare erbaute Gebäude wurde 20 Jahre später umbenannt, als aus dem Earl der Duke of Leinster geworden war. 1922, kurz nach dem Ende des Unabhängigkeitskrieges, wurde es von der Regierung des Freistaats als Parlamentsgebäude übernommen. ■

Oben: Der Schatz von Broighter ist ein Beweis für das hohe Niveau der irischen Goldschmiedekunst im I. Jh. v. Chr.

Leinster House
www.irlgov.ie/oireachtas
🚇 53
✉ Kildare St., Dublin 2
☎ 01 618 3000

Collins Museum
🚇 53
✉ Benburb St., Dublin 7
☎ 01 677 7444
🕐 Geschl. Mo
🚌 Bus: 25, 25A, 66, 67 (Middle Abbey St.), 79, 90, 91 (Aston Quay) 172; Zug: Heuston Station

Gegenüber: Viele Jahrhunderte lang enthielt dieser Schrein die mächtige Eisenglocke des heiligen Patrick

Dublins Grafton Street verlockt zum Einkaufen – aber auch zum Schaufensterbummeln

Zu Fuß durch Dublin

Dieser Spaziergang durch das Herz von Dublin führt vom belebten Flussufer in die grüne Oase von St. Stephen's Green, in das schicke Temple-Bar-Viertel, vorbei an den Kaianlagen des Liffey bis zum großartigsten und schönsten georgianischen Gebäude der Stadt.

Sie starten auf der **O'Connell-Brücke**, überqueren den Liffey in südlicher Richtung und gehen am Eingang des **Trinity College** ❶ vorbei, in dem das *Book of Kells* (siehe S. 56 f) aufbewahrt wird. Folgen Sie der Nassau Street in östlicher Richtung, dann biegen Sie rechts in die Kildare Street ein und kommen am **Nationalmuseum** ❷ (siehe S. 58 ff) vorbei. Am Ende der Kildare Street geht es durch **St. Stephen's Green** ❸ und dann nach rechts in Dublins vornehme Einkaufsmeile, die **Grafton Street**. Gönnen Sie sich hier in **Bewley's Oriental Café** ❹ *(78 Grafton St., Tel. 01 677 6761)* eine Tasse Kaffee.

Am Ende der Grafton Street geht es nach links, vorbei an der alten Kirche, in der jetzt das **Touristenzentrum** untergebracht ist, und dann wieder links in die Dame Street zum **Dublin Castle** und zur **Chester Beatty Library und Gallery of Oriental Art** ❺ (siehe S. 67 ff). Von hier aus gehen Sie in nordöstlicher Richtung weiter in das Gewirr von

Temple Bar (siehe S. 64), bis Sie an den Liffey kommen. Folgen Sie den Kaianlagen in Richtung Süden bis zum Ende des Merchant's Quay, und überqueren Sie den Fluss dann auf der **Father Matthew Bridge**. Am anderen Ufer befindet sich rechts von Ihnen das georgianische **Four-Courts-Gebäude**, in dem noch heute das Landgericht und der Oberste Gerichtshof tagen.

Gehen Sie am Gerichtsgebäude vorbei, um wieder ans südliche Ende der O'Connell Street zu gelangen. Ein Stück weiter auf der linken Seite liegt das beeindruckende **General Post Office** oder **GPO** ❻ *(O'Connell Street, Tel. 01 705 7000)* von 1814–18, das heute als Nationaldenkmal an den Osteraufstand von 1916 erinnert. Von den Stufen dieses Hauptpostamts aus wurde die Proklamation der Republik verlesen.

Folgen Sie der O'Connell Street, und biegen Sie kurz vor dem Ende nach links in die Abbey Street Lower ein, in der das **Abbey Theatre** ❼

(Lower Abbey Street, Tel. 01 878 7222; Kasse So geschl., Theater nur zu Aufführungen geöffnet) steht. Es ist Irlands Nationaltheater.

Steuern Sie nun wieder auf den Fluss zu, aber bevor Sie wieder über die O'Connell-Brücke gehen, sollten Sie noch einen Block flussab-

🅰	Siehe Stadtplan S. 51
►	O'Connell Bridge
🔁	6 Kilometer
🕐	Von 2 Stunden bis zu einem ganzen Tag, abhängig von den besichtigten Sehenswürdigkeiten
►	O'Connell-Brücke

UNBEDINGT ANSEHEN

- Trinity College und das *Book of Kells*
- »Ór – Irlands Gold«, die Dauerausstellung im Nationalmuseum
- Chester Beatty Library & Gallery of Oriental Art
- GPO (Hauptpostamt)
- Custom House

Im Oriental Café in der Grafton Street kann man sich vom Einkaufsstress erholen

wärts spazieren und sich das 1781–91 erbaute **Custom House** ⑧ *(Custom House Quay, Tel. 01 888 2538; Nov.–Mitte März Mo und Di geschl.)* ansehen, das mit seinen Arkaden und der zentralen Kuppel als eines von Dublins schönsten Gebäuden gilt. ∎

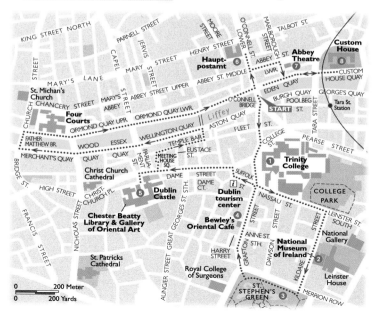

Temple Bar

**Temple Bar
Besucher-
information**

🚶 53

✉ 18 Eustace St.,
Dublin 2

☎ 01 677 2255

🕐 Geschl. Sa und So

🚌 Bus: Alle Innenstadt-
busse. Zug: Tara St.
Station, DART

**Die fröhliche
Atmosphäre von
Temple Bar spiegelt
sich schon an den
Fassaden wider**

WENN SIE NOCH VOR 20 JAHREN VOR EINER GRUPPE VON
Dublinern erwähnt hätten, dass Sie Temple Bar besuchen wollten,
hätte man Sie sicher sehr verwundert angesehen. Heute wird man
Ihnen nur erklären, in welcher Straße Sie tolle Restaurants finden und
dass vielleicht eine Tanztruppe aus Georgien im Arthouse auftritt …

Vor gar nicht so langer Zeit war geplant, Temple Bar (benannt nach Sir William Temple, zu dessen Grundbesitz auch eine Sandbank *(bar)* auf der Südseite des Flusses gehörte), zu Gunsten eines Busdepots abzureißen. Die Gegend westlich des Trinity College war sehr heruntergekommen, doch dann entwarf Group 91, ein Zusammenschluss junger Architekten, radikale Pläne für das Viertel. Sie planten eine kompakte Mischung aus Galerien, Theatern und einem Kunstzentrum, angeordnet rund um einen Marktplatz. Selbst die Dächer wurden angepasst – aus ihnen sprießen gedrehte Stäbe wie bei einer Punkfrisur; Balkone winden sich wie Schlangen, und die Gebäude leuchten in grellem Orange oder mediterranem Blau.

Auf einmal war Temple Bar das angesagteste Viertel in Dublin. Boutiquen und Lifestyle-Läden schossen aus dem Boden. Künstler, Fotografen und Filmemacher stellten ihre Werke aus, und nachts wälzt sich eine wahre Flut mehr als angeheiterter junger Leute von einem Club zum nächsten.

Das Viertel ist tagsüber ein ideales Ziel, wenn Ihnen der Sinn nach einer guten Tasse Kaffee oder einem Essen in einem der vielen ethnischen Restaurants steht, wenn Sie schick einkaufen oder auf dem Flohmarkt stöbern wollen oder wenn Sie einfach Lust haben, eine Weile die Einheimischen zu beobachten. Am Abend können Sie sich ins Partygetümmel stürzen.

Das Herz von Temple Bar ist der **Meeting House Square**, auf dem am Samstagsvormittag ein Markt *(Tel. 677 2255/671 5717)* stattfindet, auf dem Sie sich mit Oliven, Käse, Sushi, Brot und Wurst eindecken können. Rund um den Marktplatz befinden sich eine Schauspielschule, ein Freizeitzentrum für Kinder (The Ark), das Temple Bar Music Centre, das Arthouse-Kunstzentrum und das Irische Filmzentrum und -archiv. ■

St. Stephen's Green

VOM TRINITY COLLEGE AUS GESEHEN AM ANDEREN ENDE der Grafton Street, liegt St. Stephen's Green, eine neun Hektar große Parkanlage im Süden Dublins, die den Dublinern schon seit Generationen für erholsame Spaziergänge und Sonnenbäder dient.

St. Stephen's Green
🅰 53

Im Park sind den Helden in Irlands langem Kampf um die Unabhängigkeit Denkmäler gesetzt worden – unter ihnen Wolfe Tone, der Führer von 1798, und Constanze Gore-Booth, Countess Markievicz (siehe S. 214f), die wie eine Tigerin gegen die britische Vorherrschaft kämpfte und wegen ihrer Unterstützung des Osteraufstandes von 1916 verhaftet wurde.

Hübsche Häuser aus georgianischer Zeit umgeben den Park, unter ihnen das **Royal College of Surgeons** auf der Westseite, das noch heute Einschusslöcher von 1916 aufweist. Das große Hotel auf der Nordseite mit den Skulpturen von Prinzessinnen, die auf Sklavenmädchen herabschauen, ist das **Shelbourne**, ein typisch viktorianischer Prunkbau aus der Mitte des 19. Jahrhunderts.

Georgianische Architektur schmückt die **Upper Merrion Street**, den **Merrion Square** nordöstlich von St. Stephen's Green und die **Harcourt Street** im Süden. Es ist fast unmöglich, an den malerischen Doppeleingängen benachbarter Häuser mit Säulen und dekorativen fächerförmigen Oberlichtern vorbeizugehen. ∎

Zeitlose Eleganz strahlen nicht nur die Springbrunnen und Rasenflächen von St. Stephen's Green (ganz oben) aus, sondern auch die Hauseingänge (oben) der umliegenden Straßen

Oben: Die Mauern und der gewaltige Turm von Dublin Castle waren jahrhundertelang das Symbol der britischen Vorherrschaft im Herzen der irischen Hauptstadt

Dublin Castle
www.dublincastle.ie
🅰 53
✉ Dame St., Dublin 2
☎ 01 677 7129
🚌 Bus: 49, 54A, 56A, 77, 77A von Eden Quay, 123 von O'Connell St.; Zug: Tara St., DART
$ €€

Dublin Castle

SIEBEN JAHRHUNDERTE LANG WAR DIE BURG VON DUBLIN das Symbol der Unterdrückung durch die Engländer. Hier können Sie die faszinierenden Staatsgemächer aus dem 18. Jahrhundert, ein unterirdisches Gewölbe und die verschiedenen Türme erforschen. Im Uhrenturm der Burg ist eine der größten Sammlungen von Manuskripten und Kunstwerken aus dem Nahen und dem Fernen Osten zu bewundern.

Die Burg wurde Anfang des 13. Jahrhunderts als Sitz der englischen Herrscher über Irland gebaut, und diese Funktion hatte sie 700 Jahre lang – bis zur Gründung des Freistaats Irland 1922.

In der Geschichte der Burg hat es mindestens zwei Belagerungen gegeben – eine 1534 durch »Silken Thomas« Fitzgerald, dessen Anhänger durch einen tapferen Ausfall der dort stationierten Truppen vertrie-

ben wurden. Die andere war ein mit dem Mut der Verzweiflung durchgeführter Angriff der republikanischen Rebellen während des Osteraufstandes 1916, bei dem es den Angreifern nur für ein paar Stunden gelang, die britischen Soldaten in der Festung einzusperren.

Von der ursprünglichen Festung ist nicht mehr viel übrig, denn ihr Inneres wurde im 18. Jahrhundert dem damaligen eleganten Ge-

schmack entsprechend vollkommen neu gestaltet, und es wurden auch neue Gebäude angebaut. Im **Gewölbe** sind noch die Fundamente des normannischen Pulverturms zu sehen, erbaut auf Mauern, mit denen die Wikinger drei Jahrhunderte zuvor ihre Festung umgeben hatten. Darunter liegen alte Überreste einer Stadtmauer und eines Grabens – hier hat man wirklich das Gefühl, mitten in der Geschichte zu stehen.

Die Hauptattraktion jeder Führung durch die Burg sind die prunkvollen **Staatsgemächer**, die noch heute manchmal genutzt werden, wenn ausländische Würdenträger zu Gast sind. Bei der Besichtigung müssen Sie sich einem Führer anschließen, der einer festen Route folgt. Er wird Ihnen auch die **St. Patrick's Hall** zeigen, die rund 30 Meter lang ist und unter deren getäfelter und bemalter Decke die Banner des längst aufgelösten Patricksordens hängen; dann geht es durch das großartige blaue **Wedgwood-Zimmer**, den großen **Salon** und durch einen goldfunkelnden **Thronsaal** mit goldenen Kronleuchtern.

Rechts: Die Braut bereitet sich auf den Sprung auf einen Scheiterhaufen vor – Sammlung Chester Beatty

Chester Beatty Library and Gallery of Oriental Art
www.cbl.ie
✉ The Clock Tower, Dublin Castle, Dublin 2
☎ 01 407 0750
🕐 Geschl. Okt.–April Mo
🚌 Bus: 5U (Burgh Quay), 50, 51B, 54A, 56A, 77, 77A, 78A (Aston Quay), 123 (O'Connell St.); Zug: Tara St., DART

DAS CHESTER-BEATTY-MUSEUM FÜR ORIENTALISCHE KUNST

Die größten Schätze von Dublin Castle sind jedoch im Uhrenturm im Südwestteil zu finden – in der Chester Beatty Library and Gallery of Oriental Art. Dublin kann sich glücklich schätzen, diese großartige Sammlung zu besitzen, die Agenten des kanadischen Bergwerksmagnaten Sir Alfred Chester Beatty (1875–1968) im Laufe von 60 Jahren zusammengetragen haben. Beatty übersiedelte 1953 nach Dublin, und 1956 schenkte er seine Sammlung dem irischen Volk.

Beatty interessierte sich überwiegend für orientalische Kunst und religiöse Handschriften – und hatte schließlich rund 22 000 Manuskripte

sowie Tausende von Gemälden, Büchern, Karten und Plastiken zusammengetragen;

Zwei Stockwerke des **Uhrenturms** beherbergen die in sieben Ausstellungen unterteilte Sammlung, wobei aber jeweils nur die schönsten und wichtigsten Stücke gezeigt werden. Diese sind so faszinierend, dass Sie mehr als nur einen halben Tag einplanen sollten, um sich alles anzusehen. Nehmen Sie am besten eine Lupe mit, denn sonst werden Ihnen viele feine Details entgehen.

Erster Stock

Im ersten Stock stoßen Sie zunächst auf eine Ausstellung zum Leben und Wirken von Sir Alfred Chester Beatty. Der Ausstellungsraum dahinter ist einfach, aber wirkungsvoll gestaltet. Hier erwarten Sie überwiegend Manuskripte und gedruckte Bücher, Einbände, Kalligrafie und Typografie, Miniaturen, Drucke und Zeichnungen.

Auf der linken Seite des Raums finden Sie Exponate der **westlichen und europäischen Kultur**. Erstaunlicherweise ist ein Stück

Papyrus aus Ägypten aus dem Jahr 1160 v. Chr. erhalten geblieben; er enthält Liebesgedichte, die als wichtigstes Zeugnis der altägyptischen Dichtkunst gelten. Ein weiteres Prunkstück ist ein wundervoll illuminiertes Stundenbuch aus dem 15. Jahrhundert. In der Mitte des Raums findet sich islamische Kunst aus Arabien, Persien und der Türkei. Auf der rechten Seite finden sich Schätze aus Indien und Ost- und Südostasien. Dazu zählen tibetische Zeremonienschwerter und ein magischer Dolch mit einer in den Griff eingeschnitzten Gottheit, aber auch viele indische Gemälde und Schmuckstücke.

In diesem Abschnitt sind auch **Kunstwerke aus China und Japan** untergebracht. Da es sich dabei überwiegend um Miniaturen handelt, sollten Sie sich für diese Sammlung viel Zeit nehmen.

Die japanischen Exponate sind der Höhepunkt der Sammlung. Bemerkenswert sind Dutzende von *netsuke* – Knebel zum Beschweren des Kimonogürtels, hergestellt aus Elfenbein, Holz oder Jade und in Gestalt von Menschen, Tieren, Bäumen oder Vögeln.

Drei Männer am Wasserbecken

Besonders faszinierend aber sind die japanischen Malereien. Dutzende handbemalte Papier- oder Seidenrollen vom frühen 17. bis zum späten 19. Jahrhundert erzählen Geschichten oder berichten von höfischen oder militärischen Ereignissen. Manche dieser Rollen sind fast 30 Meter lang, und jede Szene ist in allen Details dargestellt – ein junges Mädchen, das auf einem Felsen vor sich hin träumt, ein Dichtertreffen, bei dem sich jeder bemüht, klüger auszusehen als sein Nachbar, oder die Kurtisane Konami, die ihr Taschentuch mit den perlweißen Zähnen erfasst hat, um ein sorgsam einstudiertes Maß an Emotion zur Schau zu stellen.

Als Nächstes erwartet Sie eine große Auswahl an Holzschnitten, darunter der *Pflaumengarten von Karneido*. Kunstwerke wie diese schlagen eine Brücke zwischen den Kulturen und Epochen, und für uns ist es ein Privileg, diese Brücke überqueren zu dürfen.

Zweiter Stock

Im nächsten Stockwerk geht es um die Erforschung der großen spirituellen Traditionen der Welt. Die Anordnung ist dieselbe wie im unteren Ausstellungsraum. Links befinden sich die Stücke der **westlichen und christlichen Kulturen** – vorchristliche Texte, jüdische Schriftrollen und frühe Handschriften des Neuen und Alten Testaments. Zu den frühchristlichen Schätzen gehören eine Papyrus-Doppelseite aus

dem Lukasevangelium, kopiert zu Beginn des 3. Jahrhunderts sowie ein Fragment aus der Offenbarung aus derselben Zeit und damit der älteste bisher entdeckte Text der Endfassung des Neuen Testaments. Aus dem Mittelalter stammen wundervoll illuminierte Bibeln und eine Kopie von Augustinus' *Gottesstaat*, datiert etwa auf 1100.

In der **islamischen Abteilung** sind illustrierte Koranhandschriften und Miniaturen aus dem Leben des Propheten zu sehen, und man erfährt vieles über Geschichte und Traditionen der Araber, der Perser, der indischen Mogule und der Türken. Die arabische Kalligrafie in den vergoldeten Korantexten ist als Kunstform einfach atemberaubend, ebenso wie die alten, mit Edelsteinen besetzten Koranständer und die

kleinen, mit Emaille verzierten Goldkästen, in denen Miniaturausgaben untergebracht waren.

Der rechte Teil des Ausstellungsraums ist den **östlichen Religionen** gewidmet – Buddhismus, Hinduismus, Jainismus und den Religionen der Sikhs, Taoisten und Shintoisten. In Südostasien sammelte Sir Alfred Chester Beatty thailändische Gemälde, die das Leben Buddhas zeigen, unter ihnen eines, das ihn als fliegenden goldenen Elefanten darstellt.

Ein Tipp, wie Sie diese großartige und einzigartige Sammlung am besten genießen können: Versuchen Sie nicht, alles an einem Tag zu bewältigen. Nehmen Sie sich zwei halbe Tage Zeit, und gönnen Sie Ihren Sinnen zwischendurch eine Pause. ∎

Schnee bei Nacht – ein Detail aus einem der wundervollen ostasiatischen Gemälde im Chester-Beatty-Museum

Das literarische Dublin

WENN ES EINE KUNSTFORM GIBT, FÜR DIE DUBLIN VOR allen anderen berühmt ist, dann ist es das erstaunlich reiche literarische Erbe der Stadt. An der alten Redensart, dass auf dem Rücksitz jedes Dubliner Taxis ein großer Roman entsteht, ist sicher etwas Wahres. Die Dubliner scheinen ein ganz besonderes Sprachgefühl zu besitzen, und die Unterhaltungen in den Bars und an den Straßenecken werden dem lauschenden Außenseiter ungewöhnlich phantasievoll und farbig erscheinen.

Wenig Respekt erweist dieser junge Dubliner der Statue des Dichters Patrick Kavanagh auf ihrem Stammplatz an einem Kanal

James Joyce Cultural Centre
www.jamesjoyce.ie
- 🏛 53
- ✉ 35 North Great George's Street
- ☎ 01 878 8547
- 💲 €€

Dublin Writers' Museum
www.writersmuseum.com +
- 🏛 53
- ✉ 11–19 Parnell Sq. North, Dublin
- ☎ 01 872 2077
- 🚌 Bus: 10, 11, 13, 16, 19; Zug: Connolly Station, DART
- 💲 €€€

DIE SCHRIFTSTELLER

James Joyce (1882–1941) ist noch heute die beherrschende Figur des literarischen Dublin. Sein Ruhm hat die 80 Jahre, seit sein Meisterwerk *Ulysses*, eine im Exil geschriebene Liebeserklärung an die Stadt, 1922 erstmals veröffentlicht wurde, unbeschadet überstanden.

Heute tauchen kostümierte Joyce-Fans aus aller Welt alljährlich zum »Bloomsday« – am 16. Juni, dem Tag, an dem die Handlung von *Ulysses* spielt – in Dublin auf und begeben sich auf den **James Joyce Trail**, der akribisch dem Weg des Romanhelden Leopold Bloom durch die Straßen und Pubs der Stadt folgt.

Sie können sich dem Zug anschließen (Infos beim Besucherzentrum), aber nur, wenn Sie einen robusten Magen haben, denn neben den unzähligen Gläsern Guinness und den Lesungen aus *Ulysses* ist ein weiteres Ritual unabdingbar – die Einnahme des Leopold-Bloom-Mittagessens, bestehend aus einem Sandwich mit Gorgonzolakäse und Senf sowie einem Glas Burgunder in **Davy Byrne's Pub** in der Duke Street. Sie können natürlich auch an allen anderen Tagen des Jahres auf Blooms Spuren wandeln, indem Sie einfach den Bronzetafeln folgen, die in die Bürgersteige der Innenstadt eingelassen sind.

Neben Joyce hat Dublin aber noch andere berühmte Schriftsteller hervorgebracht. Jonathan Swift (1667–1745), der Autor von *Gullivers Reisen*, dem *Märchen von einer Tonne* und anderen polemischen und politischen Satiren, liegt im Hauptschiff der St. Patrick's Cathedral begraben, neben seiner platonischen Geliebten Esther Johnson (1681–1728), der »Stella« seiner Tagebücher.

Im **Abbey Theatre** in der Abbey Street Lower wurden Dramen der Nobelpreisträger W. B. Yeats (1865–1939) und Samuel Beckett (1906–1989) uraufgeführt. In der Nähe der Baggot-Street-Brücke sitzt die **Statue** des in Monaghan geborenen Dichters Patrick Kavanagh (1904–67) auf einer Bank und schaut auf das träge Wasser des Grand Canal, wie es Kavanagh auch zu Lebzeiten in den 50er Jahren gern tat.

DIE PUBS

Ein großer Teil von Dublins literarischem Leben hat sich in den Pubs der Stadt abgespielt. Patrick Kavanaghs Stammlokal war **McDaid's** (siehe S. 73), dessen maurische Fassade die Harry Street schmückt. Auch der scharfzüngige Kolumnist und Romanautor Brian O'Nolan (1911–66), der unter den Pseudonymen Flann O'Brien und Myles na Gopaleen schrieb, war ebenfalls guter Kunde im McDaid's, ebenso der ungebärdige Dramatiker Brendan Behan (1923–64).

In der Nähe, in der Lower Baggot Street, befindet sich **Toner's** (siehe S. 73). Nördlich des Liffey liegen die Viertel der Arbeiter, deren Lebens- und Sprechweise Roddy Doyle (geb. 1958) in seiner Barrytown-Trilogie – *The Commitments, The Snapper* und *The Van* – eingefangen hat.

DIE MUSEEN

Einige der Literaturmuseen sollten Sie sich nicht entgehen lassen. Das **James Joyce Cultural Centre**

verfügt über eine Sammlung von Nachschlagewerken, Erstausgaben, Memorabilien und Tonbändern.

Das bescheidene Geburtshaus des Nobelpreisträgers George Bernard Shaw in **33 Synge Street** lässt (zumindest von außen) auf ein respektables viktorianisches Leben schließen – allerdings mit einem Vater, der unmäßig trank, und einer sehr eigensinnigen Mutter. Informationen zu vielen von Dublins literarischen Berühmtheiten finden Sie im **Dublin Writers' Museum** nördlich des oberen Endes der O'Connell Street.

Sie können aber auch an einem der organisierten »Literary Pub Crawls« *(Infos im Besucherzentrum; €€€)* teilnehmen. ■

Fotografien, Erstausgaben und andere Memorabilien erinnern im James Joyce Centre in der Great George's Street an Dublins größten Schriftsteller

St. Patrick's Cathedral

Der Hauptturm der St.-Patrick's-Kathedrale ragt in den Himmel von Dublin – für die Katholiken der Stadt ist er Wahrzeichen und Symbol zugleich

ST. PATRICK'S IST EIN WUNDERSCHÖNES, SCHLICHTES BAUWERK, das überwiegend aus dem 12. Jahrhundert stammt und dessen Turm 69 Meter hoch aufragt. Die Kathedrale wurde neben einem Brunnen errichtet, an dem der hl. Patrick Heiden getauft haben soll, und vermutlich stand hier schon seit dem 5. Jahrhundert eine Kirche.

Im Innern finden Sie die Gräber von Jonathan Swift und seiner Freundin »Stella«. Sie befinden sich direkt hinter dem Eingang zum Hauptschiff unter in den Boden eingelassenen Messingtafeln.

An der Südwand gegenüber hängt die von Swift selbst verfasste lateinische Grabschrift: »… hingelegt … wo wütende Empörung das Herz nicht mehr berührt. Geh, Reisender, und ahme, wenn du kannst, diesen ernsthaften und entschlossenen Verfechter der Freiheit nach.« Im nördlichen Querschiff befindet sich eine kleine Swift-Ausstellung.

Einige der Grabstätten sind wirklich sehenswert – vor allem das enorme **Boyle Monument** aus dem 17. Jahrhundert und einige sehr schöne Gedenktafeln aus dem 16. Jahrhundert im Gang südlich des Chors, außerdem eine eher schwache Darstellung von Irlands am meisten verehrtem Musiker, dem blinden Harfenspieler Turlough O'Carolan (1670–1738). Das in England beliebte *brass rubbing* ist nach Absprache möglich *(Tel. 01-453-9472; €€€)*.

Versäumen Sie nicht, sich auch die alte Holztür anzusehen, in der ein Teil der Füllung fehlt. 1492 war dies die Tür zum Kapitelsaal der Kathedrale, wo sich der Earl of Ormond vor seinem Feind, dem Earl of Kildare, verbarrikadiert hatte. Ormond weigerte sich trotz des versprochenen freien Abzugs herauszukommen, und so hackte Kildare mit seinem Speer ein Loch in die Tür und streckte seinen ungeschützten Arm vertrauensvoll hindurch. Ormond ergriff die dargebotene Hand, und die Fehde war beendet. ■

St. Patrick's Cathedral
www.stpatrickscathedral.ie
53
Patrick's Cl., Dublin 8
01 453 9472
Bus: 49, 50, 54A, 56A, 65, 65B, 77, 77A (Eden Quay); Zug: Pearse Station, DART
€

Die besten Pubs

DUBLIN UND PUBS – WIESO IST DAS EINE OHNE DAS ANDERE undenkbar? Irland ist zu Recht berühmt für seine Pubs – keine Säuferkneipen, sondern Zentren des gesellschaftlichen Lebens, der Unterhaltung, der Information, der Musik und des Vergnügens. Hier ein paar Vorschläge, um Ihnen Appetit zu machen ...

In der Poolbeg Street 8 zwischen Trinity College und dem Liffey liegt **Mulligan's**; das Guinness ist köstlich. Östlich der Grafton Street, in der Duke Street 21, erwartet Sie das **Davy Byrne's** (siehe S. 70), in der Harry Street 3 **McDaid's** (siehe S. 71) und in der Anne Street South 9 das traditionelle **Kehoe's**.

Westlich von St. Stephen's Green finden Sie drei sehr unterschiedliche Pubs: in der Lower Baggot Street 5 **Doheny & Nesbitt's** (ein beliebtes Pub, das auch von Politikern besucht wird), in Nr. 139 das schlichte **Toner's** und in der Merrion Row 15 ein traditionelles Music Pub, das O'Donoghue's.

In Temple Bar liegt das Touristenpub **Oliver St. John Gogarty** in der Fleet Street 58–59. Das moderne **Porter House** in der Parliament Street 16 braut sein eigenes vorzügliches Bier, und **Stag's Head** im von der Dame Street abzweigenden Dame Court besticht durch seine gemütliche Atmosphäre.

The Long Hall in der Great George Street South 3 ist ein weiteres Pub mit Charakter. Weiter östlich stehen sich in der Bridge Street Lower zwei der traditionellen Music Pubs gegenüber: **O'Shea's Merchant** und **Brazen Head**.

Nördlich des Flusses liegen gleich drei Pubs mit Musik: die **Cobblestone Bar** in der King Street North; **Hughes** in der Chancery Street 19 ist berühmt für seine Volksmusik und **Slattery's** in der Capel Street 129 für Rock und Balladen. ■

An schönen Tagen können Sie Ihren Drink mit hinausnehmen auf den Bürgersteig – aber dann entgeht Ihnen vielleicht die eine oder andere Berühmtheit im Innern von Doheny & Nesbitt's

Guinness-Brauerei

DIE HÄLFTE DES IN IRLAND GETRUNKENEN BIERS WIRD AUF dem gewaltigen Gelände der Guinness-Brauerei am St. James's Gate am Nordufer des Liffey gebraut. Rund 2 500 000 Gläser des schwarzen Biers mit dem sahnigen Schaum werden täglich in 120 Ländern der Erde getrunken – nicht schlecht für den kleinen Familienbetrieb, den Arthur Guinness 1759 gründete. Noch heute wird das Malz hier schwarz geröstet, und die Beliebtheit des Produktes wächst ständig.

**Guinness
Storehouse**
www.guinnessstorehouse.com

🅰 53

✉ James's Gate,
Dublin 8

☎ 01 408 4800

🚌 Bus: 51B, 78A (Aston
Quay), 123 (O'Connell
St. und Dame St.);
Zug: Heuston Station

🆂 €€

**Was ist schwarz
und weiß und
kommt aus
Kupfer? Diese
Scherzfrage wird
auf der ganzen
Welt täglich
millionenfach
beantwortet:
natürlich
Guinness ...**

Die Brauerei selbst kann nicht besichtigt werden, aber im nagelneuen **Guinness Storehouse** werden Sie alles erfahren, was Sie wissen wollen, und dann auch noch – wie es die Brauerei verspricht – das beste Bier und die beste Aussicht serviert bekommen.

Die Guinness-Brauerei hat es immer verstanden, ihren Marktanteil durch clevere Werbestrategien zu vergrößern. Sie hat immer die besten Agenturen beauftragt, die wahre Meisterwerke ihres Genres hervorbrachten – zum Beispiel den Strauß, der bis zum Hals in einem Guinness-Glas steckt, den Pelikan mit dem Schnabel voller Flaschen oder den Tukan, der eine Flasche Guinness auf seinem orangefarbenen Schnabel balanciert. Diese und viele andere Werbeplakate sind im Storehouse zu sehen, etliche davon in Originalgröße.

In einer der früheren Fermentierungs- und Lagerhallen, einem hübschen, 1904 erbauten Gebäude aus Gusseisen und Ziegeln, hat die Brauerei eine sechs Stockwerke umfassende Ausstellung eingerichtet – rund um ein riesiges Atrium herum, das natürlich die Form eines Bierglases hat. Dort erfahren Sie ganz genau, was zur Produktion des schwarzen Nektars nötig ist, und zwar in einer Nachbildung der tatsächlichen Brauerei mit einem riesigen Maischekessel aus Kupfer und Erläuterungen zur Verarbeitung des Malzes und zum Hopfenanbau. Faszinierend sind auch die alten Fotografien aus dem 19. Jahrhundert, auf denen schnurrbart-tragende Männer die Bierfässer zu schwankenden Türmen aufstapeln. Bis nach dem Zweiten Weltkrieg wurden die Fässer von Hand angefertigt, und auch über die Arbeit der Küfer informiert die Ausstellung.

Natürlich gibt es auch einen Laden, der Guinness-Fanartikel verkauft, und ein Restaurant. Und dann das Bier – nach der Besichtigungstour wird man Sie einladen, in der Gravity Bar im obersten Stockwerk das schwarze Gold zu kosten und die Aussicht zu genießen. ∎

Phoenix Park

DER PHOENIX PARK IST DIE GRÜNE LUNGE DUBLINS – EINE
Oase mit Bäumen und Rasenflächen, die von den Dublinern zum
Spazierengehen, Rad fahren und für Sport und Spiel genutzt wird.

Erstaunlich wenige Besucher Dublins verirren sich in den Phoenix Park, obwohl er nur anderthalb Kilometer flussaufwärts vom Stadtzentrum entfernt liegt und dazu noch nahe am Nationaldenkmal, dem Kilmainham-Gefängnis. Der Park wirkt nie überlaufen, aber schließlich ist er mit 700 Hektar Fläche auch der größe Stadtpark Europas, umgeben von einer elf Kilometer langen Mauer.

Das **Besucherzentrum** am Nordrand informiert über die Geschichte des Parks, seine verschiedenen mönchischen und aristokrati-

schen Besitzer und seine Umgestaltung und Öffnung für die Allgemeinheit im 18. Jahrhundert.

Der Präsident von Irland lebt im Park in einer Villa, der **Áras an Uachtaráin**; hier befinden sich auch die Residenz des amerikanischen Botschafters, ein Zoo und ein Krankenhaus.

Um den Phoenix Park in vollen Zügen zu genießen, sollten Sie ein Picknick mitbringen, spazieren gehen, nach Damwild Ausschau halten und den Einheimischen am Wochenende beim Sport zusehen. ■

Phoenix Park

🅰 52

✉ Haupteingang in der Parkgate St., gegenüber Heuston Station

🚌 Bus: 25, 25A, 26, 51, 51B, 66, 66A, 67, 67A vom Zentrum

**Phoenix Park
Visitor Centre**

☎ 01 677 0095

🕐 Geschl. wochentags Nov.–Mitte März

🚌 Bus: 37, 38 von Abbey St. nach Ashtown Gate

💲 €

Kilmainham Gaol

DIESE BESICHTIGUNGSTOUR IST EIN MUSS FÜR ALLE, DIE wissen wollen, wie das moderne Irland entstanden ist, und die sich für die Geschichte Irlands und den langen Kampf zwischen Iren und Engländern interessieren. Die Fremdenführer im Gefängnis sind jung und mit Begeisterung bei der Sache. Sie werden Sie durch die kalten, hallenden Flure, in die winzigen Zellen und auf den ummauerten Hinrichtungsplatz führen und Ihnen begreiflich machen, warum das Gefängnis ein Nationaldenkmal ist und welche Rolle es bei den Unabhängigkeitsbestrebungen des Landes gespielt hat.

Im Zusammenhang mit Kilmainham müssen bestimmte Jahreszahlen erwähnt werden: 1798, 1803, 1848, 1867, 1881, 1883. Dies sind die Jahre der Aufstände gegen die britische Regierung. 1798 versuchten es Wolfe Tones United Irishmen und ihre französischen Verbündeten; der Aufstand von Robert Emmet wurde 1803 schnell niedergeschlagen; dasselbe geschah 1848 mit dem Aufstand von Young Ireland während der Hungersnot, dem der von Amerika aus finanzierte Fenier-Aufstand folgte. Die Anführer und Aktivisten dieser Aufstände und auch viele Unschuldige wurden in dieses Gefängnis gesperrt, unter ihnen auch Charles Stewart Parnell und Michael Davitt, die führenden Köpfe der Land League während des so genannten »Landkrieges« von 1879–82.

Das bedeutendste Jahr ist jedoch 1916, denn im Mai dieses Jahres wurden 15 Anführer des Osteraufstandes wegen Hochverrats im Gefängnishof erschossen. Das Hauptpostamt in der O'Connell Street, auf dessen Stufen die erste Proklamation der Republik Irland verlesen wurde und in dem sich die Rebellen eine Woche lang verschanzten, ist ein Mahnmal des irischen Kampfes um Unabhängigkeit. Kilmainham aber ist ein noch gewichtigeres Symbol dieses Kampfes, weil seine Geschichte weiter zurückreicht.

Mit dem Bau des Gefängnisses wurde 1786 auf freiem Feld westlich des Stadtkerns begonnen, und das Gebäude sollte so bedrohlich wie möglich aussehen. Dieser Eindruck drängt sich einem noch heute auf, wenn man sich dem grauen Komplex nähert und vor der massiven Tür mit dem Guckloch steht, die in das dicke Mauerwerk eingelassen ist. Über der Tür prangen die »Five Devils of Kilmainham«, fünf zischende Schlangen mit Ketten um den Hals, die die strikte Kontrolle über das Böse versinnbildlichen.

Kilmainham Gaol
- 🅰 52
- ✉ Inchcore Rd., Kilmainham, Dublin 8
- ☎ 01 453 2037
- 🕐 Geschl. Sa Okt.–März
- 🚌 Bus: 51, 51B, 78A oder 79 von Aston Quay; Zug: Heuston Station
- 💲 €€

Links: Im Exekutionsblock des Kilmainham-Gefängnisses wurde zahlreichen Verurteilten die Schlinge um den Hals gelegt

DIE FÜHRUNG

Das Gefängnis wurde nicht nur für politische Häftlinge gebaut, sondern als Allzweckgefängnis für Verbrecher jeder Art. Die Führung beginnt im **Gefängnismuseum** mit einer Einführung in die Lebensverhältnisse der »normalen« Dubliner im 18. und 19. Jahrhundert. Sie lebten in überfüllten, unhygienischen Slums, wo Massenarbeitslosigkeit, Seuchen, Unwissenheit, Alkoholismus, Kindesmissbrauch und ein früher Tod den Alltag bestimmten. Die meisten Gefängnisinsassen waren Schuldner und kleine Diebe, aber auch einige Schafdiebe, Prostituierte, Vergewaltiger und Mörder füllten die Zellen. Hier landete das »Strandgut« der Dubliner Bevölkerung, oft für viele Monate oder Jahre. Hinrichtungen fanden jede Woche statt, entweder im Gefängnis oder vor großem Publikum auf Blackrock am südlichen Arm der Dublin Bay.

Mit diesen Szenen vor Augen werden Sie dann vom Museum in die düsteren Flure des Ostflügels geführt, die in die von kaltem Licht durchflutete hufeisenförmige **Central Hall** von 1862 münden. Mit den in vier Stockwerken angeordneten hundert Zellen und den dazugehörigen Eisentreppen und -gängen wirkt das Gefängnis wie eine Verkörperung der absoluten Kontrolle. Die Wärter pflegten die Gänge mit Teppichen abzudecken, damit die Insassen nie wussten, wann sie beobachtet wurden.

Ihr Führer wird Ihnen eine Zelle zeigen, die mit einem Wandgemälde geschmückt ist, das die *Madonna mit den Lilien* darstellt. Es wurde

Die düstere, graue und bedrohlich wirkende Fassade des Gefängnisses signalisierte neu Angekommenen, dass jede Hoffnung vergebens war

1923 während des Irischen Bürgerkriegs von der republikanischen Gefangenen Grace Plunkett gemalt. Sieben Jahre zuvor hatte sie, die damals noch Grace Gifford hieß, am 4. Mai 1916 um 13.30 Uhr in der Gefängniskapelle von Kilmainham Joseph Plunkett geheiratet – mit 20 britischen Soldaten als Zeugen. Zwei Stunden später war ihr Bräutigam tot, als einer der Anführer des Osteraufstandes wegen Hochverrats erschossen. Denken Sie daran, wenn Sie die Kapelle besichtigen. Den Altar fertigte ein Zimmermann, der sieben Jahre abzusitzen hatte; sein Verbrechen: Er hatte ein Wagenrad gestohlen.

Die **Zellen**, in denen die Anführer des Osteraufstandes inhaftiert waren, liegen im älteren Teil des Gefängnisses, an einem besonders dunklen und kalten Flur. Auf Wunsch können Sie sich in eine dieser kahlen, engen Zellen einsperren lassen, in denen die Rebellen ausharren mussten, bis das Gericht über ihr Schicksal entschieden hatte. Die Zellen wurden während des Bürgerkriegs von 1922/23 und in der Zeit danach zum letzten Mal für den Sinn-Fein-Führer Eamon de Valera benutzt – den späteren Premierminister und dann Präsidenten von Irland. Der Führer wird Ihnen die Zelle zeigen, aus der de Valera am 16. Juli 1924 als letzter Gefangener von Kilmainham entlassen wurde. Danach wurde das Gefängnis geschlossen; es verfiel, bis man in den 1960er Jahren mit der Restaurierung begann.

Nächste Station der Führung ist der nach den Mitgliedern eines Ge-

auf einem Stuhl festgebunden exekutiert.

Als Einzelheiten über diese lang hinausgezogenen Hinrichtungen bekannt wurden, schwenkte die öffentliche Meinung zu Gunsten der Rebellen um. Die Briten hatten also dafür gesorgt, dass diese Männer, deren Aktion bei den Iren zunächst nur Kopfschütteln oder Verachtung ausgelöst hatte, zu Märtyrern wurden. Und wenn Sie nun im kalten Schatten des einstigen Hinrichtungsplatzes stehen, werden Sie das Echo der Geschichte fast hören können.

Ein Wandgemälde in einem der kahlen Räume zeigt, wie Gefängnisbesuche früher vonstatten gingen

heimbundes, die 1883 auf diesem Hof gehängt wurden, **»Invincibles' Yard«** genannt wird.

Danach wird man Ihnen den **Gefängnishof** zeigen, einst ein Ort, an dem die Gefangenen Steine klopfen mussten, aber auch der Platz, an dem die 15 Anführer des Osteraufstandes von einem Erschießungskommando hingerichtet wurden. Die Unterzeichner der Proklamation – Padraic Pearse, James Conolly, Joseph Plunkett, Sean McDermott, Thomas McDonagh, Eamonn Ceannt und Thomas Clarke – wurden erschossen, und mit ihnen noch acht weitere Männer, jeweils einzeln oder zu zweit im Laufe der langen Woche vom 3. bis zum 12. Mai 1916. Da Conolly wegen eines gebrochenen Knöchels nicht stehen konnte, wurde er

Flucht vor dem Hunger

Im 19. Jahrhundert gab es kaum einen schrecklicheren Ort als das Gefängnis. Trotzdem erschien es vielen Männern und Frauen während der großen Hungersnot (siehe S. 27f) als Zufluchtsort. Sie zerschlugen Fenster oder stahlen Obst, um sich auf diese Weise einen Strohsack und einen Löffel voll dünner Gefängnissuppe zu sichern. ■

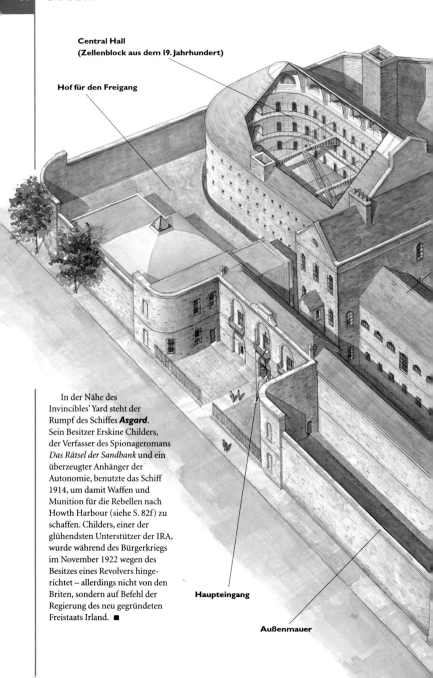

Central Hall
(Zellenblock aus dem 19. Jahrhundert)

Hof für den Freigang

Haupteingang

Außenmauer

In der Nähe des Invincibles' Yard steht der Rumpf des Schiffes *Asgard*. Sein Besitzer Erskine Childers, der Verfasser des Spionageromans *Das Rätsel der Sandbank* und ein überzeugter Anhänger der Autonomie, benutzte das Schiff 1914, um damit Waffen und Munition für die Rebellen nach Howth Harbour (siehe S. 82f) zu schaffen. Childers, einer der glühendsten Unterstützer der IRA, wurde während des Bürgerkriegs im November 1922 wegen des Besitzes eines Revolvers hingerichtet – allerdings nicht von den Briten, sondern auf Befehl der Regierung des neu gegründeten Freistaats Irland. ■

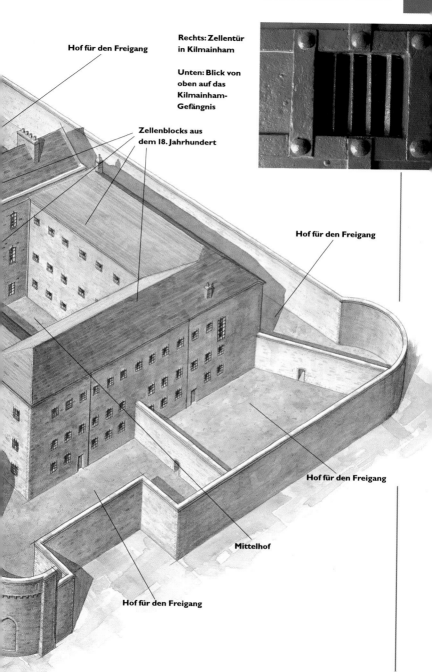

Hof für den Freigang

Rechts: Zellentür
in Kilmainham

Unten: Blick von
oben auf das
Kilmainham-
Gefängnis

Zellenblocks aus
dem 18. Jahrhundert

Hof für den Freigang

Hof für den Freigang

Hof für den Freigang

Mittelhof

Hof für den Freigang

Der Blick auf Meer und Küste macht die Wanderung um die Landzunge zu einem Erlebnis

Zu Fuß auf den Hill of Howth

Lust auf einen Tag ohne Großstadttrubel und eine frische Meeresbrise? Dieser Halbtagsausflug in eine wunderschöne Küstenregion ist auch bei den Dublinern sehr beliebt, zumal man mit der Vorortbahn DART in weniger als einer halben Stunde dort ist.

Verlassen Sie den **DART** *(Besucherinformation: Tel. 01 836 6222)* an der **Howth Station**. Gehen Sie vom Bahnhof aus nach links zum **Howth Harbour** ❶, wo Erskine Childers seine Waffenlieferungen an Land brachte (siehe S. 81). Nach einem halben Kilometer biegen Sie nach rechts in die Abbey Street ein. **Ye Olde**

> 🅼 Siehe Stadtplan S. 51
> ➤ DART-Station Howth; 25 Minuten Fahrt von der Connolly-Station in der Innenstadt
> ↔ 11 Kilometer
> ⏱ 3–4 Stunden
> ➤ Howth Harbour
>
> **UNBEDINGT ANSEHEN**
> - Howth Harbour
> - Ye Olde Abbey Tavern
> - Ausblick von der Klosterruine
> - Shielmartin-Gipfel
> - Ausblick vom Baily-Leuchtturm

Abbey Tavern ❷ ist ein ideales Lokal für ein gepflegtes Mittagessen. Die Stufen neben dem Pub führen hinauf zur Klosterruine **Howth Abbey** ❸. Vom Klosterhügel aus haben Sie einen wundervollen Blick über Howth Harbour.

Einst landeten Spione von der Pariser Universität in Howth, um möglichst viele der Klosterschüler abzuwerben. Doch der Abt, der gewarnt worden war, hatte als Dockarbeiter verkleidete Mönche am Hafen postiert. Die Spione kehrten mit leeren Händen zurück.

Kehren Sie auf die Abbey Street zurück, gehen Sie hügelaufwärts weiter, und biegen Sie dann nach rechts in die St. Lawrence Road ein. Nach knapp hundert Metern geht es auf der Grace O'Malley Road weiter, von der Sie nach links in den Grace O'Malley Drive einbiegen. Bei der Telefonzelle in einer Linkskurve folgen Sie dem Pfad geradeaus, bis Sie nach etwa 20 Metern die Stufen auf der rechten Seite erreicht haben. Oben biegen Sie nach rechts ab. Eine Rampe neben Haus Nr. 53 führt zu einem grasbewachsenen Hang; steigen Sie hinauf, bis Sie

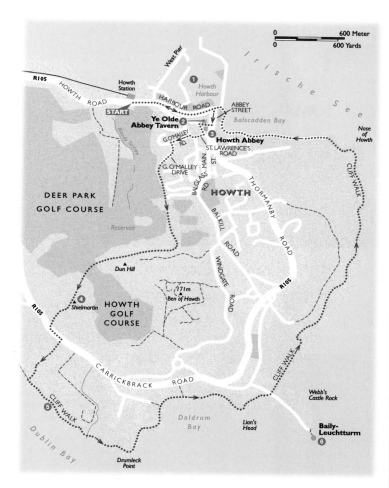

hinter den Bäumen auf den Golfplatz stoßen. Oben auf dem Hügel halten Sie sich rechts und folgen dem Pfad, der unter dem zerklüfteten Dun Hill entlangführt. Überqueren Sie den Golfplatz, und steigen Sie die Anhöhe hinauf, bis Sie oben auf dem **Shielmartin** ❹ angekommen sind.

Von diesem Hügel aus haben Sie einen phantastischen Blick über die Dublin Bay, die Stadt und die Wicklow Hills. Wandern Sie in Richtung See wieder abwärts, und biegen Sie

auf der Carrickbrack Road nach links ab. Nach etwa 250 Metern überqueren Sie die Straße und gehen durch ein Tor. Folgen Sie dem Fußweg, der zum Strand hinabführt. Dort biegen Sie nach links ab und begeben sich auf den **Cliff Walk** ❺. Er ist rund acht Kilometer lang und führt um die Halbinsel herum.

Unterwegs kommen Sie am 1814 erbauten **Baily-Leuchtturm** ❻ vorbei, und wenn Sie dem Küstenpfad bis zum Ende folgen landen Sie auch wieder sicher in Howth Harbour. ∎

Sehenswürdigkeiten außerhalb der Stadt

MIT DEM DUBLIN AREA RAPID TRANSIT LERNEN SIE DIE Gebiete jenseits von O'Connell Street und St. Stephen's Green am besten kennen. Diese grünen Züge rücken auch die Attraktionen des Umlandes in greifbare Nähe. Der DART ist pünktlich, schnell und praktisch, und in der Stadt liegen seine Stationen nördlich des Liffey bei Connolly und südlich davon in der Tara Street und der Pearse Street.

Wenn Sie mit dem DART in nördlicher Richtung fahren, kommen Sie zum **St. Anne's Park** (Killester oder Harmonstown). Auf der Westseite des Parks führt ein Wanderweg durch ein bewaldetes Tal, vorbei an ein paar ziemlich exzentrischen Bauwerken, und schließlich bis zur Küste. Von dort aus haben Sie einen phantastischen Blick über das flache North Bull Island und die hügelige Halbinsel Howth Head.

North Bull Island, auch als Dollymount Strand bekannt, bietet schöne, nach Osten gelegene Sandstrände. Hier können Sie schwimmen gehen, wenn Ihnen das kalte Wasser nichts ausmacht. Aber auch Vogelbeobachter kommen auf ihre Kosten. Zugvögel nutzen die Insel als Rastplatz, und viele Enten, Gänse und Watvögel verbringen hier den Winter. Vergessen Sie Ihr Fernglas nicht, wenn Sie am Strand spazieren gehen, und wenn Sie mehr über die Tiere erfahren wollen, besuchen Sie das Infozentrum. Die DART-Endhaltestelle liegt weiter küstenaufwärts, in **Howth** – Ausgangspunkt für eine faszinierende, elf Kilometer lange Wanderung (siehe S. 82f).

Südlich der Innenstadt fährt der DART nach **Booterstown Station** am Ufer des St. George's Channel. Bei Ebbe können Sie über die Kanalmauer steigen, auf dem halbmondförmigen Sandstrand spazieren gehen und die Vögel be-

Oben links: In Sandycove springen die Badegäste manchmal sogar voll bekleidet ins Meer

DART-Information
☎ 01 703 3652

James Joyce Tower
🗺 51 D2
✉ Sandy Cove Point, Dublin
☎ 01 280 9265
🕐 Geschl. Nov.–Febr.

obachten. Weiter entfernt liegt **Dun Laoghaire** (»Dun Leary« ausgesprochen), eine belebte Hafenstadt, von der aus die Fähren nach Holyhead und Liverpool abfahren und in der besonders die schönen georgianischen Terrassen und die malerischen Hafenmauern aus Granit auffallen.

Als Nächstes folgt **Sandycove**, dessen als **James Joyce Tower** bekannter Martelloturm aus Granit heute eine Pilgerstätte der *Ulysses*-Fans ist. In dieser Festung, die 1804 zum Schutz vor einer napoleonischen Invasion errichtet wurde, verbrachte Joyce im August 1904 eine Woche mit Oliver St. John Gogarty. Hier lässt Joyce die Eröffnungsszene von *Ulysses* spielen und beschreibt, wie Buck Mulligan oben im Turm seine Morgentoilette vornimmt.

Nächste Station hinter Sandycove ist das gut erhaltene Küstenstädtchen **Dalkey** mit seiner Archibold's Castle genannten kleinen Festung. In seinem urkomischen Roman *Aus Dalkeys Archiven* macht sich Flann O'Brien über die vornehme Atmosphäre von Dalkey lustig. Dalkey liegt am Fuß des **Killiney Hill** (Killiney Station), von dem aus Sie einen wunderbaren Blick über die Dublin Bay und bis nach Howth Head haben.

In **Killiney** sollten Sie nach Berühmtheiten Ausschau halten, denn hier haben sich viele Rockstars, Schriftsteller und Fernsehgrößen niedergelassen. Weiter an der Küste entlang liegt der Ferienort **Bray**, der mit schönen Spazierwegen am Strand und auf den Klippen lockt. ■

Oben: Popmusiker, Filmstars, berühmte Schriftsteller und andere Millionäre aus Dublin haben die wunderschöne Bucht unterhalb des Killiney Hill für sich entdeckt

Weitere Sehenswürdigkeiten

DAS CASINO IN MARINO

Dieses verrückte Gebäude aus dem 18. Jahrhundert ist bestimmt das außergewöhnlichste in ganz Dublin. Es gilt als Meisterwerk des schottischen Architekten William Chambers (1726–96), der es für den Earl of Charlemont entwarf. Das Casino wurde zwischen 1758 und 1776 als Vergnügungspalast im Miniaturformat gebaut. Die in drei Stockwerken angeordneten geschmackvollen Räume mit ihren Stuckdecken und den Intarsienböden werden raffiniert durch verborgene Lichtquellen erhellt und verbergen sich hinter Mauern, die von außen aussehen wie ein griechischer Tempel. Die Ecksäulen sind hohl – in ihnen verlaufen die Fallrohre für das Regenwasser; die Urnen auf dem Dach sind die Tarnung für die Schornsteine, und die gewölbten Fensterscheiben sind in Wirklichkeit Spiegel, die keinen Blick ins Innere des Gebäudes zulassen. Nichts ist, was es zu sein scheint, und

Das Casino in Marino verbirgt sich im Inneren eines nachgebildeten griechischen Tempels

das Ganze ist der Phantasie eines Mannes entsprungen, den sein Traum in die Ruin trieb.
🄰 51 C3 ✉ Malahide Road, Marino, Dublin 3
☎ 01 833 1618 🕒 Nov.–April Sa geschl.
🚌 Bus: 20A, 20B, 27, 27A, 27B, 42, 42C, 123; Bahn: Clontarf, DART 🅂 €

CHRIST CHURCH CATHEDRAL

Die Kathedrale wurde im späten 12. Jahrhundert aus Stein gebaut, um die Holzkirche aus dem Jahr 1038 zu ersetzen, die ein norwegischer König mit dem klangvollen Namen Sigtryggr Seidenbart errichtet hatte. In der riesigen Krypta, die unter der Kirche verläuft, erwarten Sie nicht nur Steinmetzarbeiten und Statuen, sondern auch die grausige Darstellung von »der Katze und der Ratte« – man hatte ihre mumifizierten Körper in einer Orgelpfeife gefunden.
🄰 53 ✉ Christ Church Place, Dublin 8
☎ 01 677 8099 🚌 Bus: 50, 78A; DART: Tara Street 🅂 Spende erbeten

Diese kleine Dublinerin hat sich für den Besuch in den großartigen viktorianischen Gewächshäusern der National Botanic Gardens besonders hübsch gemacht

IRISH MUSEUM OF MODERN ART

Hier bekommen Sie anregende und teilweise auch verblüffende Kunstwerke der Moderne zu sehen. Sie sind in einem der schönsten irischen Gebäude aus dem 17. Jahrhundert untergebracht. Es wurde in den 1680er Jahren als Altersheim für Soldaten gebaut und erfüllte diesen Zweck bis 1927.

www.modernart.ie 🅰 52 ✉ Royal Hospital, Kilmainham, Dublin 8 ☎ 01 612 9900
🕐 Mo geschl. 🚌 Bus: 26, 51, 51B, 78A, 79, 90, 123; DART bis Tara Street, dann Bus 90

IVEAGH GARDENS

Diese stille grüne Enklave im Herzen von Süd-Dublin, fünf Gehminuten von St. Stephen's Green entfernt, ist niemals überfüllt. Hier erwarten Sie tiefliegende Rasenflächen und Kieswege, die zwischen großen Bäumen und stillen Laubengängen hindurch zu einem wunderschönen Springbrunnen führen.

🅰 53 ✉ Clonmel Street (zweigt von der Harcourt Street ab), Dublin 2 ☎ 01 475 7816
🕐 Geschl. bei Einbruch der Dämmerung (März–Okt. um 18.00 Uhr)

MALAHIDE CASTLE

Nördlich von Dublin in dem Küstenort Malahide steht diese Burg in einem hundert Hektar großen Park. Hier lebte die Familie Talbot von 1185 bis 1973, und die ganze Anlage wirkt verschroben. In der großen Halle hängt ein riesiges Gemälde von Jan Wyck, das die Schlacht am Boyne am 12. Juli 1690 darstellt, in der 14 Talbot-Cousins den Tod fanden.

🅰 51 C4 ✉ Malahide, County Dublin
☎ 01 846 2184 🚌 Bus: 42; Bahn: Conolly Station bis Malahide; DART bis Malahide 💲 €€

NATIONAL BOTANIC GARDENS

Der Botanische Garten lockt mit Kalkstein-
wegen, einem Arboretum, hübschen Blumenrabatten, Gewächshäusern und mehr als 20 000
Pflanzenarten.

🅰 51 C3 ✉ Botanic Avenue, Glasnevin,
Dublin 9 ☎ 01 837 7596/4388 🕓 Geschl. ab
18 Uhr (im Winter ab 16.30 Uhr) 🚌 Bus: 13,
19 oder 19A von der O'Connell Street, 134 von
der Middle Abbey Street

NATIONAL GALLERY OF IRELAND

Zu den Höhepunkten dieses Kunstmuseums
gehören Aquarelle von Turner, eine kraftvolle,
düstere *Gefangennahme Christi* von Caravaggio,
eine *Verkündigung* von Rubens, irische Landschaften und Porträts, die die Geschichte der
Insel widerspiegeln, sowie eine Reihe hollän-
discher Meister und französischer und englischer
Impressionisten. Ein Raum ist dem ver-
schwommenen, halluzinatorischen Schaffen
von Jack Yeats (siehe S. 210f) gewidmet.

**Wer in die Innenstadt will, kann auch mit
der Viking Splash fahren**

🅰 53 ✉ Merrion Square West, Dublin 2
☎ 01 661 5133 🚌 Bus: Linie 10 bis zur
Merrion Row und Pembroke Street; Linien 5,
7, 7A zum Merrion Square North und zur
Clare Street; Linie 13 zum Merrion Square
South; Linien 44, 44A, 48A zum Merrion
Square West; Bahn: Pearse Street, DART
(5 Minuten Fußweg)

ROYAL CANAL UND GRAND CANAL

Diese beiden Kanäle aus dem 18. Jahrhundert
(Baubeginn beim Grand Canal 1765, beim
Royal Canal 1789) waren Teil eines ehrgeizigen
Plans, Dublin durch Wasserstraßen über den
Shannon und seine Nebenflüsse mit dem
Nordwesten und Westen Irlands und über den
Barrow mit dem Südosten des Landes zu
verbinden. Die Kanäle umgeben die Innen-
stadt, der Royal im Norden und der Grand im
Süden; heute werden sie nur noch zum Angeln,
Bootfahren und Wandern genutzt.

🅰 51 B3 **Waterways-Besucherzentrum**
✉ Grand Canal Quay, Dublin 2 ☎ 01 677 7510
🕓 Okt.–Mai Mo und Di geschl. 🚌 Bus: 2, 3

ST. MICHAN'S CHURCH

St. Michan's wartet mit zwei Besonderheiten
auf – einem wundervollen Orgelgehäuse und
einer Kollektion von mumifizierten Leichen
in der Krypta, zu denen auch Kreuzfahrer aus
dem 12. Jahrhundert gehören.

🅰 53 ✉ Church Street, Dublin 7
☎ 01 872 4154 🕓 Nov.–Mitte März geschl.
🚌 Bus: 67, 67A, 68, 69,79, 90 💲 € (Führung)

GRUSELIGE KIRCHEN

Dublin besitzt noch mehr Kirchen mit mehr
oder weniger makabren Ausstellungsstücken.
Allgemein bekannt sind die Mumien in der
St. Michan's Church (siehe oben), aber es gibt
noch andere. Zu den interessantesten gehören
die Gebeine von Valentin, dem Schutzheiligen
der Liebenden, und ein Abdruck von Jonathan
Swifts Schädel.

Die Überreste des heiligen Valentin werden
in einer hübschen, schwarz-goldenen Truhe unter einem Altar in der Whitefriar Street Church
aufbewahrt (57 Aungier Street; Tel. 01 475 8821;
täglich geöffnet; Busse 16, 16A, 19, 19A, 65B,
65C, 83, 122; Eintritt frei). Die Gebeine wurden
Pater John Spratt von Papst Gregor XVI. zur
Belohnung für seine Predigten übergeben, als
der irische Priester 1835 Rom besuchte.

In der St. Patrick's Cathedral (siehe S. 72)
erwartet Sie in der Jonathan-Swift-Ausstellung
im nördlichen Querschiff ein Gipsabdruck seines Schädels. Der Originalschädel wurde in den
1830er Jahren dem Grab entnommen und fast
hundert Jahre lang in den Salons der Gesellschaft herumgereicht. Erst in den 1920er Jahren
wurde er wieder beigesetzt. ■

Die Rennpferdezucht in Kildare und die Wicklow Mountains, die vogelreichen Sandstrände von Wexford oder die grünen Äcker von Tipperary – alle haben etwas gemeinsam: eine idyllische Ruhe, die im sonnigen Südosten Irlands einen entspannten Urlaub garantiert.

Der Südosten

**Pferde sind die große
Leidenschaft der Iren**

Der Südosten

DER SÜDOSTEN IRLANDS UMFASST DIE GRAFSCHAFTEN KILDARE, WICKLOW, Carlow, Kilkenny, Wexford, Waterford und Tipperary. Das ist der gesamte Bereich südlich von Dublin – die Berge, die grasbewachsenen Ebenen, die sandigen Küsten und das üppig grüne Ackerland, das den südöstlichen Teil der Insel bedeckt. Diese Gegend wird Ihnen gefallen, denn alles, was Sie hier brauchen, ist Zeit, um die kleinen Nebenstraßen und die an ihnen liegenden Dörfer zu erkunden und sich dabei noch an dem schönen Wetter in Irlands sonnigster und trockenster Region zu erfreuen.

Wenn Sie Dublin verlassen, gelangen Sie zunächst in die Grafschaft Kildare, die für ihre Pferderennen und ihre Pferdezucht berühmt ist. In Kildare gibt es ein Pferdemuseum und außerdem die weltberühmten Renn- und Trainingsbahnen auf dem Curragh. Aber selbst wenn Pferde Sie eigentlich nicht interessieren, sind diese charaktervollen Orte sehenswert.

Östlich von Kildare liegt die Grafschaft Wicklow. Die Wicklow Mountains sind eine schroffe, mit Heidekraut bewachsene Bergkette, durchzogen von einem Netzwerk von Wanderwegen, die Teil des Wicklow Way sind, der auch an der faszinierenden alten Mönchssiedlung Glendalough vorbeiführt. Viele kommen gar nicht auf die Idee, die Berge zu verlassen und auch den menschenleeren Strand zu genießen.

Zwei malerische Flüsse durchziehen das fruchtbare Ackerland in der kleinen Grafschaft Carlow – der Barrow im Westen und der Slaney im Osten. Der westliche Nachbar von Carlow ist die Grafschaft Kilkenny, deren Hauptstadt als schönste mittelalterliche Stadt Irlands gilt. Weiter im Süden liegt die Grafschaft Wexford, in der Sie nicht nur den schönen Sandstrand genießen, sondern im Winter im Marschland auch sehr gut Vögel beobachten können. Dazu kommen noch die altmodischen Städte Wexford, eine Hochburg der Musik, und Enniscorthy, wo Sie alles über den blutigen Aufstand von 1798 erfahren.

Die westlichsten Grafschaften sind Waterford mit seinen steilen Klippen und der großartig erhaltenen alten Stadt, in der das schönste Kristall von ganz Irland produziert wird, und weiter landeinwärts Tipperary, dessen sakrale Bauten in der herrlichen Ansammlung von Kirchen, Klöstern und Rundtürmen auf dem Rock of Cashel ihren Höhepunkt erreichen. ■

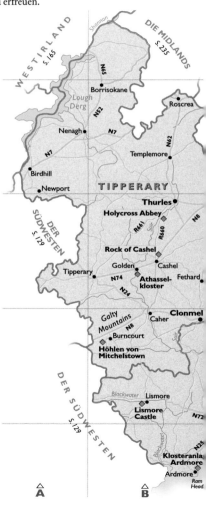

Zur Orientierung

Belfast

Dublin

DIE MIDLANDS
S. 235

Maynooth
Lexlip
Carbury
Castletown House
Celbridge
DUBLIN
S. 49

Clane
R403
Grand Canal
Bog of Allen
Liffey

Irish National Stud,
Horse Museum &
Japanese Garden
Russborough
House
Enniskerry
Bray
Powerscourt
Kilmacanoge
Naas
Powerscourt
Waterfall
501m
Greystones
Kildare
Newbridge
Blessington
Great Sugar Loaf
The Curragh
Kilcullen
Pollaphuca Res.
Sally Gap
R759
WICKLOW MTS. N.P.
Roundwood
Newtown Mt. Kennedy
Monasterevin
R756
R755
Dan Donnelly obelisk
Hollywood
Wicklow Gap
R115
Vartry
Ashford
N81
Glendalough
Devil's Glen
Rathnew
KILDARE
N9
Laragh
R752
Wicklow
Athy
R418
Baltinglass
Wicklow Mountains
925m
Lugnaquilla
R750
Wicklow Head
DIE MIDLANDS
S. 235
Slaney
WICKLOW
Avonbeg
Rathdrum
Brittas Bay
Hochkreuze
von Castledermot
Hackestown
Vale of Avoca
Meeting of the Waters
Mizen Head
Carlow
Browne's Hill dolmen
R747
Avoca
Graiguecullen
Tullow
Ow
Millmount Mills
Castlecomer
Arklow
Ballyragget
CARLOW
Barrow
Kilmichael Point
Freshford
Ballyfogle
Black Castle
Leighlinbridge
N8
Urlingford
Dunmore Cave
Ballymoon Castle
Nore
Bagenalstown
Bunclody
N11
Gorey
Kilkenny
N10
793m
Mount Leinster
Courtown
KILKENNY
Blackstairs Mts
Borris
Slaney
Bann
R741
Cahore Point
Kells
Thomastown
Borris House
Callan
N9
Graiguenamanagh
National 1798 Visitor Centre
R742
Knocktopher
Kings
St. Mullin's
Enniscorthy
St. George's Channel
Jerpoint Abbey
Vinegar Hill
N30
WEXFORD
Hochkreuze von Ahenny
R697
Nore
Urrin
Ormond Castle
New Ross
Irish National Heritage Park
Wexford Wildfowl Reserve
Carrick-on-Suir
Mullinavat
Barrow
N25
Wexford
WATERFORD
Waterford
Ballyhack
Wellingtonbridge
N25
Rosslare
Waterford Crystal Factory
Waterford
R734
Fishguard, Pembroke
Kilmacthomas
Tramore
R731
Fethard
Kilmore Quay
Rosslare Harbour
Roscoff, Cherbourg
N25
Dunmore East
Slade
Carnsore Point
Dungarvan
Hook Head
SALTEE ISLANDS

Keltische See

0   20 Kilometer
0   10 Meilen

C   D   E   F

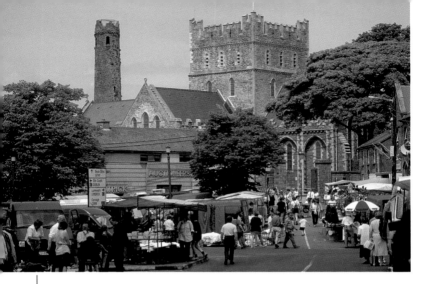

Markttag vor der
Kathedrale der
heiligen Brigida;
Kildare hat allen,
die gern auf
Märkten stöbern,
viel zu bieten

Kildare (Stadt)
🅰 91 D5
**Besucher-
information**
✉ Market Sq., Kildare,
County Kildare
☎ 045 522696
🕐 Geschl. Okt.–Mai

**Die Weiden des
Irischen National-
gestüts**

County Kildare

DIE GRAFSCHAFT KILDARE HAT VIELE SCHÄTZE ZU BIETEN: eine hübsche Kathedrale in der gleichnamigen Stadt, das Irische Nationalgestüt mit einem wundervollen japanischen Garten und dem Pferdemuseum und den *curragh* – schier endlose Grasflächen. Außerdem werden Sie hier Pferde sehen, und zwar überall, denn der Curragh ist das Zentrum des irischen Rennsports und außerdem eine weltbekannte Zuchtstätte für Vollblutpferde.

Das Christentum – eingeführt vom heiligen Patrick – war in Irland noch keine 60 Jahre alt, als die heilige Brigida im Jahr 490 auf dem **Curragh** (siehe S. 92f), rund 50 Kilometer von der Ostküste entfernt, ein gemeinsames Kloster für Mönche und Nonnen gründete.

DIE STADT KILDARE
In der friedlichen kleinen Stadt Kildare vermittelt Ihnen ein Modell der befestigten Siedlung in der **St. Brigid's Cathedral** einen Eindruck davon, wie der Curragh früher einmal ausgesehen haben muss – reetgedeckte Lehmhütten für die Nonnen und Mönche, Speise- und Küchengebäude und in der Mitte eine große Holzkirche.

Heute steht an dieser Stelle eine sehr schöne Kathedrale aus grauem Stein. Sie stammt aus dem 13. Jahrhundert, wurde aber 1875 grundlegend verändert. Auf den Mauervorsprüngen sitzen einige amüsant moderne Wasserspeier, unter ihnen zwei Brille tragende Männer, von denen einer eine Kuh auf den Schultern trägt, während der andere zwei Geldsäcke in den Händen hält. Neben dem Klostermodell im südlichen Querschiff findet man auch das nur noch in Fragmenten erhaltene, aber dennoch sehr schöne Grabmal von Bischof Walter Wellesley (gest. 1539), verziert mit Steinmetzarbeiten, zu denen auch eine sehr ausdrucksvolle sitzende Christusfigur gehört. Unter der Dachtraufe

des Grabmals werden Besucher mit guten Augen eine *Sheela-na-gig*-Tänzerin entdecken, die mit lasziv gespreizten Beinen tanzt. Der Führer wird Ihnen auch einen so genannten »Vergebungsstein« mit einem eingemeißelten Bußgebet zeigen, auf dem auch das seltene Bild von zwei Engeln zu sehen ist, die Gefäße hochhalten, um damit das Blut des Gekreuzigten aufzufangen. Der Taufstein der Kathedrale ist ein gewaltiger grob behauener Stein mit einer Mulde, der irgendwann in christlicher Zeit gefertigt wurde – vielleicht sogar schon viel früher.

Neben der Kathedrale erhebt sich Kildares beeindruckender, 33 Meter hoher **Rundturm** (Tel. 045 521 229) wie ein orange-grauer Finger aus Stein, auf dem unzählige Grasbüschel wachsen. Manche datieren den Turm auf das 10. Jahrhundert, andere auf das 12. Das kunstvoll gearbeitete romanische Tor – erstaunlich schmuckvoll für einen Rundturm – wurde zum Schutz vor dänischen Angriffen fünf Meter über dem Boden eingesetzt. Im Innern führen Holzleitern (mit 103 Sprossen, also nichts für Unsportliche) in die Turmspitze, einen schmalen Kegel mit Wehranlagen, die im 19. Jahrhundert hinzugefügt wurden. Vom Turm aus hat man einen phantastischen Blick.

Mittags *(13–14 Uhr)* sind die Kathedrale und der Rundturm geschlossen. Nutzen Sie die Gelegenheit zu einem Besuch in Nolan's Pub vor den Toren des Friedhofs. Die uralten Regale hinter der Bar biegen sich unter dem Gewicht von ebenso alten Guinness-Flaschen und unzähligen Rollen Toilettenpapier, deren Marken längst nicht mehr hergestellt werden, als hätte irgendein Vorgänger des heutigen Wirts in den 1960er Jahren Vorräte für einen Atomkrieg anlegen wollen – eine irische Vorstellung davon, was nötig ist, um die Apokalypse zu überleben.

DAS IRISCHE NATIONALGESTÜT

1900 wählte Colonel William Hall Walker das Dorf Tully, anderthalb Kilometer südlich von Kildare, um dort ein Gestüt einzurichten – hauptsächlich wegen des hohen Gehalts an Kalziumkarbonat (gut für den Knochenbau der Pferde) im Fluss Tully und im Gras des Curragh. Walker war unglaublich erfolgreich, und als er sein Gestüt 1915 an die britische Krone abgab, erhielt er zum Dank für seine Großzügigkeit den Titel Lord Wavertree.

Die einstündige Führung durch das Nationalgestüt (seit 1943 im Staatsbesitz) dürfte auch diejenigen faszinieren, die nicht pferdebegeistert sind. Zu den Höhepunkten gehören der **Abfohlstall** mit dazugehöriger Intensivstation und die **Hengstställe** mit zehn großen Boxen für die Deckhengste, deren Fruchtbarkeit die eigentliche Kapital des Gestüts darstellt (die Bedeckung einer einzigen Stute kann deren Besitzer bis zu 320 000 € kosten). Die Paarungen finden in der **Deckhalle** statt. Die **Oak and Tully Walks** führen vorbei an den

Gutes Wasser, gutes Gras, gute Zucht – die drei Grundlagen des Erfolgs auf dem Irischen Nationalgestüt

Irish National Stud, Horse Museum und Japanese Garden
www.irish-national-stud.ie

🗺 9I D5
✉ Tully, 1,6 km südlich von Kildare, County Kildare
☎ 045 522963/521617
🕐 Geschl. Mitte Nov.– Mitte Feb.
💲 €€€

Weiden, auf denen die wundervollen Stuten und Fohlen in kleinen Gruppen grasen – die naturgemäß aggressiveren Hengste haben jeweils eigene Weiden.

Auf Ihrem Weg durch das Gestüt werden Sie viel lernen: dass das irische Nationalgestüt kleinen Züchtern Bedeckungen zu Sonderkonditionen anbietet, dass 90 Prozent der Fohlen nachts geboren werden, dass die Hengste in der Decksaison von Januar bis Juni hart arbeiten und jeden Tag, sechs Tage die Woche, vier Stuten decken müssen (und dass sie dabei fotografiert werden, um die Vaterschaft zu beweisen).

Zwischen 1906 und 1910 engagierte Walker einen der besten Gärtner Japans, Tassa Eida, um den **Japanischen Garten** anzulegen, der die »Reise durch das Leben« symbolisieren sollte. Von den Hengstställen aus betritt man den Garten durch das Tor des Vergessens, folgt dann dem schmalen Pfad des Lebens durch wundervolle Blumenrabatten und Bäume in allen Größen. Zu bewältigen sind die Kindheit, symbolisiert durch den Tunnel der Unwissenheit, die Brücke der Verlobung (die in der Mitte durchgebrochen ist!), die Brücke der Heirat, der labyrinthartige Hügel des Ehrgeizes und die leuchtend rote Brücke des Lebens, bevor man schließlich auf die ebenen Rasenflächen im Garten des Friedens kommt, der die Gelassenheit des Alters versinnbildlicht.

Eine neuere Attraktion auf dem Nationalgestüt ist **St. Fiachra's Garden**, der 1999 von Präsidentin Mary McAleese eröffnet wurde. Auf seine Weise ist dieser Garten mit seinen nachgemachten Einsiedlerhütten und dem »versunkenen Wald« aus importierter Sumpfeiche genauso künstlich wie der japanische.

Außerdem erwartet Sie noch das **Irish Horse Museum**, dessen Höhepunkt das lebensgroße – und leider nicht sehr gut erhaltene – Skelett von Arkle ist, dem berühmten irischen Hindernisrennpferd

Bäume, Wasser und Steinhütten fügen sich im schattigen St. Fiachra's Garden zu einer harmonischen Einheit zusammen

Castletown House

Der schönste Landsitz von Kildare ist ohne Zweifel Castletown House (bei Cellbridge, nahe der R 403, Tel. 01 628 8252), das zwischen 1722 und 1732 für William Conolly, den Sprecher des irischen Unterhauses, gebaut wurde (wobei die Kosten keine Rolle spielten). Die unglaublich lange Fassade mit den angrenzenden Kolonnaden ist ein atemberaubender Anblick. Ein großer Teil der Inneneinrichtung – die handgeblasenen venezianischen Kronleuchter in der hellblauen Long Gallery, die kunstvollen Stuckver-

zierungen in den Treppenaufgängen – reflektieren den extravaganten Geschmack von Lady Louisa Lennox, die im Alter von 15 Jahren Conollys Großneffen heiratete, der das Anwesen 1758 erbte. Persönlicher sind die Schwarz-Weiß-Drucke, die Lady Louisa auswählte und eigenhändig im Print Room aufhängte. Die Pavillons im Park wie die konische Wonderful Barn mit mehreren Kuppeln und einer Außenwendeltreppe und der 40 Meter hohe Obelisk zum Gedenken an William Conolly sind der Beitrag von Conollys Frau Katherine. ■

Das streng symmetrische und würdevolle Castletown House in der Grafschaft Kildare ist ein Meisterwerk palladianischer Architektur

der 1960er Jahre – ein bizarres, aber dennoch faszinierendes Exponat. Des Weiteren erwarten Sie alte Reitsportartikel, ein Porträt von Colonel Hall Walker mit hochgebürstetem Schnurrbart, ein Parforceritt durch die Entwicklungsgeschichte des Pferdes und ein unterhaltsamer Bericht über die *pounding matches* des 18. und 19. Jahrhunderts. Diese Herausforderungen zwischen

Landedelleuten waren fast mit Duellen vergleichbar. Jeder Kontrahent wählte ein schwierig zu springendes oder gefährliches Hindernis aus, und der jeweilige Gegner war verpflichtet, die Herausforderung anzunehmen. Es braucht wohl nicht erwähnt zu werden, dass dabei viel Geld gesetzt wurde und dass sich mehr als ein tollkühner Reiter das Genick gebrochen hat. ■

Iren, Pferde und der Curragh

Oben: Mit voller Geschwindigkeit in die Zielgerade

Woher kommt sie nur, diese Pferdeleidenschaft der Iren? Bei Pferderennen in aller Welt kann man sicher sein, dass Iren mitmischen, und sei es nur als fachkundige Zuschauer. Allein mit dem Verkauf der Vollblutpferde werden in Irland jährlich fast 160 Millionen Euro umgesetzt, und noch viel mehr Geld wird durch die Deckgebühren auf den irischen Gestüten erwirtschaftet. Jahr für Jahr ziehen die klassischen Rennen mehr Besucher an, und selbst an entlegenen Orten treffen sich einfache Leute mit schäbigen Karren, mit denen sie auf Landstraßen Trabrennen veranstalten, wobei die Zuschauer dann manchmal so hohe Wetten platzieren, dass man an ihrem Realitätssinn zu zweifeln beginnt …

Die enge Beziehung der Iren zu den Pferden lässt sich bis in vorchristliche Zeiten verfolgen, denn es gibt Beweise, dass Pferde hier schon um 2000 v. Chr. gezähmt wurden – wahrscheinlich nicht nur als Transportmittel, sondern auch zur Bereicherung des Speisezettels.

Das erste Hindernisrennen *(steeplechase)*, ein sieben Kilometer langes Rennen zwischen den Kirchtürmen von Buttevant und St. Leger, wurde 1752 im Norden der Grafschaft Cork von Lord Doneraile veranstaltet. Mitte des 19. Jahrhunderts gab es in dieser kleinen Grafschaft bereits knapp 30 florierende Rennbahnen.

Die Versnobtheit, die man gewöhnlich mit dem Rennsport verbindet, ist in Irland kaum zu spüren – hier findet man Melone neben Stoffmütze und Cutaway neben schmierigem Anorak, und das sogar bei so prestigeträchtigen Veranstaltungen wie dem Irish Derby oder den 1000- und 2000-Guineas. Diese drei bedeutenden Rennen finden alle auf Irlands bekanntester Bahn statt, dem außerhalb von Kildare gelegenen Curragh (der Name kommt vom gälischen *cuirrech* und bedeutet Rennbahn). Diese Bahn ist das Flaggschiff unter Irlands Rennstrecken, und auf dem sie umgebenden Land, das ebenfalls Curragh heißt, schlägt das Herz des irischen Rennsports. ■

Dan Donnelly, der Kämpfer vom Curragh

In einer Mulde südlich der R413, fünf Kilometer westlich von Kilcullen, steht ein eingezäunter Obelisk. Er erinnert an den Faustkampf, den sich der vom Curragh stammende Dan Donnelly und der »berühmte englische Boxer« George Cooper am 13. Dezember 1815 lieferten. Nach einem harten Kampf siegte Donnelly. 1818 erhielt er nach einem weiteren Sieg in einem Pub in Surrey vom Prinzregenten den Titel »Sir Dan«. Kaum zwei Jahre später starb Donnelly vollkommen mittellos. Sein Körper wurde exhumiert und an einen Arzt verkauft, der den ungewöhnlich langen rechten Arm des Boxers konservierte. ■

**Links: An den Ständen der Buchmacher
hängen Schilder mit den Rennquoten**

**Unten: Das Handwerkszeug eines Jockeys
im Stall von John Oxy in Kildare**

Die Wicklow
Mountains sind
ein Paradies für
Wanderer

Wicklow Mountains

WENN SIE DUBLIN BEREITS KENNEN, HABEN SIE DIE WICK-
low Mountains sicher schon gesehen, denn ihre hohen blauen Kuppen erheben sich unübersehbar südlich der Stadt. Da sie sozusagen
vor der Tür liegen, bekommen sie natürlich viel Besuch – die halbe
Stunde Autofahrt nehmen die Dubliner gern in Kauf, um einen Tag
auf dem Land zu verbringen.

Die meisten Tagesausflügler steuern
jedoch nur eine Hand voll Ziele an;
gewissermaßen die »Pflicht-Attrak-
tionen« wie etwa das wunderschön
gelegene Klosterdorf Glendalough,
das pittoreske Städtchen Avoca mit
seinen fotogenen Handwebereien
oder die zwei beeindruckenden
angloirischen Häuser Russborough
und Powerscourt (siehe S. 106f) mit
ihren faszinierenden Gärten.

DIE ANREISE

Es gibt viele Wege, die von Dublin in
die Wicklow Mountains führen, und
sie alle werden immer reizvoller, je
höher Sie fahren. Sie werden aber
auch immer steiler und kurven-
reicher und sind damit für Raser
ungeeignet. Die Küstenstraße nach
Wexford, die N11, führt am Ostrand
der Wicklow Mountains vorbei. Zu
den Seitenstraßen der N11 gehören

die R755 von Kilmacanoge unterhalb des Great Sugar Loaf und die R765 von Newton Mount Kennedy – beide führen nach Roundwood am Ufer des Vartry-Speichersees.

Eine andere schöne Strecke ist die R763 von Ashford bei Wicklow nach Laragh und Glendalough im Westen. Fünf Kilometer westlich von Ashford können Sie nach rechts in die schmale Seitenstraße abbiegen, die Sie zum Eingang des **Devil's Glen** bringt. Auf einer Wanderung durchqueren Sie die spektakuläre Schlucht, und Sie sehen dort, wie das Wasser des Flusses Vartry 30 Meter tief in das schaumige Becken mit dem Namen Devil's Punchbowl stürzt.

Sie können aber auch ab Dublin auf der R115 durch Rathfarnham und über den **Sally Gap Pass** fahren; hier teilt sich die Straße, und

die R759 führt nach links hinab nach Roundwood, während Sie auf der R115 nach Laragh und Glendalough gelangen. Eine andere Möglichkeit ist die A81 nach Baltinglass, die südwestlich aus Dublin herausführt und der Sie bis Hollywood folgen, von wo die R765 nach Osten in Richtung Laragh abzweigt. Sie verläuft durch den **Wicklow Gap** in eine wunderschöne, mit Heidekraut bewachsene Hügellandschaft.

Eine schöne Alternative dazu ist es, die A81 in **Blessington** acht Kilometer nördlich von Hollywood zu verlassen und über Seitenstraßen und schmale Brücken bis zum Nordufer des Pollaphuca-Sees weiterzufahren, wo Sie dann erst auf die R758 und dann auf die R756 stoßen.

GLENDALOUGH

Für welchen Weg Sie sich auch entscheiden – Sie werden das Gefühl haben, dass in den Wicklow Mountains alle Wege nach Glendalough führen. Die Klosteranlage in einem von steilen Hängen umgebenen Tal ist auf jeden Fall einen halben Tag wert. Ihr Schutzheiliger und Leitstern Kevin war ein schüchterner junger Mönch des frühen 6. Jahrhunderts, dem sein ungewollter Ruhm als Wundertäter so unangenehm war, dass er sein Kloster verließ und sich in die Abgeschiedenheit von Glendalough zurückzog, wo er in einem hohlen Baum lebte.

Im Jahr 570 wurde Kevin zum Abt der langsam wachsenden Gemeinschaft von Mönchen im Tal, aus der bis zu seinem Tod um 617 schon eine recht große Bruderschaft geworden war. 1398 zerstörte ein Trupp englischer Soldaten das Kloster, doch die Kirche wurde weiterhin genutzt. Schon damals pilgerten viele Gläubige nach Glendalough, angezogen von der Frömmigkeit des heiligen Kevin – ein Brauch, der sich bis heute erhalten hat.

Es ist nicht nur die einzigartige Lage, die Glendalough zu etwas Besonderem macht; ebenso bemerkenswert sind die vielen Gebäude aus dem 10., 11. und 12. Jahrhundert. Ein gut markierter Weg führt durch einen beeindruckenden Dop-

St. Mary's Church

Rechts: Eine Rekonstruktion der am unteren See gelegenen Einrichtungen der Mönchssiedlung Glendalough aus dem 12. Jahrhundert

Links: Vor dem raketenförmigen Rundturm aus dem 10. Jahrhundert sieht die St. Kevin's Kitchen genannte Kapelle geradezu winzig aus

Glendalough

🏕 90–91 E5

✉ Besucherinformation
am Eingang von
Glendalough, Bray,
County Wicklow

☎ 0404 45325/45352

💲 €

pelbogen aus Granit – den einzigen seiner Art in einem irischen Kloster – und am Fluss entlang rund um die Anlage. Als Erstes stoßen Sie auf **St. Kevin's Kitchen**, einen kleinen, engen Andachtsraum, der möglicherweise tatsächlich aus der Zeit des heiligen Kevin stammt und an den im 11. Jahrhundert ein run-

der Glockenturm angebaut wurde. Ganz in der Nähe, zwischen den Überresten anderer Gebäude und unzähligen Grabsteinen, finden Sie die Ruine einer Kathedrale aus dem 9. oder 10. Jahrhundert, ein Priesterhaus aus dem 12. Jahrhundert, dessen Ostwand einen mit Hundezahnornamenten geschmückten Bogen zeugt, und einen faszinierenden, an eine Rakete erinnernden Rundturm von 33 Metern Höhe. Die Mönche errichteten ihn im 10. Jahr-

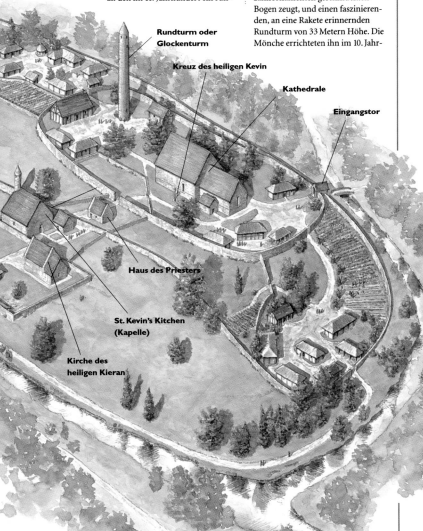

Rundturm oder
Glockenturm

Kreuz des heiligen Kevin

Kathedrale

Eingangstor

Haus des Priesters

St. Kevin's Kitchen
(Kapelle)

Kirche des
heiligen Kieran

hundert, um Feinde rechtzeitig entdecken zu können. Zum Schutz vor Angreifern bauten sie das Tor 3,5 Meter über dem Boden ein.

HINTER GLENDALOUGH

Von dem nahe Glendalough gelegenen Laragh aus nehmen Sie die gewundene R755 durch das bewaldete Vale of Clara in Richtung Rathdrum; dann geht es Richtung Süden weiter auf der R752. Machen Sie sechs Kilometer südlich von Rathdrum Rast, und besuchen Sie den leider oft überfüllten Ort, an dem die Flüsse Avonbeg und Avonmore zusammenfließen, eine Stelle, die **Meeting of the Waters** genannt wird.

Avoca, ein Dorf mit weiß getünchten, schiefergedeckten Häusern, liegt etwa anderthalb Kilometer flussabwärts am Fuß bewaldeter Hügel. Die alte Spinnerei im Ort ist seit 1723 in Betrieb, und drinnen können Sie den Webern an ihren Handwebstühlen dabei zusehen, wie sie Wollstoffe produzieren, und im dazugehörigen Shop auch das eine oder andere Stück kaufen. Die R752 und die R747 führen durch das Vale of Avoca weiter in das südöstlich gelegene ruhige Küstenstädtchen Arklow.

Die Küste der Grafschaft Wicklow erstreckt sich vom wenige Kilometer hinter Arklow gelegenen Kilmichael Point aus 64 Kilometer weit nach Norden bis zu dem hübschen Ferienort **Bray** bei Dublin. Diese Küste, ideal für alle Freunde einsamer Strände, wird nur wenig besucht, weil es die meisten Ausflügler in die Berge zieht.

Wer gern aufs Meer hinausschaut, wird die weite, offene Promenade des Badeortes Bray an der Nordküste von Wicklow lieben

Weber in Avoca
www.avoca.ie
🅰 9I E4
✉ Millmount Mills, Avoca Village, County Wicklow
☎ 0402 35105/35284

Die alte R750 an der Küste zwischen Arklow und **Wicklow** und die R761, die knapp zwei Kilometer landeinwärts nach Bray führt, sind längst von der schnellen N11 abgelöst worden, aber wenn Sie es nicht eilig haben, sollten Sie die alten Straßen nehmen, auf denen meistens kaum Verkehr herrscht.

Mizen Head und **Wicklow Head** sind zwei sehr hübsche Landzungen, und die freundliche Hafenstadt Wicklow bietet sich für eine Teepause an. Was die Strände betrifft, so sind sie bis nach Wicklow überwiegend sandig – der schönste ist **Brittas Bay** – und von Wicklow an eher mit Kies bedeckt. Jede Seitenstraße, die nach rechts von der R761 abzweigt, wird Sie nach rund anderthalb Kilometern zu den flachen Klippen der nördlichen Wicklow-Küste führen – ideal, um aufs Meer hinauszusehen und seinen Gedanken nachzuhängen, ohne dabei gestört zu werden. Mehr hätte nicht einmal der heilige Kevin verlangen können. ∎

Wandern in den Wicklow Mountains

Die Wicklow Mountains sind ein Paradies für Bergwanderer, aber auch hier ist es wichtig, die üblichen Vorsichtsmaßnahmen zu treffen – aufs Wetter zu achten, sich vernünftig auszurüsten und eine gute Karte mitzunehmen. Verglichen mit anderen Bergketten, sehen die Wicklow Mountains zwar harmlos aus – Lugnaquilla, der höchste Gipfel, ist nur 927 Meter hoch –, aber die Berge und das unbeständige Wetter fordern dennoch Respekt. Der Wicklow Way ist gut markiert, und außerdem gibt es noch unzählige weitere Pfade.

Fast überall erhältlich ist das Buch *Hill Strollers Wicklow* von David Herman, in dem 39 Wanderungen von einfachen Spaziergängen bis zu echten Klettertouren beschrieben sind. Gute Karten im Maßstab 1:50 000 sind erhältlich, und das Nationalpark-Infozentrum zwischen dem oberen und dem unteren See von Glendalough (Sept.–April geschl.) informiert über Wanderungen. Sie können sich aber auch beim Besucherzentrum in Glendalough *(Tel. 0404 45325; siehe S. 100)*, in der Stadt Wicklow *(Tel. 0404 69117)* oder in Arklow *(Tel. 0402 32484)* Bücher und Karten besorgen. ∎

Ein Holzpfad windet sich durch den sumpfigen Spink oberhalb der Klippen von Glendalough

St. Kevin's Kitchen: Diese kleine Steinkirche könnte aus dem 1. Jahrhundert stammen

Zu Fuß durch Glendalough und das Glenealo Valley

Diese Wanderung durch die Überreste des Kloster- und Bergwerksdorfes Glendalough ist anfangs ein Spaziergang in der Ebene, doch ins Glenealo Valley geht es dann bergauf. Der erste Teil der Wanderung ist sehr beliebt und vielbegangen.

Bevor Sie losgehen, sehen Sie sich im **Besucherzentrum ❶** (Tel. 0404 45 325) die Ausstellung über den heiligen Kevin und die Mönchssiedlung an. Vom Parkplatz nehmen Sie die Fußgängerbrücke und biegen dann nach rechts ab. Nach etwa 300 Metern überqueren Sie den Fluss erneut, um **St. Kevin's Kitchen ❷**, den **Rundturm ❸** und die anderen Überreste der Mönchssiedlung zu besichtigen.

Überqueren Sie den Fluss nun zum dritten Mal, und folgen Sie den Schildern »Green Road to Upper Lake« an der Südseite des **Unteren Sees ❹**. Bleiben Sie rund anderthalb Kilometer auf diesem Weg, und bewundern Sie die Berge, bis Sie den Bereich zwischen dem Unteren und Oberen See erreicht haben.

Heiliger Mörder

Der heilige Kevin konnte zwar mit Tieren umgehen, hatte von Frauen aber keine Ahnung. Als ihm eine besonders hartnäckige Verehrerin zu dicht auf den Leib rückte, schlug er ihr Brennnesseln ins Gesicht, um sie zu vertreiben. Eine andere Geschichte beschreibt, wie der Heilige beim Meditieren in seiner sarggähnlichen Höhle (St. Kevin's Bed) einschlief und träumte, dass Kathleen, eine seiner Messdienerinnen, zwischen ihm und der Pforte des Himmels stand. Als er aufwachte, beugte sich Kathleen gerade über ihn; er hielt sie für eine Versuchung des Teufels, warf sie in den See und ertränkte sie. ■

> ◩ Siehe Karte S. 91
> ➤ Besucherzentrum von Glendalough (S. 100ff)
> ↔ 10 Kilometer
> ⏱ 3 Stunden
> ➤ Besucherzentrum Glendalough

UNBEDINGT ANSEHEN

- Ausstellung im Besucherzentrum
- St. Kevin's Kitchen
- Rundturm
- Kevin's Bed View
- Aussicht auf das Glenealo-Tal vom Wasserfall oberhalb des alten Bergwerks

Direkt hinter dem **Pollanass-Wasserfall** ⑤, wo der Weg rechts zwischen den Seen hindurchläuft, gehen Sie geradeaus zu den Ruinen der **Reefert Church** ⑥; sie ist von verwitterten Kreuzen und Grabsteinen umgeben. Etwas weiter und gut ausgeschildert finden Sie auf einem kleinen Vorsprung den Halbkreis aus Steinen, der **St. Kevin's Cell** ⑦ markiert.

Kehren Sie zu dem Weg zwischen den Seen zurück, halten Sie sich links, und folgen Sie dem Nordufer des **Oberen Sees** ⑧. Ein Schild mit der Aufschrift »Kevin's Bed View« leitet Sie zu einem Aussichtspunkt, von dem aus Sie jenseits des Sees die Öffnung zu einer teilweise von Menschen angelegten Höhle sehen können, die **St. Kevin's Bed** ⑨ heißt.

Gehen Sie weiter bis ans Ende des Sees und zwischen den Ruinen und den Halden der **Bleiminen** ⑩ hindurch. Von hier aus können Sie zum Besucherzentrum zurückkehren, aber wenn Sie wasserfestes Schuhwerk tragen, können Sie auch bis zum Pfad am **Wasserfall** ⑪ des Flusses Glenealo weitergehen. Der Pfad führt zu einem Aussichtspunkt mit einem phantastischen Blick über den Oberen See. ■

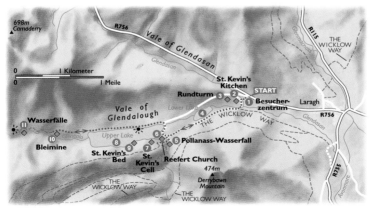

Von der oberen
Terrasse von
Powerscourt hat
man einen wun-
derbaren Blick
über den gepfleg-
ten Garten, den
Triton Lake und
den Gipfel des
Great Sugar Loaf
Mountain

Russborough und Powerscourt

DIESE BEIDEN LANDSITZE FLANKIEREN DIE NÖRDLICHEN
Wicklow Mountains. Beide wurden in der Mitte des 18. Jahrhunderts im
palladianischen Stil erbaut und künden vom Reichtum und der Macht
des angloirischen Adels britischer Abstammung, dem große Teile Irlands
gehörten. Einige dieser Landbesitzer haben nur selten einen Fuß auf irischen Boden gesetzt, doch andere lebten auf ihren irischen Landsitzen.

**Russborough
House**

- 9I E5
- Blessington,
  County Wicklow
- 045 865239
- Geschl. Nov.–März,
  April und Okt. werk-
  tags; für Gruppen
  nach Voranmeldung
  von April–Okt. tägl.
  geöffnet
- €€

Auch die Innenausstattung der
großen angloirischen Häuser zeigt,
was Geld, ein guter Geschmack und
Einfluss zuwege bringen können.
Powerscourt House brannte 1974
aus. Die Grünanlagen von Russborough sollten schon immer ein
wenig wild und möglichst unge-
pflegt wirken, und deshalb sind die
Hauptattraktionen heute das Haus
von Russborough und die Gärten
von Powerscourt.

RUSSBOROUGH HOUSE

Russborough wurde in den 1740er
Jahren für Joseph Leeson, den Earl
of Milltown und Erben einer Brauerei, gebaut. Er nutzte seinen Reich-

tum dazu, eines der beeindruckendsten Häuser Irlands zu errichten. Die 270 Meter lange **Fassade**
wird von Wappenlöwen gekrönt;
an sie schließt sich eine gebogene
Doppelreihe Kolonnaden an.

Im Innern bestechen vor allem
die Stuckverzierungen. Die italie-
nischen Brüder Philip und Paul
Francini, die führenden Stuckkünst-
ler ihrer Zeit, schufen raffinierte
Blumenmuster, Girlanden, Früchte,
Gesichter und Blätter. Ein anderer
Künstler, weniger geschickt, aber
dafür phantasievoller, gestaltete die
zwischen Zweigen und Blumen die
Haupttreppe hocheilenden
Bluthunde.

Das Haus beherbergt außerdem eine erstaunliche **Kunstsammlung**, die ursprünglich von Sir Alfred Beit, dem Mitbegründer der De-Beer-Diamantminen-Gesellschaft, zusammengetragen wurde. Vertreten sind Vermeer, Rubens, Goya, Velasquez, Thomas Gainsborough und Frans Hals.

POWERSCOURT

Das Schönste an Powerscourt ist seine Umgebung, die man am besten von der obersten der fünf Terrassen oberhalb des **Triton Lake** mit seinem 30 Meter hohen Springbrunnen bewundern kann. Von hier aus haben Sie einen phantastischen Blick über den von hohen Bäumen gesäumten See bis zum Gipfel des 501 Meter hohen **Great Sugar Loaf Mountain**, der sich in vier Kilometer Entfernung erhebt. Die »Wildheit« dieses Blicks unterstreicht die künstlerische Gestaltung des 20 Hektar großen Gartens.

Die steil abfallenden Terrassen wurden in den 1840er Jahren von Daniel Robertson entworfen, der seine Genialität mit großzügigen Dosen Sherry unterstützte und sich –

da er an der Gicht litt – in einer Schubkarre von einem Aussichtspunkt zum nächsten schieben ließ. Wenn Sie von den Terrassen hinunter in den Garten wandern, kommen Sie zu einem großartigen Kieselsteinmosaik, das die Planeten darstellt und das von schmiedeeisernen Schmuckgittern umgeben ist. Jenseits der oberen Terrasse ist österreichische Schmiedekunst zu sehen, und zwar am Bamberger Tor aus dem 18. Jahrhundert. Der stille, terrassierte **Japanische Garten**, vom Triton Lake abgeschirmt durch Bambus und Koniferen, lockt mit Tempeln und Brücken.

Nach all diesen Kunstprodukten empfiehlt sich ein Ausflug zum **Powerscourt-Wasserfall** (6 Kilometer zu Fuß, der Ausschilderung folgen, oder 5 Kilometer mit dem Auto). Mit 130 Metern ist er der höchste Wasserfall Irlands. Allerdings wäre »der längste« wohl korrekter, denn der Fluss Dargle stürzt hier von einer Felsplatte zur nächsten. Dies ist der ideale Ort für ein Picknick, vor allem, wenn es tags zuvor heftig geregnet hat und der Fluss besonders viel Wasser führt. ■

Powerscourt
www.powerscourt.ie
▦ 9I E5
✉ Powerscourt Estate, Enniskerry, County Wicklow
☎ 0I 204 6000
$ €

County Carlow

Carlow (Stadt)
⬛ 9I D4
**Besucher-
information**
✉ Tullow St., Carlow,
County Carlow
☎ 059 91 31554

DIE KLEINE GRAFSCHAFT CARLOW IST AUF ALLEN SEITEN von glamouröseren Nachbarn umgeben – dem pferdeverrückten Kildare, Kilkenny mit der schönsten mittelalterlichen Stadt Irlands, Wicklow und seinen Bergen und Wexford mit seinen Sandstränden. Carlow wird daher leicht übersehen. Doch in dieser ländlichen Region können vor allem diejenigen viel erleben, die bereit sind, ihr Tempo zu drosseln und den Erzählungen der Einheimischen zu lauschen.

Balanceakt: Der riesige, hundert Tonnen schwere Deckstein des Grabmals von Browne's Hill in der Grafschaft Carlow ruht seit fast 5000 Jahren fest auf seinen Stützen

Carlow in der Nähe der Nordwestgrenze der Grafschaft war jahrhundertelang eine Grenzstadt zwischen den Normannen im Pale (das unter britischem Einfluss stehende Umland von Dublin; siehe S. 26) und den aufrührerischen Iren jenseits davon.

Zu Beginn des 13. Jahrhunderts wurde in Carlow eine Festung angelegt, die noch heute uneinnehmbar wirkt. Bei genauerem Hinsehen stellt man jedoch fest, dass nur noch eine einzige Mauer zwischen zwei Türmen stehen geblieben ist – nachdem ein Arzt den Rest 1814 in die Luft gesprengt hat. Er hatte versucht, die Stärke der Mauern zu verringern, als er die Burg in ein Heim für psychisch Kranke umwandeln wollte.

Carlow hat aber auch ein hübsches **Gerichtsgebäude** aus den Jahren 1828–30 zu bieten. Dass die ionischen Säulen aussehen, als müssten sie eigentlich einen griechischen Tempel schmücken, ist kein Wunder – sie wurden denen des Parthenon nachempfunden.

Am 25. Mai 1798 wurden rund 640 Katholiken, die die Rebellion der United Irishmen unterstützt hatten, in der Tullow Street niedergemetzelt. Ihr Massengrab, markiert mit einem keltischen Kreuz, liegt in **Graiguecullen** am anderen Ufer des Barrow. Pater John Murphy, ein Priester, der einen der Rebellentrupps anführte, wurde auf dem Marktplatz von **Tullow**, 14 Kilometer östlich von Carlow, gehängt; ihm wurde hier ein Denkmal gesetzt.

Drei Kilometer östlich von Carlow weisen Schilder an der Straße nach Hacketstown auf das **Browne's-Hill-Steingrab**, einen Dolmen, hin. In diesem 4500 Jahre alten Begräbnisplatz muss jemand liegen, der wichtig genug war, um sein Grab mit einem mehrere Tonnen schweren Stein zu versiegeln. Der verwitterte Deckstein ruht auf dreien seiner ursprünglichen Steinstützen.

Die drohenden Aufstände in dieser Grenzregion führten zum Bau mehrerer Burgen. In Leighlinbridge finden Sie die Ruine des aus dem 12. Jahrhundert stammenden **Black Castle** in einem hübschen Tal am Barrow und in der Nähe von Bagenalstown die zerklüftete Ruine von **Ballymoon Castle**. Als sich die Lage in der Grafschaft ein wenig be-

ruhigt hatte, entstanden symmetrische Siedlerdörfer, die jeweils von einem *Big House* dominiert wurden. In **Borris** war dies das **Borris House**. Knapp hundert Jahre später gehörte es Arthur MacMurrough Davanagh (1831–89), einem beeindruckenden Mann. Obwohl er nämlich ohne richtige Arme und Beine zur Welt gekommen war, gelang es ihm nicht nur, ein hervorragender Schütze und Reiter zu werden, sondern auch ein erfolgreicher Politiker – im Irland des 19. Jahrhunderts eine enorme Leistung für jemanden mit einer solchen Behinderung.

Im Süden läuft die Grafschaft Carlow hinter Borris in die **Blackstairs Mountains** aus. Der höchste Gipfel dieser rauen Bergkette an der Grenze zwischen Carlow und Wexford ist der 793 Meter hohe Mount

Leinster. Um die Berge zu erkunden, folgen Sie am besten dem **South Leinster Way**, einem Fernwanderweg, der auf seinem Weg nach Nordosten am Mount Leinster vorbeiführt und schließlich auf den Wicklow Way trifft.

Der Fluss Barrow bildet nur einen winzigen Teil der Westgrenze von Carlow. Hier kann man sehr gut angeln, und der Treidelpfad, der **Barrow Way**, lädt zu ausgedehnten Spaziergängen ein.

Der Fluss, die Nebenstraßen und die Wanderwege führen fast alle südwärts in das Dorf **St. Mullin's**, fünf Kilometer nördlich der Grenze zu Wexford und Kilkenny. Dort erwarten Sie die Überreste eines im späten 7. Jahrhundert gegründeten Klosters, die rund um die moderne Kirche verstreut liegen. ■

Rund um das Dorf St. Mullin's an der Grenze zwischen Carlow und Kilkenny geht die Landschaft in flaches, baumbestandenes Farmland über

Die Burg von
Kilkenny, mehr
als sechs Jahr-
hunderte lang der
Sitz der Earls of
Ormond, liegt
strategisch
günstig und
landschaftlich
wunderschön
am Fluss Nore

Kilkenny und Umgebung

DIE GRAFSCHAFT KILKENNY LIEGT WESTLICH VON CARLOW; Kilkenny – die am besten erhaltene mittelalterliche Stadt Irlands – bildet das Herz der Region. Die Stadt ist zwar klein, aber sie hat Charakter und besticht durch ihre alten Gebäude und die engen Gassen.

Kilkenny Castle

✉ The Parade, Kilkenny, County Kilkenny

☎ 056 21450

🕐 Tägl. geöffnet

💲 €€

Die Stadt Kilkenny am Westufer des Flusses Nore ist eingerahmt von ihren beiden Wahrzeichen, der Burg und der Kathedrale. Die meisten Besucher steuern schnurstracks auf **Kilkenny Castle** zu. Die dreiseitige Festung (die Soldaten von Oliver Cromwell rissen die vierte Seite in den 1650er Jahren ein) ist aus grauem Kalkstein erbaut, die Wehranlagen sind mit Zinnen versehen, und an den Ecken stehen Rundtürme. Richard de Clare, der normannische Baron, besser bekannt unter dem

Namen Strongbow, baute hier 1172 eine hölzerne Festung, um den Flussübergang zu kontrollieren; sein Schwiegersohn William le Mareschal errichtete die Burg aus Stein. Als die Familie Butler, die Earls of Ormond, Burg und Lordschaft 1392 kauften, war die Stadt bereits ein wichtiger Ort, eine befestigte Bastion, in der Parlamente tagten. Das Parlament von 1366/67 verabschiedete die berühmten Statuten von Kilkenny, die das anglonormannische Erbe frei von jeder Einmischung durch die

Iren halten sollten. Die Verbote, irische Partner zu heiraten, irisch zu sprechen oder irische Musik zu spielen, wurden allerdings häufiger übertreten als befolgt.

Fast 600 Jahre lang lebten die Butlers in der Burg und mussten alle Schicksalsschläge hinnehmen, die ihre unverbrüchliche Treue zum Haus Stuart mit sich brachte. Die Butlers verloren an Reichtum und Einfluss, weil sie sich zum abgesetzten König Jakob bekannten, der 1690 in der Schlacht am Boyne geschlagen worden war, und als der zweite Duke von Ormond 1714 den von Stuarts ausgeheckten Plan unterstützte, mit spanischen Truppen in England einzufallen, wurde er des Hochverrats angeklagt und verlor seinen Titel. Es dauerte bis zum Ende des 18. Jahrhunderts, dass der Vorfall verziehen wurde und das Königshaus den Butlers erlaubte, ihren alten Titel wieder anzunehmen.

Bei einer Führung durch die Burg bekommen Sie viel zu sehen: die Bibliothek und die Wohnräume aus der viktorianischen Zeit, die Schlafräume mit ihren handbemalten Tapeten und den wundervollen georgianischen Möbeln sowie den schönsten Raum, die **Long Gallery**. Hier hängen die Porträts streng dreinblickender Butlers unter einer schön geschnitzten, von Rundbögen gestützten Stichbalkendecke, die mit einem zarten Blattmuster in präraffaelitischem Stil bemalt ist und durch ein zentrales Oberlicht erhellt wird. Draußen erwarten Sie Terrassen, Gärten und schöne Spazierwege im Wald und am Fluss entlang.

Auf der anderen Straßenseite gegenüber dem Eingang zur Burg liegen die malerischen Stallungen aus dem 18. Jahrhundert, in denen heute das **Kilkenny Design Centre** (*Tel. 056 22118*) untergebracht ist.

Von der Burg aus überqueren Sie das obere Ende der Rose Inn Street und betreten die **High Street**, den ersten Teil einer gewundenen alten Straße, die Richtung Norden durch die Altstadt führt und ihren Namen erst in Parliament Street und später in Irishtown ändert. Zu Ihrer Rechten sehen Sie den **Tholsel**, das Zollhaus mit seinem achteckigen Uhrenturm und der in die Straße hineinragenden Rundbogenarkade. Das Gebäude wurde 1761 gebaut, damit Marktbeschicker, Händler und andere dort ihren Zoll und ihre Steuern entrichten konnten. Heute sitzt hier der Stadtrat von Kilkenny.

Durchstreifen Sie die schmalen Gassen, von denen manche so steil sind, dass Stufen nötig sind, und betrachten Sie die Überreste des

Im Mittelalter führte die High Street von Kilkenny unter dem Rundbogen des alten Zollhauses, des Tholsel, hindurch

Kilkenny (Stadt)

🗺 91 C3

Besucherinformation

✉ Shee Alms House, Rose Inn St., Kilkenny, County Kilkenny

☎ 056 51500

historischen Kilkenny, von bescheidenen Hütten bis hin zu Kirchen und Kaufmannshäusern. Das Haus mit der interessantesten Geschichte ist das aus dem 13. Jahrhundert stammende **Kyteler's Inn** *(Tel. 056 21064)* rechts am Übergang von der High Street in die Parliament

An der Parliament Street stehen noch zwei weitere sehenswerte Gebäude aus dem Mittelalter. Auf der Westseite liegt das **Rothe House Museum**, ein weiteres Bauwerk mit Arkade und einem hohen Mittelgiebel. Zwei kleine Höfe verbinden es mit den Nachbarhäusern. Der gesamte Komplex – heute ein Museum zur Geschichte von Kilkenny – wurde um 1590 von einem reichen Kaufmann angelegt.

Auf der Ostseite steht **Grace's Castle**, 1210 als Turmfestung erbaut, seit der Tudorzeit als Gefängnis genutzt und seit dem späten 18. Jahrhundert das Gerichtsgebäude der Stadt. Hier wurden die United Irishmen hingerichtet, die an dem fehlgeschlagenen Aufstand von 1798 teilgenommen hatten.

Wie jede blühende Stadt im Mittelalter hatte auch Kilkenny zu seiner besten Zeit mehrere Klöster. An der Abbey Street (die Richtung Westen von der Parliament Street abzweigt) steht die sehr gut restaurierte Kirche der **Black Abbey**. Sie stammt aus dem 13. Jahrhundert und hat wunderschöne Buntglasfenster. Am Nordende wird aus der Parliament Street Irishtown. Zu Zeiten der Normannen waren die Iren in dieses Getto außerhalb der Stadtmauern verbannt worden.

Auf dem höchsten Punkt von Irishtown ist schon von weitem **St. Canice's Cathedral** *(Tel. 056 7764971)* zu sehen. Sie wurde in den 1250er Jahren auf dem Gelände Canice-Klosters erbaut. Der mittlere Turm des Gebäudes überragt kaum das Dach und verleiht dem Bauwerk ein gedrungenes Aussehen.

Neben der Kathedrale erhebt sich ein schlanker, 31 Meter hoher **Rundturm** *(geschl. Mitte Sept.– Ostern; €)*, der zwischen 700 und 1000 von Mönchen errichtet wurde. Sie können auf der Holzleiter nach oben steigen und die grandiose Aussicht auf Kilkenny genießen.

Die wunderschönen Steinmetzarbeiten von Kilkenny sind nicht nur in St. Canice's Cathedral zu finden; auch in der Black Abbey mit den herrlichen Buntglasfenstern stehen schöne Stücke

Rothe House Museum

✉ Parliament St., Kilkenny, County Kilkenny

☎ 056 7722893

$ €€

Street. In diesem Haus wurde Alice Kyteler, die berüchtigte Hexe von Kilkenny, geboren. Alice wurde 1324 der Hexerei angeklagt, nachdem jemand belauscht haben wollte, wie sie ihrem Vertrauten, einem Kobold, Pfauenaugen und neun rote Hähne angeboten hatte. Es wurde auch berichtet, dass sie nachts auf ihrem Besen durch die Straßen flog. Alice wurde für schuldig befunden, aber begnadigt. Das hielt sie aber nicht davon ab, weiterhin der Hexerei zu frönen. Nachdem sie als Wiederholungstäterin zum Tode verurteilt worden war, entkam sie und sorgte dafür, dass ihre Dienerin Petronella an ihrer Stelle auf dem Scheiterhaufen landete. Später wurde an der Hinrichtungsstelle in der High Street der Tholsel gebaut.

Als Oliver Cromwells Truppen die Stadt 1650 einnahmen, benutzten sie die Kathedrale als Pferdestall, zerbrachen beim Tränken der Tiere das Taufbecken, schossen Löcher in die Decke und zerschlugen die Buntglasfenster und das Inventar. Trotzdem ist vieles erhalten geblieben, darunter die schöne Sammlung von Grabplatten und Denkmälern aus glänzendem einheimischem Kalkstein.

Die Gräber der Familie Butler im südlichen Querschiff sind großartige Beispiele der Bildhauerkunst, vor allem die lächelnde Statue von Piers Butler, dem Earl of Ormond and Ossory (gest. 1539) mit seinem hohen Helm und dem prächtigen Brustpanzer, und die seiner Frau Margaret Fitzgerald.

Es erwarten Sie aber auch Dutzende von bescheideneren Denkmälern, von denen viele im Laufe der Jahrhunderte durch Hände und Füße glänzend poliert wurden. Zu ihnen gehört die Grabplatte von Jose de Keteller (gest. 1280), vermutlich der Vater der Hexe Alice; andere Platten zeigen das Handwerkszeug eines Schusters, eines Webers und eines Zimmermanns.

Wenn Sie von den Sehenswürdigkeiten genug haben, machen Sie Rast in einem der Pubs, und trinken Sie ein Kilkenny Ale. Dieses exquisite Bier wird in der Stadt gebraut und genießt wegen seiner cremigen Konsistenz einen ausgezeichneten Ruf. Aber wappnen Sie sich mit Geduld – es braucht genauso lange wie ein Guinness, bevor es trinkbereit ist.

Hinter den dicken Steinmauern des Rothe House in der Parliament Street verbergen sich Schätze, zu denen alte Möbel und großartige Gemälde gehören

Dunmore Cave

🗺 91 C4

✉ Ballyfoyle,
County Kilkenny

☎ 056 67726

🕐 Geschl. Nov.–Mitte
März Mo–Fr

💶 €€

Jerpoint Abbey

🗺 91 D3

✉ Thomastown,
County Kilkenny

☎ 056 24623

🕐 Geschl. Dez.–Feb.

💶 €

**Die in Stein ge-
hauenen Engel und
Heiligen, die die
Ruinen der Jerpoint
Abbey aus dem
12. Jahrhundert
schmücken, lassen
auf einen gewissen
Sinn für Humor bei
den Künstlern
schließen**

DUNMORE CAVE

Ein steiler Abstieg führt Sie in die gut ausgeleuchtete und aufregende Höhle elf Kilometer nördlich der Stadt (N77 und N81). Sie enthält mehrere Felsformationen, darunter das Market Cross, das mit seinen sieben Metern der höchste Stalagmit Europas sein soll.

Dunmore Cave hat eine dunkle Geschichte. 1973 entdeckten Straßenarbeiter die Skelette von 46 Frauen und Kindern, die während eines Angriffs der Wikinger im Jahr 928 in der Höhle Schutz gesucht hatten, während die Männer – mehr als tausend an der Zahl – abgeschlachtet wurden. Die Knochen wiesen keine Anzeichen von Verletzungen auf, was darauf schließen lässt, dass die Opfer entweder verhungerten oder am Rauch eines von den Feinden angezündeten Feuers erstickten.

JERPOINT ABBEY

16 Kilometer südlich von Kilkenny, zu erreichen über die N10 und dann die N9 Richtung Osten, liegt die schönste Ruine eines Zisterzienserklosters in ganz Irland. Donal MacGiollaphadruig, der König von Ossory, gründete die Abtei von Jerpoint 1158, und der erste Abt war Felix O'Dulany, der Erbauer der Kathedrale von St. Canice.

O'Dulanys Grab liegt im Altarraum, und die Grabplatte zeigt seinen Bischofsstab, der von einer Schlange verschlungen wird. In den Querschiffen sind noch weitere feine Steinmetzarbeiten aus dem 15. und 16. Jahrhundert zu bewundern – ein Grab ist mit grimmig dreinblickenden, bärtigen Aposteln geschmückt, deren nackte Zehen unter ihren Gewändern herausragen.

Auch die Säulen des Kreuzgangs sind reich verziert. Hier finden sich Tiere, Soldaten, ein lächelnder Knabe in einem Umhang mit Kapuze, eine Frau in einem langen Kleid mit tiefen Falten, ein Christophorus mit einem langen Stab, der segnend eine Hand erhebt und ein so grüblerisches Gesicht macht wie die Statuen auf der Osterinsel. ∎

Wexford und Umgebung

DIE STADT WEXFORD, DIE SICH AN LANGEN KAIANLAGEN an der Mündung des Slaney entlangzieht, wirkt nicht im Mindesten glamourös, aber ihre gelassene Atmosphäre und die Freundlichkeit ihrer Bewohner zieht Besucher immer wieder an. Die schmale, wellige und gewundene Hauptstraße, die parallel zum Fluss verläuft, ist meistens voller Menschen, die in den altmodischen Geschäften einkaufen. Der Geruch des zum Heizen verwendeten Torfs hängt in der Luft, und gemütliche Pubs laden zum Verweilen ein.

Oben: Die Kaianlagen von Wexford

Wexford (Stadt)
⚑ 91 E2
Besucherinformation
✉ Crescent Quay, Wexford, County Wexford
☎ 053 23111

Unten: Denkmal des Aufstandes von 1798

Die Wikinger gründeten die Stadt Wexford im 9. Jahrhundert. Ihr alter Straßenplan lässt sich an den schmalen Gassen noch heute erkennen. Wexford hat eine überaus blutige Geschichte. Als Oliver Cromwell die Stadt 1649 einnahm, zerstörten seine Männer die aus dem 12. Jahrhundert stammende Selskar Abbey (die Ruine der aus rotem Stein gebauten Abtei überragt noch heute die Abbey Street) und töteten 1500 Einwohner – drei Viertel der Gesamtbevölkerung –, und während des Aufstandes von 1798 (siehe S. 27) kam es auf beiden Seiten zu grausamen Übergriffen. Die heroische Statue eines Pikeniers im Bullring erinnert an die Rebellen, die sich selbst United Irishmen nannten. Weitere Einzelheiten über diese turbulenten Zeiten erfahren Sie in der **Wexford Experience**, einer Ausstellung im normannischen Westgate Tower. Sie können sich aber auch die kleine Ausstellung zum Aufstand von 1798 in der **Kirche des heiligen Iberius** in der High Street ansehen, die einen Block höher parallel zur Main Street verläuft.

WEXFORD WILDFOWL RESERVE

Marschlandschaften werden in Irland *slobs* genannt, und die an der Mündung des Slaney nordöstlich

IRISH NATIONAL HERITAGE PARK

Dieses zwölf Hektar große Freilicht-museum im Marschland des Slaney-Ästuars vermittelt mit Hilfe von Nachbauten einen Eindruck von der irischen Geschichte bis ins Mittel-alter. Dargestellt sind ein Lager aus der Steinzeit mit einem Steinkreis, ein *rath* (eine Ringfestung) und ein *crannóg* (eine Inselfestung) aus der Keltenzeit, eine Werft der Wikinger (mit einem am Flussufer vertäuten Langboot), eine normannische Burg und vieles andere. Wanderwege ver-binden die einzelnen Stationen, und es finden auch Führungen statt.

ENNISCORTHY

24 Kilometer nördlich von Wexford an der N11 liegt die kleine Stadt Enniscorthy mit dem **National 1798 Visitor Centre**, einer aus-gezeichneten und sehr detaillierten Ausstellung über die Ereignisse und Umstände des Aufstandes der United Irishmen im Jahr 1798. Dieser Versuch, die Unabhängigkeit Irlands durch Waffengewalt zu erzwingen, wurde von einer revolutionären Inbrunst getragen, die damals ganz Europa erfasst hatte, und noch weiter angestachelt von einem all-gemeinen Aufbegehren gegen die grausamen Strafgesetze (siehe S. 26 f.).

Der Aufstand begann Mitte Mai 1798 mit blutigen Schlachten zwischen Rebellen und Regierungs-truppen. In Wexford, Carlow und Kildare wie auch im Rest von Irland wurden Tausende verwundet, ver-gewaltigt und getötet, bis die Auf-ständischen im Südosten Irlands schließlich am 21. Juni in der Schlacht von Vinegar Hill am Ost-ufer des Slaney vor Enniscorthy besiegt wurden. In dieser Schlacht fanden 500 Menschen den Tod, viele von ihnen die Frauen und Kinder der fliehenden Rebellen. Die harten Strafen, die danach verhängt

Nachbauten der Behausungen aus vielen Epochen der irischen Geschichte erwecken die Ver-gangenheit im Irish National Heritage Park in Wexford wieder zum Leben

Wexford Wildfowl Reserve
🅰 91 E2
✉ Visitor center, North Slob, County Wexford
☎ 053 23129

Irish National Heritage Park
www.heritageisland.com
🅰 91 E2
✉ Ferrycarrig, County Wexford
☎ 053 20733
🕐 Ganzjährig geöffnet
💲 €€

der Stadt Wexford sind bekannt als Brut- und Überwinterungsplätze für Enten, Gänse und Watvögel.

Der North Slob, ein 1800 Hektar großes Marschgebiet, das während der großen Hungersnot von 1847 bis 1849 als Ackerland genutzt wurde, ist heute ein Vogelschutzgebiet, in dem Sie unzählige Stockenten, Schwarzhalsschwäne, Gänsesäger, Grün- und Rotschenkel und in den ausgedehnten Schilfgebieten auch Rohrammern und Teichrohrsänger zu Gesicht bekommen können. Die beste Zeit, sie zu beobachten, ist der Winter, wenn hier nicht nur rund 10 000 Grönland-Blessgänse (etwa 35 Prozent des weltweiten Bestan-des) überwintern, sondern auch etwa 2000 Ringelgänse und große Schwärme von Kiebitzen und Tauchenten.

Verlassen Sie das Besucher-zentrum bei Sonnenuntergang, und setzen Sie sich mit einem Fernglas auf die Kaimauer; Sie werden den Anblick und das Geräusch von meh-reren tausend Blessgänsen, die gleichzeitig auffliegen und dabei ge-räuschvoll mit den Flügeln schlagen und wild schnattern, nie vergessen.

Das Wexford Opera Festival

Jedes Jahr im Herbst strömen Zehntausende von Musikliebhabern nach Wexford, um das dreiwöchige Opernfestival (Theatre Royal, 27 High Street, Tel. 053 22400, www.wexfordopera.com) zu genießen. Es findet gewöhnlich von Mitte Oktober bis in die erste Novemberwoche statt, und auf die Besucher warten nicht nur drei vollständige Opern im Theatre Royal, sondern auch andere Events und Konzerte aller Stilrichtungen.

In Wexford können Sie damit rechnen, eher selten gehörte Opern zu erleben, denn die allgemein bekannten werden hier kaum aufgeführt. Das Festival ist stolz darauf, diese vernachlässigten Werke vor dem Vergessen zu bewahren – eine Tatsache, die viele Opernfreunde anlockt. Versnobt ist das Ganze dennoch nicht. Die Ladenbesitzer schmücken ihre Schaufenster, Akteure und Besucher treffen sich nach den Vorstellungen im Pub, und überall in der Stadt erklingt Musik. ■

Chor und Orchester sind bei diesem Kirchenkonzert anlässlich des Opernfestivals in Wexford perfekt in Szene gesetzt

wurden, heizten den Hass und die Verbitterung nur noch mehr an.

Sie können auch zum Schlachtfeld am **Vinegar Hill** hinauffahren (der Ausschilderung von der Stadt aus folgen), wo Sie ein Rundturm, eine Erinnerungstafel und ein schöner Blick über Enniscorthy erwarten.

SÜDLICH VON WEXFORD

Die N25 führt in das südlich von Wexford gelegene **Rosslare** (Besucherinformation Tel. 053 33232), eine belebte Hafenstadt mit Fährverbindungen nach Fishguard und Pembroke in Wales. Jenseits des Ortes führen Nebenstrecken an die Küste, die teils schlammig, teils sandig ist. **Kilmore Quay** lockt mit reetgedeckten Hütten, einem kleinen Hafen und dem Blick auf die vorgelagerten **Saltee Islands**. Von März bis Juni nisten und brüten auf den Inseln eine Viertelmillion Papageientaucher, Dreizehenmöwen, Tölpel, Tordalken und andere Seevögel. Von Kilmore Quay aus fahren Boote, die Vogelfreunde zu den Inseln bringen. ■

National 1798 Visitor Centre
www.iol.ie
🔺 91 E3
✉ Millpark Rd., Enniscorthy, County Wexford
☎ 054 37596/37597
💲 €€

Wie viele Strände an Irlands Ostküste ist auch der von Courtown einladend und unverbaut

Auf der alten Küstenstraße von Dublin nach Wexford

Sie können auf der schnellen N11 in anderthalb Stunden von Dublin nach Wexford düsen, aber Sie können auch gemütlich über die alte Küstenstraße fahren, durch kleine Ortschaften und vorbei an einer Küstenlandschaft mit flachen Klippen, einsamen Kiesstränden und verlockenden sandigen Abschnitten.

Von Dublin aus fahren Sie am Südufer des Liffey nach Ringsend und dort auf die R131 nach Dun Laoghaire. Dies ist die alte Küstenstraße, die 19 Kilometer weit südwärts durch die Küstenstädte südlich von Dublin führt.

Fahren Sie durch Sandymount, in Merrion auf die R118 und darauf weiter durch Booterstown, vorbei an den enormen Sand- und Schlammflächen, die bei Ebbe in der Dublin Bay zum Vorschein kommen. Weiter geht es auf der N31, die über Blackrock ins geschäftige

Dun Laoghaire ❶ mit seinen georgianischen Terrassen und dem belebten Fährhafen führt. Von dort aus fahren Sie auf der R119 weiter durch Sandycove, in dessen Martelloturm (siehe S. 85) die Eröffnungsszene von James Joyces *Ulysses* spielt, vorbei an Dalkey bis nach Ballybrack und Bray.

Auf der R761 durchfahren Sie offenes Land, und rechts von Ihnen sehen Sie die östlichen Ausläufer der Wicklow Mountains. Bald können Sie auch einen ersten Blick auf den spitzen

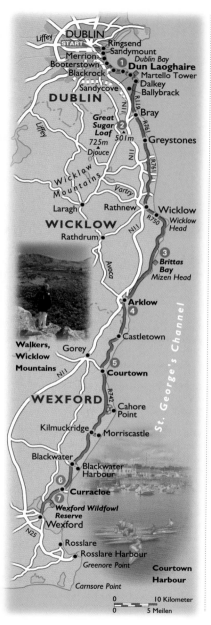

🗺	Siehe Karte S. 51
▶	Dublin
⬌	136 Kilometer
🕐	Ein halber Tag
▶	Wexford

UNBEDINGT ANSEHEN

- Erster Blick auf den Great Sugar Loaf und die Wicklow Mountains
- Sandstrand von Brittas Bay
- Arklow
- Fischereihafen in Courtown
- Vogelschutzgebiet Wexford

Gipfel des **Great Sugar Loaf** ❷ und die dahinter liegende runde Flanke des 725 Meter hohen Djouce werfen. Hinter Greystones, einem ehemaligen Fischerdorf, verläuft die Straße durch flaches, bewaldetes Gebiet. Von hier bis nach Wicklow führen nur noch vier Seitenstraßen ans Meer; jede von Ihnen bringt Sie an einen einsamen Strand.

In Rathnew geht es auf der R750 weiter durch die Stadt Wicklow und zu dem wundervollen, halbrunden Sandstrand von **Brittas Bay** ❸, wo Plankenwege durch die Dünen rund um Mizen Head Sie vielleicht zu einer Rast in der frischen Seeluft verlocken.

Arklow ❹ (*Besucherinformation Tel. 0402 32484*) ist ein nettes, ruhiges Dorf, genau richtig für eine Tasse Kaffee und eine Haselnussschnitte aus der Steinofenbäckerei in der Lower Main Street. Von hier aus fahren Sie durch den Hafen und auf einer Nebenstrecke Richtung Süden nach Castletown und zum Fischereihafen des kleinen **Courtown** ❺. Die R742 bringt Sie dann ins 40 Kilometer entfernte Wexford.

Curracloe ❻, acht Kilometer vor Wexford, ist ein pittoreskes Fischerdorf, in dem allerdings ein monströser Hotelbau das Bild stört. Seitenstraßen führen Sie in Küstendörfer wie Cahore Point, Morriscastle oder Blackwater Harbour.

Bevor Sie nach Wexford hineinfahren, sollten Sie auf der R742 der Ausschilderung **Wexford Wildfowl Reserve** ❼ (siehe S. 115f) folgen. Zu jeder Tageszeit, vor allem aber bei Sonnenuntergang, sind hier Unmengen von Vögeln zu sehen. ∎

Waterford bei Nacht: Die Beleuchtung der Kaianlagen und Häuser spiegelt sich im Wasser des Suir

Waterford und Umgebung

DER BLICK AUF WATERFORD VON DEN KAIANLAGEN, DIE beide Ufer des Flusses Suir säumen, wirkt auf viele Besucher enttäuschend. Sie fragen sich, warum ein Ort mit einer so wechselvollen Geschichte so gewöhnlich aussieht. Doch das gehört mit zum Charme der größten Stadt im Südosten Irlands – wie der Schiffsverkehr auf dem Fluss und die alten Gassen und historischen Häuser, die gut versteckt hinter den südlichen Kais liegen.

Waterford (Stadt)
🅰 91 D2
Besucherinformation
✉ The Granary, 41 The Quay, Waterford, County Waterford
☎ 051 875823

Waterford Museum of Treasures
www.waterfordtreasures.com
✉ Merchant's Quay, Waterford, County Waterford
☎ 051 304500
💲 €€

Die Wikinger, die einen guten Ankerplatz erkannten, wenn sie einen sahen, gründeten die Stadt **Waterford** in der Mitte des 9. Jahrhunderts und nannten sie Vadrafjord, den Wetterhafen. Sie blieben drei Jahrhunderte an diesem Ort, und ihre Lederstiefel, ihr Essgeschirr, ihr Schmuck und ihre Waffen sind in dem hervorragenden **Waterford Museum of Treasures** neben dem Touristenbüro ausgestellt. Aber nicht nur die Wikinger sind hier ein Thema, man erfährt auch alles über die dramatische Geschichte der Stadt. Um 1000 v. Chr. bauten die Wikinger einen Befestigungsring um ihre Stadt, von dem noch heute einige Reste stehen. Der am besten erhaltene Teil führt zu dem Wachturm an der Kreuzung Castle Street und Parnell Street, wo früher die Spitze der ursprünglich dreieckigen Stadt lag.

In einiger Entfernung steht der zylindrische **Reginald's Tower** (*Tel. 051 304220*), mit dessen Bau der Wikinger Ranguald 1003 begann. In der angrenzenden Reginald's Bar befindet sich ein Torbogen der alten Stadtmauer. Boote fuhren hier über eine Wasserstraße in die Stadt; an deren Stelle verläuft heute die Mall. Der Großteil des Turmes ist normannisch und stammt aus der Zeit kurz nach der Eroberung der Stadt durch die neuen Invasoren (1170). Diese erneuerten auch die Stadtmauer und fügten eine Reihe von Wachtürmen hinzu, von denen einige noch heute stehen.

Im Mittelalter war Waterford die wohlhabendste Stadt Irlands; in georgianischer Zeit entstanden die Häuser an der Mall und der O'Connell Street und auch die **katholische Dreifaltigkeitskirche** in der Barronstrand Street. Im Osten, in Bailey's New Street, steht die **protestantische Christ Church Cathedral** mit ihrer Stuckdecke.

DIE KLOSTERANLAGE VON ARDMORE

Die im Südwesten der Grafschaft Waterford gelegene Stadt Ardmore hat Überreste einer alten Klosteranlage zu bieten. Auf dem Hügel oberhalb der Stadt erhebt sich ein 29 Meter hoher Rundturm aus dem 12. Jahrhundert neben der Ruine der **St.-Declan's-Kathedrale**.

Der Höhepunkt aber sind die Steinmetzarbeiten an der westlichen Außenmauer der Kathedrale, die vermutlich aus dem 9. Jahrhundert stammen. Eingerahmt von einer doppelten Arkadenreihe, zeigen sie unter anderem einen geflügelten

Erzengel Michael beim Wägen der Seelen, Adam und Eva bei der Vertreibung aus dem Paradies und den heiligen Declan beim Bekehren der heidnischen Iren. Die aus dem 8. Jahrhundert stammende Kapelle des Heiligen – er kam irgendwann zwischen 350 und 420 aus Wales – steht ganz in der Nähe.

Folgen Sie dem Pfad, der zu den Klippen von Ram Head führt, und Sie werden neben den Ruinen der Dysert Church auf die **heilige Quelle von St. Declan** stoßen, die von grob gearbeiteten Kreuzen umgeben ist. Am Südende des Strandes von Ardmore befindet sich der **Stein des heiligen Declan**, auf dem seine Glocke und seine Gewänder von Wales nach Irland hinter ihm hergetrieben sein sollen. Angeblich sollen Rheumakranke, denen es anlässlich des Declanfestes am 24. Juli gelingt, sich unter den Stein zu zwängen, eine Wunderheilung erfahren – auch wenn sie sich dabei vermutlich Rückenschmerzen einhandeln. ■

Ardmore

🅰 90 B1

Besucherinformation

✉ Parkplatz am Wasser, Ardmore, County Waterford

☎ 024 94444

Mit Skulpturen geschmückte pränormannische Steinbögen schmücken die Westfassade der St. Declan's Cathedral in Ardmore. Im Hintergrund erhebt sich der Rundturm aus dem 12. Jahrhundert

Waterford-Kristall

Waterford-Kristall ist gewissermaßen der Rolls-Royce im Reich des Kristalls. Die Fabrik ist der größte Arbeitgeber am Ort und beschäftigt 1600 Menschen, von denen viele in großen Hallen an lauten Maschinen arbeiten. Sie sollten sich die Gelegenheit nicht entgehen lassen, wahre Meister ihres Faches bei der Arbeit zu beobachten.

Auf Grund des hohen Bleigehalts (in Waterford sind es rund 30 Prozent) ist Kristall hochwertiger als normales Glas, und er sorgt außerdem für Glanz und Gewicht und erleichtert die Bearbeitung. Bei der Führung durch die Fabrik (*Kilbarry, Cork Road, Waterford, Tel. 051 332500; www.waterfordvisitorcentre.com, Museum im Jan. Sa und So geschl.; keine Führungen Nov.–Febr. Sa und So; €€*) werden Sie erleben, wie Bleiglätte (Bleioxid), Kieselerde und Kaliumkarbonat in den Schmelzöfen vermengt werden. Der spannendste Teil der Führung ist der Bereich, in dem die Glasbläser arbeiten und beim Blasen die leuchtend orangefarbenen Klumpen geschmolzenen Kristalls geschickt drehen. Sie werden vorsichtig beklopft und in die gewünschte Form gebracht. Während dieses Vorganges verblasst die Farbe des Kristalls von einem grellen Orange zu Zitronengelb und schließlich Rauchgrau. Diese Arbeitsschritte haben sich kaum verändert, seit die englischen Brüder George und William Penrose 1783 die erste Glasbläserei in Waterford gründeten.

Als Nächstes kommt das Kristall in den Abkühlofen; große Stücke wie Blumenvasen oder

Man braucht gute Lungen, um ein Stück Waterford-Kristall zu produzieren

gravierte Tafeln brauchen zum Abkühlen bis zu 26 Stunden. Im abgekühlten Zustand übernehmen die Schleifer das Kristall. Geduldig halten sie die Stücke gegen die mit Diamanten besetzten, rotierenden Schneidgeräte und schleifen die charakteristischen Waterford-Muster tief ins Glas ein. Ein Fehler hierbei ist schon einer zu viel: eine falsche Handbewegung, und das Stück ist zerstört. Meisterschleifer bearbeiten besonders wertvolle Produkte wie zum Beispiel Trophäen, und sie werden pro Stück bezahlt.

Dann kommen die Kunstwerke zu den Gravierern, die mit winzigen Schleifrädern zarte Muster oder Details wie Blätter, Gesichter, Haare oder ganze Szenen wie zum Beispiel eine Fuchsjagd einarbeiten. Man wagt es kaum, sie in ihrer Konzentration zu stören, doch Besucher sind willkommen und dürfen auch jederzeit Fragen stellen. Wenn Sie es trotzdem nicht über sich bringen, können Sie sich Ihre Fragen für den Workshop aufheben. Dort können Sie sich mit den Glasbläsern, Schleifern und Gravierern unterhalten und ihnen noch einmal bei der Arbeit zusehen.

Einen Besuch im Ausstellungsraum sollten Sie sich auf keinen Fall entgehen lassen. Die Stücke sind wundervoll beleuchtet und stehen natürlich auch zum Verkauf. Was Sie wissen müssen: In Waterford gibt es im Gegensatz zu vielen anderen Fabrikshops keine »zweite Wahl«. Was hier nicht den hohen Ansprüchen der Firma genügt, kommt nicht zum Verkauf, sondern wird an Ort und Stelle zerschlagen und wieder eingeschmolzen. ∎

Bis ein Stück (oben) verkauft wird, sind mehrere Arbeitsschritte notwendig

Der in der Ebene von Tipperary weithin sichtbare Rock of Cashel war einst ein Symbol für die Herrschaft der Könige von Munster und später für die Allmacht der Kirche

Rock of Cashel

IHREN ERSTEN BLICK AUF DEN ROCK OF CASHEL, DER SICH mit seinen Türmen, Zinnen und Spitzgiebeln aus dem Golden Vale in Tipperary erhebt, werden Sie sicher nie vergessen. Im 1. Jahrhundert war die Burg eine Art weltliche und spirituelle Hauptstadt, der Sitz des Königs von Munster – eine Rivalin Taras, wo die Hochkönige von Irland residierten. Der Felsen hat eine lange Geschichte, und wenn die ganze Anlage abends mit Flutlicht angestrahlt ist, wirkt sie noch eindrucksvoller.

Rock of Cashel

 90 B3

✉ Cashel, County Tipperary

☎ 062 61437

 €€

Der Kalksteinfelsen, auf dem die Zitadelle steht, ist 60 Meter hoch. Der Legende zufolge hatte der Teufel gerade einen Bissen von den Slieve Bloom Mountains genommen (die Stelle heißt noch heute Devil's Bit), als er den heiligen Patrick eine Kirche im Golden Vale bauen sah. Daraufhin spuckte er den Stein angewidert

aus, und er landete in Cashel. Doch der Felsen war in Wirklichkeit schon im 4. Jahrhundert befestigt und trug damals den Namen »Cashel of the Kings«. Vom 5. Jahrhundert an wurden hier die Könige von Munster gekrönt, und der heilige Patrick kam 450, um König Aengus zu taufen. Im 11. Jahrhundert war Brian Boru,

befindet sich ein Bogenfries mit den Gesichtern von Menschen und Tieren; weitere davon schauen von den Kapitellen der Arkaden im Innern herab. Auch der runde normannische Bogen im Altarraum ist mit Köpfen geschmückt, und außerdem sind dort sehr farbenfrohe Überreste der einstigen Fresken zu erkennen. Am Westende steht ein Sarkophag, wahrscheinlich der von König Cormac.

Noch beeindruckender sind die Steinmetzarbeiten im Giebelfeld über dem nördlichen Eingang. Sie zeigen ein grinsendes Monstrum, das zwei unidentifizierbare Tiere unter seinen Hufen zertrampelt, während ein Kentaur mit Normannenhelm (komplett mit Nasenschutz) seinen Oberkörper nach hinten dreht, um einen Pfeil auf die Bestie abzuschießen.

Die kalte, hallende Ruine der **St.-Patrick's-Kathedrale** (13. Jh.) steht ohne Dach da und ist von Dohlen bevölkert. An ihr Westende wurde ein befestigter Palast angebaut, in dem einst die Erzbischöfe von Cashel residierten.

Die Kathedrale wurde 1495 vom Earl of Kildare angezündet, der sich dafür bei König Heinrich VII. mit den Worten rechtfertigte: »Ich dachte, der Erzbischof wäre darin.« Erzbischof Myler Magrath (1523–1622), dessen Grabmal im Chor steht, besaß ein Erzbistum, vier Bistümer und 77 andere Pfründen, die ihm zu außerordentlichem Wohlstand verhalfen.

Zu einer Tragödie kam es 1647, als rund 3000 Menschen vor dem von Lord Inchiquin geführten Heer Cromwells in der Kathedrale Schutz suchten. Die Angreifer stapelten Torf an der Außenwand der Kathedrale auf und zündeten ihn an, was keiner der Eingeschlossenen überlebte.

Neben der Kathedrale steht ein 28 Meter hoher Rundturm aus dem 11. oder 12. Jahrhundert. ∎

Unterhalb des Felsens tanzen Statuen vor dem Brú-Ború-Zentrum für traditionelle irische Kultur

der Hochkönig von Irland, Herr über Cashel, doch 1101 übergab König Murtaugh O'Brien den Felsen der Kirche, woraufhin die großartigen Gebäude, die heute den Gipfel krönen, errichtet wurden.

Sie betreten den Komplex durch die **Hall of the Vicars Choral**, die 1420 für die Chorsänger der Kathedrale gebaut wurde. Hier sind eine Ausstellung und das aus dem 12. Jahrhundert stammende verwitterte Hochkreuz des heiligen Patrick untergebracht. Draußen kommen Sie auf Ihrem Weg zu der von König Cormac MacCarthy erbauten **Cormac's Chapel** (1127–34) an einer Nachbildung des Kreuzes vorbei. Die kleine Kapelle mit dem steilen Dach gilt als die früheste und schönste erhaltene romanische Kirche Irlands. An der Außenmauer

1650 marschierten
Oliver Cromwells
Männer ungehin-
dert in die Burg
von Caher ein –
der Grund dafür,
dass sie so gut er-
halten ist

County Tipperary

REISENDE AUF DEM WEG ZU DEN DRAMATISCHEN KÜSTEN-
landschaften und Halbinseln des Südwestens fahren häufig durch
Tipperary, ohne es eines Blickes zu würdigen. Wer sich jedoch die Zeit
nimmt, wird auch in dieser Grafschaft viel zu sehen bekommen.

ATHASSEL-KLOSTER

Die Überreste des einst größten
Klosters von Irland stehen an einer
malerischen Stelle am Suir. Die
Mauern der Abteikirche mit ihren
Spitzbogenfenstern und der zerstörte Turm überragen die hohen
Bäume am Ufer. Teilweise erhalten
sind auch das Torhaus, der Kreuzgang und das Kapitelhaus, von dem
nur noch die Grundmauern stehen.

William Burke gründete das
Augustinerkloster 1192, nur wenige
Jahre nach der Ankunft der Normannen in Irland. Sein Grabmal befindet sich im Innern des Klosters.
Irische Banditen brannten das Kloster 1319, 1329 und 1447 nieder.

CAHER

Die **Burg** von Caher ist eine der eindrucksvollsten in Irland – und auch
die am besten erhaltene, weil sich

ihre Bewohner Oliver Cromwells
Heer 1650 ergaben, bevor es anfan-
gen konnte, sie in Stücke zu schießen. Sie steht auf einem Felsen im
Suir, der erstmals 1142 von Conor
O'Brien bebaut wurde. Ihr Wehrturm steht im Innenhof der heutigen
Burg, die in zwei Stufen umgebaut
wurde – erst im 13. Jahrhundert, als
ein anglonormannischer Turm hinzugefügt wurde, und später von den
Butlers, den Earls of Ormond, die
die Anlage 1375 kauften. Im mittleren Hof befindet sich der Hauptturm, komplett mit Fallgatter und
einem Verlies.

Ein Spaziergang am Fluss bringt
Sie zum 2,5 Kilometer außerhalb des
Stadtzentrums gelegenen **Swiss
Cottage**, das 1810 von dem gefeier-
ten englischen Regency-Architekten
John Nash für Richard Butler, den
12. Baron Caher, entworfen wurde.

Athassel-Kloster

90 B3

Golden, County
Tipperary

Caher

90 B2

**Besucher-
information**

Castle St., Caher,
County Tipperary

052 42324

€

Nash bediente sich des *Cottage-ornée*-Stils, der damals sehr in Mode war. Es sollte so aussehen, als hätte ihn die Atmosphäre der Gegend zu dieser rustikalen, windschiefen Jagd- und Anglerhütte, den kunstvoll asymmetrischen Fenstern und den Rosen vor der Tür inspiriert.

CARRICK-ON-SUIR

Ein Gebäude macht diesen ruhigen Marktflecken unverwechselbar – das faszinierende **Ormond Castle** mit der angrenzenden Villa, dem schönsten Wohngebäude aus der Tudorzeit in Irland. Als Black Tom Butler, der 10. Earl of Ormond, 1568 seine Villa an die Burg seiner Vorväter anbauen ließ, fühlte er sich so sicher, dass er auf jegliche Befestigung verzichtete. Die Burg wird durch eine fast un-unterbrochene Reihe von Fenstern erhellt, und die Höhepunkte im Innern sind der schön geschnitzte Kamin und die Stuckverzierungen in der Long Gallery.

DIE HÖHLEN VON MITCHELSTOWN

Dieses drei Kilometer lange Höhlen-system, das längste in Irland, ist der

perfekte Ort für Leute, die unter gar keinen Umständen »touristisch erschlossene« Naturschönheiten se-hen wollen. Die Höhlen von Mitchelstown sind weitgehend naturbelassen, und Sie können in Ruhe durch die drei gewaltigen Kammern wandern und sich die von Mineralen geformten Stalaktiten, Stalagmiten und Kalkspatströme an-sehen.

Obwohl die Höhlen im Sand-stein der Galtee Hills liegen, sind sie Teil eines eingelagerten Kalk-steinbandes. Regen- und Fluss-wasser, das durch Risse im Gestein eingedrungen ist, hat die Höhlen ausgewaschen, und die Reaktion des Kalksteins mit dem Wasser hat im Laufe von Millionen von Jahren zur Bildung der Formationen im Innern geführt. ∎

Windhundrennen sind eine beliebte Freizeitbeschäfti-gung

Ormond Castle

🗺 91 C2
✉ Castle Park, Carrick-on-Suir, County Tipperary
☎ 051 640787
🕐 Geschl. Okt.– Mitte Juni
💲 €

Höhlen von Mitchelstown

🗺 90 B2
✉ Burncourt, Cahir, County Tipperary
☎ 052 67246
💲 €€

Weitere Sehenswürdigkeiten

HOCHKREUZE VON AHENNY

Die beiden Hochkreuze im Kirchhof von Ahenny stammen aus dem 8. und dem 9. Jahrhundert. Beide sind vier Meter hoch, haben gleich lange Arme und sind kunstvoll verziert.

🅰 91 C3 ✉ Ausgeschildert von der R697, 5 km nördlich von Carrick-on-Suir, County Tipperary ☎ 051 640200

HOCHKREUZE VON CASTLEDERMOT

Diese zwei Hochkreuze (10. Jh.), die neben einem romanischen Torbogen und einem 20 Meter hohen Rundturm mit bewehrter Spitze stehen, sind mit biblischen Szenen geschmückt.

🅰 91 D4 ✉ Abseits der N9, 16 km südöstlich von Athy, über die R418, County Kildare ☎ 045 522696

Unten: Der älteste Leuchtturm Irlands steht auf Hook Head

HOLYCROSS ABBEY

Diese Zisterzienserabtei wurde 1168 von Donal Mor O'Brien, dem König von Munster, als Schrein für einen Splitter vom Kreuz Christi erbaut und um 1430 erweitert. Der nördliche Teil des Kreuzgangs ist liebevoll restauriert worden, ebenso die Abteikirche, die heute als Gemeindekirche genutzt wird. Im südlichen Querschiff befinden sich zwei Kapellen, von der eine ein so prunkvolles Gewölbe besitzt, dass die heilige Reliquie hier aufbewahrt worden sein muss. Im

Chor steht ein mit großartigen Schnitzereien verzierter Priesterthron.

🅰 90 B3 ✉ An der R660, 6 km südlich von Thurles, County Tipperary ☎ 0504 43124/43118

HOOK HEAD

Den 48 Kilometer langen Ring of Hook Drive, der mit braun-weißen Schildern markiert ist, erreichen Sie mit der Passage-East-to-Ballyhack-Autofähre, elf Kilometer östlich von Waterford. Es erwartet Sie eine Fahrt über eine wunderschöne Halbinsel mit grünen Feldern und dunklen Klippen. Zu den Attraktionen der Hook-Halbinsel gehören die Überreste zweier Klöster (13. Jh.), Dunbrody Abbey und Tintern Abbey. Besuchen Sie die riesigen Sandbänke in der Bannow Bay, die große, sternförmig angelegte Tudor-Festung in Duncannon und die Ruine von Slade Castle oberhalb des hübschen Hafens. Alle Wege führen schließlich nach Süden zum **Leuchtturm** von Hook Head. Das moderne Leuchtwerk ist oben auf dem 33 Meter hohen Turm angebracht, den Raymond le Gros, »Big Raymond«, 1172 errichtete. Der Ausblick vom Turm ist phantastisch. *(März–Okt. tägl.; €€).*

🅰 91 D2 ✉ Südöstlich von Waterford über die R737, R734 und Nebenstraßen, County Waterford **Besucherinformation Hook Head** ☎ 051 397502 🕐 In der Saison **Besucherinformation Waterford** ☎ 051 875823 🕐 Ganzjährig

LISMORE CASTLE

Lismore, eine gewaltige, beeindruckende Burg auf einem Hügel oberhalb des Blackwater-Flusses, stammt überwiegend aus dem 19. Jahrhundert, basiert aber auf einer Festung aus dem 12. Jahrhundert. Von 1589 bis 1602 gehörte die Burg dem Seefahrer und Entdecker Sir Walter Raleigh, und 1627 wurde hier der Physiker und Chemiker Robert Boyle geboren. Die Burg ist in Privatbesitz, aber der 800 Jahre alte Eibenweg, der Vergnügungsgarten mit den blühenden Rhododendren (Mai–Juni) und die anderen Gartenanlagen sind geöffnet.

🅰 90 B2 ✉ An der N72, 24 km westlich von Dungarvan, County Waterford ☎ 058 54424 🕐 Burgbesichtigung nicht möglich; Gärten Okt.–Mitte April geschl. 💲 €€ ■

Wandern Sie durch die kleinen idyllischen Grafschaften Cork und Limerick, durch die historische, von Wasser umgebene Stadt Cork und hinunter zur Küste, die sich hier in West-Cork und Kerry in fünf Halbinseln teilt.

Der Südwesten

Die Könige des Waldes – im magischen Südwesten

Der Südwesten

DREI GRAFSCHAFTEN BILDEN DEN SÜDWESTEN VON IRLAND: CORK, KERRY und Limerick. Hier beginnt die Landschaft aufzubrechen: Die Küste wirkt zersplittert und teilt sich in fünf große Halbinseln, die dem Atlantik zustreben. Diese teilen sich weiter in Landzungen und vorgelagerte Inseln, die die Karte der Region wie einen Farbklecks mit lang gezogenen Spritzern aussehen lassen.

Dramatischer Himmel über aufregender Landschaft: der Gap of Dunloe bei Killarney

Die Stadt Cork ist schön. Manche nennen sie Irlands »zweite Hauptstadt«, Cork ist allerdings der Ansicht, dieser Titel stehe Dublin zu. Sicher ist, dass Cork viel von Dublins Elan hat und weniger von dessen jüngst erworbenem Flitter. Der Osten der Grafschaft Cork ist reich an Wald und weiten Feldern. Von Süden schneidet die große Lagune von Cork Harbour mit der geschichtsträchtigen Stadt Cobh ins Land.

Je weiter man nach Westen kommt, desto anziehender wird Cork: Die gezackte Südküste mit Buchten und regelmäßig verteilten Küstendörfern ist prachtvoll. Sie geht in die drei südlichsten Halbinseln – Mizen, Sheep's Head und Bear (Beara) – über, die vom Festland aus dem Meer zueilen.

Zur Orientierung

Belfast

Dublin

Mouth of the Shannon

ATLANTISCHER OZEAN

R551

Bonna Strand

MAGHAREE ISLANDS

Ardfert Cathedral
Ardfert

Brandon Creek

Brandon Bay *Tralee* **Tralee & Dingle Light Railway**

Brandon Mountain

Conair Pass

Gallarus Oratory

D i n g l e

Slieve Mish Mountains

Dunquin *Mt. Eagle* •Dingle N86 Inch **Caherconree**

Inishtooskert •Ventry

Gt. Blasket Is. *Slea Head*

Dingle Bay

Killorglin

Inishnabro

Inishvickillane

Lough Caragh 1039m **Carrauntoohil**

Stone forts

N70

•Cahersiveen *Macgillycuddy's Reeks*

Valentia Island **Barracks Heritage Centre** *I v e r a g h* R568

Lough Currane Sneem N70

Little Skellig Caherdaniel **Derreen Garden**

Great Skellig

Kenmare River *B e*

C a h a *Healy Pass*

Dursey Island Allihies

The Bull **Dunboy Castle** Bear Island Bantry

The Cow

The Calf *Sheep's Head* *Dunmanus*

Mizen Head

△
A

△
B

Im Südwesten liegt eine weitere große Stadt: Limerick, ein Ort mit lebendiger Geschichte, dem es aber an Corks Wärme und Intimität mangelt. Die restliche Grafschaft Limerick macht mit einem Reigen charmanter Bilderbuchdörfer, hübschen Häusern und einem noch kaum entdeckten Hinterland im Westen wett, was seiner Hauptstadt fehlt.

Was die Grafschaft Kerry betrifft, so teilt sie sich die Halbinsel Bear (Beara) mit der Grafschaft Cork und erfreut sich zweier eigener Halbinseln: Iveragh mit einer herrlichen Küste, an der sich der Aufsehen erregend malerische Ring of Kerry entlangschlängelt, und der wilderen, unirdisch wirkenden Halbinsel Dingle mit den abgelegenen Blasket-Inseln an ihrer Südspitze. Die Leute in Kerry halten wegen ihrer angeblichen hinterwäldlerischen Leichtgläubigkeit für das restliche Irland als Witzfiguren her. Lassen Sie sich nicht täuschen – die Bewohner von Kerry machen die gleichen Witze über Leute aus Cork ... ■

Stadt Cork

AUCH WENN ES IRLANDS BEDEUTENDSTE STADT IM SÜD-
westen ist, die Atmosphäre in Cork ist entspannt. Die beste Art, die
kultivierte Stadt und ihre »sanft bissigen« Bewohner zu genießen, ist,
sich Zeit zu nehmen, herumzuschlendern und sich die Stadt Schritt
für Schritt unter die Haut gehen zu lassen.

Die geographische Lage von Cork
erfasst man leicht. Der Stadtkern
liegt auf einer lang gestreckten Insel
im Fluss Lee. Zahlreiche Brücken
verbinden ihn mit den Vororten.

Die Niederung im Tal des Lee
eignete sich immer gut zum Siedeln.
650 gründete St. Finbarr in Corcaigh,
der »Marsch«, ein Kloster. Die Wikinger ließen sich hier ebenfalls nieder
und gründeten im 9. und 10. Jahrhundert eine Ortschaft. Ihre günstige
Lage am Fluss und der große natür-

liche Hafen förderten den Handel
unter den Normannen. Dem kauf-
männischen Selbstverständnis entsprang ein unabhängiger politischer
Geist. 1649 war die Stadt klug genug,
Oliver Cromwell und sein Heer
hereinzulassen. Als weniger klug erwies es sich, 1690 den abgesetzten
König Jakob II. in seinem erfolglosen
Aufbegehren gegen Wilhelm III. zu
unterstützen. Wilhelms protestan-
tisches Heer drang ein und zerstörte
die Stadtmauern und viele Häuser.

Schöne Brücken
spannen sich über
den Lee. Der von
stattlichen alten
Häusern gesäumte
Fluss verleiht der
Stadt Cork
Würde und ein
eigenes Gepräge

Stadt Cork

▲ 131 E2

**Besucher-
information**

✉ Tourist House, Grand
Parade, Cork,
County Cork

☎ 021 427 3251

SEHENSWÜRDIGKEITEN

Zwar sind manche Gebäude im Zentrum nur Nachbauten von Häusern, die 1920 dem Feuer zum Opfer fielen, aber viele schöne georgianische Bauwerke sind bis heute erhalten. Hauptstraße und Einkaufsmeile ist die **St. Patrick's Street**. Sie schlängelt sich vom North Channel des Lee nach Süden, dann nach Westen durch den Stadtkern und schließlich – als Grand Parade – wieder nach Süden zum Südkanal.

Guter Ausgangspunkt für einen Spaziergang durch Cork ist der **English Market**, eine hübsche georgianische Markthalle an der Grand Parade. Sie steht dort, wo sich 400 Jahre lang der Markt befand, und noch heute kommen die Bewohner der Stadt her, um sich zu treffen, um zu plaudern und zu essen. Marktstände wie die Real Olive Company, das Meat Centre oder Pig's Back, zahllose Gemüsehändler, Scherzartikel- und Kleiderbuden sorgen für lebhafte Eindrücke und Geräusche. Nach einem Bad in der Menge ist es erholsam, sich auf die

Das 18. Jahrhundert brachte Cork Wohlstand, nicht zuletzt dank des Fleißes der hugenottischen Flüchtlinge aus Frankreich, die sich ansiedelten, als neu gegrabene Flusskanäle den Handel belebten. Im 19. Jahrhundert suchten Home-Rule-Aktivisten in der Stadt Zuflucht, und im Unabhängigkeitskrieg von 1919 bis 1922 war Cork die heißeste aller Schmieden, in denen Pläne und Aktionen der IRA Gestalt annahmen. *Guests of the Nation*, eine Sammlung von Kurzgeschichten des großen, in Cork gebürtigen Schriftstellers Frank O'Connor, zeichnet ein einprägsames Bild dieser Tage. 1920 wurde der Bürgermeister vor den Augen seiner Familie von den Black and Tans, einer gewalttätigen paramilitärischen Einheit der Briten, ermordet.

Rechts: Im English Market im Stadtkern bekommt man alles, vom Schweinerücken bis zur gefüllten Olive

St. Finbarr's Cathedral glänzt im überschwänglich extravaganten Dekor der viktorianischen Neugotik

Galerie im ersten Stock zurückzuziehen, das geschäftige Treiben von oben zu betrachten und es sich an den Tischen vor dem Farmgate Restaurant schmecken zu lassen.

Geht man vom English Market auf der Grand Parade nach Süden und biegt nach rechts in die Tuckey Street ab und nach links in die South Main Street, dann passiert man auf dem Weg zum Südkanal des Lee zwei wichtige Institutionen der Stadt: links das **An Spailpin Fánai**, eines der besten Pubs der Stadt, wenn es um traditionelle Livemusik geht (Beginn meist 21.30 Uhr), und das breite Gebäude gegenüber, die **Beamish & Crawford's Brewery** *(Führungen unter Tel. 1850 325 222)*, allgemein schlicht als Beamish's bekannt. Ihr samtschwarzes Bier wird in ganz Irland

von jenen Bierliebhabern getrunken, die ein süßeres Stout-Bier als Guinness bevorzugen. Von Corks anderem Stout, dem Murphy's, sagt man, es sei weicher als Guinness.

Überquert man die South Gate Bridge und geht rechts am Fluss entlang, trifft man auf den schlanken, grauen Turm der **St. Finbarr's Cathedral** *(Tel. 021/496 3387)*. Ihre Außenmauern schmücken Heilige, Engel und Dämonen. Die mittelalterliche Kathedrale wurde bei der Belagerung 1690 zerstört. Von außen ist diese Kirche aus dem Jahr 1878 ein hervorragendes Beispiel für Neugotik, ihr Inneres ist deutlich kunsthandwerklicher, im Stil der Arts & Crafts, gestaltet: blutrote Wände aus Cork-Marmor, eine herrliche Fensterrosette mit Schöpfungsmotiven, ein nuancenreicher

Mosaikboden im Chor und prächtige Engel in Gold, Blau und Rot krönen das Dach des Allerheiligsten. Versäumen Sie nicht, die Sitze im Chorgestühl hochzuklappen und einen Blick auf die Miserikordien zu werfen.

Meisterhafte Schnitzereien von Grashüpfern, Hirschkäfern und Libellen zieren die Kanten, an denen die nur scheinbar aufrecht stehenden Chorherren sich ausruhten.

Will man vom English Market nach Norden wandern, biegt man in die St. Patrick's Street ein, von der aus die Carey Lane und die French Church Street nach Norden in das alte **Huguenot Quarter** führen. Herz des heute schicken Stadtteils mit friedlichen, hohen Mauern, kleinen Häusern aus dem 18. Jahrhundert und ziegelgepflasterten Fußgängerwegen ist der **Rory Gallagher Square**. Nördlich vom Huguenot Quarter führt die Paul Street nach Osten zur **Crawford Municipal Art Gallery**. Seien Sie nicht überrascht, wenn Sie in der Galerie mehr Leute beim Essen entdecken: Für die fabelhaften Speisen sorgt die Ballymaloe School of Cookery in Middletown, östlich von Cork. Nach dem Essen lohnt sich definitiv auch ein Blick auf die Gemälde, darunter: ein eisiges Porträt der Schriftstellerin Elisabeth Bowen von Paul Hennessy aus dem Jahr 1955, ein gefühlvoller viktorianischer *Letter from America* von James Brennan, eine nachdenkliche Studie des modernen irischen Dichters John Montague von Barrie Cooke und ein loderng gelbes und blaues *The Rice Field* (1989) von William Crozier.

Direkt nördlich der Crawford Municipal Gallery führt die Christy Ring Bridge über den North Channel des Lee in den nördlichen Vorort **Shandon**. Von hoch oben lockt der Turm der St. Anne's Church Besucher über steile, sich windende alte Straßen. Im Turm hängen die berühmten Glocken von Shandon, die jeder läuten darf, der eine kleine Gebühr entrichtet. Sie können selbst komponieren oder eine Melodie von einem Spickzettel ablesen. Am Fuß des Turms steht **Shandon's Butter Exchange**. Die 1770 errichtete Butterbörse sollte bei der Einstufung Hunderttausender Fässer hervorragender, in Cork produzierter Butter helfen. Heute dienen ihre Räume als Werkstätten, in denen Sie bei der Herstellung von Geigen, Angelködern, Kristallpokalen und Tonbechern zusehen – und natürlich das eine oder andere kaufen – können. Ein halbstündiger Spaziergang Richtung Westen führt Sie nach Sunday's Well zum ehemaligen **Cork City Gaol**. Seine beeindruckende Ausstellung zeigt die harten Bedingungen im Gefängnis und die noch härteren sozialen Bedingungen in Cork des 19. Jahrhunderts. ∎

Crawford Municipal Art Gallery
www.crawfordartgallery.com
🏛 139
✉ Emmet Pl., Cork, County Cork
☎ 021 490 7855

Shandon's Butter Exchange
Werkstätten
🏛 139
✉ Shandon, County Cork
☎ 021 430 2303

Cork City Gaol
✉ Convent Ave., Sundayswell, Cork, County Cork
☎ 021 305 022
🕐 Ganzj. tägl. geöffnet
💲 €€

Picheln und Plaudern: Hi-B

Vom English Market nach Süden, die Grand Parade hinunter, dann links in die Oliver Plunkett Street – und Sie sind auf dem Weg zur Spitze der »Insel«. Weiter als zum General Post Office aber brauchen Sie nicht zu gehen, wenn Sie auf der Suche nach einem Drink sind. Über der Apotheke gegenüber liegt am Ende der Treppe die Bar Hi-B. Das Hi-B ist, was Sie von einem irischen Pub erwarten: fröhlich, freundlich, gemütlich und ein bisschen altmodisch. Es ist ein Ort, an dem Kenner eine angenehme Stunde am Kamin damit verbringen zu grübeln, was besser ist: das Geplauder oder das Bier. Das eine wie das andere gehört zum Besten der Stadt. ∎

Ein düsteres Denkmal am Casement Square erinnert an die 1198 Menschen, die am 7. Mai 1915 ertranken, als die RMS *Lusitania* der Cunard Line vor Old Head of Kinsale torpediert wurde

Cobh und die Geschichte von Queenstown

Great Island füllt fast den gesamten Nordteil des Hafens von Cork. Das geschützte Hafenbecken zählt zu den besten der Welt, und der Hafen aus dem 19. Jahrhundert mit Namen Queenstown auf der Seeseite von Great Island wurde Irlands wichtigster Umschlagplatz für Waren und Informationen aus den und für die britischen Kolonien und Exkolonien.

Queenstown – oder Cobh (Cove), wie es bis zum Besuch von Königin Victoria 1849 hieß – hatte für die Menschen ganz unterschiedliche Bedeutungen. Für die Matrosen der während der napoleonischen Kriege gegründeten Admi-

ralität war es ein strategischer Kommunikationsposten im Nordatlantik. Für die Truppen, die man in den 1850ern in den Krimkrieg oder 40 Jahre später in den Burenkrieg schickte, war es das Letzte, was sie von der Heimat sahen. Für die, die 1912 an Bord der *Titanic* gingen, war es die letzte Erde, die sie berührten. Für Strafgefangene, die zur Deportation, der Verbannung in die australische Strafkolonie, verdammt waren – wie die rebellischen United Irishmen für ihre Beteiligung am Aufstand 1798 –, war es der Auftakt einer sechs Monate langen Reise, angekettet in einem dunklen, ungelüfteten Laderaum auf einem lecken Gefangenenschiff.

gerüstete Schiffe, aber auch Seelenverkäufer, die bei Schlechtwetter leicht sanken und die besteigen zu dürfen für die meisten in der großen Hungersnot 1845–49 dennoch erstrebenswert war.

Berichtet wird von schlechtem Wetter und ebensolcher Nahrung, von Seekrankheit und Flüchen, Tänzen und *ceilidhs* in den Zwischendecks. Man erfährt von der entmutigenden Fremdheit bei der Ankunft an einer fremden Küste Wochen oder Monate später, geschwächt und schmutzig von der Reise, mit nichts als dem Namen eines bereits emigrierten Verwandten in der Tasche oder einer vagen Zusage für einen Arbeitsplatz.

Zwischen 1815 und 1970 wanderten etwa drei Millionen Iren – das entspricht etwa Irlands heutiger Gesamtbevölkerung – in der Hoffnung auf ein besseres Leben über Cobh aus. Die unausgesetzte Bewegung dieser gewaltigen Armee Namenloser, die so viele Länder bereicherte, entzog Irland seine Lebenskraft – das ist die Geschichte von Queenstown. ■

Irische Auswanderer auf ihrem Weg in die Neue Welt – eine eindringliche Skulptur in der Queenstown-Story-Ausstellung

Vor allem aber war Queenstown der Einschiffungshafen für viele Millionen armer Emigranten auf dem Weg in eine neue Existenz in Kanada, den USA, England oder Australien – fort von dem Elend und der Unterdrückung, denen sie in ihrer Heimat ausgesetzt waren.

In dem wunderschön renovierten Bahnhof am alten Hafen, heute wieder Cobh genannt, erzählt die Ausstellung Queenstown Story *(Cobh Heritage Centre, Cobh, County Cork, Tel. 021/481 3591, www.cobhheritage.com; €€)* die Geschichte derer, die im Laufe von zwei Jahrhunderten Irland durch dieses Tor verließen. Da gibt es Schiffsmodelle in allen Formen und Größen, Schaubilder, Fotografien, Briefe und die eindringlichen persönlichen Stücke.

Gezeigt werden die meist unfreiwillig Reisenden, wie sie für ihre zurückbleibenden Verwandten und Geliebten am Ufer Gedenkwachen, so genannte »American Wakes«, halten, bevor sie an Bord gehen. Unter den Auswandererschiffen gab es gut aus-

Zu Fuß durch die Stadt Cork

Cork mag Irlands »zweite Hauptstadt« und das bei weitem größte Ballungsgebiet im Südwesten sein, es ist trotzdem zu Fuß leicht zu bewältigen. Der Stadtkern liegt auf einem Inselstreifen zwischen dem North und South Channel des Flusses Lee. Auf der Insel und den angrenzenden nördlichen und südlichen Flussufern findet sich alles, was man zu einem vergnüglichen Stadtspaziergang braucht.

Beginnen Sie Ihren Spaziergang mitten im bunten Trubel des **English Market ❶** (siehe S. 132f) im Inselzentrum von Cork. Sie können dort an den Delikatessenständen in der Markthalle Proviant für den Spaziergang kaufen, aber es gibt an allen Ecken Pubs, Cafés und Lebensmittelgeschäfte. Besser trinken Sie einen Kaffee und machen sich auf zum Eingang Prince Street, wenden sich in der Prince Street nach rechts und gehen bis zur South Mall am Ende der Straße hinunter.

Halten Sie sich rechts Richtung unteres Ende der Grand Parade , überqueren Sie den South Channel des Lee, und gehen Sie rechts am Südufer entlang, bis Sie nach etwa 450 Metern in der Bishop Street links vor der massig grauen **St. Finnbarr's Cathedral ❷** (siehe S. 134) stehen.

Sehen Sie sich in der Kirche um, und kehren Sie dann zur Bishop Street am South Channel

🗺	Siehe Karte S. 131
▶	English Market
↔	3 Kilometer
⊕	Ein halber Tag
▶	St. Anne's Church

UNBEDINGT ANSEHEN

- English Market
- St. Finnbarr's Cathedral
- Huguenot Quarter
- Crawford Municipal Art Gallery
- Landekais am Fluss Lee
- Glocken von Shandon

zurück; gehen Sie links über die South Gate Bridge und die South Main Street hinauf. Linker Hand liegt die **Beamish & Crawford's Brewery ❸** (siehe S. 134), gegenüber das **An Spailpin Fánai ❹** (siehe S. 134).

Auf halber Höhe der South Main Street wenden Sie sich nach rechts in die Tuckey Street und gehen links die Grand Parade hinauf und an einem anderen Eingang des English Market vorbei. Am oberen Ende der Grand Parade halten Sie sich links und spazieren durch die belebte Einkaufsstraße St. Patrick's Street. Überqueren Sie die Straße nach 180 Metern, und biegen Sie links in die French Church Street und die stilleren Fußgängerstraßen des alten **Huguenot Quarter ❺** (siehe S. 135) ein.

Sehen Sie sich ein wenig um. Lassen Sie die Atmosphäre in den mit Ziegeln gepflasterten Straßen um den **Rory Gallagher Square ❻** (siehe S. 135) auf sich wirken. Der Rundgang führt Sie auf der French Church Street oder der Carey's Lane weiter nach Norden bis zur Paul's Street, wo Sie rechts abbiegen.

Halten Sie sich am Ende der Straße noch ein paar Meter rechts, biegen Sie links ab, und gehen Sie am Emmet Place entlang. Bald taucht links

Ein lebhaftes Livemusik-Pub in Cork; auch die Gäste können dort musizieren

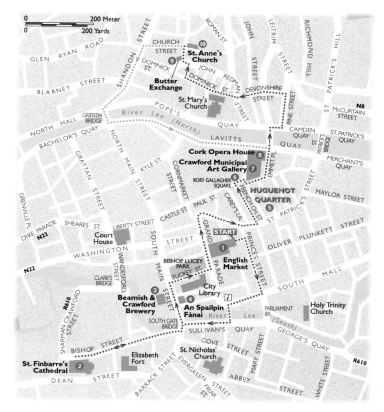

die **Crawford Municipal Art Gallery** ❼ auf. Das Essen im Galeriecafé ist ausgezeichnet.

Direkt hinter der Galerie passieren Sie das **Cork Opera House** ❽. Überqueren Sie den North Channel des Lee. Von der Brücke haben Sie eine herrliche Aussicht auf Lavitt's Quay und Camden Quay.

Am anderen Flussufer folgen Sie der Pine Street, biegen links in die Devonshire Street und wandern am Hang entlang auf der Dominick Street weiter nach Osten. Gehen Sie nach rechts und die Exchange Street hinauf. Sie stehen bald vor der hübschen georgianischen Butterbörse, der **Butter Exchange** ❾ (siehe S. 135). In dem Gebäude sind heute die Shandon Werkstätten untergebracht. Nehmen Sie sich Zeit, um sich bei den hervorragenden Handwerkern

umzusehen, bevor Sie weiter den Hügel hinaufgehen. Nach ein paar Metern stehen Sie vor dem hohen Turm der **St. Anne's Church** ❿, der Pfarrkirche in Corks Vorort Shandon. Versuchen Sie es doch mit einer Melodie auf den Glocken von Shandon (siehe S. 135).

Von Shandon kehren Sie auf dem Weg, auf dem Sie gekommen sind, zum English Market zurück, oder Sie gehen durch die gegenüber von St. Anne's gelegene Church Street nach Osten, dann links die Shandon Street hinunter zum North Channel des Lee. Hier führt die Griffith Bridge über den Fluss. Wenn Sie sich hinter der Brücke links halten, kommen Sie über die Kais zum Opernhaus und dem Emmet Place zurück, von wo aus Sie auf dem bekannten Weg wieder zum English Market gelangen. ∎

Blarney Castle

WER DEN BLARNEY STONE IN BLARNEY CASTLE KÜSST, ER-
langt angeblich auf magische Weise Beredsamkeit: Die Burg und den
Grund, auf dem sie steht, umgeben zahllose solcher Legenden – so
viele, dass ein Spaziergang Sie zum Rock Close und seinen »druidischen Ursprüngen« führt, zum Fairy Glade mit »Opferaltar« und den
Wishing Steps, die demjenigen einen Herzenswunsch erfüllen, der sie
rückwärts und mit geschlossenen Augen bewältigt.

Blarney Castle ist ein Bergfried mit
Brustwehr auf einem Felsvorsprung,
der den Fluss Martin zehn Kilometer nordwestlich von Cork über-
blickt. Dermot Laidhir (der Starke)
McCarthy errichtete ihn 1446 an der
Stelle eines älteren befestigten Turms
aus dem 13. Jahrhundert. Weitere
Türme erheben sich als Vorposten
auf anderen Vorsprüngen. Gemeinsam ergeben sie ein beeindruckendes
Ensemble.

»Blarney« als Synonym für einen
charmanten Schwätzer geht auf einen
nicht näher bezeichneten McCarthy,
Lord von Blarney, zurück, der einst
von Lord Leicester, dem Abgesandten

Königin Elisabeths I., befragt wurde.
Worin der Streit auch bestanden
haben mag, ob die Königin die Über-
gabe der Burg verlangte oder es um
Besitzstreit ging, der geschwätzige
McCarthy redete und redete – und
kam nie zum Punkt. Als Leicester der
Königin von der Sackgasse in den
Verhandlungen berichtete, rief sie
aus: »Das ist ja noch mehr Blarney!«

Die Streitkräfte der Königin nahmen Blarney Castle nie ein; es fiel
1646 an Oliver Cromwells Befehlshaber Lord Broghill. Die Garnisons-
truppe entkam bei der Belagerung
durch einen unterirdischen Tunnel.

Um den **Blarney Stone** zu finden, gehen Sie im Turm ganz nach
oben, durch die Große Halle mit dem
gewaltigen Kamin, das von großen
Fenstern erhellte Schlafzimmer des
Earls und den Young Ladies' Room.
Sind Sie auf der ovalen Plattform des
alten Bergfrieds angelangt, ist der
Blarney Stone unschwer zu orten:
Er befindet sich, wo die Menschen-
schlange mit Gekicher und Keuchen
endet. Den Blarney Stone zu küssen
ist eine von Irlands beliebtesten
Touristenattraktionen. Kommen Sie
früh am Morgen, dann vermeiden
Sie Schlangen, die bis zu den Stufen
unten im Turm reichen können.

Der legendenumwobene Stein
liegt in einem Spalt außen an der
Brustwehr. Sie müssen sich auf den
Rücken legen, mit dem Oberkörper
durch den Spalt rutschen und sich
nach unten beugen, um ihn zu küssen. Es ist eine recht sichere Sache:
Sie können sich an zwei Stangen

Oben: Um die
Festung Blarney
Castle aus dem
15. Jahrhundert
am Fluss Martin
in der Nähe von
Cork ranken sich
viele Legenden

Blarney Castle
www.blarneycastle.ie
131 E2
Blarney, County Cork
021 438 5252
€€

Links: Blarney
Castle hat mehr
zu bieten als alte
Steine – das
Gelände ist
wunderschön

festhalten, ein stämmiger Wächter stützt Sie, und ein Metallgitter verhindert den Sturz in 29 Meter Tiefe.

Zwei Tipps: Nehmen Sie das Kleingeld aus den Taschen, es fällt sonst durch das Metallgitter in die Tiefe; und Besucherinnen sollten bedenken, dass ein Minirock hier vielleicht nicht die ideale Bekleidung ist … ■

Unten: Schön vorsichtig! Ein angehender Redner küsst den Blarney Stone

Legenden um den Stein

Viele Legenden umgeben den Blarney Stone: Eine besagt, der Prophet Jeremias habe den Stein nach Irland gebracht. Jakob soll in der Wüste sein Haupt auf dem Stein gebettet haben, als er von den Engeln auf der Leiter träumte. (Das Gleiche erzählt man allerdings auch vom Lilah Fail oder dem Stone of Destiny in Tara; siehe S. 266f.) Andere Sagen berichten, Cormac McCarthy, der König von Munster, habe den Stein entweder von einer alten Hexe erhalten, die er vor dem Ertrinken bewahrte, oder von Robert I. Bruce als Dank für die Entsendung von 4000 Mann, um Bruce in der Schlacht von Bannockburn 1314 gegen die Engländer zu unterstützen.

Einem (nur unwesentlich) glaubwürdigeren Bericht zufolge brachte ein Kreuzfahrer den Stein nach Irland. Er soll den Stein im Heiligen Land als Kuriosität erworben haben, wo er wahrscheinlich bereits Gegenstand von Legenden war – daher wohl die Verbindung zu Jakobs Traum. ■

Kinsale und die
Westküste von Cork

DIESE GEGEND SOLLTEN SIE ERKUNDEN, WENN SIE SICH AN den gemächlicheren Südwesten gewöhnt haben. Auf der 160 Kilometer langen und kurvigen Straße an West-Corks zerklüfteter Küste kann man nicht schnell fahren, und die Küstendörfer und windigen Landzungen tun das ihre, um Sie zu fesseln. Nehmen Sie sich zwei Tage Zeit – besser drei. Oder gleich eine Woche ...

Kinsale

🗺 131 E2

**Besucher-
information**

✉ Pier Rd., Kinsale,
County Cork

☎ 021 477 2234

🕐 Geschl. Nov.–Feb.

**Kinsale Regional
Museum**

✉ Market Sq., Kinsale,
County Cork

☎ 021 477 7930

🕐 Geschl. Nov.–März

Der Ort **Kinsale** am schmalen Ufer vor grünen Hügeln an einer Biegung unweit der Flussmündung des Brandon, 15 Kilometer südlich der Stadt Cork, ist der perfekte Auftakt zur schönen, unverdorbenen Küstenlinie von West-Cork – nicht zuletzt, weil Sie hier garantiert gut essen werden. Kinsale gilt dank seiner ausgezeichneten Fischlokale als Hochburg der Feinschmecker im Südwesten, wenn nicht in ganz Irland.

Kinsale mit seiner Uferpromenade und seiner von bunten Häusern gesäumten Main Street ist eine ideale Fußgängerstadt. Straßen und Gassen winden sich hinter dem Hafen die Hügel hinauf. Einzige Bausünde: die Wohnsiedlung mit Apartments in Grün und Rosa am Ostufer der Mündung, die nicht im Geringsten zum Stadtbild passt.

Die beiden bemerkenswerten Bauwerke in Kinsale sind die **St. Multose's Church** (Tel. 021/ 477 2200) und **Desmond Castle** (Tel. 021/477 4855). Die St. Multose's Church liegt in Hafennähe an der Kreuzung Higher O'Donnell Street und Cork Street. Die gedrungene Kirche aus dem 12. Jahrhundert hat einen massiven irischromanischen Turm. Er endet in einer seltsam angesetzten, ungewöhnlichen Spitze.

In der steilen Cork Street steht auf halber Höhe Desmond Castle: ein schöner befestigter Turm aus dem Spätmittelalter mit gezackter

Krenelierung und Fenstern mit steinernen Mittelpfosten. Im Laufe der Zeit diente der Turm als Zollhaus, als Kerker für französische Kriegsgefangene und als Pulvermagazin bei der Belagerung von Kinsale. Sie fand Ende 1601 statt, als ein 4000 Mann starkes spanisches Heer unter Don Juan del Aguida in Kinsale an Land ging, um den Rebellen Hugh O'Neill, Earl von Tyrone, zu unterstützen. Drei Monate hielten die Rebellen den Turm, doch als die Spanier den Iren in der entscheidenden Schlacht weitere Hilfe versagten, brach der Aufstand rasch zusammen. Das war das letzte große Aufbegehren der gälischen Anführer in Irland. 1607 flohen O'Neill und sein Mitrebell, der Earl of Tyrconnell, aufs europäische Festland, und die Engländer nahmen endgültig von Irland Besitz.

Einen Großteil der Geschichte von Kinsale erläutert das **Kinsale Regional Museum**. In seinen engen Räumen drängen sich Eispickel und Hämmer für Fischkisten, Schiffsbauerwerkzeug, Gewehre vom Osteraufstand, Bordkanonen und Spitze aus Kinsale. Am stärksten berühren die Stücke, die an das US-Passagierschiff *Lusitania* erinnern, das am 7. Mai 1915 vor der Landspitze Old Head of Kinsale vom deutschen U-Boot *U-20* torpediert wurde. 1198 Passagiere, die meisten Frauen und Kinder, kamen um. Ein gestreifter Postsack, eine deutsche Gedenkmedaille, ein Liegestuhl aus Rohrholz und ein ins Englische übersetztes Faksimile vom Logbuch des *U-20* machen die Tragödie präsent.

Erheiternde Kontrapunkte sind die ungeheuren Kniestiefel und das unnötig schwere Besteck von Patrick Cotter O'Brien (1760–1806), dem gefeierten »Riesen von Kinsale«. Mit 2,50 Metern war O'Brien zweifellos groß. Aber er war auch eine tragische Figur. Er konnte kaum gehen oder sich ohne Schmerzen vom Stuhl erheben und war gezwungen, sich für seinen Unterhalt als Missgeburt zur Schau zu stellen.

Die Entdeckungsreise an die Küste von West Cork hinter Kinsale sollte mit einem Ausflug zum **Charles Fort** am Ostufer der Mündung beginnen, einem schaurig wirkenden, sternförmigen Festungsbau, der in den 70er Jahren des 17. Jahrhunderts zum Schutz vor

Großartig ist der Panoramablick von Fort Charles auf die Stadt Kinsale, die sich über die Hügel in einer Biegung im Mündungslauf des Brandon ausbreitet

Charles Fort

- 131 E2
- Summer Cove, Kinsale, County Cork
- 021 477 2263
- Geschl. Mitte April– Mitte Juni und Mitte Sept.–Mitte Okt.: Di–Fr
- €

Am Old Head of Kinsale im Süden von Cork trotzen vom Meer zerklüftete Klippen dem Aufprall der Wellen

Seeangriffen errichtet wurde. Das nach Prinzipien des französischen Befestigungsingenieurs Vauban erbaute Fort fiel bei der Bewährungsprobe durch das Heer von König Wilhelm III. nach nur drei Tagen – sein Heer griff von Land an.

Das ausgedehnte Innere von Charles Fort füllen Kasernenruinen, Pulver- und Munitionslager, Offiziersquartiere, eine Waffenkammer, eine Böttcherei. Die Bauweise ist massiv, aber das Dach fehlt. Der Gang durch die leblose Verteidigungsanlage ist ein ebenso surreales wie fesselndes Erlebnis. Der Blick von der Landzunge auf den Ort Kinsale, die Schiffe auf dem Fluss und die Mündung ist sensationell.

Von Kinsale aus schlängelt und windet sich eine mit »Coast Road« ausgeschilderte, 128 Kilometer lange

Aussichtsroute über Nebenstraßen und Feldwege, auf denen Sie sich fast unweigerlich verfahren werden, westwärts nach Skibbereen. Keine Sorge, wenn die Schilder Sie im Stich lassen: Es ist immer jemand da, den Sie fragen können.

Sparen Sie sich den Weg zum Old Head of Kinsale. Ein Golfclub hat die historische Landspitze in Besitz genommen, und der Zugang ist gesperrt. Lassen Sie sich lieber von der Landstraße zwischen blumenübersäten hohen Böschungen nach **Timoleague** entführen. Es ist eines der zahlreichen Dörfer mit hübschen, bunt getünchten Häusern an den von Dammwegen durchzogenen Watten der Buchten. Die **Franciscan Friary** (Franziskanerabtei) von Timoleague aus dem 14. Jahrhundert ist erstaunlich

gut erhalten. Obwohl 1642 von Cromwell geplündert, ist der Bau selbst fast unangetastet. Spitzbogenfenster, Gruftnischen, ein Mittelschiff aus hohen Bögen und Reste des Kreuzgangs hallen wider vom Gurren der Tauben.

Es lohnt sich, einen Umweg durch das hübsche Courtmacsherry und das Straßenlabyrinth der **Seven Heads Peninsula** einzuplanen. Das Pub O'Neill's im verschlafenen Butlerstown sorgt für einen angenehmen Boxenstopp, und die Margeriten, Rosen und silbrigen Sandstrände um Dunworley sind ein Genuss. Sie können hier schwimmen oder warten, bis Sie die kleine, aber lebhafte Stadt **Clonakilty** passiert und die breiten Strände der Insel Iachydoney erreicht haben.

Fünf Kilometer westlich von Clonakilty sind auf der N71 das **Pub Four Alls** und Sam's Cross ausgeschildert. Im dämmrig gemütlichen Four Alls nahm Michael Collins, der Oberbefehlshaber der Free State Army, am 22. August 1922 seinen letzten Drink, bevor ihn eine Kugel der IRA aus dem Hinterhalt niederstreckte. Fotos, Bilder und Zeitungsausschnitte über ihn bedecken die Wände des Pubs.

Das **Geburtshaus von Michael Collins** steht im nahen Woodfield (fragen Sie im Pub nach dem Weg). Es ist Ziel so mancher Pilgerfahrt. Auf dem Sockel einer Bronzebüste von Collins liegt fast immer ein frischer Strauß Blumen.

Von der anderen Seite der Bucht grüßt der Turm der Kathedrale **Ross Carbery**. Das schöne massive viktorianische Dach des Altarraums schützt prächtige Fenstermosaiken aus dem 19. und 20. Jahrhundert, nicht zuletzt das eines präraffaelitischen jungen Ritters im Querschiff, das an einen im Ersten Weltkrieg gefallenen Soldaten erinnert.

Der **Drombeg Stone Circle** (ca. 150 v. Chr.) ist auf der Straße von Glandore gut ausgeschildert. 17 schlanke, mannshohe Steine stehen in einem engen Kreis. In der Nähe befindet sich eine steinzeitliche Kochgrube mit primitivem Schmelzofen.

Bevor Sie nach Skibbereen kommen, sollten Sie das etwas willkürlich ausgeschilderte **Ceim Hill Museum** (siehe unten) besuchen. ∎

Ceim Hill Museum

Das Landhaus, das das Ceim Hill Museum *(Union Hall, Skibbereen, County Cork, Tel. 028/ 36280; €)* beherbergt, steht alt und krumm in einem kleinen grünen Tal und sieht aus, als sei es aus dem Boden gewachsen.

Drinnen sind die Objekte kreuz und quer auf Regalen und Tischen, am Boden und an Wänden verteilt. Miss Therese O'Mahoney, die Besitzerin und Kuratorin, hat alles selbst in der Umgebung ihres Häuschens gesammelt: Wildschweinhauer-Bruchstücke mit von Steinzeitmenschen geschnitzten Bildern, altes Steinwerkzeug, geschärfte und lang geschliffene Knochenstücke aus alter Zeit. Die Führung durch das Museum ist ein Muss.

Der dem Unabhängigkeitskrieg gewidmete Raum zeigt alte Fotos und Zeitungsausschnitte über Michael Collins (Miss O'Mahoneys Vater war ein irischer Freiwilliger), eine Badewanne voller Wrackteile, herrliche handgemachte Spitzen, alte Mützen, Kessel und reihenweise alte Laternen. ∎

Geburtshaus von Michael Collins

🅰 131 D2
✉ Woodfield, Clonakilty, County Cork
☎ 023 33226

Die Inseln von Südwest-Cork

ROARINGWATER BAY IST DER SO POETISCHE WIE TREFFENDE Name der Bucht, die den »Bauch« der Halbinsel Mizen Head bildet. Angeblich liegen 127 Inseln in der Bucht verstreut. Zwei der größten, Sherkin Island und Clear Island, erreicht man per Fähre.

131 C1/130 B2
Besucher-
information
✉ Tourist House, Grand
Parade, Cork,
County Cork
☎ 021 427 3251

Rechts: Ein Hauch
römischer Eleganz
im italienischen
Garten auf
Garinish Island in
der Bantry Bay.
Schwer zu glau-
ben, dass die üppig
grüne Pflanzen-
oase ein karger
Felsbrocken war,
bis sich Harold
Peto seiner 1910
annahm

Sherkin Island *(10-minütige Fahrt mit der Fähre ab Baltimore oder Schull, Tel. 028 20125)* ist etwa fünf Kilometer lang – eine wunderbare Insel mit sicheren Sandstränden zum Schwimmen. Die 70 Bewohner haben die Wahl zwischen zwei Pubs: dem Jolly Roger und dem Murphy's neben der Ruine von O'Driscoll Castle. Es gibt eine verfallene Franziskanerabtei aus dem Jahr 1460 und ein schönes Inselmuseum in der Marine Station, die sich ehrenamtlich der Beobachtung der Meeresumwelt des Eilands widmet.

Die irischsprachige **Clear Island**, oder Cape Clear *(Fähre ab Baltimore, Tel. 028 39159)*, liegt zehn Kilometer vor der Küste in der Mündung der Roaringwater Bay. Sie ist etwa so groß wie Sherkin, aber bergiger und massiger. Auf der Insel, Standort einer Vogelwarte von Weltruf, landen Millionen Seevögel, und sensationelle Schwärme von Tölpeln, Dreizehenmöwen, Sturmtauchern, Trottellummen, Kormoranen und Sturmvögeln ziehen hier vorbei. In North Harbour, wo das Boot anlegt, gibt es zwei Pubs, ein drittes liegt an der schlaglochgespickten Straße zum geschützten Südhafen. Hier, an der Südseite des Eilands, stehen wunderbare Klippen, von denen man auf den zerklüfteten Buckel von Fastnet Rock sechs Kilometer weiter im Atlantik blickt.

In Bantry Bay, nördlich von den Halbinseln Mizen Head und Sheep's Head, liegen vier Inseln. **Whiddy Island** *(Fähre ab Bantry, Tel. 027 50310)* wird selten besucht, hauptsächlich wegen der hässlichen Überreste des Öllagers, das aufge-

geben wurde, als der Tanker *Betelgeuse* im Januar 1979 explodierte.

Garinish Island, auch als **Garnish** oder **Ilnacullin** bekannt *(Fähre ab Glengarriff, Tel. 027 63116 oder 63333)*, ist von ganz anderem Kaliber – ein 15 Hektar großer Inselfetzen aus nacktem Fels, bevor der englische Landschaftsgärtner Harold Peto zwischen 1910 und 1913 für den Besitzer Arran Bryce Pflanzen und Büsche aus aller Welt in importierte Erde setzte und den Felsklumpen in einen Garten verwandelte. Im üppig wachsenden Grün liegt jetzt ein kunstvoll gestalteter italienischer Garten.

Weiter hinten in der Bucht liegt **Beara** oder **Bear Island** *(Fähre ab Castletownbere, Tel. 027 75009)*. Auf dem ehemaligen britischen Flottenstützpunkt gibt es eine Segelschule, und der 21 Kilometer lange Bear (Beara) Way rund um die Insel bietet schöne hügelige Wander- und Kletterstrecken.

An der Spitze der Halbinsel Bear (Beara) können Sie eine Seilbahn besteigen, die Sie über wilde Gezeitenstrudel zum einsamen **Dursey Island** trägt, einem schroffen Inselstreifen, auf dem rund 50 Menschen ohne Läden, Kneipen oder sonstige Annehmlichkeiten leben.

Folgen Sie der elf Kilometer langen Schlinge, die der **Bear Way** um die Insel legt, und rasten Sie auf der dem Meer zugewandten Seite, um einen Blick auf die drei Seeinselchen Bull, Cow und Calf zu werfen – ein in seiner Wildheit beeindruckender Anblick. ■

Die drei Halbinseln Mizen, Sheep's Head und Bear

Halbinsel Mizen

🗺 130 B1

Skibbereen Besucher-information

✉ North St., County Cork

☎ 028 21766

Mizen Head Besucher-information

✉ Mizen Head, County Cork

☎ 028 35115

Halbinsel Sheep's Head

🗺 130 B1

Bantry Besucher-information

✉ Old Courthouse, County Cork

☎ 027 50229

🕐 Saisonal wechselnd

DIE GRAFSCHAFT CORK NENNT DREI DER FÜNF GROSSEN Halbinseln in Südwest-Irland ihr Eigen: Mizen im Süden und Sheep's Head und Bear (Beara) im Norden – alle mit individuellem Charakter und Zauber. Versuchen Sie, für jede zumindest einen Tag einzurechnen – ihre Geheimnisse enthüllen sie dem Eiligen nur selten.

Wenn Sie vom hübschen Ballydehob aus im Uhrzeigersinn um die **Halbinsel Mizen** fahren, dringen Sie in eine karge Welt ginsterbewachsener Moore, Felsvorsprünge und hoher Hügel ein. Rosen, lila blühendes Heidekraut und leuchtend orangefarbene Montbretien wachsen zwischen den Hecken am Straßenrand.

Die verschlafenen Dörfer Schull und Goleen liegen an Küstenbuchten, während das charmante Crookhaven auf einer isolierten, winzigen Landzunge sitzt. Barleycove, direkt dahinter, ist ein riesiges, phantastisches Strandsystem vor gewaltigen Dünen und sandigem Küstengrasland. Die Landspitze **Mizen Head** mit ihren beeindruckenden Steil-

klippen ist der südlichste Punkt des irischen Festlandes. Gehen Sie am Besucherzentrum vorbei, und überqueren Sie die Brücke über den Felsspalt, in dem die Brandung tost, und besichtigen Sie die Karten, Fotos und Signalflaggen in der alten Nebelstation. Die Aussicht ist schön, und vielleicht zeigen sich Delphine, Wale oder die zahlreichen Seevögel.

Im Städtchen Durrus biegen Sie nach links zur **Halbinsel Sheep's Head** und ihrer umlaufenden Küstenstraße ab. Touristische Attraktionen bietet die Halbinsel nicht, aber das trägt nur zum Zauber der schmalen, sanft hügeligen Landzunge mit verstreuten Dörfchen und Feldern bei, deren Wildheit sich erst ent-

hüllt, wenn man sich dem Leuchtturm an der Spitze nähert. Die Aussichtsstraße auf der Nordseite zurück nach Bantry heißt Goats Path (Ziegenpfad) – aus gutem Grund.

Die 50 Kilometer lange **Halbinsel Bear** ist von anderem Schlag. Die violetten Platten der Caha Mountains strecken sich über den Grat der Halbinsel und erheben sich auf 685 Meter. Im Westen bilden die flacheren und weniger beeindruckenden Slieve Miskish Mountains die Kulisse für unwirtliche Moore und steinige Felder. Die Küstenlinie ist zerklüftet. Im Süden blickt die Halbinsel auf die Bantry Bay und deren Inseln (siehe S. 146), im Norden auf den Fluss Kenmare, weitere kleine Inseln und Kerrys weitläufige und bergige Halbinsel Iveragh (siehe S. 152 ff).

Ziehen Sie vom hübschen, aber ziemlich überlaufenen Glengarriff eine offene Achterschleife über die Halbinsel. In dem malerisch vor waldigen Bergen gelegenen viktorianischen Kurort lugen zwischen üppigen Hortensienbüschen und Palmen Villen aus dem 19. Jahrhundert hervor. Fahren Sie auf der süd-

lichen Küstenstraße nach Westen, erreichen Sie bald die Abzweigung nach rechts zum Healy Pass. Wählen Sie für den Aufstieg über die schmalen Serpentinen der Passstraße einen wirklich klaren Tag, denn die Aussicht ist atemberaubend.

Am nördlichen Fuß des Passes liegt der schöne **Derreen Garden**. Auf einer engen Straße fährt man durch eine umwerfend schöne Küstenlandschaft Richtung Westen über den Ausläufer von Slieve Miskish zum **Allihies**. Im 19. Jahrhundert war Allihies ein Zentrum des Kupferbergbaus. Man kann sich in den Ruinen der Minengebäude oberhalb des Dorfes umsehen.

Von der Landspitze von Bear fährt eine Seilbahn nach **Dursey Island** (siehe S. 146). Wieder an der Südküste, lohnt sich ein Besuch in den außergewöhnlichen Ruinen von **Dunboy Castle** westlich von Castletownbere – die IRA steckte das gewaltige burgähnliche Herrenhaus 1921 in Brand. Geblieben ist ein mittelalterlich wirkendes Spukszenario aus Gewölben, riesigen nackten Fenstern und Sälen, die sich dem Himmel öffnen. ∎

Das Meer strömt in Wirbeln an der Küste der Halbinsel Beara vorbei. Sie ist eine von fünf Halbinseln, die an der südwestirischen Küste ins Meer ragen

Halbinsel Bear
🗺 130 B2
Glengarriff
Besucherinformation
✉ Eccles Hotel
Parkplatz
☎ 027 63084

Derreen Garden
✉ Lauragh
☎ 064 83588
🕐 Geschl. Nov.–März
💲 €€

Seit über 200
Jahren lockt die
grandiose und
doch miniatur-
hafte Schönheit
der Seen von
Killarney
Besucher an

Killarney National Park

EINIGE DER SCHÖNSTEN SEEN- UND BERGLANDSCHAFTEN
Irlands liegen im Nationalpark Killarney. Herz des Parks ist das 400
Hektar große Anwesen Muckross am Lough Leane, das die philan-
tropischen Besitzer – das amerikanische Ehepaar William Bowers
Bourn und sein Schwiegersohn, der kalifornische Senator Arthur
Vincent – 1932 dem irischen Staat schenkten. In den nachfolgenden
Jahrzehnten retteten vorsichtige Ankäufe durch den irischen Staat
und weitere Schenkungen 10 200 Hektar traumhafte Natur vor der
Erschließung.

**Killarney National
Park**

131 C3

Englische Urlauber des späten 19.
und frühen 20. Jahrhunderts priesen
Killarneys Landschaft als »das Mekka
jedes Pilgers auf der Suche nach dem
Erhabenen und Schönen der Natur –
das Bergparadies des Westens«. Zugleich war man sich einig, dass der
Ort Killarney touristischer sei als
vorteilhaft. Er liegt in der Nordost-
ecke des Parks und ist noch heute ein
reiner Touristenort, wo der Verkauf
von Leprechauns, Kleeblättern und
shillelaghs (Wanderstäben) in den
Andenkenläden für hübschen Um-
satz sorgt. Der Haken an Killarney:
Man sieht die Seen nicht. Am besten

ist, man tankt und macht sich selbst auf zum **Muckross Estate** am Ufer des Lough Leane.

Das autofreie Anwesen ist hochbeliebt und folglich in den Sommerschulferien eher zu meiden. Zu anderen Zeiten aber ist es ein idealer Ort für Spaziergänge am See oder durch die herrlich gepflegten Rhododendron- und Azaleengärten. Muckross House ist ein pseudoelisabethanisches Herrenhaus aus viktorianischer Zeit mit einem ansprechend eigenwilligen Museum für Volkskunst und Landleben. Nördlich vom Haus stehen Kreuzgänge, hauptsächlich aus dem 15. Jahrhundert, und die Kirchenruine von Muckross Abbey, und wenn Sie Spaß an Kutschfahrten haben – auf dem Gelände wimmelt es von Kutschern und Karossen.

Eine Abwechslung zur zivilisierten Umgebung von Muckross bietet die Fahrt am Seeufer entlang nach Norden zum **Ross Castle** (Tel. 064 35851/2), einem restaurierten *bawn* (Wehrturm) aus dem 15. Jahrhundert. Mieten Sie sich dort ein Boot, und rudern Sie über den See nach **Inisfallen**, einem hübschen kleinen Eiland, in dessen dichtem Wald sich eine Kirche und die Ruinen einer Mönchsklause verbergen.

Von Ross Castle aus geht es über die N17 nach Süden zu zwei Seen (Middle und Upper). Die Bootsleute sind nur zu bereit, Sie umherzurudern.

Sehenswert am Middle Lake (auch als Muckross Lake bekannt) ist das Meeting of the Waters (das Zusammentreffen der Gewässer) in einem blühenden und mit Hecken bewachsenen kleinen Tal. Steigen Sie vom malerischen kleineren Upper Lake hinauf zum Ladies' View, einem berühmten Aussichtspunkt, der nach Norden auf das Aufsehen erregend schmale Gap of Dunloe und die Seen von Killarney blickt.

Torc Waterfall, eine andere klassische Sehenswürdigkeit in Killarney, ist auf der N71 neben dem Middle Lake ausgeschildert. Um zu dem schönen 18 Meter hohen Wasserfall zu gelangen, der über eine von Bergahorn und Ebereschen überhangene Felsentreppe herabstürzt, klettert man über einen kurzen steilen Pfad. Wenn Sie Lust haben, sich die Beine zu vertreten, lassen Sie die Menschenmassen kurzerhand hinter sich und folgen dem Pfad über den Wasserfall hinaus nach oben. Kehren Sie einfach um, wenn Sie genug haben. Dies ist die alte Straße über die Berge und die Dörfer Esknamucky Glen und Windy Gap nach Kenmare (19 km). Sie führt durch moosige Zwergeichenwälder und an uralten Stechpalmen vorbei zu einer aufregenden Furt mit Trittsteinen durch einen wilden Bergbach. ∎

Kutscher und Wagen: Sie sollten eine Schwäche für Smalltalk oder gute Ohrstöpsel haben

Muckross Estate
www.muckross-house.il
✉ Muckross, nahe Killarney, County Kerry
☎ 064 31440
🕐 Haus und Gärten: ganzjährig geöffnet. Geschl. Nov.–Febr.; März–April und Okt.: Mo–Fr
💲 Haus und Farmen: €€

Mit dem Auto: Ring of Kerry

Die als Ring of Kerry bekannte Rundstrecke entlang der Küste der Halbinsel Iveragh ist Irlands berühmteste Aussichtsstraße. Hier erlebt man – real und aus der Nähe – jene Berge, Felsküsten und charmanten Städtchen und Dörfer, deren Bilder sonst Postkarten und Pralinenschachteln zieren. Auch wenn man hinter Wohnmobilen oder in Autoschlangen stecken bleiben kann – das Risiko sinkt, wenn man, gerade in der Ferienzeit, früh losfährt –, ist der Ring of Kerry ein Vergnügen und ein absolutes Muss. Die Vorschläge für zusätzliche Abstecher über engere Straßen regen zu Erkundungstouren und Erholungspausen an.

Der Tagesausflug beginnt mit der Abfahrt aus **Killarney** über die N72 Richtung Killorglin und dem schönen Blick auf den Stadtrand von **Lough Leane** aus. Nach 19 Kilometern erreichen Sie **Killorglin ❶**, ein eigenwilliges Städtchen, das jedes Jahr im August eine wilde Ziege zum Oberhaupt eines äußerst vergnüglichen dreitägigen Festes, der Puck Fair, kürt.

Fahren Sie hier vom Ring of Kerry, der N70, ab und über die Brücke bergauf in den Ort hinein. Biegen Sie in die zweite Straße rechts (Schild: Caragh Lake) ein.

Sie wird zu einer holprigen Straße und verläuft durch waldiges Moorland. Beim O'Shea Shop im Dorf **Caragh** zweigen Sie nach links ab (Schild: Hotel Ard Na Sidhe) und folgen

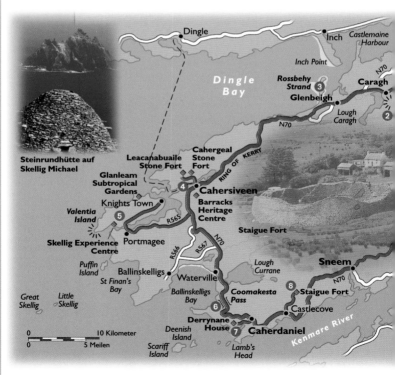

Steinrundhütte auf Skellig Michael

nach 1,6 Kilometern links (Holzschild: Loch Cárthaí – Caragh-See) dem Waldweg weitere 750 Meter zum **Aussichtspunkt ❷** mit großartigem Blick über den Loch Cárthaí und auf die Berge – ein guter Picknickplatz.

Kehren Sie nach Caragh zurück, und biegen Sie, um zur N70 zurückzukommen, nach links ab, durch das Dorf Glenbeigh. Eine Rechtswendung vor dem Ortsausgang, und Sie stehen am **Strand von Rossbehy (Rossbeigh) ❸** mit wunderbarem Blick auf die wilden Dünen einer großen, spitz zulaufenden Sandbank, die sich fünf Kilometer nach Norden durch die Dingle Bay bis zum Berggrat der Halbinsel Dingle zieht. Die schmale Straße führt in einer Schleife zurück zur N70.

Folgen Sie der N70 durch eine großartige Hügellandschaft hinunter zur Nordküste von Iveragh. Wenn Sie, kurz bevor Sie über die Brücke in das Dorf **Cahersiveen ❹** fahren,

Die alte Polizeikaserne von Cahersiveen sieht aus wie eine bayerische Burg

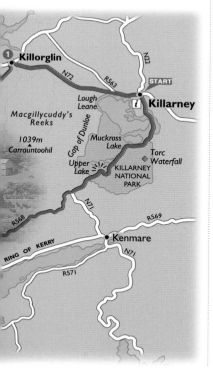

🅰	Siehe Karte S. 130f
►	Killarney
↔	240 Kilometer
🕐	Ein Tag
►	Killarney

UNBEDINGT ANSEHEN

- Festungen Cahergeal und Leacanabuaile
- Insel Valentia
- Aussichten auf die Skelligs und den Fluss Kenmare
- Derrynane House
- Staigue Fort

nach links blicken, sehen Sie die Ruinen des Geburtshauses von Daniel O'Connell (1775–1847). Der Fürsprecher der Armen war der erste irische Katholik, der in das Parlament zu Westminster in London gewählt wurde.

Biegen Sie im Ort nach rechts ab, vorbei am **Barracks Heritage Centre** *(Tel. 066 947 2777)*, wo Ausstellungen und lokale Veranstaltungen stattfinden. Überqueren Sie die Brücke, wenden Sie sich nach links, und folgen Sie den braunen Stone-Houses-Schildern

Riskante Lage: Die Insel Puffin liegt im Atlantik vor der Spitze der Halbinsel Iveragh, eine schroffe Nachbarin der felsigen Skelligs

zu den Festungen **Cahergeal** und **Leacanabuaile**. Leacanabuaile – nachweislich in der Bronzezeit bewohnt und an die 4000 Jahre alt – ist besonders beeindruckend. Der große Steinwall mit einem Durchmesser von 25 Metern sitzt auf einem Felsvorsprung. In seiner Mitte stehen ein rechteckiges Gebäude und die Ruinen dreier Steinrundhütten, umgeben von einer runden zwei Meter starken Mauer.

Fünf Kilometer hinter Cahersiveen zweigt eine Seitenstraße (R565) von der N70 nach Portmagee ab. Dort überqueren Sie die Dammstraße zur **Insel Valentia** ⑤. Das hübsche Inselchen mit schönen Steilklippen im Westen und Norden ist ein Flickenteppich winziger Felder. Hier liegen die kleinen, aber feinen **Glanleam Subtropical Gardens** (*Tel. 066 947 6176; €*). Von der Westspitze des Eilands hat man einen großartigen Blick auf die fernen Felsnadeln von **Great Skellig** und **Little Skellig**. Heute gehören die beiden hohen Felsen im Atlantik den Seevögeln, aber bis ins 12. Jahrhundert bewohnten genügsame Mönche Great Skellig. Wenn Sie in Portmagee oder Ballinskellig nach einem Boot fragen, findet sich vielleicht ein Fischer, der Sie nach Great Skellig bringt. Dort können Sie über tausend

Jahre alte Stufen zu Steinrundhütten aus dem 6. Jahrhundert hinaufsteigen und die kleinen Kapellen der Mönche bewundern. Sollten Sie keinen Schiffer finden oder sollte die See zu rau sein, können Sie zumindest das **Skellig Experience Centre** (*Tel. 066 947 6306; €€*) in der Nähe der Dammstraße nach Valentia besichtigen oder von Valentias düsterer »Inselhauptstadt« Knights Town aus an einer der geregelten Rundfahrten um die Inseln teilnehmen.

Fahren Sie von Valentia aus wieder auf die N70, wenden Sie sich nach rechts, und setzen Sie die Fahrt auf dem Ring of Kerry fort. An der wunderbar sandigen Ballinskelligs Bay liegt das Seebad Waterville. Von dort steigt die Straße (mit immer schönerem Blick auf die Skelligs) zum bekannten **Aussichtspunkt am Coomakesta Pass** ⑥ hinauf – auf die Skelligs zu, dann in Richtung Scariff und Deenish Islands. Die Aussicht wird immer besser, bis der mächtige, von Inseln gesäumte Kenmare in Sicht kommt. Seine Mündung gleicht eher einer Bucht.

In **Caherdaniel** folgen Sie den Schildern zum Derrynane House nach rechts. Sollten Sie Appetit und Durst haben, schauen Sie im Blind Piper oder in Freddie's Bar vorbei. Beide Pubs sind ausgezeichnet.

Im **Derrynane House** ⑦ (*Tel. 066 947 5113, im April und Okt. Mo geschl., Nov.– März*

Mo–Fr; €) lebte ab 1825 Daniel O'Connell. Es dient heute als Museum für den Swaggering Dan oder »The Liberator« (Befreier), wie seine Verehrer ihn lieber nennen.

Im Esszimmer steht ein Tisch, der mit Silber gedeckt ist, das O'Connell von dankbaren Unterstützern bekam. Ein Pokal in einer Vitrine im ersten Stock wurde ihm im Dezember 1813 von »The Catholics of Ireland« gewidmet. Es gibt Porträts, Cartoons aus jener Zeit, die Duellpistolen, mit denen er 1815 seinen Widersacher D'Esterre erschoss, und – anrührend – die Schale, über der man ihn taufte, und das Bett, in dem er starb.

Das waldige Gelände um Derrynane House durchziehen Wege, die zu einem Ringwall und einem Felsen führen. Hier versammelten sich im 18. Jahrhundert, als die römisch-katholische Konfession verboten war, Einheimische, um heimlich die Messe zu hören.

Wieder auf der N70, biegen Sie nach sechs Kilometern in Castlegrove links zum phantastischen **Staigue Fort** ❽ ab. Der wunderbar erhaltene Ringwall (1500 v. Chr.) mit gut 30 Metern Durchmesser liegt in einem schönen, stillen Tal. Steigen Sie die Treppen an den hohen, schweren Mauern hinauf – der Blick auf Meer und Berge lohnt sich.

Fahren Sie nun zurück zur N70, dann nach links und weiter bis zum Dorf **Sneem**, wo Sie der Gabelung nach links auf die R568 folgen.

Die wilde und einsame 50 Kilometer lange Bergstraße bringt Sie, vorbei an den Seen des Nationalparks (siehe S. 150f), zurück nach Killarney. ■

Torftransport auf dem Rücken eines Esels in der Grafschaft Kerry

Die Blaskets lie-
gen am Ende der
Halbinsel Dingle

Halbinsel Dingle
www.dingle-peninsula.ie
130 A3/B3

**Dingle Besucher-
information**
The Quay, Dingle,
County Kerry
066 915 118
Geschl. Nov.–Mitte
März

**Tralee Besucher-
information**
Ashe Memorial Hall,
Denny St., Dingle,
County Kerry
066 712 1288

Halbinsel Dingle

KENNER BEVORZUGEN UNTER DEN FÜNF HALBINSELN SÜD-
west-Irlands oft die Halbinsel Dingle. Die Sandbänke, Strände und
Berge sind herrlich. Hier gibt es die größte Konzentration frühchristlicher Stätten in Irland, nicht zu vergessen den charmant gelassenen
Ort Dingle und die abgelegenen und schroffen Blasket Islands, die
gleich mehrere Autoren hervorgebracht haben. Ein Wanderweg, der
168 Kilometer lange Kerry Way, läuft um die ganze Halbinsel.

Das Tor zur Halbinsel Dingle ist
Tralee, eine ansehnliche Landstadt
mit blutiger Geschichte. Sie wurde
mehrfach geplündert und zerstört:
1583 und später dann unter Cromwells Regime. An diese dunklen Tage
erinnert das ausgezeichnete **Kerry
County Museum** an der Denny
Street, einer vornehmen Straße mit
hübschen georgianischen Häusern,
die zu Tralees berühmten Rosengär-
ten führt. Beim jährlichen **Rose of
Tralee Festival** *(Tel. 066 712 1322)*
im August treten Mädchen (vor-
zugsweise irischer Abstammung) in
einem Turnier an, das im Wesentlichen ein altmodischer Schönheitswettbewerb ist. Tralee besitzt
schmale Gassen, in denen meistens
viel los ist. In diversen Pubs gibt es
gute Folk-Musik. Versuchen Sie das
Paddy Mac's oder Bailey's.

Oben rechts:
Gute Pubs, tolle
Atmosphäre und
erstklassige Musik
– Dingle lohnt
einen Besuch

Kerry County
Museum
www.kerrymuseum.il
✉ Ashe Memorial Hall,
   Denny St., Dingle,
   County Kerry
☎ 066 712 7777
$ €€€

Blennerville
Windmill
✉ 2,5 km westlich von
   Tralee
☎ 066 21064
⊕ Geschl. Nov.–März
$ €€€

Die Halbinsel Dingle unterhielt bis 1953 eine nette und exzentrische Eisenbahn für die Strecke Tralee–Dingle (Stadt). Ein kurzes Stück der Strecke wurde wieder eröffnet *(Tralee to Blennerville Steam Train, Tel. 066 712 1064)*, und so kann man mit der Dampflok bis zur prachtvoll restaurierten, hohen **Blennerville Windmill** zuckeln. Die Sehenswürdigkeit mit dem weiten Kreuz aus weißen Segeln, das bei Wind im Kreis wirbelt, ist kilometerweit sichtbar.

Von Tralee folgt die N86 der Nordflanke der Slieve Mish Mountains. Das westliche Ende des hohen Bergrückens wird von der um 500 v. Chr. erbauten, von einem Steinwall umgebenen Vorgebirgsfestung **Caherconcree** beherrscht. Sie können von einer ausgeschilderten Nebenstraße, die links am östlichen Ortsrand von Camp von der R559 abgeht, zum Fort aufsteigen. Der Legende nach war Caherconcree die Zwingburg von König Cu Roi MacDaire, einem Krieger, der den fatalen Fehler beging, die schöne Blathnaid, Braut von Cúchullain, dem Helden von Ulster, zu stehlen und zu »heira-

ten«. Blathnaid wartete auf einen günstigen Moment für den Angriff des Geliebten und gab ihm ein Zeichen, indem sie Milch in die Quellen des Finglas goss. Cúchullain sah das Signal, stürmte die Burg, erschlug den König und gewann seine Geliebte zurück.

Vom Süden der Halbinsel reicht die herrliche, dünenreiche und sandige Landzunge **Inch** als weite Sichel (6 km) in die Dingle Bay – bei Ebbe ein wunderbarer Anblick, wenn die Strudel und Rinnen aus Sand und Wasser vor den beeindruckenden Macgillycuddy's Reeks die Bucht überziehen. Dingle liegt im Westen.

Dingle genießt den Ruf, en vogue zu sein, und tatsächlich gibt es reichlich Läden mit Schmuck, Perlen und magischen Kristallen. Trotzdem ist es nach wie vor eine intakte Fischereistadt. Als Touristenort ist Dingle im Sommer oft überfüllt – vor allem um den August, wenn Dingle Races, Dingle Show und Dingle Regatta aufeinander folgen. Am St. Stephens's Day, dem 26. Dezember, fällt die Stadt dem Dingle Wren in die Hände. Die »Wren Boys« verkleiden sich, spielen einander Streiche und rei-

Die schönen Steinmauern und das von Kragsteinen gestützte Dach des Gallarus Oratory nahe der Spitze der Halbinsel Dingle

Blasket Islands
www.dingle-peninsula.ie
🅰 130 A3
Interpretive Centre
✉ Dunquin, Great Blasket
☎ 066 915 6444/6371
🕐 Geschl. Okt.–März

chern das Ganze mit einer guten Dosis Alkohol an.

Im geschützten, etwas abgeschirmten Hafen sind Bootsrundfahrten möglich. Wenn Sie Glück haben, sichten Sie Dingles legendären Delphin, Fungie. Zyniker vermuten, er stehe beim irischen Touristenverband unter Vertrag ... Testen Sie das kleine Pub Small Bridge wegen der Folk-Musik, und vergessen Sie nicht, einen Dingle Pie zu kosten: eine weiche Hammelpastete.

Weiter im Westen und auf der R599 kommen Sie im irischsprachigen Gebiet erst an **Ventry** und seinem wundervollen Sandstrand vorbei, dann an den mit archäologischen Fundstätten gesegneten Flanken des **Mount Eagle**. Hier liegen zu beiden Seiten der Straße, nur wenige Schritte entfernt, Menhire, Platten mit gemeißelten Kreuzen, Steinrundhütten und unterirdische Lager, die frühe christliche Eremiten an den Hängen anlegten.

Wenn Sie sich Slea Head an der Spitze der Halbinsel nähern, kommen die vier **Blasket Islands** in Sicht: Inisvickillaun, Inisnabro, der große, grüne Rücken von Great Blasket und Inistooskert, dessen Form einem Schlafenden gleicht. Für die etwa hundert Bewohner der Insel Great Blasket gab es keinerlei moderne Annehmlichkeiten. Ihr Leben verlief in schlichten Bahnen; dennoch haben sie in nur einem Jahrzehnt drei der angesehensten Autoren Irlands hervorgebracht (siehe S. 159). Die Insel wurde allerdings 1953 aufgegeben – die Kluft zwischen der Armut der Insel und dem Wohlstand auf dem Festland war zu groß geworden, und alle jungen Frauen auf der Suche nach Arbeit, Männern und Vergnügen waren abgewandert.

Unten im Dorf Dunquin können Sie im modernen **Interpretive Centre** mehr über das Leben auf Blasket erfahren. Eine weitaus bessere Vorstellung bekommen Sie, wenn Sie mit einem der Boote von Dunquin aus den Blasket Sound überqueren und sich selbst in dem verfallenen Dorf und auf der Insel umsehen.

Auf dem Festland bringt Sie eine kleine Straße nach Nordosten zur gut ausgeschilderten **Gallarus Oratory**, einer etwa 1500 Jahre alten, schön und schiffsförmig gebauten Kapelle. Ganz in der Nähe steht die Kilmalkedar Church. Wenn Sie es schaffen, sich durch das schmale Ostfenster zu zwängen, werden Sie nie an Rückenschmerzen leiden – heißt es. Es sei denn, Sie verletzen sich den Rücken beim Hinauszwängen ...

Bald gelangen Sie an ein Schild, das rechts nach **Brandon Creek** weist. Das ist ein wunderbar friedlicher und einsamer Flecken am Fuß des 953 Meter hohen Mount Brandon. Er ist, nach dem Carrantuohill (1039 m) im Nationalpark Killarney, Irlands zweithöchster Berg. Von der Kirchenruine am Gipfel (vom nahen Ballyhack über einen anspruchsvollen Aufstieg über die markierte

Saint's Road zu erreichen – nur bei klarem Wetter) heißt es, St. Brendan habe hier im 6. Jahrhundert gebetet, bevor er in einem ledernen *curragh* zur langen Fahrt über den Atlantik aufbrach. Auch der Abenteurer Tim Severin setzte in Brandon Creek die Segel, als er 1976 in einem Nachbau des Bootes (siehe S. 176) Brendans Spuren nach Neufundland folgte.

Von der steilen Straße über den Conor Pass hat man eine wunderbare Aussicht, und das O'Connor's Pub in Cloghane an der Nordseite der Halbinsel ermöglicht eine angenehme Rast, bevor Sie Kurs Richtung Osten nach Tralee nehmen. Vorher sollten Sie sich an der wunderschönen, windumtosten Spitze der **Landzunge Margharee** (siehe S. 160f) die Beine vertreten. ■

Hund trifft Delphin – in der Dingle Bay ein alltäglicher Spaß

DIE AUTOREN VON BLASKET

Die literarische Blüte auf Great Blasket zwischen den beiden Weltkriegen war in jeder Hinsicht außergewöhnlich. Nachdem Brian O'Kelly als Erster zur Feder gegriffen und mit dem Schreiben begonnen hatte, entstanden dort drei Klassiker: Tomas O'Crohans *The Islandman* (1929), Maurice O'Sullivans *Twenty Years A-Growing* (1933) und Peig Sayers' *Peig* (1936). Sie sind als Taschenbücher überall erhältlich. ■

Tralee & Dingle Light Railway

Die 1892 gegründete Tralee & Dingle Light Railway (T&DLR) galt als eine der großen Kuriositäten unter den Eisenbahnlinien der Welt. Sie entsprach jedem Klischee einer Bahnstrecke im Hinterland von Irland – und vor allem in Kerry. Die T&DLR war selten pünktlich, ausgelastet oder profitabel und fuhr mit zunehmend antiquierteren Loks und Wagons. Es war jedoch eine freundliche, familiäre Linie. Ihre Lokführer waren bekannt dafür, aus der Fitzgerald's Bar in Castlegregory Junction aufzutauchen, sich den Bierschaum aus dem Schnauzbart zu wischen

und dann ihre Züge vorzubereiten. Die Heizer rühmte man nicht nur für ihr Können beim Einheizen der Loks, sondern auch für ihre Treffsicherheit, wenn sie von der Plattform aus grasende Schafe mit Kohlestücken von den Gleisen vertrieben. Auf der 30 Kilometer langen Strecke gab es scharfe Steigungen und enge Kurven, die zu Verspätungen ebenso beitrugen wie das Gras, das oft die Schienen überwucherte. Irgendwie gelang es der T&DLR aber, bis 1953 in Betrieb zu bleiben. Dann wurde die Strecke stillgelegt – zum Leidwesen aller Eisenbahnliebhaber. ■

Frühe christliche Eremiten lebten und beteten auf den Wildblumenwiesen der Halbinsel Dingle

Wanderung durch die Margharees

Ein einfacher Spaziergang ohne Steigungen: Die Landschaft der Landzunge Margharees, die Tralee Bay und Brandon Bay auf der Nordseite der Halbinsel Dingle trennt, ist flach, aber bemerkenswert.

Folgen Sie vom winzigen Dorf **Fahamore** der Straße nach Norden zur **Scraggane Bay ❶** an der Spitze der sandigen, krummsäbelförmigen Landzunge. Vom Congested Districts Board bezahlte Einheimische errichteten hier 1887 den Scraggane Pier. Zu dieser Zeit bezogen die USA so viele Fässer Salzmakrelen, wie Irland liefern konnte. In der Bucht sehen Sie die schwarzen Fischerkanus ankern, die so typisch für Westirland sind. Sie werden in Fahamore gebaut. Andernorts heißt dieser Bootstyp *curragh*, hier nennt man ihn *namhog* (na-wug gesprochen).

Vor der Küste verstreut, liegen die auch **Seven Hogs** genannten **Margharee-Inseln**. Auf der größten, **Illauntannig**, schützt ein Wall zwei winzige Kapellen und drei *clochans* oder Steinhütten, die Überreste eines frühen christlichen Klosters. Vielleicht können Sie einen einheimischen Schiffer dazu bringen, Sie günstig überzusetzen. Weiter draußen liegt **Inistooskert**, vor der das deutsche Schiff *Aud* in der Osterwoche 1916 vergeblich auf ein Signal

🗺	Siehe Karte S. 130
►	Fahamore
↔	10 Kilometer (18 km mit dem Ausflug nach Lough Gill)
🕐	2 Stunden (4 Stunden)
►	Fahamore

UNBEDINGT ANSEHEN

- Scraggane Bay mit *namhogs* und Pier
- Aussicht auf die Margharee-Inseln
- St. Senach's Church, Kilshannig
- Brandon Bay

der Verbündeten auf Inistooskert wartete, um Waffen zur Unterstützung des geplanten Osteraufstands an Land zu bringen. Das Signal blieb aus. Die *Aud* legte ab. Einen Tag später öffnete die Crew vor Cobh Haven in der Grafschaft Cork (siehe S. 136f) die Bodenventile, als die Royal Navy sie aufforderte, sich zu ergeben.

Folgen Sie der Küste zur Linken 1,6 Kilometer um den weiten Bogen der Scraggane Bay. Auf halbem Weg um die Bucht, dort, wo die Straße einen rechten Winkel beschreibt, wenden Sie sich kurz dem Landesinneren zu. Hier steht ein schöner, hoher **Menhir ❷**, ein heidnisches Monument, in das ein früher Eremit ein grobes Kreuz gemeißelt hat, um seine Macht zu bannen.

Gehen Sie weiter an der Küste entlang; biegen Sie landeinwärts ab, nun durch den Weiler **Kilshannig**, und Sie kommen zur Ruine von **St. Senach's Church ❸**. In dem Gebäude aus dem 16. Jahrhundert befindet sich eine gemeißelte Platte mit dem Christusmonogramm Chi-Rho aus dem 7. Jahrhundert.

Wandern Sie von Kilshannig aus zum Ufer, dann nach rechts etwa 1,5 Kilometer am Strand entlang, bis Sie dem **Lough Naparka ❹**

Die große sichelförmige Landzunge der Margharees vom Gipfel der Beenoskee Mountains

gegenüberstehen. Überqueren Sie die Landzunge hier (achten Sie auf die Stranddisteln in den Dünen), und kehren Sie über den herrlichen weiten **Strand ❺** nach Fahamore zurück. Wenn Sie die Länge des Spaziergangs verdoppeln möchten, wandern Sie vom Lough Naparka aus 2,5 Kilometer weiter zum Abfluss des **Lough Gill ❻**. Folgen Sie ihm landeinwärts zum See – ein bei Vogelbeobachtern berühmter Ort, vor allem wegen der schwarzen Schwäne aus Sibirien, die hier überwintern.

Vom Lough Gill geht es weiter zur Westseite der Landzunge und drei Kilometer am Strand entlang zurück nach Fahamore. ■

Die Reetdächer
des Besucher-
zentrums von
Lough Gur
blicken auf den
abgelegenen See,
an dem Ruinen
aus fünf Jahr-
tausenden
menschlicher
Besiedlung zu
entdecken sind

Lough Gur

IN EINEM LOCKEREN KREIS UM DEN KLEINEN C-FÖRMIGEN
Lough Gur stehen zahlreiche Steinbauten. Sie zeugen von der 5000-
jährigen Besiedlung dieser Gegend. Das Interpretive Center (Besucherzentrum) informiert ausführlich über die Stätten. Eine von
ihnen ist der atemberaubende Grange Stone Circle.

Viele dieser Stätten befinden sich auf
Privatbesitz und sind Besuchern nicht
zugänglich; deshalb ist das kurze
Video im reetgedeckten Interpretive
Center ein absolutes Muss. Es beschreibt Hüttenkreise, Feldersysteme,
Menhirkreise, Wedge-Stone-Gräber,
crannogs (künstliche Inseln), Stein-
und Erdfestungen und eine Reihe
mittelalterlicher Burgen am Seeufer.
Die archäologisch erschlossene Zeit-
spanne ist gewaltig und reicht bis in
das 3. Jahrtausend v. Chr.

Die Bedeutung von Lough Gur
erkannte man im 19. Jahrhundert,
als der abfallende Wasserspiegel des
Sees Tausende von Artefakten ans
Licht brachte, darunter den Lough-
Gur-Schild, einen wunderbaren
bronzenen Zeremonialschild (7. Jh.
v. Chr., der mit sechs konzentrischen
Kreisen geschmückt ist. Das Original
ist heute im Nationalmuseum in
Dublin (siehe S. 58ff) zu bewundern.
Weitere Funde kann man im Hunt
Museum im Custom House in

das **Bolin Island Crannog** (Haus auf einer künstlichen Insel). In dem *crannog* mit einem Durchmesser von nur 30 Metern kann, als es zwischen 500 und 1000 n. Chr. bewohnt war, nicht mehr als eine Familie gelebt haben. Gebaut wurde es, indem man einen Hügel aus kleineren Steinen mit großen Felsblöcken umgab und dann eine Plattform aus Erde und Reisigschichten anlegte, auf der, geschützt hinter einer Palisade, Haus und Ställe lagen.

In der Nähe stehen zwei Burgen: das **Bourchier's Castle** (15. Jh.) mit Scharten und vier massiven Ecktürmen und das von Pflanzen überwucherte **Black Castle**, das die Earls von Desmond ab dem 13. Jahrhundert periodisch nutzten.

Die beiden verbleibenden archäologischen Sehenswürdigkeiten am Lough Gur sind nur wenige Autominuten entfernt. Die erste ist das gewaltige **Giant's Grave**, ein megalithisches Wedge-Stone-Grab – nach 1,6 Kilometern auf der Straße von Lough Gur Cross Richtung Limerick-Bruff auf der linken Seite gelegen. Bei den Ausgrabungen 1938 fand man die Knochen von acht Erwachsenen und vier Kindern, zusammen mit Verbrennungsresten. Das **Giant's Grave** wurde etwa 2500 v. Chr. mit einer Einfassung aus aufrechten Steinen um ein Grab aus massiven Felsblöcken mit vier riesigen nebeneinander liegenden Decksteinen angelegt. Im 19. Jahrhundert war es – noch mit dem ursprünglichen Steinhügel bedeckt – das »Wohnhaus« einer alten Frau.

Der 4000 Jahre alte **Grange Stone Circle** 1,6 Kilometer weiter auf der Straße nach Limerick ist ein erhabener Ort voller Geheimnisse – und der größte und eindrucksvollste Steinkreis Irlands. Rund hundert Steine bewachen die Vertiefung im Schatten uralter Bäume – zweifellos eine Stätte spiritueller Rituale der Bronzezeit. ∎

Limerick (siehe S. 164) besichtigen. Das Interpretive Center zeigt Kopien und Originale: Äxte, Werkzeug, Waffen, Keramik, Pfeilspitzen und den Schmelzofen eines Schmieds.

Wieder im Freien, sehen Sie **Spectacles** (Einfassungen), die kreisförmigen und rechteckigen Grundmauern eines etwa 900 Jahre alten Bauernhofs. Steinmauern trennen seine winzigen Felder. An der Stätte fand man neben den Knochen des Viehs auch Messer, Beinkämme, Bronzenadeln und Keramiken wie Feuersteinschaber aus dem Neolithikum und der Spätsteinzeit. Der Ort muss also mindestens 4000 Jahre lang besiedelt gewesen sein.

Geht man am Seeufer fünf Minuten lang im Uhrzeigersinn entlang, kommt man zum Schilfbeet. Von hier hat man einen guten Blick auf

Lough Gur

🔺 131 E4

Lough Gur Interpretive Centre

✉ Bruff Rd., Holycross, County Limerick

☎ 061 361511

🕐 Geschl. Okt.–April

💲 €€

Weitere Sehenswürdigkeiten

ADARE

Die Reethäuser und Blumengärten in Limericks hübschestem Dorf verströmen Charme. Der Earl of Dunraven gründete es in viktorianischer Zeit auf seinem Anwesen in betont englischem Stil.

🏃 131 D4 ✉ N21, 16 km südwestlich von Limerick, County Limerick
Besucherinformation ☎ 061 396 255
🕐 Jan. geschl.

ARDFERT CATHEDRAL UND BANNA-STRAND

Schöne, hohe Spitzbogenfenster zieren die graue Steinkathedrale aus dem 13. Jahrhundert in Ardfert. Nicht weit stehen die Ruinen zweier Kapellen, eine mit fein gemeißeltem Südfenster, die andere mit zwei verschlungenen geflügelten Wappendrachen am Nordostfenster.

Der nahe **Banna-Strand** bietet acht Kilometer herrlichen Strand. Ein Denkmal erinnert an Sir Roger Casements Verhaftung am Karfreitag 1916. Er war von einem deutschen U-Boot an Land gegangen, um am Osteraufstand teilzunehmen.

🏃 130 B4 ✉ R551, Straße nach Balleyheige, 6 km nördlich von Tralee, County Kerry
Besucherinformation ☎ 066 713 4711
🕐 Okt.–April geschl. 💰 €

BÉAL NA BLÁTH (TAL DER BLUMEN)

Ein Keltenkreuz markiert die Stelle, an der Michael Collins, Befehlshaber der Irish Free State Army, von Schützen der Vertragsgegner am 22. August 1922 im Irischen Unabhängigkeitskrieg aus dem Hinterhalt erschossen wurde. Vielen gilt er noch heute als Held.

🏃 131 D2 ✉ R585, 5 km südwestlich von Crookstown, County Cork
Macroom-Besucherinformation
☎ 026 43280

CARRIGAFOYLE CASTLE

Die Festung (15. Jh.) steht am Shannon. Steigen Sie den 29 Meter hohen Turm hinauf: Der Blick über das Anwesen ist denkwürdig.

🏃 131 C4 ✉ Shannon Estuary, ausgeschildert (4 km) an der R551 bei Ballylongford, 13 km nördlich von Listowel über die R552, County Kerry

FOTA WILDLIFE PARK UND ARBORETUM

Im Park gibt es neben freilaufenden Zebras, Giraffen, Antilopen, Kängurus und Oryx-Gazellen auch Geparden in Käfigen, der Zuchterfolg des Parks. Das Arboretum besitzt seltene, schöne Bäume aus Südamerika, Australien, dem Himalaja, China und Japan.

🏃 131 E2 ✉ Carrygtwohill, County Cork, ausgeschildert auf der R624 nach Cobh, von der N25 11 km östlich von Cork ☎ 021 481 2678
🕐 Ganzjährig tägl. geöffnet 💰 €

JAMESON'S OLD MIDLETON DISTILLERY

Besichtigen Sie den größen Kupferkessel der Welt und ein riesiges altes Wasserrad, und probieren Sie dann Jamesons goldenen Whiskey.
www.irish-whiskey-trail.com 🏃 131 E2
✉ Midleton, an der N25, 16 km östlich der Stadt Cork, County Cork ☎ 021 461 3594 und 461 3596 🕐 Einstündige Führungen 9–18 Uhr, letzte Führung 16.30 Uhr, sonst (und Okt.–März) nach Vereinbarung 💰 €€

STADT LIMERICK

Schlendern Sie über die Kais von Limerick, um das King John's Castle *(Kings Island, Tel. 061 360 788; €€€)*, eine schwere Festung am Shannon, zu bewundern. In der St. Mary's Cathedral gibt es außergewöhnliche Miserikordien-Schnitzerein aus dem 15. Jahrhundert mit mythischen und dämonischen Ungeheuern.

Wieder im Süden, finden Sie das alte Custom House, das heute das **Hunt Museum** *(Irishtown, Tel. 061 312 833)* und eine wunderbare Sammlung irischer archäologischer Funde, mittelalterlicher Prozessionskreuze, Bischofsstäbe, Illustrationen und anderer Kunstobjekte beherbergt.

Warum die berühmten Fünfzeiler den Namen der Stadt tragen, darüber gehen die Meinungen auseinander. Es gab ein beliebtes Trinklied »Will you come to Limerick« mit diesen Fünfzeilern, das im 19. Jahrhundert als Limericks populär wurden, ein Ohrwurm war.

🏃 131 E5 **Besucherinformation**
✉ Arthur's Quay, Limerick, County Limerick
☎ 061 317522 ∎

Irlands Westen atmet Romantik:
mit Blumen bedeckte Hügel im
Burren, Musik-Pubs in der Grafschaft Clare, Connemaras Berge,
Galways umbrandete Küste und
die geheimnisvolle, uralte Schönheit von Mayo.

Westirland

**Malachy Kearns:
Connemaras Meister im Bau
von traditionellen *bodhráns*
(Ziegenfelltrommeln)**

Benwee Head
Portacloy
Erris Head
Porturlin
Downpatrick Head
R314
Céide Fields
Bally-castle
Killala Bay
Doonamo Point
Inishglora
Termoncarragh Lake
Pollatomish
Killala
DER NORDWESTEN
S 205
Belmullet
Carrowmore Lake
Bangor
N59
N59
Mullet Peninsula
Inishkea
Ballina
Lough Conn
Moy
Duvillaun Islands
Blacksod Bay
Nephin Beg Range
Foxford
N26
Achill Island
Slievemore
M A Y O
N58
N5
Swinford
Achill Head
Dooagh Keel
R319
Rockfleet Castle
Castlebar
N17
N84
Keem
Cliffs of Minaun
Mallaranny
Burrishoole Abbey
Newport
Kildaunet Castle
Clare Island
Clew Bay
Westport House
N5
Ballintober Abbey
N60
Ballyhaunis
Knockmore
Westport
Louisburgh
R335
Murrisk
Croagh Patrick
N59
Claremorris
N60
Inishturk
Doo Lough Pass
Sheeffry Hills
Partry Mtns
Lough Carra
N17
N83
St. Colman's Abbey
Inishbofin
Killary Harbour
Doo Lough
Leenaun
Lough Mask
Ballinrobe
Clare
Inishshark
Kylemore Abbey
Maumturk Mountains
Cong
N84
Cleggan
Pollacappul L.
R345
Claddaghduff
CONNEMARA N.P.
The Twelve Pins
Lough Corrib
Tuam
Mountbellew Bridge
Clifden
N59
Recess
Knockmoyle Abbey
N63
Mannin Bay
Derrygimlagh Bog
CONNEMARA
Maam Cross
Ballyconneely
Pearse's Cottage
Oughterard
G A L W A Y
Roundstone
Bertraghboy Bay
300m
Errisbeg
Iar-Connacht
Athenry
R348
Lettermore
Costelloe
Turoe Stone
Lettermullan
R336
Spiddle
Galway
Loughrea
Gorumna
N6
Galway Bay
Dunguaire Castle
St. Brendan's Cathedral
Inishmore
Dunaengus
Fanore
Ballyvaughan
Corcomroe Abbey
Lough Rea
N66
Dún Dúchathair
Kilronan
Newtown Castle
Aillwee Caves
Thoor Ballylee
R353
ARAN ISLANDS
Inishmaan
Rathborney Church
Gort
COOLE PARK
Inisheer
Cahermacnaghten
Gleninsheen
Lisdoonvarna
Doolin
Kilfenora
Poulnabrone
Kilmacduagh
Cliffs of Moher
Caherbally-kinvarga
BURREN N.P.
Lough Derg
Leamaneh Castle
Lehinch
Dysert O'Dea
Holy Island
2
C L A R E
R352
Milltown Malbay
N85
Craggaunowen Project
Doughmore Bay
N67
Doo Lough
Ennis
N18
Killaloe
Kilkee
N68
Bunratty Castle & Folk Park
R463
Kilrush
Shannon
Bunratty
Scattery Island Centre
Kilrush
Scattery Is.
Shannon
DER SÜDWESTEN
S. 129
Loop Head

0 — 30 Kilometer
0 — 20 Meilen

Zur Orientierung
Belfast
Dublin

A   B   C   D

6
5
4
3
2
1

Irlands Westen erlebt man am besten in Ruhe mit dem Rad oder zu Fuß

Westirland

Ballinasloe
N6

Clontuskert
Abbey
Clonfert
Cathedral
N65

Portumna

E

DIE MEISTEN IRLANDBESUCHER, DIE ÜBER DUBLIN HINAUS IN IRLANDS Inneres vordringen möchten, zieht es nach Westen. Wer von den Eigenarten der irischen Regionen gehört hat, weiß, dass der Westen am besten ist – ob man nun ursprüngliche Folk-Musik, Aufsehen erregende Küsten oder kleine Inselidyllen sucht, weites, offenes Land in schöner, schroffer Natur oder die entspannteste Lebensart in dem ohnehin bewundernswert gelassenen Land.

Auch Westirlands Küste wendet sich dem Atlantik zu, allerdings sind ihre Halbinseln und Buchten weniger markant und klarer umrissen als die in Kerry und Cork. Die See hat sie zerbrochen und in schroffe Trümmer und Spalten zerschlagen, sie ist übersät mit Bruchstücken – von der Größe bewohnter Inseln bis hin zu winzigen Felsblöcken vor der Küste.

Drei große, schmale Buchten prägen die Küstenlinie: die Mündung des Shannon, die eher rechteckige Bucht von Galway, in deren Eingang die drei Aran-Inseln liegen, und die von kleinen Inseln übersäte Clew Bay von Süd-Mayo. Zusammen mit den Hügeln von Clare, den Bergen, den Seen und Mooren von Galway und Mayo ergeben sie eine eindrucksvolle Verschmelzung von Land und Meer.

Clare ist die grünste, mildeste und sanfteste der drei Grafschaften im Westen. Unten im Südwesten liegen alte Küstenstädte wie Kilrush und Kilkee, weiter im Norden betritt man die seltsam betörende Landschaft des Burren: nackte, graue Kalksteinhöhen, auf denen eine unglaublich reiche Flora gedeiht.

Die Grafschaft Galway besitzt eine sehr lebendige Hauptstadt. Die Berge und Moore von Connemara sind von rauer Schönheit. Den mächtigen Lough Corrib umgeben große, fischreiche Seen, und es gibt eine irischsprachige Inselgruppe.

Was Mayo angeht, so entdecken Kenner gerade erst den wilden Reiz des an Mooren und Bergen reichen Nordteils mit dem heiligen Berg Croagh Patrick, der aufregenden Musikstadt Westport und großartigen, menschenleeren Stränden. ■

Durch die weiten Bögen von Bunratty Castle geht es zum mittelalterlichen Tafeln bei Met und Braten

Südwest-Clare

DER SÜDWESTEN DER GRAFSCHAFT CLARE IST SANFT, UNbeschwert und weitgehend ländlich – eine lange, grüne Halbinsel, auf der man zwischen Landesinneren und der Küste wählen kann.

Bunratty Castle und der angrenzende Volkspark an der N18 zwischen Ennis und Limerick sind eindeutig einen Besuch wert. Im prächtigen Verlies der gut restaurierten Burg, die 1460 von den MacNamaras erbaut wurde, werden allabendlich »mittelalterliche Tafelrunden« abgehalten. Da wird Met gezecht und (mit den Fingern) gegessen, während Bänkelsänger aufspielen und Schankmägde mit Platten hin- und hereilen. Wenn Sie in geselliger Runde unterwegs sind, ist es ein Riesenspaß.

Das Gleiche gilt auch für den **Bunratty Folk Park**, ein irisches Dorf aus dem 19. Jahrhundert, das auf einer Fläche von zehn Hektar wieder aufgebaut wurde. Auf Besucher, die bereits wirkliche irische Dörfer besucht haben, mag das wie eine Disney-Parodie wirken. Kommt man aber außerhalb der Saison, kann man die Landhäuser, Läden, Werkstätten und das Pub ohne Touristenmassen genießen und die gefällige Atmosphäre mit all den Schmieden, Webern, Spinnerinnen und Buttermachern erleben.

Bunratty Castle und Folk Park

✉ Bunratty, County Clare

☎ 061 360788 oder 1800 269811

$ €€€

Craggaunowen Project

✉ 6 km SO von Quin

☎ 061 360788

🕐 Geschl. Okt.–März

16 Kilometer nördlich, an der Straße von Kilmurry nach Moymore, liegt das **Craggaunowen Project**, die Schöpfung von John Hunt (1900–76; siehe S. 164), dem Kunstsammler und hervorragenden Experten für frühchristliche Archäologie. In Craggaunowen, in dessen Mitte ein befestigter Turm aus dem Jahr 1550 steht, erzählen kostümierte Führer in stimmungsvollen Berichten aus der Geschichte der irischen Kelten. Zu den speziell angelegten Gebäuden und Plätzen gehören ein Ringfort mit Wall um Rundhütten aus dem 5. und 6. Jahrhundert, ein Dammweg zu einem *crannog* – einer künstlichen Insel – im See mit einem Haus aus mit Lehm beworfenem Flechtwerk, Grabstätten und ein *fulacht fiadh* (Kochgrube der Jäger).

Ebenfalls ausgestellt ist die *Brendan*, das lederbezogene *curragh*, mit dem der Entdecker Tim Severin 1976/77 nach Neufundland segelte.

Die Grafschaft Clare verjüngt sich im Südwesten zu einer schnabelförmigen Halbinsel. Die Südküste der 60 Kilometer langen Landspitze bildet das Nordufer der sich öffnenden Shannon-Mündung, während die wesentlich zerrissenere, schroffe Steilküste im Norden sich dem Atlantik zuwendet. Das Hinterland ist sanft und grün, und lange, zum Schwimmen einladende Sandstrände säumen die Küste. Es gibt eine Hand voll altmodischer Seebäder und ein paar hübsche stille Landstädtchen. In dieser Gegend entdecken Sie das gemächliche Tempo des Landlebens und einen Schuss von dem für die Grafschaft Clare so typischen abendlichen Frohsinn.

Ferienorte an der Nordküste mit reichlich Unterkünften und Sandstränden sind **Lehinch** (Lahinch) und **Kilkee**. Ersterer erfreut sich eines schönen Golfplatzes, Letzterer besitzt sensationelle Schwimmbecken im Naturfels der Duggerna Rocks auf der Westseite des Strandes.

Milltown Malbay zwischen den beiden Orten ist ein an sich ruhiges Städtchen, das in der Willie Clancy Week (*Information Tel. 065 708 4148*), einem jährlich Anfang Juli stattfindenden Musikfestival, Leben und Werk des einheimischen Dudelsackspielers Willie Clancy würdigt.

Loop Head an der Südwestspitze der Halbinsel bietet angenehme Wanderwege durch die Klippen. Weiter Richtung Shannon-Mündung liegt das stark vom Fluss geprägte **Kilrush**, wo im Juni und im Herbst Pferdemärkte stattfinden.

Erkundigen Sie sich im **Scattery Island Centre** auf dem Merchant's Quay nach Booten (*Tel. 065 905 2139*) zur **Insel Scattery**. Dort stehen mehrere mittelalterliche Kirchenruinen und ein 33 Meter hoher Rundturm. ∎

Das lederne *curragh*, die *Brendan*, wirkt zerbrechlich, aber dieser Nachbau des Schiffes des heiligen Brendan hat den rauen Atlantik überquert, um zu beweisen, dass der Heilige vor 1200 Jahren Neufundland erreicht haben könnte

Southwest Clare
🗺 166 B1/C1/C2
Besucherinformation
✉ The Square, Kilrush, County Clare
☎ 065 905 1577
🕐 Geschl. Okt.–Mai

Mächtige Dolmen wie hier in Poulnabrone und Gleninsheen – die Grabstätten frühchristlicher Stammesfürsten – erheben sich stolz über den Kalksteinboden des Burren

Burren National Park

GEHEIMNISVOLL, VERSCHWIEGEN UND TROTZDEM GANZ unverhüllt – der Burren in Nord-Clare ist ein außergewöhnlicher Ort. Vorzeitliche Gräber, Kirchen, Dörfer und Ringforts verbergen sich zwischen den nackten, grauen Hügeln einer kargen Landschaft, in der dennoch die reichste Flora Irlands gedeiht. Am Fuß der Hügel liegen Dörfer, die von wunderbarer Musik allein zu leben scheinen. Unter den Hügelflanken verbirgt sich ein von Höhlen, Gängen und unterirdischen Flüssen durchdrungener Felsenkern.

Der Burren umfasst den gesamten Nordwesten von Clare, rund 500 Quadratkilometer, im Norden und Westen begrenzt vom Meer, im Süden und Osten durch das für Clare charakteristische sanfte, grüne Grasland. Am Burren ist allerdings nichts grün, sanft oder gar typisch. Sein gälischer Name *Boireann* be-

deutet »felsiges Land«. Die Region erhebt sich von der gezackten Seeküste über eine Reihe von Tälern zu einer Gruppe von gewölbten Hügeln mit runden Kuppen und gestuften Flanken. Ihr blassgrauer Kalkstein scheint bar jeder Vegetation. Die Landschaft wirkt dürr, streng und leblos, so als könne hier nichts wach-

eine schuttbedeckte Trümmerlandschaft. General Edmund Ludlow berichtete Oliver Cromwell 1651, die Region Burren habe »keinen Baum, um einen Mann aufzuhängen, nicht genug Wasser, um ihn zu ertränken, und nicht genug Erde, um ihn zu verscharren«. Aber Ludlow war aufmerksam genug hinzuzufügen: »Ihr Vieh ist recht fett, denn das Gras, das auf den kaum einen Quadratmeter großen Erdschollen zwischen den Felsen aus Kalkstein wächst, ist sehr nahrhaft.«

Es sind die Flächen »zwischen den Felsen«, die Erde und das Regenwasser, das sich in den *grykes* fängt, die eine so außerordentlich reiche Pflanzenvielfalt im Burren gedeihen lassen. Diese Kalksteinspalten sind vor dem salzhaltigen Wind geschützt. Der häufige Regen bewässert sie, der Golfstrom, der an der Küste von Clare vorüberzieht, wärmt, und das Sonnenlicht bricht sich an den bleichen Kalkstein und erhellt die Tiefen. Pflanzen, die man normalerweise nicht auf demselben Kontinent, geschweige denn in einer Berglandschaft entdecken würde, finden im Burren ideale Bedingungen vor. Botaniker vermuten, dass bestimmte arktisch-alpine Pflanzen die Nachkommen von Samen sind, die vor 10 000 Jahren von der nach Süden zurückweichenden Eisdecke in den Burren getragen wurden.

Hier sieht man nordische Gäste wie die großen, cremefarbenen Blüten des Silberwurz neben südlichen Pflanzen wie dem weißlichen und gelben Sonnenröschen. An manchen Stellen lagern Bäche sauren Torfboden in den alkalischen Kalksteinmulden ab, so dass Säure liebende Pflanzen wie Heidekraut und Steinbrech neben Kalk liebenden Kreuzblumen oder Fingerkraut blühen.

Die Farbenflut auf den grauen Hügeln und an der Küste ist das reinste Vergnügen, wenn man mit einem Pflanzenbuch in der Hand

sen. Erst wenn man in das Herz des Burren vordringt und aus dem Auto steigt, erkennt man beim Gang durch die karg wirkende Natur, wie lebendig und interessant sie ist. Faszinierend ist nicht nur die Oberfläche: Die **Aillwee Caves** südlich von Ballyvaughan enthüllen Stalagmiten, Stalaktiten, Höhlendome, Wasserfälle und Tunnel im Innern der Hügel.

KALKSTEIN UND PFLANZEN

Die Region Burren besteht aus rauem Kalkstein, den man Karst nennt. Die Oberfläche ist in rechteckige, unterschiedlich große Kalksteininseln *(clints)* und tiefe, schmale Spalten *(grykes)* geborsten, die nur wenige Zentimeter breit, aber einen Meter und länger sein können. Auf ungeübte Augen wirkt der Burren wie

Burren National Park
⊠ 166 C2
Besucherinformation
✉ Cliffs of Moher tourist information office, Liscannor, County Clare
☎ 065 708 1565

Burren Centre
⊠ 166 C2
✉ Kilfenora
☎ 065 708 8030
🕐 Geschl. Nov.–Feb.
💲 €

Aillwee Caves
⊠ 166 C3
www.aillweecave.ie
☎ 065 707 7036
🕐 Dez. nur nach Vereinbarung
💲 €€€

Der Burren Way
Der wundervolle, 35 Kilometer lange Wanderweg führt von Ballyvaughan im Südwesten über die Kuppe des Burren. Er folgt Landstraßen, Wegen und einer alten, von Mauern gesäumten Allee nach Doolin (wo man angenehm übernachten kann) und auf die Cliffs of Moher.

über die Felsen klettert. Sie müssen kein Fachmann sein, um sich an fein gezeichneten Orchideen, den leuchtend blauen Glockenblüten des Frühlingsenzians oder dem Rausch von Rottönen zu erfreuen, der sich über Nacht über die Hügel ergießt und die dramatische Juniblüte des Blutstorchschnabels ankündigt.

FRÜHERE BEWOHNER

Heute gibt es auf dem Burren keine menschlichen Siedlungen mehr, einerseits wegen der Wasserknappheit – das durstige Karstland zieht die Flüsse unter die Erde –, andererseits als Folge von Cromwells ethnischer Säuberungspolitik. Aber vieles weist auf eine starke Besiedlung in der Vergangenheit hin. Das großartige Dolmenportal in **Poulnabrone** und das Wedge-Stone-Grab im nahen **Gleninsheen** zeigen, mit welcher Pracht und Feierlichkeit die prähistorischen Bewohner des Burren ihre Anführer bestatteten. Überall stehen von Wällen umgebene keltische Ringforts: **Cahermacnaghten** und **Caherballykinvarga** liegen dicht an der Straße und können besichtigt werden. Die Rechtsakademie, die im Mittelalter von den O'Davorens in Cahermacnaghten unterhalten wurde, war so hoch angesehen, dass Schüler aus allen Teilen Irlands kamen, um hier die Grundlagen der uralten Brehon-Gesetze zu studieren (siehe S. 24). Heute steht sie leer, eine beeindruckende kreisförmige Einfriedung, in der Rinder Unterschlupf suchen. Der Burren ist übersät mit Friedhöfen, Kreuzen und mittelalterlichen Burgruinen. **Rathborney Church** wurde innerhalb eines kreisförmigen, vorchristlichen Erdwalls errichtet. Die Ruinen der **Corcomroe Abbey** (schönes Mauerwerk) im Nordosten und die Kirche in **Dysert O'Dea** (herrliches Hochkreuz und ein bizarres Portal mit gemeißelten Köpfen) im Süden sind sehenswert.

Das Leben im mittelalterlichen Irland war voller Risiken, und so gibt es einige schöne befestigte Türme und Häuser im Burren: **Newton Castle** südwestlich von Ballyvaghan (Ballyvaughan) und **Leamaneh Castle** *(geschl.)* östlich von Kilfenora sind einen Blick wert.

Im Burren liegen Hunderte solcher Stätten versteckt. Um sie zu finden, gibt es keine bessere Orientierungshilfe als Tim Robinsons handgezeichnete Karte vom Burren. Sie

ist der bei weitem informativste Führer und fast überall erhältlich.

KÜSTE UND DÖRFER

Die Küste des Burren ist felsig. Eine Abwechslung sind die herrlichen Dünen in **Fanore**. Die Küste strebt weitere 25 Kilometer dem Südwesten zu und findet ihren Höhepunkt in den mächtigen, 200 Meter hohen **Cliffs of Moher** – einem faszinierenden Naturdenkmal mit Schichten aus Sandsteinplatten und Schiefer. Auf dem höchsten Punkt liegt der viktorianische Aussichtspunkt O'Brien's Tower. Wer sich traut, krabbelt zum Klippenrand und schaut hinunter. Man sollte aber gegen überraschende Windböen gewappnet sein! Seevögel gibt es im Überfluss, und an einem schönen Tag kann man vom Turm aus gut

Unten: Den Einheimischen zufolge hat ihr Parlamentsvertreter Sir Cornelius O'Brien alles außer den Klippen selbst erbaut. Er errichtete in den 30er und 40er Jahren des 19. Jahrhunderts überall in Clare Türme, Säulen, Brücken und Schulen

Newton Castle

🗺 166 C3

www.burrencollege.com

✉ SW von Ballyvaghan

☎ 065 707 7200

🕐 Geschl. Nov.–März

Gegenüber: Auf dem Gipfel der mächtigen Cliffs of Moher an der Galway Bay steht O'Brien's Tower (1835)

160 Kilometer weit zu den Hügeln in Kerry bis über die Aran-Inseln und zu den Twelve Bens of Connemara sehen.

Ein Reigen von Dörfern säumt den Rand der unbewohnten Höhen des Burren. Sie leben hauptsächlich von Landwirtschaft und Tourismus. In all diesen Dörfern kann man sich großartig unterhalten und Musik hören.

Das nördlichste ist **Ballyvaghan** (Ballyvaughan). Durch die Felszacken seines Hafens blickt das Dorf auf die Bucht von Galway. Die Monk's Bar ist *der* Ort für Musik. Das Mekka der Musikliebhaber aber ist **Doolin** (siehe S. 176f).

Das verschlafene **Lisdoonvarna** erwacht im September aus dem Dornröschenschlaf, wenn unverheiratete Männer und Frauen aus dem Westen beim Matchmaking-Festival *(Tel.065 707 4005; www.matchmakerireland.com; Anfang Sept.–Anfang Okt.)* eine Woche lang zum Kuren, Tanzen und Kennenlernen zusammentreffen. Ob nun Medienzirkus oder Aufleben alter Tradition – es ist eine unterhaltsame Woche, die jedem Spaß macht.

In **Kilfenora** steht eine Kathedrale mit vier gemeißelten Hochkreuzen aus dem 12. Jahrhundert. Das Dach fehlt. Neben dem **Burren Centre** mit einer ausgezeichneten Ausstellung über wild lebende Tiere, Geologie und Archäologie auf dem Burren gibt es zwei gute Musikpubs: Vaughan's und Linnane's. ■

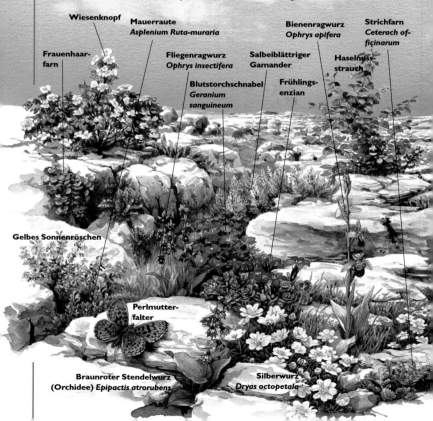

Wiesenknopf

Mauerraute
Asplenium Ruta-muraria

Bienenragwurz
Ophrys apifera

Strichfarn
Ceterach officinarum

Frauenhaarfarn

Fliegenragwurz
Ophrys insectifera

Salbeiblättriger Gamander

Haselnussstrauch

Blutstorchschnabel
Geranium sanguineum

Frühlingsenzian

Gelbes Sonnenröschen

Perlmutterfalter

Braunroter Stendelwurz
(Orchidee) *Epipactis atrorubens*

Silberwurz
Dryas octopetala

Rechts: Auf den ersten Blick wirkt der nackte Kalkstein auf dem Burren leblos, aber die Umgebung bietet Pflanzen, was sie lieben: Nahrung, Schutz, Wärme und Sonnenlicht

Unten: Die Flora im Burren

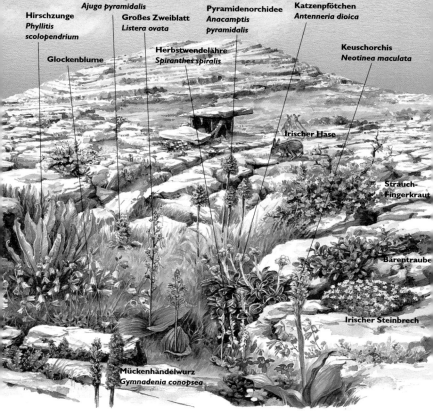

Pyramidengünsel
Ajuga pyramidalis

Hirschzunge
Phyllitis scolopendrium

Großes Zweiblatt
Listera ovata

Pyramidenorchidee
Anacamptis pyramidalis

Katzenpfötchen
Antenneria dioica

Glockenblume

Herbstwendelähre
Spiranthes spiralis

Keuschorchis
Neotinea maculata

Irischer Hase

Sträuch-Fingerkraut

Bärentraube

Irischer Steinbrech

Mückenhändelwurz
Gymnadenia conopsea

Pubs und Musik in Westirland

Ein Besuch im Pub gehört in Westirland genauso zum Leben wie das Atmen. Sie werden sich von den Pubs sofort angezogen fühlen, denn dort lernt man Einheimische und Reisende kennen, nimmt am Gespräch teil und hört die beste Musik Irlands. Wann Sessions stattfinden, erfahren Sie an der Bar. Keine Angst, fragen Sie nur.

Woran es auch liegen mag – an der Lebensart, der eigenartigen Magie des Landes zwischen Bergen, Mooren und Meer –, Tatsache ist: Westirlands traditionelle Musik ist etwas ganz Besonderes.

Kenner behaupten, einen Zusammenhang zwischen dem Charakter der Musik und der Gestalt der Landschaft zu erkennen, in der sie entsteht: das sanft Schwungvolle der Kompositionen und Darbietungen in Clare etwa oder die melancholische Wildheit der Musik aus Mayo. Ob als Mitwirkender oder als Zuhörer, verschaffen Sie sich in den zahllosen Musik-Pubs im Westen selbst einen Eindruck.

Im O'Mara's in der O'Curry Street in Kilkee in Südwest-Clare spielt man alle Musikrichtungen, und die Atmosphäre ist großartig. Oder schauen Sie im Clancy's oder Queely's in Milltown Malbay vorbei, die wundervolle Folk-Sessions veranstalten.

Um den Burren – eine für ihre Musik berühmte Gegend – sind das Linnane's in Kilfenora und die Roadside Tavern am Rand von Lisdoonvarna (sehr gute Musik) geeignete Ziele. In Doolin, einem Dorf, das Musik geradezu atmet, finden abends im McGann's an der

Craic

Selbst wenn Sie sonst keinen Fuß in eine Bar setzen, in Irland sollten Sie es tun – regelmäßig. Ein irisches Pub ist weit mehr als eine Kneipe. In der Stadt pflegt man dort, abseits von Lärm und Neonreklamen, die hohe irische Kunst der Konversation, in den Kleinstädten und Dörfern auf dem Land ist es der gesellschaftliche Mittelpunkt, wo man sich Rat holt, Freundschaften schließt und dem charmanten Unsinn lauscht, der im Pub so geredet wird. Hier erfährt man Neues aus der Nachbarschaft, hört von Hunderennen und Bergwanderungen, besorgt

sich ein Bett für die Nacht, isst einen Happen, nimmt einen Schluck und genießt die Live-Musik.

Dieses Gemisch aus Plaudern, Spaß, Musik, Witzeln und Trinken bezeichnet der Begriff *craic* (gesprochen: kräk). Wo man hingeht, ist von ihm die Rede: »Du hättest im McGing's sein sollen, der *craic* war mächtig!« – »Lass uns Joe anrufen und ein bisschen *craic* haben.« *Craic* begegnet man im Pub, im Dorflokal, im Laden an der Ecke oder auf der Landstraße – man weiß nie, wann und wo. Sie werden ihn erkennen, wenn Sie ihm begegnen. ■

Raus aus dem Regen, rein in die Bar und in den Takt einer der anregenden Folk-Musik-Sessions versinken, die in irischen Pubs für Schwung sorgen

Brücke Musik-Sessions statt. Im O'Connor's, näher am Meer, werden tags wie abends ausgelassene Balladen dargeboten. Auch Ennistymon ist für seine Musik-Pubs bekannt: das wunderschön am Fluss Cullenagh gelegene Archway und ein Dutzend weitere.

In Taafe's Bar in der Shop Street in der Stadt Galway wird gute Improvisationsmusik gespielt. Das gilt auch für das schöne, altmodische Ti Neachtain in der Cross Street mit vielen gemütlichen Plätzchen und Nischen und einem erstklassigen Restaurant.

Draußen in Connemara gibt es an jeder Ecke schöne Pubs. Echte Ursprünglichkeit erleben Sie im irischsprachigen Ost na nOileán am Ufer der Insel Gorumna oder im noch abgelegeneren gälischen Pub auf der mittleren der drei Aran-Inseln. Die Strand Bar in Claddaghduff ganz im Westen (auch als Sweeney's

bekannt) serviert einen vorzüglichen heißen Whiskey, wenn das Wetter beißend kalt wird.

Was Mayo angeht, sollten Sie nach Westport fahren, wenn Sie Musik hören möchten. Matt Molloy, der Flötist der gefeierten traditionellen Band The Chieftains, besitzt eine Bar in der Bridge Street mit Namen Matt Molloy's, wo regelmäßig bekannte Vertreter der irischen Musik in Sessions einsteigen (darunter auch Matt selbst, wenn er gerade vor Ort ist). Hoban's und McHale's sind zwei weitere phantastische Musik-Pubs. Auf ein ruhiges Bier geht man am besten in John McGing's kleine Bar in der Straße hinter dem Uhrenturm (siehe S. 192).

Auf dem Land, Richtung Westen, ist Owen Campbells unglaublich freundliche Bar in Murrisk die Anlaufstelle für Pilger auf dem Weg zum heiligen Berg Croagh Patrick (siehe S. 194f). Dort ist oft noch um Mitternacht einiges los. ■

Stadt Galway

DIE UNIVERSITÄT UND DIE SEIT RUND 20 JAHREN BOOMEN-
de Wirtschaft machen Galway zu einer der lebendigsten Städte in
Irland. Ganz gleich, zu welcher Jahreszeit – ein Besuch ist aufregend,
vor allem aber im Sommer. Der in der Touristeninformation erhältliche Reiseführer *Tourist Trails of Old Galway* eignet sich ausgezeichnet, wenn man sich zu Fuß umsehen möchte.

Die Anglonormannen bauten
Galway Mitte des 13. Jahrhunderts
zur bedeutenden Festungs- und
Hafenstadt aus, und über 400 Jahre
lang war sie eine anglisierte Enklave
im irischen Connemara. »Vor dem
Zorn der O'Flaherties, guter Gott,
bewahre uns«, sagt die – durchaus
ernst gemeinte – Inschrift über dem
Westtor der Stadt, das auf das Land
der »Eingeborenen« blickt.

Die »Vierzehn Stämme von Galway« waren anglonormannische Familien – unter ihnen viele französische Normannen –, die der Handel
mit Europa und insbesondere Spanien wohlhabend machte. Man sah
deshalb häufig Spanier in der Stadt.
Cromwell versetzte dem Goldenen
Zeitalter 1652 mit der Plünderung
von Galway einen schweren Schlag,
und König Wilhelm III. setzte ihm
1691 ein Ende. Galway brauchte 300
Jahre, um sich zu erholen. Aber es hat
sich erholt – dank der Hightech-

Industrie und dem Wirtschaftsauf-
schwung in den 90er Jahren.

Auf dem Weg von den Parks am
Eyre Square nach Süden wechselt
Galways Hauptstraße mehrfach
den Namen. Hoch über Läden und
Hauseingängen sitzen gemeißelte
Steine mit Wappenschildern, Unge-
heuern, Blattwerk und mensch-
lichen Gesichtern in den Fassaden.
Die meisten bezeichnen Daten – die
Hochzeiten wichtiger Persönlich-
keiten oder wann das Grundstück
erworben wurde.

An der Kreuzung Four Corners
steht **Lynch's Castle**, ein ausgesprochen schönes befestigtes Turmhaus aus dem späten 15. Jahrhundert. Stadtwappen, kunstvolle
Schmuckplatten und Löwen mit
Menschengesichtern schmücken die
Mauern, und eine Reihe von Was-
serspeiern trägt die Turmspitze.

Die Querstraße Church Lane
führt zur **St. Nicholas's Colle-**

**Eine Platte mit
Galway-Austern –
einem bekannten
Aphrodisiakum**

Galway (Stadt)
166 C3
**Besucher-
information**
Aras Failte, Forster
St., Galway,
County Galway
091 537 700

**In den gemüt-
lichen, altmodi-
schen Straßen
von Galway ist
immer Zeit für
ein Schwätzchen**

giate Church. Sie ist reich an den für Galway typischen ausdrucksstarken Steinmetzarbeiten.

Eine Meerjungfrau klammert sich, verführerisch den Fischschwanz ringelnd, an das Westfenster. Im Inneren befinden sich schöne Grabmäler und weitere Beispiele der Kunstfertigkeit der Steinmetze. Dazu gehören Grabplatten mit den Zunftzeichen der Pfründeninhaber.

Nördlich der Kirche steht das wieder aufgebaute Lynch-Gedenkfenster. An dieser Stelle soll der Bürgermeister von Galway, James Lynch Fitzgerald, seinen Sohn Walter 1493 eigenhändig wegen Mordes aufgehängt haben. »Harte und unbeugsame Gerechtigkeit« nennt eine Plakette die Tat des Vaters. Gegenüber, im Haus Bowling Green Nr. 8, lebte Nora Barnacle, bevor James Joyce 1904 mit ihr fortging. Es beherbergt heute das **Nora Barnacle House Museum**.

Ein äußerst angenehmer Spaziergang am Fluss entlang führt zum Wildwasserwehr hinter der Salmon Weir Bridge und dem unterhaltsamen **Galway Museum** am Spanish Arc mit einem eher zufällig angeordneten, aber peinlich genau beschrifteten Sammelsurium an Exponaten. Hier findet man alles, Fischspeere, eine Sacknähmaschine, Dachsfallen, Fotos und Piken aus dem Fenier-Aufstand 1867.

Eine wunderbare Zeit für den Besuch in Galway ist Ende Juli, wenn das **Galway Arts Festival** (*Tel. 091 509 700, www.galwayartsfestival.ie*) stattfindet, direkt gefolgt von dem eine Woche währenden Spaß bei den **Galway Races** (*Tel. 091 753 870, www.galwayraces.com*). Es sind hektische, überfüllte, aber sehr unterhaltsame drei Wochen, in denen der Alltag zum Stillstand kommt, während klassische Musik und Literaturlesungen, Straßenmusik und das verrückteste Straßentheater die Stadt Tag und Nacht in Atem halten. Kaum ist das Feuerwerk zum Ausklang des Galway Arts Festival verglüht, wendet sich die Aufmerksamkeit dem **Ballybrit Racecourse** (*Tel. 091 753 870*) im Norden der Stadt zu. Täglich finden alle Arten von Rennen statt, und die Stadt organisiert für die glücklichen und weniger glücklichen Rennfreunde Tänze, Musik und Ausstellungen. ∎

In Galway sieht man viele Leute beim Irish Dance, ob auf der Bühne oder einfach spontan im Pub

Nora Barnacle House Museum
www.norabarnacle.com
✉ 8 Bowling Green, Galway, County Galway
☎ 091 564 743
🕐 Geschl. Sept.– Mitte Juni
💲 €

Galway Museum
✉ Spanish Arch, Galway, County Galway
☎ 091 567 641
💲 €

Aran Islands

ARAN-INSELN – DER NAME GILT VIELEN ALS SYNONYM FÜR karge, unversöhnliche Landschaft, und ihre irischsprachigen Bewohner sind bekannt für ihre unerschütterliche Selbstsicherheit. Tourismus und moderner Komfort verändern das Leben jedoch rasch, aber die Bindungen an eine überkommene Lebensweise sind stark.

Die drei Inseln (nicht zu verwechseln mit der Insel Aran in der Grafschaft Donegal) gleichen einer Meerestierfamilie, die Richtung Nordwesten aus der Galway Bay schwimmt. Angeführt wird die kleine Prozession von der schnabelköpfigen und buckligen Gestalt der Insel Inishmore, der mit 14,4 Kilometern Länge größten Insel. Von den beiden nachfolgenden »Babys« ist das fünf Kilometer lange Inishmaan, das wie eine nach unten zeigende Pfeilspitze aussieht, die mittlere Insel, und das runde Inisheer – die mit drei Kilometern kleinste Insel – bildet die Nachhut.

Es ist der von Wind und See zerfressene Kalkstein, der den Aran-Inseln ihre einzigartige Atmosphäre

verleiht, die außerirdischer wirkt als andere Landschaften in Irland. Der dunkelgraue Kalkstein ist von Tausenden von Nord-Süd-Rissen durchzogen, die alle drei Inseln wirken lassen, als sei ein gigantischer Kamm über sie hinweggezogen worden.

Auf den buchstäblich baumlosen Inseln musste das Erdreich aufwendig von Hand aus Sand, Tang, Kompost und Dung hergestellt und mit ummauerten Feldern am Fortwehen gehindert werden. Die Steinwälle auf den Arans sind das bekannteste Merkmal der Inseln. Sie wurden aus Tausenden von ohne Mörtel lose aufeinander geschichteten Steinen errichtet, zwischen denen Licht hindurchfällt. An einem sonnigen Tag bilden sie ein spitzenartiges Mosaik aus grauem Stein und blauem Himmel. Auf den Wällen sammeln sich Steine, die aus den Feldern geklaubt wurden, aber sie sind auch Windschutz und Besitzgrenze.

Als Hauptinsel hat **Inishmore** ein klar umrissenes Hafendorf, Kilronan. Es ist das Ziel fast aller Besucher, und viele nehmen einen der Fischerpullover mit, die ein Markenzeichen der Inseln sind und dort noch immer hergestellt werden. Kleinbusbesitzer organisieren Rundfahrten über die Insel, Pony-Reittouren bieten das Gleiche, aber in gemächlicherem Tempo. Wenn Sie den Geist der Insel einfangen möchten, leihen Sie sich am besten ein Fahrrad oder laufen Sie.

Hauptattraktion ist zweifellos Dún Aengus *(Tel. 099 61 01 0)*, die Burg von König Aengus, an Inishmores Südküste – eine mächtige, et-

Aran Islands

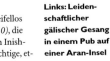

166 B2
**Besucher-
information**

Kilronan tourist information, Inishmore, Aran Islands, County Galway

099 61263

Links: Leidenschaftlicher gälischer Gesang in einem Pub auf einer Aran-Insel

wa 2000 Jahre alte halbkreisförmige Steinfestung in atemberaubender Lage am Rand einer 90 Meter hohen Steilklippe. Ein Chevaux-de-Frise (Stachelbarrikade aus aufgerichteten Steinklingen) wurde als Schutz vor anstürmenden Feinden angelegt.

Wenn Sie ein Fort auf Inishmore mehr oder weniger für sich allein möchten, gehen Sie von Dún Aengus drei Kilometer an den Klippen entlang zum **Dún Dúchathair**, dem Schwarzen Fort. Das Schwarze Fort ist weniger gut erhalten als sein bekannterer Nachbar, aber Sie haben mehr Ellbogenfreiheit beim Besichtigen der zerfallenden Treppen, Wehrgänge und des geheimnisvollen kleinen Labyrinths zwischen den sechs Meter hohen Mauern aus schwarzem Stein.

Andere lohnenswerte Ziele auf Inishmore entdeckt man mit Hilfe der *Folding Map* von Tim Robinson. Sie ist in Kilronan, Rossaveal und Galway erhältlich.

Die Abwanderung der Jugend und der Einfluss von Neuankömmlingen und Touristen haben Inishmore dem Festland näher gebracht als die beiden kleineren Aran-Inseln.

Ein Tagesausflug von Doolin an der Küste von Clare nach **Inisheer** ist ein denkwürdiges Erlebnis. Auf **Inishmaan** sprechen die Menschen am ehesten Irisch oder tragen noch selbst gewebte Kleidung. Dort macht man auch weniger Konzessionen an Besucher. Die Südspitze von Inishmaan mit der Steinküste und den Seewasser sprühenden Blaslöchern ist in ihrer wilden Kargheit einzigartig. ■

Die beeindruckenden 2000 Jahre alten Küstenfestungen auf Inishmore in atemberaubender Lage direkt am Klippenrand

Connemara

WENIGE ORTSNAMEN IN IRLAND SIND KLANGVOLLER ALS der Connemaras, keine Region ist stärker von der Romantik herbschöner, abgelegener und verführerischer Landschaften durchdrungen. Irische Städter finden auf der Suche nach ihren Wurzeln in der wilden Westhälfte der Grafschaft Galway Inspiration und Bestätigung. Dieser Zauber erwartet Sie, wenn Sie in Connemaras Bergen und Mooren oder an seinen Seen und zerklüfteten Küsten wandern.

Connemara

- 166 B4

Besucherinformation

- Clifden tourist office, Galway Rd., Clifden, County Galway
- 095 21163
- Geschl. Nov.–Feb.

DIE LANDSCHAFT

Connemara ist die Westregion von Galway. Sie grenzt im Norden an den schmalen Fjord Killary Harbour – er markiert zugleich die Grenze zur Grafschaft Mayo –, im Osten an den Lough Corrib, im Süden an die Galway Bay und im Westen an den Atlantik. Im Zentrum erheben sich die Quarzgipfel der beiden benachbarten Bergketten Twelve Ben und Maumturks. Vom Fuß der Berge dehnt sich eine von Seen durchzogene und von Granitblöcken übersäte wilde Moorlandschaft bis an die Küste. Die stürmische See hat das Ufer in Fetzen und Bruchstücke aus Förden, kleinen Buchten, Landzungen und Hunderten von kleinen Inseln gerissen.

Es ist eine kompromisslose Landschaft, die den Kleinbauern und Fischern von jeher für ein schmales Auskommen mühsamste Arbeit abverlangte. Saurer felsiger und sumpfiger Boden, dazu eine geographisch isolierte Lage und eine mangelhafte Kommunikation über den Land- wie den Seeweg brachten den Bewohnern von Connemara noch bis in jüngste Zeit Mühsal und Armut. Und auch heute versorgen Boden und Meer viele nur mit dem Nötigsten. »Man kann Landschaft nicht essen«, ist eine häufige Reaktion auf Komplimente an Connemaras wilde Schönheit. Der Tourismus – heute Butter und Brot der Region – stellt diese Binsenweisheit auf den Kopf. Der Pauschaltourismus macht den geringsten Teil aus. Die Mehrheit bildet ein Strom von Individualreisenden, die Gefallen an einsamen weißen Sandstränden, winzigen Städtchen mit Musik-Pubs, Küsteninseln und Bergpfaden finden.

Die lange obere Küste der Galway Bay, die Südgrenze von Connemara, führt von der Stadt Galway nach Westen am Ferienort Spiddal und einer Kette von zum Schwimmen geeigneten Sandstränden vorbei. Nach rund 30 Kilometern mündet die gerade nach Westen verlaufende Linie in ein Trümmerfeld aus miteinander verbundenen Inseln: Lettermore, Lettermullan, Gorumna, Furnace, Dinish und vorgelagerte Inselchen und Felsen.

Wenn Sie fremdartiges, windgepeitschtes und verwittertes Land mögen, nehmen Sie bei Casla die Straße nach Süden zu den irischsprachigen Inseln. Hungernde Ein-

Eine urtypische Ansicht von Connemara: Eine Linie felsiger Granitberge bildet den Horizont zwischen den weiten Gewässern und der unendlichen Wolkenlandschaft des Himmels

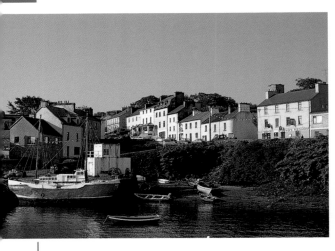

heimische errichteten die Dammstraßen zwischen den Inseln Ende des 19. Jahrhunderts im Auftrag des Congested Districts Board. Das Leben hier ist, wie die Steinmauern zwischen den winzigen Äckern beweisen, nach wie vor hart. Sie führen über Granitblöcke und wertloses Sumpfland, um genau festzulegen, wem welches Stückchen schlechter Boden gehört. Die Regenstürme in der Bucht von Galway sind schwer und keine Seltenheit, doppelte Regenbögen normal, und die Sonnenuntergänge sind atemberaubend. Besucher gibt es wenige, und sie fallen kaum auf. Wenn Sie zufällig den richtigen Samstagabend erwischen, um im Ost na nOilean, dem Hotel an der Spitze von Gorumna, anzukommen, haben Sie vielleicht das Glück, an einem *ceilidh* (geselligen Zusammensein) teilzunehmen. Ein Erlebnis, das Sie nie vergessen werden.

Jenseits der Inseln, landeinwärts, dehnen sich weite, mit Granitblöcken gespickte Moorflächen nach Norden bis zum südlichen Rand des Gebirgszugs Maumturk. Im Moor wird auf terrassenförmigen Parzellen Torf gestochen, er dient als Brennstoff.

KULTURDENKMÄLER

Am Ufer des Lough Oiriúlach bei Gortmore steht **Padraic Pearse's Cottage**, ein weiß getünchtes Reetdachhaus, schlicht eingerichtet mit harten Betten und einfachen Möbeln. In dieses Bauernhaus und in diese Landschaft lud Padraic Pearse Anfang des 20. Jahrhunderts Studentengruppen ein, um sie ihrer eigenen Sprache und Kultur näher zu bringen. Das Landhaus und die Natur von Connemara waren für den verträumten Schulmeister und Dichter aus Dublin, der später zum Symbol für Irlands Unabhängigkeitskampf werden sollte, eine Quelle der Erholung und der Inspiration. Pearse rief am Ostermontag 1916 auf den Stufen des Dubliner Hauptpostamts die junge Republik aus. Nur wenige Tage später starb er den patriotischen Märtyrertod. Er wurde im Gefängnishof des Kilmainham Gaol (siehe S. 76ff) als Landesverräter erschossen.

Die Küstenstraße windet sich von Costelloe (in dieser irischsprachigen Gegend: Casla) und den Inseln am wild zerfaserten Ufer der Bertraghboy Bay entlang. In **Roundstone**

Padraic Pearse's Cottage

🗺 166 B3
✉ Rosmuc, nahe Gortmore, County Galway
☎ 091 574292
🕐 Geschl. Mitte Sept.– Mitte Juni
💶 €

Oben links: In Roundstone sollte man gut zuhören: In das friedliche Plätschern der Wellen könnte sich der gedämpfte Donner von Malachy Kearns' *bodhráns* **(Trommeln) mischen**

**Oben: Die alther-
gebrachte
Lebensweise:
strohgedeckte
Bauernhäuser,
kleine Höfe, das
curragh zum
Fischen. Sie ist in
Connemaras
irischsprachigen
Gaeltacht-Gegen-
den noch weit
verbreitet**

auf der Westseite – einem hübschen,
vor dem leicht zu erkletternden
300 Meter hohen Errisbeg gelegenen
Dorf – lebt und arbeitet der Karto-
graf und Schriftsteller Tim Robinson. Ein weiterer Bewohner von
Roundstone ist Malachy Kearns, der
Inhaber von Roundstone Musical
Instruments *(Tel. 095 35808,
www.bodhran.com/index2.htm)*, der
sich seinen Spitznamen Malachy
Bodhrán mit 30 Jahren harter Arbeit
an seinen handgemachten *bodhráns*
verdient hat. Die Ziegenfelltrommeln verleihen irischen *gigues* und
reels den charakteristischen Takt.

Umrunden Sie die weißen
Muschelstrände von Gorteen Bay
und Dog's Bay und die Strände von
Ballyconeelly und Mannin Bay, wo
die Alge *Lithothamnion calcareum*
»Korallen« hervorbringt.

Weiter geht es nach **Clifden**,
Connemaras einziger Stadt, einem
attraktiven und lebhaften Ferienort
an der Bucht. Er wurde im frühen
19. Jahrhundert geplant – komplett,
mit hohen Turmspitzen und breiten
Straßen. Heute ist der Ort für die
Connemara Pony Show bekannt, die
dort im Sommer ausgerichtet wird.
Für den Pferdemarkt werden die
kleinen, zähen, für die harte Arbeit
im Moor gezüchteten Connemara-
Ponys eingefangen und in vergnüg-
ter Feierstimmung bewertet und
zum Verkauf angeboten. Der Markt
Mitte August vereint die besten Züge
von Connemara: die Leute aus West-
Galway in Feierstimmung, die
traumhafte Kulisse des Gebirges
Twelve Ben und einen Hauch harter
Realität bei den Beurteilungen und
den abgeschlossenen Geschäften.

Oben: In Connemara gibt es nur eine einigermaßen große Stadt – den eleganten viktorianischen Ferienort Clifden

Unten: Musiker in einem Pub in Inishbofin

In Clifden gabelt sich die malerische Sky Road, die die Halbinsel Kingstown umrundet. Eine andere, schmalere Straße folgt dem Nordufer der Streamstown Bay nach **Claddaghduff** an der Westspitze von Connemara. Hier können Sie in Sweeney's Bar auf die Ebbe warten und etwas trinken, bevor Sie über die sandige Dammstraße zum alten Friedhof und dem St. Fenchin's Well auf der Gezeiteninsel Omey fahren.

Es dauert sechs Stunden, bis der Dammweg wieder trocken ist und Sie fort können, aber so haben Sie reichlich Zeit, sich umzusehen. Auf den niedrigen Klippen der Insel Omey gibt es mittelalterliche Kochstellen (suchen Sie nach verbrannten roten Steinen), und Einheimische, die St. Fenchin um Heilung oder Hilfe bitten, lassen Opfergaben an der heiligen Quelle auf dem rückseitigen Hang der Insel zurück.

Inishbofin

Einer der interessantesten Ausflüge in Connemara ist die Fahrt mit der Fähre von Cleggan nach Inishbofin. Die Bevölkerung der sechs Kilometer langen und fünf Kilometer breiten Insel ist freundlich, die flache Moorlandschaft ist von wilder Schönheit. Hier stehen an der Stelle eines von Colman im 7. Jahrhundert gegründeten Klosters die Ruinen der St. Colman's Abbey aus dem 13. Jahrhundert (mit zwei sehr frühen christlichen Platten mit Kreuzinschriften). Cromwells

Soldaten nahmen nicht nur die katholischen Priester der Insel gefangen und töteten sie, sie legten auch eine sternförmige Festung an. Die Umrisse von Feldern, Hütten und Kochstellen aus der Stein- und Bronzezeit sind noch erkennbar. Das Taschenbuch *Inis Bó Finne: A Guide to the Natural History and Archaeology* von David Hogan und Michael Gibbons ist ein guter Führer. Vergessen Sie nicht das Fernglas – und wenn Sie über Nacht bleiben, die Stimme zum Mitsingen! ∎

Von Claddaghduff sind es nur wenige Kilometer zum kleinen Hafen **Cleggan**, wo die Fähre nach Inishbofin ablegt. Die N59 führt wieder nach Osten durch Letterfrack und vorbei an **Kylemore Abbey**, einem großen Gebäudekomplex im Pseudo-Tudor-Stil am Pollacappul Lough. Es ist zu Recht eins der meistfotografierten Gebäude Irlands. Der Blick über den Kylemore Lough, etwa 1,5 Kilometer weiter östlich, auf den Gebirgszug Twelve Bens ist atemberaubend.

DURCH DIE BERGE

Die N59 ist die wichtigste Verkehrsader durch Connemara und die bevorzugte Route derer, die der qualvollen Küstenstraße entgehen wollen. Fahren Sie von Galway Richtung Westen über Maam Cross und Recess nach Clifden. Die Aussicht entlang dem Weg auf die Berge im Herzen von Connemara – die **Twelve Bens** (in Karten oft als Twelve Pins eingezeichnet) und die **Maumturks** – ist beeindruckend.

Direkt westlich von Recess zweigt die R344 von der N59 ab und folgt dem aufregend schönen, zwischen den beiden Gebirgszügen eingeschnittenen Inagh-Tal nach Norden. Dies sind echte Berge, auch wenn die Twelve Bens nur eine Höhe von 728 Metern erreichen und die Maumturks 700 Meter hoch sind. Auf der anderen Seite des Inagh-Tals schwingen sich die Maumturks in einer langen gebogenen Gipfelkette nach Südosten. Im Sonnenlicht glitzern ihre Quarzitgipfel weiß.

Der markierte Wanderweg **Western Way** an den Hängen der Maumturks vom Inagh-Tal nach Osten ist nicht anstrengend. Wenn Sie eine anspruchsvollere Wanderung vorziehen, holen Sie sich in der Jugendherberge Ben Lettery Hostel, an der N59 acht Kilometer westlich von Recess, Rat.

Ein großartiger, aber anspruchsvoller Rundweg zu sechs Bergen im Twelve-Bens-Gebirge beginnt am nördlichen Ende der Seitenstraße, die 1,6 Kilometer hinter der Jugendherberge Recess von der N59 abgeht. Man muss nicht unbedingt wandern; auch wenn man sich ihnen auf der Straße nähert, hat man einen herrlichen Blick auf die zerklüfteten Berge. ∎

Eindrucksvoll: Vor dem waldigen Berghang wirkt die riesige Kylemore Abbey fast klein

Kylemore Abbey
www.kylemoreabbey.com
⊠ 166 B4
✉ Kylemore, Connemara, County Galway
☎ 095 41146
⑤ €€

THE TWELVE BENS
Derryclare
673 m
Bencorr
712 m
Bencollaghduff
698 m
Benbreen
694 m
Bengower
666 m
Benlettery
580 m

Cong Abbey ist eine pittoreske, von Wäldern umgebene Ruine am Nordufer des Lough Corrib

Mit dem Auto am Lough Corrib

Nordwestlich von Galway erstreckt sich über eine Länge von 44 Kilometern der Lough Corrib. Das weitläufige Gewässer verbirgt sich geschickt in einer Niederung. Diese Rundfahrt enthüllt seine heimlichen Reize.

Nehmen Sie von Galway aus die N59 nach Clifden. Biegen Sie in Moycullen rechts ab (Schild nach Tullokyne und Knockferry). An ummauerten Feldern und dichten Hecken vorbei geht es ein paar Kilometer nach **Carrowmoreknock** ❶ (Oder heißt es Collinamuck? Oder sogar Callownamuck? – Die Schilder sind sich nicht einig!). Hier hat man einen guten Blick über den Lough Corrib auf die Berge.

An der nächsten Gabelung biegen Sie erst links auf die N59 ab, dann nach rechts, um die Fahrt fortzusetzen. Nach drei Kilometern weist rechts ein Schild nach **Aughnanure Castle** ❷ (Oughterard, Tel. 091 552 214, geschl. Mai–Mitte Juni und Okt.: Mo–Fr; €). Das schöne, sechsstöckige Turmhaus, erbaut von den O'Flaherties, ist voller *murder holes* (verdeckte Schießscharten in Innenräumen) und Geheim-

zimmer. Es gibt vier Wehrerker und eine Mauer mit pittoreskem Wachturm. Die floralen Steinmetzarbeiten an den Fenstern im alten Bankettsaal sieht man am besten vom Außengang.

Weiter geht es auf der N59 nach Oughterard. Halten Sie rechts nach dem Schild zur **Lakeshore Road** ❸ Ausschau. Die malerische Straße schlängelt sich acht Kilometer durch tiefgrünes und üppiges Hinterland mit Rhododendronbüschen und Waldstücken zum Seeufer bei Currain – ideal für ein Picknick.

Kehren Sie auf demselben Weg nach Oughterard zurück, und folgen Sie der N59 Richtung Nordwesten nach **Maam Cross** ❹, das einsam im Moor liegt. Eine ausgeschilderte Abzweigung nach rechts führt über das raue Moor nach Maam (Maum), wo Sie nach rechts auf die R345 Richtung Cong abbiegen. Zu Ihrer Rechten taucht der **Lough Corrib** ⑤ auf. Der Blick über den See ist einzigartig, und man kann sehr gut Vögel beobachten.

Setzen Sie die Fahrt auf der R345 nach **Cong** ⑥ *(Besucherinformation Tel. 092 46542)*, einem hübschen gepflegten Dorf, fort. Am anderen Ortsrand steht eine prachtvolle Klosteranlage aus grauem Stein: die 1128 erbaute **Cong Abbey**. Steinerne Blumen, Blätter und Ranken überziehen ihre Säulenkapitelle, und zwischen den Blättern spähen winzige Köpfe hervor.

Von Cong geht es über die R346 nach Cross, dann auf der R334 Richtung Headford. Hier ist die prachtvolle Klosteranlage **Ross Errilly Abbey** ⑦ *(Besucherinformation Tel. 091 537 700)* ausgeschildert, die in den Feldern am Black River liegt. Die Bauten aus dem 14. und 15. Jahrhundert um den schlanken Kirchturm sind schlicht, aber perfekt. Aufwendige Grabstätten in Hülle und Fülle – wie die von Hugh O'Flaherty unter dem Ostfenster –, gewaltige Kamine, Wasserschächte, Rutschen und Brotöfen erwecken den gespenstischen Eindruck, die Mönche seien noch gegenwärtig.

Acht Kilometer südlich von Headford führt Sie ein Abstecher von der N84 nach Annaghdown. Biegen Sie direkt hinter dem Friedhof (Schild: Annaghdown Pier) zu den schmucklos kargen Ruinen der **Annaghdown Priory** ⑧ ab. In dem von ihm gegründeten Nonnenkloster starb 577 der heilige Brendan.

Wieder an der N84, halten Sie sich rechts und kehren nach Galway zurück. ∎

🅼 Siehe Karte S. 166
▶ Stadt Galway
↔ 185 Kilometer
🕓 4–5 Stunden, je nach Stopps
▶ Stadt Galway

UNBEDINGT ANSEHEN

- Aughnanure Castle
- Lakeshore-Abstecher in Oughterard
- Cong Abbey
- Ross Errilly Abbey
- Annaghdown Priory

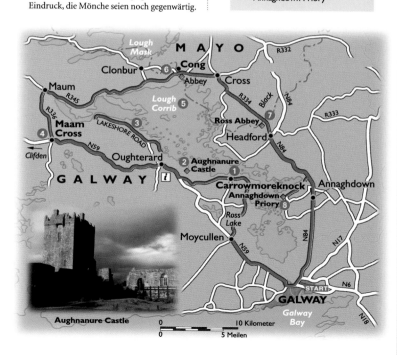

Aughnanure Castle

0 | 10 Kilometer
0 | 5 Meilen

Ost-Galway

WEIL SIE SO SCHNELL WIE MÖGLICH IN DIE DRAMATISCHE
Schönheit Connemaras eintauchen möchten, lassen die meisten Reisenden auf dem Weg nach Westen den Osten der Grafschaft Galway
unbeachtet. Aber auch die stille, ebene Landschaft von Ost-Galway –
die Region ist größer als Connemara – hat reizvolle Flecken.

Tuam

🅰 166 D4

**Besucher-
information**

✉ Tuam Mill Museum,
Community Office,
County Galway

☎ 093 25486 oder
24463

🕑 wechselnd

In der Stadt **Tuam**, 30 Kilometer
nordöstlich der Stadt Galway, stehen
zwei Kathedralen. Die protestantische **Cathedral of St. Mary** mit
61 Meter hohem Turm ist weitgehend ein Bauwerk viktorianischer
Neugotik , die Kanzel aus rotem
Sandstein aber mit einem prächtigen romanischen Bogen aus sechs
aufwendigen Stufen ist noch von
der Kathedrale, die im 12. Jahrhundert an dieser Stelle gegründet
wurde, übrig geblieben. Für die

**Roman Catholic Cathedral of
the Assumption** hat der bekannteste irische Glasmaler des 20. Jahrhunderts, der Symbolist Harry
Clarke (1889–1931), bemerkenswerte Fenster geschaffen.

Beeindruckende Sakralkunst aus
dem Mittelalter schmückt die
Knockmoyle Abbey (12. Jahrhundert) 13 Kilometer südöstlich
von Tuam: Ein Fresko aus dem
frühen 15. Jahrhundert zeigt drei
Könige bei der Falkenjagd; drei tote

Könige ermahnen sie: »Wir waren, wie ihr seid. Ihr werdet sein, wie wir sind.« Knockmoyle ist ein wunderschöner Bau mit feinen Steinmetzarbeiten an der Kanzel. Die Abtei wurde von Cathal »Red Hand« O'Connor 1189 anlässlich eines großen Sieges über die eindringenden Normannen gestiftet. Sie verdankt ihren Namen dem Schlachtfeld: Cnoc Muaidhe, Berg des Blutbads.

In **Athenry** (gesprochen: Äthenrai) 22 Kilometer östlich der Stadt Galway sind das Nordtor und Abschnitte der 1211 errichteten Verteidigungsanlage um die Stadt erhalten, ebenso der Bergfried der normannischen Burg und die Ruinen eines Dominikanerklosters aus dem 13. Jahrhundert.

Von hier geht es auf der R348/R349 19 Kilometer in Richtung Südosten nach Loughrea zum Schatzhaus des Celtic Revival (der »keltischen Wiedergeburt«) im Kunsthandwerk, der **St. Brendan's Cathedral** (erbaut 1897–1903): mit Textil-, Holz-, Kunstschmiede- und Steinmetzarbeiten, wundervollen Fenstern von Michael Healy, Sarah Purser und Evie Hone.

Nehmen Sie die R350 von Loughrea drei Kilometer nach Norden bis Bullaun. Außerhalb des Dorfes, direkt hinter der Abzweigung nach Kiltullagh, steht in einem Feld der außergewöhnliche, einen Meter hohe **Turoe Stone**. In die phallische Granitsäule sind Zickzacklinien und Wirbel eingemeißelt. Der Umriss eines Vogelkopfes findet sich ebenso wie ein St.-Brigid-Kreuz mit vier Spitzen. Das Steinartefakt stammt aus der späten Eisenzeit und wurde von der nahen, als Rath of Fearmore (Burg der starken Männer) bekannten Bergfeste hierher gebracht.

In der Nähe der östlichen Grenze, wo die Grafschaften Galway, Offaly und Longford aufeinander treffen,

liegen, nicht weit voneinander entfernt, zwei wichtige Klosterstätten. Die kleine, um 1160 an der Stelle eines von St. Brendan gegründeten Klosters errichtete **Clonfert Cathedral** besitzt ein Meisterwerk irisch-romanischer Kunst: das wundervolle Westportal aus rotem Sandstein. Ein sechsstufiger Rundbogen umrahmt die Tür, jede Stufe ist reich und humorvoll mit Tierköpfen und Blumen verziert. Darüber erhebt sich ein hohes dreieckiges Giebelfeld, abwechselnd gefüllt mit dreieckigen Pfeilen und Menschenköpfen, manche grinsen, andere blicken grimmig oder abwesend.

An der R355 von Portumna nach Ballinasloe, 16 Kilometer nordwestlich von Clonfert, stehen im flachen Flusstal des Suck die Ruinen der Augustinerabtei **Clontuskert Abbey**, gegründet im 12. Jahrhundert. Interessant sind das Ostfenster und der Lettner. Schutzheilige – Michael, Katharina und Johannes – flankieren mit allegorischen Figuren – einem Pelikan, einer lockigen Meerjungfrau und anderen – das Westportal aus dem Jahr 1471. ∎

Eine der wundervollen Glasmalereien in der St. Brendan's Cathedral zeigt den Heiligen als Knaben

Athenry
166 D3
Besucherinformation
Athenry Heritage
Centre, Adannry,
County Galway
091 844661

Westport und Clew Bay

WESTPORT IST DIE ANGENEHMSTE STADT IN DER GRAF-
schaft Mayo, ein lebendiger Ort voller Musik und Stimmen. Westlich
der Stadt öffnet sich eine der schönsten Buchten Irlands: Clew Bay.
365 Inseln, so heißt es, liegen in der – im Süden vom Kegel des
Croagh Patrick (siehe S. 194f) beherrschten – Bucht verstreut.

Westport war eine geplante Stadt.
Sie wurde 1780 von dem englischen
Architekten James Wyatt
(1746–1813) entworfen. Diesen ge-
ordneten Anfängen verdankt die
Stadt eine Eleganz, die besonders in
der Stadtmitte an der von Schatten
spendenden Bäumen gesäumten
Promenade am Carrowbeg River
sichtbar wird. Von hier führen die
beiden parallelen Hauptstraßen
Westports bergauf: die Bridge Street
zum Clock Tower und die James
Street zum Octagon mit der von
einer St.-Patrick-Statue gekrönten
hohen Säule. In den Läden von
Westport ist man freundlich und ge-
sprächig. Das gilt auch für die Pubs,
von denen viele abends Treffpunkte
für gute traditionelle Musik sind
(siehe S. 176f). John McGings kleines
Pub (Öffnungszeiten: wie es John gefällt) an der High Street hinter dem
Clock Tower ist ein Juwel: schnörkel-
los, freundlich, warm und voller
guter Gespräche und noch besserem
Guinness. Nicht entgehen lassen!

Westport hat Siedler aus aller
Welt angezogen. Sie kommen wegen
der angenehmen Atmosphäre in der
hübsch herausgeputzten Stadt, wegen der herrlichen Umgebung und
der auffälligen Freundlichkeit der
Bewohner. Ihrer Anwesenheit verdankt die Stadt eine kunstsinnige,
liberale Geisteshaltung, die am deutlichsten während des **Westport
Arts Festival** *(Tel. 098 27375)* gegen Ende September sichtbar wird.

Das **Westport House** am
Westrand der Stadt ist ein georgianisches Landhaus, mit dessen Bau um

1730 begonnen wurde. Der gefeierte
Architekt James Wyatt schloss die Arbeiten ein halbes Jahrhundert später
ab. Im Inneren gibt es Familienpor-
träts (und eine schöne Heilige Familie von Rubens), georgianisches Silber und Glas, aber auch edle Maha-
gonimöbel zu bewundern. Das Holz
wurde von den Zuckerplantagen auf
Jamaika nach Westport gebracht. Sie
waren im Besitz der Gattin des zweiten Marquess of Sligo, der das Haus
im frühen 19. Jahrhundert bewohnte.
Verliese (samt Gespenstern) einer
Burg, die früher an dieser Stelle stand,
Fahrten mit Pferdekutschen, ein Zoo
und eine Spielhalle – das alles garantiert eine fröhliche Stimmung.

Am **Westport Quay**, westlich
der Stadt, stehen stattliche, steinerne
Lagerhäuser aus dem 18. Jahrhundert.
Von hier kann man über die **Westport Bay** blicken, die selbst nur eine
Nische in der größeren, sich zum
Meer hin öffnenden **Clew Bay** ist.
Die von Norden nach Süden 13 Kilometer breite und vom inneren Ostufer bis zur Mündung 21 Kilometer
lange Bucht ist ein ganz beachtliches
Stück der Küste von Mayo. Verstreut
in der Osthälfte der Bucht liegen 365
bucklige, grüne Inseln (zählen Sie
selbst!); sie waren ursprünglich
Drumlins oder kleine Hügel aus eis-
zeitlichem Grundmoränen-Material.
Die vorherrschenden Westwinde
und -stürme haben ihre Seeseiten zu
niedrigen Klippen aus kiesigem Ton
erodiert, und so wirken sie wie ein
Schwarm grüner Seeungeheuer, die
auf dem Weg hinaus in den Atlantik
ihre gelben Zähne zeigen.

Westport
🅰 166 C5
**Besucher-
information**
✉ The Mall, Westport,
County Mayo
☎ 098 25711

Westport House
www.westporthouse.ie
✉ Westport Estate,
Westport, County
Mayo
☎ 098 25430 oder
27766
💲 €€€

Faszinierend sind sie, wenn abends die Sonne im Westen steht und die schwarzen Schatten auf das silbrige Wasser wirft. Die Inseln waren früher sehr produktiv und ernährten mehrere tausend Bewohner. Heute lebt und arbeitet dort nur noch ein zäher Schlag Menschen: Fischer auf **Inishlyre**, eine Segelschule auf **Collan More**, ein Paar, das einen Ökogarten auf der **Insel More** am Westrand des Archipels unterhält.

Als die Beatles auf der Höhe ihres Erfolgs standen, erwarb John Lennon aus einer Laune heraus in der Clew Bay die Insel **Dorinish**. Lennon hat aber kaum einen Fuß auf Dorinish gesetzt. Zwischen **Louisburgh** und **Murrisk** an Südufer der Clew Bay und bei **Mallaranny** auf der Nordseite liegen wundervolle Sandstrände.

Sportbegeisterten bietet die Clew Bay *(Touristeninformation in Westport, The Mall, Tel. 098 25711)* Gelegenheit zum Segeln (Mayo Sailing Club, Rosmoney Quay) oder Angeln (Sea Angling Centre, Westport), Freunden der wilden einheimischen Geschichte empfiehlt sich ein Besuch in Burrishoole Abbey und Rockfleet Castle bei Newport am Nordufer der Bucht. Turm und Bögen der im 15. Jahrhundert von Graces zweitem Gatten »Iron Dick« errichteten **Burrishoole Abbey** stehen direkt am Rand der Bucht. Gleichermaßen beeindruckend ist **Rockfleet Castle**. Der spätmittelalterliche Wohnturm direkt am Ufer macht einen wunderbar grimmigen Eindruck. Hier gewann Grace 1567 die Oberhand über »Iron Dick« (siehe S. 204). ∎

Unter alten Steinbrücken fließt der glasklare Carrowbeg durch das Herz von Westport

Croagh Patrick

HOCH, ANMUTIG UND BEEINDRUCKEND RAGT DER CROAGH
Patrick am Südufer der Clew Bay empor. Um den kegelförmigen Gipfel
des Land und See beherrschenden Berges ranken sich seit Jahrtausenden Legenden. Der Berg, der von unterschiedlichsten Glaubensrich-
tungen verehrt wird, ist eines der großen christlichen Wallfahrtsziele
der Welt – und ein atemberaubend schöner Berg obendrein.

Croagh Patrick
🗻 200 AA

441 kam der heilige Patrick auf
seiner großen Missionsreise durch
Irland in die Grafschaft Mayo und
bestieg am ersten Samstag der Fas-
tenzeit den 764 Meter hohen Gipfel
Cruachan Aigil. Die heidnischen
Iren der Region fürchteten und ver-
ehrten den Berg, der schon bald als
Croagh Patrick bekannt werden
sollte. Patrick, ein kluger Mann mit
ausgezeichnetem Gespür für seine
Mitmenschen, dachte nicht daran,
einen Ort zu ignorieren, der solch
spirituelle Wirkung auf Tausende
von potenziellen Konvertiten aus-
übte. Stattdessen fastete er auf dem
Gipfel 40 Tage und 40 Nächte, eine
Tat, die auf Gemüter, die den Berg
mit Dämonen bevölkert sahen,
außerordentlich mutig gewirkt und
sie für seine Botschaft empfäng-
licher gemacht haben muss.

   Was auf dem Gipfel geschah, war
bald der Stoff von Geschichten, die
Wahrheit, Mythos und Symbolik
verweben. Patrick sicherte sich die
Zusage des Herrn, dass die Iren den
Glauben nie verlieren und am Tag
des Jüngsten Gerichts errettet werden würden – ja sogar, dass Patrick
selbst ihr Richter sein solle. Eine
Gunst, die Gott nur gewährte, weil
der Heilige auf dem Gipfel drohte,
sonst bis zu seinem Tod weiterzu-
disputieren. Patrick befreite Irland
auch von allen giftigen und anstößi-
gen Ungeheuern, indem er wiederholt seine *Cloigin Dubh* oder
Schwarze Glocke läutete und sie
dann über die Klippe Lugnanarrib
schleuderte. Massen von Schlangen,
Kröten und anderem Ungetier folg-

ten der Glocke in den Abgrund. Hilfreiche Engel bargen die Glocke und
gaben sie dem Heiligen nach jedem
Wurf zurück. Die *Cloigin Dubh*
erwies sich auch gegen eine dunkle
Wolke böser Geister in der Gestalt
von Amseln als nützlich. Sie ver-
flüchtigten sich, sobald Patrick seine
Glocke gegen ihre Scharen erhob.

DER HEILIGE BERG

Innerhalb kurzer Zeit wurde der
Berggipfel zum Wallfahrtsziel des
christlichen Irland. Über die folgenden 1500 Jahre hinweg hielten weder
Stürme, Blitzschläge noch Strafan-
drohungen die Flut der Pilger davon
ab, den Croagh Patrick zu besteigen.
Von Ballintober Abbey wurde ein
37 Kilometer langer Pilgerpfad, der
Tóchar Phádraig (siehe S. 197),
angelegt, der einer alten heidnischen
Route zum heiligen Berg folgt. Garland Sunday, der letzte Sonntag im
Juli, wurde der »offizielle« Tag zur
Besteigung des Croagh Patrick –
möglicherweise wegen der zeitlichen
Nähe zum 1. August, dem Datum
des keltischen Erntefestes in
Lughnasa. Ende des 20. Jahrhunderts
setzte eine Reihe von Unglücksfällen
dem traditionellen nächtlichen Aufstieg am Vorabend des Garland
Sunday – einem unvergesslichen
Schauspiel, bei dem sich Tausende
von Fackeln in einer flackernden
Lichterkette um den Berg wanden –
ein Ende. Die Wallfahrt selbst aber
ist so beliebt wie eh und je. Bis zu
50 000 Menschen, manche barfuß,
steigen am Garland Sunday den
Berg hinauf, um der Messe in und

**Fertig für den
Aufstieg: ein frisch
geschlagener
Pilgerstab aus
einem nahen
Moor**

vor der Gipfelkapelle beizuwohnen. Der Aufstieg gilt als klassisches Beispiel für eine Bergtour, die jeder meistern kann (siehe S. 196f).

Als 1988 auf dem Croagh Patrick Gold gefunden und eine Schürflizenz beantragt wurde, löste das weltweit Entrüstung aus. So arm und von Abwanderung ausgezehrt die Grafschaft Mayo auch war, der Croagh Patrick sollte nicht für den Bergbau erschlossen werden. Die Proteste – aus allen Teilen der Welt – waren so zahlreich und leidenschaftlich, dass der Plan verworfen wurde. Der Reek trägt noch immer die Narbe, die eine Straße der Bergbaugesellschaft hinterlassen hat. Sie ist ein allmählich verblassendes Spiegelbild des Pilgerpfads, den zahllose Füße jedes Jahr neu bahnen. ■

Croagh Patrick, Irlands heiliger Berg, erhebt sich über dem felsigen Ödland des benachbarten Moors

Am Fuß des Pilgerpfads steht die Statue von St. Patrick und blickt über die Clew Bay

Zu Fuß zum Gipfel des Croagh Patrick

Die Wanderung zum heiligen Berg Croagh Patrick ist in Westirland für Einheimische wie Touristen eine klassische Freizeitaktivität. Sie ist schwierig und ermüdend, aber gut für Körper und Geist, und hat man den Gipfel erst erreicht, wird man mit einer umwerfenden Aussicht belohnt. Ob Sie die kurze, aber anspruchsvolle Strecke von Murrisk aus wählen oder den Pilgerweg (37 km) von Ballintober Abbey aus, bereiten Sie sich vor, und versuchen Sie den Aufstieg nicht in dichtem Nebel oder bei starkem Regen.

AUFSTIEG I

Die drei hilfreichsten Dinge, die man braucht, um den Croagh Patrick zu bezwingen, sind gute Wanderschuhe, ein Stock und reichlich Entschlossenheit. Der Weg ist deutlich markiert, und man muss kein geübter Bergsteiger sein. Allerdings werden Sie feststellen, dass es unmöglich ist, den ganzen Weg zu schaffen, wenn Ihre Kondition nicht gut ist. Seien Sie nicht überrascht – oder entmutigt –, wenn der Gipfel in Wolken liegt. Sie teilen sich oft, wenn man oben ankommt.

Starten Sie in **Murrisk** ❶, neben Owen Campbell's Pub – wo man eine Sammlung von Pilgerfotos und Memorabilia bewundern kann –, und halten Sie sich auf der ausgeschilderten Landstraße Richtung Süden. Nach 600 Metern passieren Sie eine Statue von St. Patrick, die freundlich Ihren Aufbruch segnet.

Folgen Sie dem Weg nach Süden. Er führt zu einem **Bergsattel** ❷ auf 500 Metern Höhe, wo er auf den Wallfahrtspfad von Ballintober Abbey (siehe gegenüber) stößt.

Hier ist ein guter Platz zum Rasten, bevor man die sehr steile und von Felsbrocken übersäte Strecke (264 m) zum Gipfel und der **St. Patrick's Church** ❸ in Angriff nimmt.

Die Aussicht vom Gipfel auf 764 Metern Höhe ist herrlich und weit. Man sieht die Connemara Mountains, das Gebirge Nephin Beg, die gesamte Clew Bay mit ihren Inseln und die Inseln Achill und Clare und erhascht vielleicht sogar einen Blick auf die Slieve-League-Klippen, die 80 Kilometer nordöstlich an der Küste der Grafschaft Donegal liegen. ■

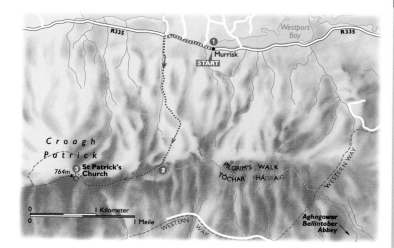

PILGERWEG

Jedes Jahr am Garland Sunday, dem letzten Sonntag im Juli, steigen bis zu 50 000 Menschen – viele von ihnen barfuß – auf den Croagh Patrick, um in einer kleinen Kirche auf dem Gipfel zu St. Patrick zu beten. Es ist eine lange und ermüdende Wanderung, und wenn Sie nicht sehr fit und entschlossen sind, werden Sie zwei Tage mit Übernachtungspause brauchen.

Wenn Sie dem uralten Pilgerweg folgen möchten, brechen Sie von **Ballintober Abbey** auf und nehmen die Route nach Westen. In die steinernen Wegmarkierungen sind Kreuze eingemeißelt. Der in der Abtei erhältliche Wanderführer *Tóchar Phádraig: A Pilgrim's Progress* gestaltet die Wanderung wesentlich interessanter. Er macht entlang des Wegs auf heilige Quellen, Menhire, verzauberte Wälder und Feenhügel aufmerksam. Er enthält auch detaillierte Informationen zur Fauna und Flora und eine Fülle an glaubwürdigen und weniger glaubwürdigen Geschichten.

Der beste Ort zum Übernachten ist das Dorf **Aghagower**, wo eine uralte Kirche und ein Rundturm stehen. Hier können Sie ein Taxi rufen, das Sie nach Westport bringt (zehn Minuten Autofahrt), wo man ein gutes Essen und ein Bett für die Nacht bekommt.

Eine Alternative ist die Übernachtung bei Margaret Morn *(Lugrevgh, Tel. 048 26812,* 3 km von Aghagower entfernt).

Am zweiten Tag kehren Sie nach Aghagower zurück und setzen Ihre Wanderung Richtung Westen fort, indem Sie dem Pfad am Südhang des Croagh Patrick bis zum Bergsattel (siehe ➋) folgen. Die Angaben zum Aufstieg I erläutern den Weg zum Gipfel. ∎

🗺 Siehe Karte S. 166 B4

▶ Owen Campbell's Pub, Murrisk

⟺ Pilgerweg: Ballintober Abbey, ausgeschildert auf der N84, Catlebar–Ballinrobe, 11 km südlich von Castlebar.
Pilgerweg: 37 km

⏱ Abhängig von der persönlichen Fitness ist mit 4–5 Stunden zu rechnen. Pilgerweg: Planen Sie 2 Tage ein.

▶ Owen Campbell's Pub

UNBEDINGT ANSEHEN

- Owen Campbell's Pub
- St.-Patrick-Statue
- Gedenkstein Leacht Mionnain, auch »Station« genannt, am Fuß des Gipfelkegels
- St. Patrick's Church auf dem Gipfel
- Großartige Aussicht vom Gipfel

Nordwest-Mayo

NORDWEST-MAYO, EINER DER AM WENIGSTEN BESUCHTEN
Teile Irlands, ist wild, einsam und schön. Inseln, Halbinseln, Klippen
und Buchten zerklüften die Küste, während das Landesinnere von
Bergen und Mooren geprägt ist. Wenn Sie eine wilde, natürliche Landschaft lieben, ist Nordwest-Mayo genau die richtige Region für Sie.

Nordwest-Mayo
🅰 166
**Besucher-
information**
✉ The Mall, Westport,
County Mayo
☎ 098 25711

Achill Island
🅰 166 B5
**Besucher-
information**
✉ Auf der Straße
zwischen Achill
Sound und Keel,
County Mayo
☎ 098 47353

Die Meerenge Achill Sound liegt via
Mallaranny (auch als Mulrany bekannt) eine gemächliche Autostunde
von Westport entfernt. Während
man sich der Meerenge nähert, tritt
die bergige Silhouette von **Achill
Island** immer deutlicher hervor.
Achill ist mit 14 Kilometern Breite und
19 Kilometern Länge Irlands größte
Küsteninsel, mit der unregelmäßigen
Kontur eines Seeungeheuers in Form
eines großen, bergigen, umgedrehten
L. Bei der Überquerung der Meerenge beherrschen die beiden Berge
Knockmore (340 m) und **Minaun**
(403 m) das Bild der Insel. Ihre
luftigeren Schwestern Croaghaun
(668 m) und Slievemore (672 m)
ragen im Norden empor. Achill ist
sehr selten überlaufen, auch wenn
erste Anzeichen von Tourismus
sichtbar werden – eine Entwicklung,

die von den meisten Inselbewohnern
begrüßt wird. Noch bis vor wenigen
Jahren fristeten viele ihr hartes Leben
mit Geld, das abgewanderte Familienmitglieder nach Hause schickten.

Fahren Sie auf der schmalen
Küstenstraße nach Süden – sie ist als
»Atlantic Drive« ausgeschildert.

Viele Inselbewohner treiben bis
heute traditionellen Ackerbau, und
zur richtigen Jahreszeit können Sie
Stapel aus gestochenem Torf und
Heu sehen. Diese werden mit buntem
Segeltuch, so genannten *headscarves*
(Kopftüchern), wetterfest gemacht.

An der Südspitze der Insel, in
der Nähe der **Kirchenruine von
Kildaunet**, steht die hohe, grimmig wirkende Feste **Kildaunet
Castle** (15. Jh.), einst Stützpunkt der
berüchtigten »Piratenkönigin« von
Mayo, Grace O'Malley (siehe S. 204).

Das Wesen der Landschaft ändert sich, sobald Sie an der Westseite der Insel nach Norden schwenken. Die Küste mit ihren von der Brandung zertrümmerten Felsen und Klippen ist gewaltig. Man hat einen schönen Blick auf die **Ashleam Bay**.

Der Sandstrand in **Keel** (und weitere in Keem und Doogort) wurde mit der Blauen Flagge für gute Qualität ausgezeichnet, und der Ausblick auf die hoch aufragenden **Cliffs of Minaun** ist sensationell.

Das Dorf **Dooagh** besteht aus hübschen, getünchten Landhäusern mit Reet- und Schindeldächern. Es gibt ein Pub (The Pub), wo Sie sich ein Album mit Fotos von der Ankunft Don Allums ansehen können. Er erreichte das Ufer am 4. September 1987 – nach 77 Tagen auf See. Er war geradewegs über den Atlantik und zurück gerudert.

Der **Strand von Keem**, drei Kilometer hinter Dooagh, ist perfekt: Er liegt in einer zangenförmigen Bucht am Fuß des Croaghan. Auf der Südseite des Berges kann man Amethyste finden.

Wieder in Keel angekommen, halten Sie sich Richtung Minaun

View. Nach 1,6 Kilometern, wenn der Atlantic Drive eine Rechtskurve macht, fahren Sie geradeaus. Direkt vor Ihnen, am Hang des **Slievemore**, entdecken Sie ein verlassenes Dorf mit dachlosen Häusern: Es sind Sommerhäuser und Booley-Hütten (sie werden ähnlich wie Almhütten nur während der Sommerweide genutzt), die im 19. Jahrhundert verlassen wurden, als eine Hungersnot das Dorf traf. Man kann durch die Straßen gehen, in alte Kamine oder leere, steinerne Speisekammern schauen – und über die Härte und Schlichtheit des damaligen Lebens auf der Insel nachdenken. Kehren Sie über die Brücke auf das Festland nach Mayo zurück.

Das Land zwischen Achill Island und der Halbinsel Mullet ist karg, eine weite, ebene, braune Moorlandschaft mit vereinzelten dunklen Wäldern. Ein kurzes Stück landeinwärts erheben sich die **Nephin Beg Mountains**, Irlands einsamstes und abgelegenstes Gebirge. Ein Fußweg, der **Bangor Trail**, verbindet sie: eine anspruchsvolle, teils durch Sumpflandschaft führende 35-Kilometer-Wanderung. Nur für

Eine dunkle Wand erhebt sich über der Keel Bay: die Menawn Cliffs auf Achill Island

Von Hand aufgetürmte Strohhaufen, einige mit Zeltplanen gegen den Regen geschützt, auf den Feldern des Dorfes Dooagh auf Achill Island

Wanderer, die körperlich fit und sehr entschlossen sind! **Bangor** ist ein einsames Dorf im Moor, und **Belmullet** im Nordwesten bietet ebenfalls viel Lokalkolorit und Beschaulichkeit. Belmullet ist das Tor zur **Halbinsel Mullet**, der wunderschönen, kaum besuchten Landzunge, die sich etwa 32 Kilometer nach Süden erstreckt. Die stark zerklüftete Halbinsel schützt die Blacksod Bay auf ihrer Ostseite. Ihr baumloses, verwittertes Westufer

blickt auf ein paar drei Kilometer vor der Küste verstreute Atlantikinseln. Wie Achill Island ist auch Mullet Gaeltacht, irischsprachiges Gebiet, in dem die Einheimischen Fördermittel für das Bewahren der althergebrachten Sprache, Kultur und Lebensweise erhalten.

Belmullet liegt an einer Landenge zwischen Halbinsel und Festland. Nördlich und nordwestlich der Landenge zerbricht die Küstenlinie der Halbinsel Mullet in zahllose felsige

Die Kinder Lir

Inisglora, ein kleines Eiland vor dem Strand von Cross westlich von Binghamstown, ist Schauplatz des ergreifenden Endes einer der bekanntesten Legenden Irlands, der Geschichte von Lirs Kindern.

Von ihrer eifersüchtigen Stiefmutter in Schwäne verwandelt, waren die vier Kinder des mächtigen Anführers Lir dazu verdammt, 900 Jahre fern der Heimat auszuharren. Die letzten 300 Jahre verbrachten die Schwäne, die ihre schönen Kinderstimmen behalten

hatten, auf Inisglora, wo die Ankunft des Christentums sie endlich von dem Bann befreite. Doch die Körper, die sie zurückerhielten, waren die von 900 Jahre alten Menschen.

Ein heiliger Mann (War es Brendan? – Er errichtete im 6. Jahrhundert eine Kirche auf Inisglora.) taufte die Kinder von Lir vor ihrem Tod und begrub sie auf der Insel, wie sie es gewünscht hatten: aufrecht stehend und einander wie zuvor im Leben auch im Tod stützend. ∎

**Céide Fields
Besucher-
information**

🅰 166 C6

✉ Ballycastle, County
Mayo

☎ 096 43325/43261

🕐 Geschl. Dez.–Mitte
März, sonst nach
Vereinbarung

💲 €€

**Grace O'Malley,
Irlands berüch-
tigte Piratenköni-
gin, führte einige
ihrer Raubzüge
gegen englische
Siedler von dem
Turm auf Achill
Island aus an**

Landspitzen: Hinter der uralten Mauer, die **Doonamo (Doona-more) Point** abgrenzt, liegen Grundmauern und Befestigungen aus vorchristlicher Zeit.

Am **Termoncarragh Lake**, einem schilfreichen, flachen Gewässer, haben das seltene Odinshühnchen und andere Vogelarten eine Heimat gefunden. Über die ganze Halbinsel verstreut stehen Wohnhäuser, aber nur Binghamstown bezeichnet sich als Dorf. Es gibt mehrere fabelhafte Strände: Die auf der Westseite, Belderra, Cross, Portacarn und Carricklahan, sind wilder, zugewachsener und liegen am Ende enger Feldwege.

Die küstennahen Inseln **Iniskea**, **Duvillaun** und das kleinere Eiland **Inisglora** (siehe Kasten S. 200) sind heute nicht mehr bewohnt. Ihre sanften, grünen Konturen erhöhen den Reiz des ohnehin herrlichen Atlantikblicks.

Land und Küste nordöstlich von Mullet sind wirklich wild – der Inbegriff einer Moorlandschaft in Mayo. Einspurige Straßen führen zu dem hübschen kleinen Dorf **Pollatomish**, dem winzigen **Portacloy** an einem Streifen Sandstrand und dem kaum größeren, zwischen den Klippen gelegenen Fischerhafen **Porturlin**.

Etwas weiter im Osten liegt eine erstaunliche archäologische Grabungsstätte: **Céide Fields**. Erstaunlich – weniger wegen der Dinge, die es tatsächlich dort zu sehen gibt, sondern wegen der Art, wie der Ort die Phantasie beflügelt. In den 30er Jahren des 20. Jahrhunderts begann der Lehrer Patrick Caulfield alte Steinmauern zu untersuchen, die Torfstecher im Moor zwischen Belderrig und Ballycastle freigelegt hatten. Sein Sohn, Dr. Séamus Caulfield, führte die archäologischen Studien in den 70er Jahren fort. Es gelang ihnen, 5000 Jahre alte, im Moor verborgene Muster einer vom Ackerbau geprägten Natur aufzudecken.

Heute gibt es ein Besucherzentrum, in dem erläutert wird, wie die Deckenmoore sich ausdehnten und die grünen Felder der steinzeitlichen Bauern unter einer bis zu fünf Meter dicken Torfschicht erstickten. Das Wetter wurde um 3000 v. Chr. feuchter. Vermutlich trugen die frühen Bauern zur Ausbreitung der Moore bei, indem sie Bäume fällten. Der Regen, der sonst auf den Blättern der Bäume verdunstet war, tränkte nun den Boden. Das sich ausbreitende Moor begrub Felder und Siedlungen und bewahrte so die vorzeitliche Landschaft.

Führungen zeigen Ihnen, wo es im Gelände etwas zu sehen gibt: hauptsächlich lange, grobe Steinmauern.

Besonders reizvoll ist ein Spaziergang an der Spitze der Langzungen **Downpatrick Head**, direkt östlich von Céide Fields. Vor der Landzunge liegt ein gigantischer Steinhaufen, und es gibt Blaslöcher im Fels, aus denen Seewasser emporschießt. ■

Unter der ruhigen Oberfläche von Killarney Harbour verbirgt sich Irlands tiefster Meeresarm

Weitere Sehenswürdigkeiten

INSEL CLARE

Vor der Mündung der Clew Bay liegt die Insel Clare (150 Bewohner); sie ist von **Roonah Quay** *(Tel. 098 28288 oder 25045)* aus mit der Fähre zu erreichen. Den Hafen der schönen, grünen Insel schützt eine Burg, die einst Grace O'Malley (siehe Kasten S. 204) bewohnte. Es wird erzählt, sie habe die Ankerleinen ihrer Kaperflotte durch ihr Schlafzimmerfenster auf der Burg gezogen und an ihrem großen Zeh festgebunden, damit niemand ihr im Schlaf die Schiffe stehlen konnte. In der Nähe des Hafens gibt es einen Sandstrand, die Musik im Pub ist phantastisch (mit Rücksicht auf den Arbeitsrhythmus der Fischer und Bauern auf der Insel darf das Pub um Mitternacht aufmachen und am folgenden Mittag schließen – wenn überhaupt), und die Wanderung durch die wohl-geformten, steilen Hügel des Knockmore (461 m) ist buchstäblich atemberaubend.
🅰 166 B5 ✉ County Mayo

COOLE PARK

Das Wohnhaus von Lady Augusta Gregory steht nicht mehr, aber das schöne Anwesen steht heute unter Naturschutz. Man kann den **Autograph Tree** besichtigen, in den literarische Größen wie J. M. Synge, George Bernard Shaw, Sean O'Casey, der englische *Poeta laureatus* John Masefield und viele andere ihre Namen schnitzten, und über einen markierten Waldweg zum Coole Lake schlendern.
🅰 166 D2 ✉ Ausgeschildert auf der N 18 Galway–Ennis, 3 km nördlich von Gort, County Galway ☎ 091 631804
🕓 Okt.–Mitte April geschl. 💲 €

Oben: Dunguaire Castle an der Kinvarra Bay wurde im 16. Jahrhundert von Nachkommen des Königs von Connaught (7. Jh.) erbaut

BURG DUNGUAIRE

An der Bucht Kinvarra steht Dunguaire, ein vierstöckiges Turmhaus mit *bawn* (Schutzwall). Es wurde um 1520 von den O'Hynes erbaut und im 20. Jahrhundert von Oliver St. John Golgarty restauriert. Hier werden täglich »mittelalterliche« Bankette veranstaltet.

🅰 166 D3 ✉ Kinvarra, an der N67 Ballyvaughan–Galway, County Galway ☎ 091 637 108 und 061 361 511 🕐 Okt.– Mitte April geschl. 💲 €

Mittelalterliches Bankett ☎ 061 360 788 🕐 Bankette tägl. um 17.45 und 20.45 Uhr 💲 €€€

ENNIS

Die Hauptstadt der Grafschaft Clare ist ein eigenwilliger Ort mit langen, engen Straßen voller kleiner Pubs. Auf einer Säule steht die Statue des »Swaggering« (prahlenden) Daniel O'Connell, der 1828 als erstes irisch-katholisches Parlamentsmitglied zur Vertretung von Ennis ins Londoner Parlament gewählt wurde. Die Steinmetzarbeiten an den Gräbern in der Franziskanerabtei aus dem 13. Jahrhundert sind besonders kunstvoll.

🅰 166 C2 **Besucherinformation** ✉ Arthur's Row, Ennis, County Clare ☎ 065 682 8366

IAR-CONNACHT

Durch das einsamste, wildeste und weitläufigste Moor der Grafschaft Clare windet sich nur eine einzige Straße. Für den, der die Einsamkeit sucht, und für Freunde karg-schöner Natur ist es eine reine Freude.

🅰 166 C3 ✉ Im Dreieck Galway–Ballynahown–Maam Cross der R336 und der N59 Maam Cross–Galway, County Galway **Besucherinformation** ☎ 091 563 081

KILLARY HARBOUR

Der herrliche Fjord Killary Harbour ist die Grenze zwischen Mayo und West-Galway. Er schneidet sich von Westen 16 Kilometer in einem säbelförmigen Aufwärtsbogen landeinwärts und ist an manchen Stellen über 45 Meter tief. An seinen Ufern ragen gewaltige Berge auf: die Maumturks im Süden, gegenüber am westlichen Eingang die massige Gestalt des Mweelrea (819 m) und Ben Gorm (750 m) am östlichen Ende des Meeresarms.

Von **Leenaune**, dem unglaublich fotogenen Dorf mit nur einer Straße am landeinwärts liegenden Ende von Killary Harbour, führt die R335 nach Norden durch den schmalen, aufregend dunklen Hohlweg Doolough. **Doo Lough** selbst, der Schwarze See, ist ein stimmungsvolles, etwa drei Kilometer langes Gewässer. Die Uferstraße windet sich zum Doolough Pass zwischen Mweelrea und dem Bergmassiv Sheefry Hills (750 m) hinauf. Während der großen Hungersnot 1845–49 zogen 600 Männer, Frauen und Kinder nach Delphi Lodge und baten um Nahrung. Man wies sie ab. 400 starben auf dem Rückweg über den Pass.

🗺 166 B4   ✉ 30 km südwestlich von Westport (N59), County Mayo

KLOSTERRUINE KILMACDUAGH

Vor dem Hintergrund der geschichteten grauen Berge des Burren stehen die Ruinen von vier Kirchen (einige aus dem 10. Jahrhundert und älter), eine wunderschöne Kathedrale ohne Dach, ein mittelalterliches Turmhaus und ein 34 Meter hoher, schiefer Rundturm.

🗺 166 D2   ✉ An der R460 Gort–Corofin, 5 km südwestlich von Gort (N18 Galway–Ennis) **Besucherinformation Galway** ☎ 091 563 081

LOUGH DERG

Der lange See mit dem gezackten, von Dörfern gesäumten Ufer im Schatten der Berge ist besonders bei Anglern und Bootsfahrern beliebt. In **Killaloe**, dem größten Ort am südlichen Ende, stehen die St. Flanagan's Cathedral und Kapelle aus dem 12. Jahrhundert. Mit einem Boot von Mountshannon aus *(Tel. 061 921 351 und 375 011, Mitte Sept.–Juni geschl.; €€)* kann man nach **Holy Island** übersetzen und die Überreste von vier Kirchen (darunter eine Kathedrale aus dem 16. Jahrhundert und vorzügliche romanische Steinmetzarbeiten) besichtigen, einen Rundturm (24 m), kunstvoll gemeißelte mittelalterliche Grabplatten und den mit einem Loch versehenen *Bargaining Stone* (Schwurstein) der Mönche.

🗺 166 D2   ✉ Von Killaloe, County Clare, 32 km nordöstlich nach Portumna, County Clare **Besucherinformation Killaloe** ☎ 061 376 866

THOOR BALLYLEE

W. B. Yeats erwarb das aus dem 14. Jahrhundert stammende, verwahrloste Turmhaus von Ballylee Castle 1916 für 35 £. Das schlicht, aber elegant restaurierte und umbenannte Gebäude wurde seine viel geliebte Zuflucht auf dem Land und inspirierte ihn 1928 zu seiner Sammlung *The Tower and The Winding Stair*. Tonaufnahmen des Dichters beim Lesen seiner eigenen Gedichte begleiten Sie durch die Ausstellung von Erstausgaben und Yeats-Memorabilia.

🗺 166 D3   ✉ An der N66 Gort–Loughrea ausgeschildert, 5 km nordöstlich von Cort, County Galway   ☎ 091 631 436 (Ostern–Sept.), 091 563 081 (Okt.–Ostern)   🕐 Okt.–April geschl.   💶 €€ ■

Grace O'Malley

Die Tochter des Anführers von Connacht, Grace O'Malley (ca. 1530–1603), unterhielt von ihrer Insel aus mit gewandter Kühnheit eine eigene Armee, eine Kaperflotte und eine Reihe von Küstenfestungen. Sie erhob Lotsengeld und Frachtabgaben von passierenden Schiffen, bis sie den gesamten Handel zwischen Westirland und dem Kontinent kontrollierte.

Grace war 16, als sie ihren ersten Ehemann, Donal O'Flaherty, heiratete. 1566, zwei Jahre nachdem dieser ermordet worden war, heiratete sie den angloirischen Lehensherrn »Iron Dick« Burke unter der Bedingung, dass jeder nach einem Jahr die Scheidung fordern konnte. Das tat sie prompt und schlug ihm die Pforte von Rockfleet Castle vor der Nase zu. Allerdings nicht ohne sich vorher seine Burgen gesichert zu haben.

Als sie 1575 bei Dublin eine Reise unterbrach, um in Howth Castle das Gastrecht in Anspruch zu nehmen, fand sie zu ihrem Unmut das Tor verschlossen. Man hieß sie warten – Lord Howth sei beim Abendessen. Sie entführte kurzerhand den Sohn der Familie und gab ihn nur unter der Bedingung zurück, dass fortan die Tore zu den Mahlzeiten offen blieben – eine Tradition, die Howth Castle bis heute pflegt. ■

Im schönen Nordwesten liegen
einige der eindrucksvollsten
Landschaften Irlands: die Berge und
Küsten von Sligo, die der Dichter
W. B. Yeats und sein Bruder, der
Maler Jack Yeats, verewigt haben,
und die wilden Hügel und Halb-
inseln von Donegal.

Der
Nordwesten

**Relikte aus der Steinzeit in
Nordwest-Irland**

NORD-
IRLAND
S. 279

DIE MIDLANDS
S. 235

WESTIRLAND
S. 165

DIE MIDLANDS
S. 235

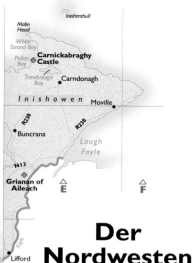

Der Nordwesten

GESTALT UND CHARAKTER DER DREI Grafschaften im Nordwesten Irlands unterscheiden sich sehr stark. In Sligo, im Südwesten, fassen Sandufer das Gewirr von Meeresarmen in der Sligo Bay und den See ein, der im Süden die Grenze der Grafschaft bildet, während Donegal nach Westen hin in Halbinseln und Inselchen zerspringt. Eingezwängt zwischen seinen großen Schwestern, liegt Leitrim mit seiner kurzen Küste (5 km), dem waldigen und hügeligen Landesinneren und dem Lough Allen als größtem Gewässer.

Sligo wird für immer mit den Brüdern Yeats verbunden sein: W. B., der Dichter, und Jack, der Maler, wuchsen in der Nähe von Sligo auf. Die Stadt ist lebhaft, aber entspannt. Verwitterung und das Abschleifen durch eiszeitliche Gletscher haben die Kalksteinhügel der Umgebung in beeindruckende Tafelberge mit Gipfelplattform verwandelt. Dies ist das Land von Yeats: Es gibt eine ausgeschilderte Rundstrecke zu zahlreichen Stätten, die mit Yeats' Dichtung verknüpft sind. Die Szenerien vieler Bilder von Jack sind leicht auszumachen.

Einige der eindrucksvollsten Kulturdenkmäler der Vorzeit liegen in der Grafschaft Sligo: von Dutzenden Megalithgräbern auf den Friedhöfen in Carrowmore und Carrowkeel bis hin zu großartigen prähistorischen Grabstätten wie dem Portaldolmen Labby Rock beim Lough Arrow und dem Hofgrab in Creevykeel.

Leitrim liegt, eingezwängt zwischen dem literarischen und künstlerischen Ruhm von Sligo und der grandiosen Wildheit von Donegal, im Schatten der benachbarten Grafschaften. Als Sehenswürdigkeiten kann Leitrim die Glencar Falls und Parke's Castle am Lough Gill vorweisen, aber die Grafschaft bietet vor allem Wassersportgelegenheiten: Bootsfahrten auf dem Shannon-Erne-Kanal bei Carrick-on-Shannon oder Angeln auf dem Lough Allen oder einem von Dutzenden kleinerer Seen.

»It's different up here« (Hier oben ist es anders), erklärt Donegals Werbeslogan – eine gute Zusammenfassung. Donegal wirkt entlegen. Nur die acht Kilometer lange Grenze zu Leitrim verbindet die Grafschaft mit der Republik. Der Westen der Grafschaft ist hauptsächlich Gaeltacht (irischsprachig). Im Süden erheben sich die sensationellen Klippen Slieve League, und die diamantförmige Halbinsel Inishowen ganz oben in Donegal ist Irlands urtümliche Nordspitze. ∎

Die Landschaft um Gortahork ist charakteristisch für die weite Wildnis, die einen so großen Teil der Grafschaft Donegal bildet

Stadt Sligo

Sligo (Stadt)
🅰 206 C2
**Besucher-
information**
✉ Aras Reddan, Temple
St., Sligo, County
Sligo
☎ 071 9161201

**Verse in Bronze:
Die graziös-
schlanke Statue
von W. B. Yeats in
der Stadt Sligo
greift Zeilen aus
seinen Gedichten
auf**

DIE ATMOSPHÄRE DER STADT SLIGO IST AUSSERORDENT-
lich gelassen. Hier geschieht wenig in Eile – geschehen aber tut einiges, besonders in den Bereichen Kunst, Musik und natürlich beim
Pub-Besuch. Sligo hat sich seine georgianischen und viktorianischen
Hauptstraßen bewahrt, schmal und von altmodischen Ladenfronten
und Pubs gesäumt. Mitten in der Stadt fließt der breite und flache
Garravogue unter einer Abfolge von Brücken hindurch, sein Plätschern und seine schäumenden Untiefen geben dem Ort, der sonst
gesetzt und verschlafen wirken würde, einen Schuss Lebendigkeit.
Aber Sligo ist auch Nordwest-Irlands gesellschaftlicher und wirt-
schaftlicher Mittelpunkt. Im Mai findet ein Festival der Künste statt,
im August das größte Fest der Stadt, die Yeats International Summer
School, und im Herbst folgen Musikfestivals.

Sligo verdankt seinen Platz auf der Tourismuslandkarte seiner Verbindung zu Yeats. Die Brüder Yeats (siehe S. 210f), der Dichter William Butler (1865–1939), allgemein als W. B. bekannt, und der Maler Jack (1871–1957), verbrachten die Ferien ihrer Kinderzeit bei den Cousins und Cousinen in Sligo, und in der Stadt gibt es mehrere Yeats-Gedenkstätten. Die Niland Collection der **Model Arts and Niland Gallery** besitzt mehr als 50 von Jacks Gemälden. In der **County Library** *(Tel. 071 9147190)* in der Bridge Street gibt es zahlreiche Manuskripte von W. B. Yeats. Das **Sligo County Museum** *(Tel. 071 91443728)* in der Stephen Street besitzt einige Yeats-Memorabilia, der Löwenanteil aber ist im **Yeats Memorial Museum** *(Tel. 071 9142693)* an der Hyde Bridge zu besichtigen, das unzählige Manuskripte, Briefe und Fotografien von W. B. samt dem 1923 erhaltenen Nobelpreis besitzt.

In der Stephen Street steht die impressionistische Statue des Dichters (aufgestellt 1989) von Rowan Gillespie. Auf der anderen Seite der Brücke steht das dunkelrote **Yeats Memorial Building** *(Hyde Bridge, Sligo, Tel. 071 9142693, www.yeats-sligo.com).*

Natürlich hat Sligo noch mehr zu bieten als die Spuren von Yeats. Die ergreifende Skulptur eines Mannes, einer Frau und eines Kindes, dürr und zerlumpt (an der Quay Street), erinnert daran, wie sehr die Stadt während der großen Hungersnot 1845–49 litt, als sie etwa ein Drittel ihrer Bevölkerung durch Tod oder Auswanderung verlor. Schlechte Zeiten hatte die Stadt schon früher erlebt: Die Wikinger plünderten sie im 9. Jahrhundert, im Mittelalter bekriegten sich einheimische Clans um Sligo Castle (die Burg wurde später völlig zerstört), und 1641 nahm Sir Frederick Hamilton die Dominikanerabtei aus dem 13. Jahrhundert ein, brannte sie nieder und tötete viele der Mönche. In der dachlosen Ruine der Abteikirche in der Abbey Street finden sich neben prächtigen Kreuzgängen auch schöne Steinmetzarbeiten und Grabsteine.

Man kann dem Garravogue durch die Stadt folgen, an alten und neuen farbig getünchten Häusern vorbei, über unterschiedliche neue Promenaden und Landekais. In der

Hoffnung auf einen guten Fang – vielleicht einen Lachs – wagen sich einheimische Angler auf die glitschigen Steine im Fluss. Eine andere gute Route durch die Stadt folgt der Abbey Street und biegt dann links in die Teeling Street ab.

Kehrt man zur Abbey Street zurück und geht man weiter durch die Castle Street und Grattan Street (bei Cosgrove's Delicatessen, wo die Market Street kreuzt, bekommt man alles Nötige für ein mittägliches Picknick) und biegt man dann rechts in die O'Connell Street ein, gelangt man zum **Hargadon's Pub**.

Das Hargadon's ist eine Institution in Sligo, eines der seltenen reinen »Plauder-Pubs«, wo man der Musik nicht gestattet, das tagelange (und manchmal auch nächtelange) Vergnügen schwadronierender Konver-

sationen zu stören. Der vordere Teil des Pubs ist unverändert erhalten geblieben: ein gemütlicher dunkler Raum mit abgeteilten Sitzecken, durchhängenden Apothekenschränken und Regalen voller alter Gläser. Die Hinterzimmer wurden kürzlich umgebaut und in eine Bar und Speiseräume unterteilt.

Wenn Sie Lust auf einen Abend mit hervorragender traditioneller Musik haben, besuchen Sie das Pub **Furey's** in der Bridge Street. Es gehört der aus Sligo stammenden Band Dervish, die sich auf den Konzertbühnen der Welt einen Namen mit halsbrecherischer Folkmusik gemacht haben. Aber die Bandmitglieder haben nicht vergessen, wo sie herkommen. Wann immer sie in der Stadt sind, nehmen sie an den mitreißenden Sessions im Pub teil. ■

Das rote Ziegelgebäude über den Stromschnellen des Garravogue ist Sitz der Yeats Society

Model Arts and Niland Gallery
www.modelarts.ie
✉ The Mall, Sligo, County Sligo
☎ 071 9141405

Sligo County Museum
✉ Heritage Centre, Stephen St., Sligo, County Sligo
☎ 071 9143728

Sligo und die Brüder Yeats

Ihrer Welterfahrenheit und dem internationalen Ruhm zum Trotz, den der Dichter und Nobelpreisträger und der gefeierte postimpressionistische Maler erwarben, sahen William Butler Yeats und sein jüngerer Bruder Jack in dieser entlegenen Ecke Irlands die Quelle ihrer Inspiration. Ihre Mutter Susan Pollexfen stammte aus Sligo, ihr Vater, John Butler Yeats, war ein Anwalt, der sich wenig erfolgreich als Künstler versuchte. Sowohl William als auch Jack entwickelten eine Leidenschaft für die dramatischen Berge und Küsten, den Himmel über dem Atlantik und das Leben in der Hafenstadt und im Umland: Pferderennen, Markttage, Volksfeste, Matrosen, Jockeys und Balladensänger.

Die Landschaft von Sligo hat William Butler Yeats, hier eine Radierung des Dichters von Augustus John, inspiriert

Märchen und Legenden, die William in und um Sligo hörte, regten seine dichterische Phantasie an. Sein Onkel, George Pollexfen, hatte eine Magd; Mary Battle unterhielt den angehenden Dichter mit Märchen über Feen, Kobolde und das »Kleine Volk«. Mary hatte »das zweite Gesicht«, einen Zugang zu spiritueller Phantasie, der sich, zu Willies Faszination, gelegentlich öffnete. Der Junge hörte Geschichten über Königin Maeve, auch Medb genannt, deren »Grab« er vom Haus seiner Großeltern aus als Silhouette auf dem Hügel Knocknarea erspähte, und die Mär von Fionn MacCumhaills Abrechnung mit seinem Rivalen Diarmuid an den Hängen des Berges Benbulbin, den er ebenfalls vom Fenster aus sehen konnte. Diese Geschichten aus Irlands tiefer mystischer Vergangenheit wurden in den 70er und 80er Jahren des 19. Jahrhunderts gemeinhin als Aberglaube und Unsinn abgetan, an den nur Kindermädchen vom Land und Kinder glaubten. Aber die Brüder Yeats fuhren auch in ihren Dreißigern und Vierzigern fort, ihre Ferien regelmäßig in der Umgebung von

Sligo zu verbringen. Hier entsprang Williams leidenschaftliches Eintreten für eine von Traditionen bereicherte spezifisch irische Literatur, das ab den 90er Jahren des 19. Jahrhunderts in das *Gaelic Revival*, die Wiederbelebung gälischer Kulturtradition, sowie in das politische Ringen um eine Republik, den Osteraufstand und den Unabhängigkeitskrieg, münden sollte. Sligo zog den Dichter am Ende seines Lebens wieder an. Er ist auf dem Friedhof in Drumcliff begraben; seine selbst verfasste Grabinschrift ist das Gedicht *Under bare Ben Bulbin's head*.

Susan Pollexfens Vater war ein ernster Geschäftsmann, der wenig von seinem kraftlosen Schwiegersohn hielt. Die Großmutter Elizabeth hingegen war zu den Yeats-Kindern warmherzig und liebevoll, doch Großvater William duldete Zuwendung nicht – außer wenn es um den jungen Jack ging, zu dem er eine sehr enge Beziehung entwickelte. Zwischen seinem achten und sechzehnten Lebensjahr wohnte Jack bei seinen Großeltern – ein Eintauchen in die Szene von Sligo, die sein Leben beeinflussen sollte. Auch als Erwachsener kam er, so oft es ihm möglich war, wohnte im Haus seines Onkels am Meer, draußen bei Ross Point, und zeichnete Land und Leute. »Sligo und der Himmel darüber waren meine Schule«, schrieb er später. Ab 1910 malte Jack in Öl, Stil und Themen wurden zunehmend verwischter und mystischer.

Die Stadt Sligo hat ihrem Adoptivsohn endlich die Würdigung zukommen lassen, die ihm zusteht: Eine Galerie widmet sich seinem Werk (siehe S. 208). Jack, der 1954 das Porträt *Leaving the Far Point*, das seinen Onkel Alfred und dessen Frau zeigt, der Sligo Corporation stiftete, schrieb: »Seit den Anfängen meines Malerlebens birgt jedes Bild, das ich irgendwo gemalt habe, einen Gedanken an Sligo.« ∎

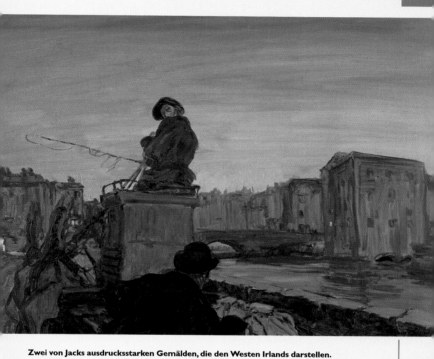

Zwei von Jacks ausdrucksstarken Gemälden, die den Westen Irlands darstellen.
Oben: *A Lift on the Long Car* (1914)
Unten: *Off the Donegal Coast* (1922)

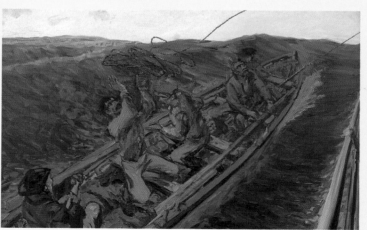

Das mächtige
faltige Plateau des
Benbulbin, Yeats'
Lieblingsberg
unter den Bergen
von Sligo, be-
herrscht die
Küstenebene an
der Sligo Bay

Yeats und das Land

DIE EINSAMEN, SANDIGEN KÜSTEN DER BUCHTEN SLIGO,
Drumcliff und Ballysadare, die flachen Gipfel der Berge im Benbulbin-
Gebirge im Norden und Osten von Sligo und das tief ausgezackte
Ufer des Lough Gill im Südosten – das waren die Lieblingsplätze von
William Butler und Jack Yeats und die Landschaft, die sie seit ihrer
Kindheit beeinflusst hat. Der anerkannte Yeats Country Drive, ge-
kennzeichnet durch braun-weiße Schilder mit Tintenfass und Feder-
kiel, schlängelt sich durch die Region. Er ist 160 Kilometer lang.

DER WESTEN VON SLIGO

Ein guter Ausgangspunkt für die
Yeats-Rundfahrtstrecke (über Details
informiert die Besucherinformation in
Sligo) ist der 328 Meter hohe Gipfel
des **Knocknaree (Knocknarea)**.
Der Berg, der einer Käseglocke mit
rundem Knopf ähnelt, beherrscht
die Landschaft westlich von Sligo.
Man erreicht ihn, wenn man die

Stadt über die Castle Street verlässt.
Dabei passiert man das Haus von
Thornhill, wo die Brüder Yeats als
Kinder ihren Onkel George Pollexfen
(siehe S. 210) besuchten.

Nach fünf Kilometern führt eine
Abzweigung links (Schild: »Meascán
Meadhba«) zu einem Parkplatz, von
dem aus man in 45 Minuten zum
Gipfel wandern kann. Der »Knopf

Weiter um den stumpfen Kopf der Halbinsel Strandhill herum liegt im Watt der Fahrdamm nach **Coney Island**. Auf der Insel, die Jack Yeats so geliebt hat, leben noch heute einige wenige Bewohner. Sein Spätwerk *The Sea and the Lighthouse* (1947) entstand hier. Es zeigt eine windumtoste Gestalt, die in den dunkelblauen Himmel starrt, den ein Lichtstrahl vom Leuchtturm von Oyster Island erhellt. Das Gemälde hängt in der Model Arts and Niland Gallery in Sligo (siehe S. 208). Der Strand Cummeen, wird häufig von Stürmen aus dem Westen heimgesucht.

Jenseits der Bucht liegt die wie ein Haifischzahn geformte Halbinsel **Rosses Point**, wo die Brüder Yeats, bei den Besuchen ihres Onkels George in der Nähe des Dorfes ihrer Kinderzeit genossen. Rosses Point ist ein adretter, kleiner Ort, an dessen Sandstränden es sich wunderbar spazieren gehen lässt. Das blecherne Abbild eines Matrosen steht mitten im Watt und deutet auf die sicherste Fahrrinne. William liebte die melancholischen Reize von Rosses Point, von dem aus er den Knocknarea und den Benbulben sehen konnte.

Rosses Point wurde zum Mittelpunkt von Jacks künstlerischem Schaffen, und viele seiner besten Gemälde greifen Szenen aus Rosses Point auf: *Shruna Meala, Rosses Point* aus dem Jahr 1923 und ein frühes Aquarell von *The Metal Man* oder *The Old Pilot House, Rosses Point*, auf dem zwei Gestalten aus einem der runden Fenster des Lotsenhauses auf das Meer hinausblicken. Andere Bilder wie *The White Shower* (1928) und *The Graveyard Wall* (1945) zeigen eindeutig eine Küstenlandschaft wie diese. Ätherisch und vergeistigt ist *Leaving the Far Point*, ein sehr spät 1946 fertig gestelltes Gemälde. Jack mit einem dunklen Hut und seine Frau Cottie – in dem Bild eine junge Frau – gehen unter

der Käseglocke« ist in Wirklichkeit ein gewaltiges steinzeitliches Bauwerk, der »**Queen Medb's Cairn**«, ein kleiner Hügel aus Felsblöcken (rund 40 000 Tonnen Stein) über einem Ganggrab. Hier ruhte Königin Medb, die Kriegerkönigin von Connacht aus dem 1. Jahrhundert, die für den berühmten Viehdiebstahl von Cooley (siehe S. 338) verantwortlich war. An ihrem Grab erkennt man das Ausmaß ihres Ruhms: Es ist 24 Meter hoch, und der Sockel hat einen Umfang von 192 Metern.

Blickt man vom Gipfel herab, liegen im Vordergrund die Priele und Sandbänke der Buchten Sligo und Ballysadare. Westlich des Berges bilden gewaltige Sanddünen die Kulisse für das steinige Ufer der Halbinsel **Strandhill**.

Yeats Country
🗺 206 C3
Besucherinformation
✉ Aras Reddan, Temple St., Sligo, County Sligo
☎ 071 9161201

einem wilden, von Wolkenstreifen durchzogenen Himmel über den nassen, grauen Strand bei Rosses Point. Begleitet werden sie von Onkel George Pollexfens ätherischer, durchscheinend wirkender Gestalt. Er starb 1910, also ist das Gemälde eine Studie über das Glück der Vergangenheit und die Gegenwart von geliebten Verstorbenen. Cottie Yeats' Tod kurz nach Fertigstellung des Bildes verleiht dem Bild eine zusätzliche schmerzliche Note.

LISADELL HOUSE

Von der Nordspitze der schmalen, langen Sandbank bei Rosses Point aus blickt man über die Drumcliff Bay und auf das drei Kilometer entfernte Anwesen Lisadell (Lissadell). In Yeats' Tagen hatte man einen ungehinderten Blick auf das Gebäude, heute aber verdecken Koniferen und kleine Wälder den Blick auf Lisadell, das Herrenhaus der Familie Gore-Booth.

Das bereits im Verfall begriffene Lisadell House wurde restauriert und ist heute der Öffentlichkeit zugänglich. W. B. Yeats kam das erste Mal 1894 hierher. Er war damals ein sensibler Dichter von fast 30 Jahren, noch ganz in seiner *Celtic-Twilight*-Phase, voller romantischer Nostalgie und verbrämtem Nationalismus. Er freundete sich mit Constance und Eva, den beiden Töchtern der Familie Gore-Booth an. Das gilt vor allem für Constance, die später als Gräfin Markiewicz beim Osteraufstand und in den Wehen des Unabhängigkeitskrieges 1919–22 bekannt wurde. Die glühende irische Nationalistin nahm aktiv an den Kämpfen teil und wurde wegen ihrer Beteiligung am Osteraufstand in Dublin 1916 zum Tode verurteilt (das Urteil wurde sofort umgewandelt). Sie geriet erneut in Haft, weil sie in öffentlichen Reden die verbotene Sinn Fein unterstützt hatte.

William hatte eine intensive nationalistische Phase durchlebt. Nach dem Osteraufstand wurde er konservativer, aber sowohl er als auch Jack unterstützten die Nationalisten nach wie vor. Jack drückte das 1924 in seinem Gemälde *Communicating with Prisoners* aus.

Im Haus gibt es Fotografien und Porträts der Schwestern zu sehen, aber auch Karikaturen männlicher

**Oben links:
Porträts von
Mitgliedern,
Freunden und
Bediensteten der
Familie Gore-
Booth schmücken
die Wände im
Speisezimmer
von Lisadell
House**

Lisadell House
- 206 B2
- Ausgeschildert auf der N15 ab Drumcliff
- 071 9163150
- Geschl. Mitte Sep.–Mai

Oben: Der Turm der Drumcliff Church ragt zwischen den Bäumen empor, ein weithin sichtbares Wahrzeichen. Yeats liegt auf ihrem Friedhof begraben

Drumcliff Kirche und Besucherinformation

🗺 206 B2

✉ Drumcliffe, County Sligo

☎ 071 9144956

💲 €

Familienmitglieder, des Butlers, des Jagdaufsehers, des Försters und des Hundes, mit denen Constances Ehemann, Graf Markiewicz, die Wände des Speisezimmers schmückte.

DRUMCLIFF UND BENBULBEN

Zurück auf der N15 zwischen Sligo und Bundoran: In **Drumcliff** stehen die nüchterne, graue Church of St. Columban, der Stumpf eines Rumdturms und ein antikes Kreuz mit eingemeißelten Bibelszenen, darunter Kain, wie er Abel mit einer Axt erschlägt, und Adam und Eva. Zur Kirche gehört auch ein Besucherzentrum.

An der Nordwestecke des Kirchturms liegt das Grab von W. B. Yeats und seiner Frau, Georgie Hyde-Lees (1892–1968).

Der **Benbulben** (Benbulbin) wirkt erhaben. Er beherrscht die Landschaft in einem Umkreis von 80 Kilometern. Sein Gipfel ist flach. Von der Gipfelplattform fallen seine nackten, tief gefurchten Steilhänge bis zum oberen Rand des Grüngürtels ab, der in tiefer liegende Anbauflächen ausläuft. Direkt in Bergnähe, fünf Kilometer westlich von Drumcliff, liegt Benbulben Farm. Man erreicht sie über eine Landstraße nördlich der N15. Über einen Zickzackpfad gelangt man zum Sattel, anschließend hält man Richtung Norden auf das grasbewachsene Haupt des Benbulben zu. Die Aussicht über die Dartry Mountains und hinunter auf die winzigen Bauernhöfe und gestreiften Moore in 500 Metern Tiefe ist herrlich. Die Brüder Yeats streiften überall auf dem Berg umher und angelten in seinen Tümpeln und Flüssen.

Jack schmuggelte die markante, einem Schiffsbug ähnliche Gestalt des Berges 1946 in sein Bild *The Mountain Window*. In das Fenster eines Landhauses scheint die goldene Sonne, die durch eine Wolke über der Bergsilhouette bricht.

Um den Belbulben ranken sich Legenden; die bekannteste ist die Sage von Diarmuid und Gráinne. Auf dem Berg findet die Konfrontation zwischen dem älteren Fionn MacCumhaill und Diarmuid statt, der mit Gráinne, Fionns schöner Frau, davongelaufen ist. An den Hängen des Benbulben treiben Fionns Krieger, die Fianna, ein Wildschwein auf Diarmuid zu. Er tötet es, wird aber schwer verwundet. Zweimal geht Fionn zur heiligen Quelle, um heilendes Wasser zu holen, aber jedes Mal erinnert er sich an Diarmuids Verrat und lässt das Wasser zwischen seinen Fingern auf die Erde rinnen. Erst beim dritten Mal erbarmt er sich und bringt das Wasser, aber es ist zu spät. Diarmuid ist tot. Das Bett, auf dem Diarmuid und Gráinne einander liebten, ist von angemessen heroischer Größe: ein riesiger Felsen, zwölf Meter hoch, 18 Meter breit. Er steht fünf Kilometer östlich vom Gipfel des Benbulben auf der dem Berg zugewandten Seite von Gleniff. Man sieht das Heldenbett auf dem **Gleniff Horseshoe**, einer phantastischen Aussichtsstrecke, die ab Ballintrillick Bridge (über Cliffony auf der N15 zu erreichen) ausgeschildert ist.

Die Straße am Fuß des Benbulben führt in einer Südostkurve um die Bergflanke zum hübschen **Glencar Lough** und seinem Wasserfall. Diarmuid baute ein crannog in den See, um Gráinne vor den Fianna zu verbergen. Der Wasserfall ist an der Straße ausgeschildert. Ein gepflasterter Pfad führt zwischen bemoosten Bäumen hindurch zu der Stelle,

wo der Fluss über einen Sims in das Felsbecken stürzt. W. B. Yeats erwähnt ihn in *Towards Break of Days*.

LOUGH GILL

Einer der Lieblingsplätze der Yeats-Brüder in Sligo war der große, schöne Lough Gill, östlich von Sligo, dessen wild gezacktes Ufer eine 38 Kilometer lange Aussichtsstraße säumt. An der Straße am Südufer (R287, Sligo–Dromahair) findet man bei **Dooney Rock** einen Parkplatz. Von dort aus führen gekennzeichnete Wanderwege hinauf auf den Felsen: ein als schönes Fleckchen bekannter guter Aussichtspunkt.

W. B. ließ seinen *Fiddler of Dooney* jubeln: »*When I play on my fiddle in Dooney, Folk dance like a wave of the sea*« (Spiele ich in Dooney auf meiner Fiedel, tanzen die Leute wie Wellen auf dem Meer).

Weiter um den See herum streift die Straße **Slish Wood** (bei Yeats: Sleuth Woods), in den der junge Dichter einmal verbotenerweise eindrang und dann eine schlaflose Nacht in Angst vor dem Waldhüter verbrachte. **Innisfree**, einem winzigen bewaldeten Inselchen in Ufernähe, ist Yeats' bekanntestes Gedicht gewidmet. Man kann zur *Lake Isle of Innisfree* von Parke's Castle (siehe S. 232) am Nordufer übersetzen und dort umherschlendern, wo Yeats in träumerischer Abgeschiedenheit zu leben sich gesehnt hatte: »*I will arise and go now, and go to Innisfree, /And a small cabin build there, of clay and wattles made: /Nine bean-rows will I have there, a hive for the honey-bee,/And live alone in the bee-loud glade ...*« (Ich werde mich nun erheben und gehen, gehen nach Innisfree, Und eine kleine Hütte dort bauen, aus Lehm und Flechtwerk: Neun Reihen Bohnen werde ich dort haben, einen Korb für die Honigbiene, Und allein leben auf der Lichtung, wo die Bienen summen.) ∎

Gegenüber: Der romantische Name und die Lage der winzigen Insel Innisfree im Lough Gill inspirierten Yeats zu seinen bekanntesten und beliebtesten Gedichten

In der Steinzeit errichteten Hinterbliebene die bemerkenswerten Grabbauten in Carrowmore, außerhalb der Stadt Sligo

Das prähistorische Sligo

SLIGO IST EINE AN PRÄHISTORISCHEN BAUWERKEN REICHE Grafschaft, und ihre Grabstätten sind stimmungsvoll und sehenswert: Grabanlagen, *cairns* (Grabhügel), Portaldolmen oder ganze Friedhöfe. Eine Wanderung über die Hügelkuppen und Felder regt die Phantasie dazu an, über die Menschen nachzudenken, die hart gearbeitet haben müssen, um ihren Toten solche Monumente zu bauen.

Im Norden der Grafschaft Sligo, ist der **Megalithfriedhof Carrowmore** *(Tel. 071 9161534)* die älteste und größte Stätte dieser Art in Irland. Um die 30 Bauwerke stehen auf den Feldern. Verbrannte Knochen, Steine, Knochenornamente und Pfeilspitzen aus Feuerstein wurden hier gefunden; die Grabbeigaben decken zwei, ja sogar drei Jahrtausende ab.

Drei Kilometer entfernt, steht **Meascán Meadhbha** oder **Queen Mebd's Cairn**, ein gigantisches Hügelgrab auf dem Gipfel des Knocknarea (siehe S. 121).

Am Cairn haben noch keine Ausgrabungen stattgefunden – es soll Unglück bringen, auch nur einen Stein zu entfernen –, aber vermutlich schützt er ein 5000 Jahre altes Ganggrab.

Östlich der N15 zwischen Sligo und Bundoran liegen zwei Grabanlagen, beide zwischen 3000 und 4000 v. Chr. angelegt. Es gibt in Irland viele Beispiele für diese Grabform, bei der ein regelrechter Hof unter freiem Himmel (vermutlich zu rituellen Zwecken) den Mittelpunkt einer Reihe galerieartig angeordneter Grabkammern im überdachten Teil des Grabs bildet. Deerpark und Creevykeel allerdings sind die beiden schönsten. Zur Grabanlage **Deerpark** biegt man von der Straße auf der Nordseite des Colgagh Lough (über die R287 zwischen Sligo und Dromahair) nach rechts ab (Schild »Giant's Grave«) und geht dann vom Parkplatz aus 30 Minuten zu Fuß. Das ganze Bauwerk – 30 Meter lang, mit zentralem Innenhof, Doppelgalerie auf der Ostseite und einer einfachen Galerie auf der Westseite – liegt auf einem offenen Berggrat oberhalb des Waldes.

Deerpark ist schroff im Vergleich zum kunstvoller wirkenden **Hofgrab Creevykeel**: Sein Grundriss ist trapez-, der Hof zangenförmig. Die rechteckigen Kammern liegen mittig und wurden in die Seiten des gewaltigen Monuments eingelassen. Einer der Türstürze wird noch immer von massiven Seitenträgern gehalten.

Um den Lough Arrow in Süd-Sligo steht eine kleine Gruppe von drei Grabanlagen. Auf den Kuppen der Bricklieve Mountains westlich vom See liegen die Ganggräber des **jungsteinzeitlichen Friedhofs Carrowkeel**. Die Lage ist umwerfend, man hat in alle Richtungen eine phantastische Aussicht, und die Grabformen variieren: Manche haben kragsteingestützte Dächer wie Bienenkörbe und drei zentrale Kammern, andere sind Mischungen aus verschiedenen Grabformen. Sie stammen ungefähr aus der Zeit von 3800–3300 v. Chr. Mit einem Feldstecher werden Sie auf den benachbarten Hügelkuppen viele weitere Hügelgräber entdecken.

Direkt nördlich von Lough Arrow steht der **Heapstown Cairn** (folgen Sie den Schildern »Cromlech Lodge« ab Castlebaldwin zum Pub Bow and Arrow an der Kreuzung, der Eingang liegt etwa 90 Meter nördlich vom Pub), ein gigantischer, 5000 Jahre alter *cairn*, an dem noch

keine Grabung vorgenommen wurde. Drei Kilometer südöstlich (ab Castlebaldwin den Schildern »Cromlech Lodge« nach, am Lodge parken und dem gekennzeichneten Weg folgen) steht der prachtvolle Portaldolmen **Labby Rock**.

Seine Grabkammern, mit Deckplatten und Tragsteinen, sind zwischen 4000 v. Chr. und 2500 v. Chr. entstanden. Die Deckplatte von Labby's Rock, ein massiver Kalksteinblock, vier Meter lang und bis zu zwei Meter dick, wird auf ein Gewicht von 70 Tonnen geschätzt. Wie die Graberbauer ihn gehoben haben, bleibt ein Rätsel.

Weitere Informationen zu archäologischen Stätten erhalten Sie beim Besucherzentrum in Sligo (*Tel. 071 9161201*). ∎

Rechts: Kammer und Gang aus Stein in einem der vielen jungsteinzeitlichen Gräber, die auf dem weitläufigen Friedhof auf den Kuppen des Carrowkeel verstreut liegen

Südwest-Donegal

DIE GRAFSCHAFT DONEGAL, DIE NÖRDLICHSTE UND ENT-
legenste unter den Countys der Irischen Republik, streckt Dutzende
von Halbinseln nach Westen und Norden in den Atlantik. Die Südwestspitze der zerklüfteten Küstenlinie mit der herrlich gelegenen
heiligen Stätte auf Glencolumbkille wagt sich am weitesten hinaus.

Südlich der Stadt Donegal knüpft die Grafschaft Donegal ihr schmales Band mit dem Rest der Republik: eine acht Kilometer lange Grenze zum nördlichsten Teil der Grafschaft Leitrim. Hier liegt **Bundoran**, ein erstklassiges kleines Seebad zwischen den Klippen mit einem Blue-Flag-Strand (er erfüllt alle EU-Normen für Sicherheit und Sauberkeit) und allen Freizeitannehmlichkeiten.

Etwas weiter nördlich folgt **Ballyshannon**, der mythische Schauplatz der ersten Invasion in Irland – durch Parthelanus, einen Nachkommen Noahs. Parthelanus errichtete auf einem Felsen in der Mündung von Ballyshannon Harbour ein Haus und nannte das Eiland – nach einem Lieblinghund seiner Ehefrau Dealgnait – Inis Sainer. Man kann sowohl Inis Sainer als auch die windigen Sandbänke und grasigen Dünen in der Mündung des Erne von Ballyshannon Harbour aus sehen. Dort erinnert ein wundervolles Denkmal an drei ertrunkene Fischer.

Auf dem Weg nach Donegal Richtung Norden lohnt sich ein Abstecher nach Osten zum **Lough Derg**, wo **Station Island** unter funktional gestalteten Gebäuden aus dem frühen 20. Jahrhundert fast erstickt. Sie versorgen die vielen Tausenden römisch-katholischen Pilger, die jeden Mai zur Insel wallfahren (*Tel. 071 9861518, www.loughderg.org*), um drei Tage und Nächte barfuß zu gehen, zu beten und zu fasten.

Die **Stadt Donegal** ist ein vergnüglicher Ort, um einen Tag zu verbummeln. Der Platz im Zentrum ist, wie die Plätze in allen Ansiedlungen der alten Provinz Ulster (siehe S. 214), als The Diamond bekannt. Donegal war eine der drei Grafschaften mit umstrittener katholischer Mehrheit, die 1920 durch den Government of Ireland Act bei der Teilung der Insel von Ulster getrennt wurden.

Die Dialekte, die man in der Grafschaft Donegal hört, klingen härter und schneller als die die in der restlichen Republik; tatsächlich ähneln sie eher dem in Nordirland gesprochenen Dialekt. Auch der berühmte Donegal-Stil der traditionellen Musik ist schneller und von Stakkati beherrscht, so als würden Sprachmuster durch die Kreativität des Musikers den Weg in das Instrument finden. In der Stadt Donegal gibt es zahlreiche ausgezeichnete Musik-Pubs, wo man den forschen Musikstil selbst erleben kann.

Es lohnt sich, einen ganzen Tag für die 120 Kilometer lange Rundfahrt von der Stadt Donegal aus im Uhrzeigersinn um die runde Ausbuchtung der südwestlichen Halbinsel der Grafschaft einzuplanen. Es gibt viele Plätze zum Rasten, Besichtigen und Erkunden, und die Straßen sind kurvenreich und bucklig. Gerade Glencolumbkille ist ein Ort, für den man sich Zeit nehmen sollte.

Einige Kilometer westlich von Donegal verläuft eine schmale, acht Kilometer lange Landzunge in südwestlicher Richtung, von dem Dorf Dunkineely zum **St. John's Point**. Auf dem Weg zur Landspitze durchquert man eine raue Karstlandschaft mit zahlreichen Wildblumen. Die Sicht vom Leuchtturm an der

Südwest-Donegal

⬜ 206

Besucherinformation

✉ The Quay, Donegal, County Donegal

☎ 074 9721148

Bundoran

⬜ 206 C3

Besucherinformation

✉ Kiosk gegenüber vom Holyrood Hotel, Bundoran, County Donegal

☎ 071 9841350

🕒 Geschl. Okt.–April

Landspitze aus ist hervorragend und reicht an klaren Tagen von der Nordküste Mayos über Sligo und Leitrim bis zu den Klippen östlich von Slieve League.

DIE UMGEBUNG DER HALBINSEL GLENCOLUMBKILLE

Nordwestlich der Stadt Donegal, auf der Halbinsel Glencolumbkille, erheben sich die Berge um **Killybegs**, Donegals wichtigsten Fischereihafen. Den Hafen säumen robust wirkende, salzverkrustete Kutter, rot und blau gestrichen, und von der großen Fischfabrik weht der entsprechende Geruch herüber. Westlich von Killybegs wird die Landschaft urwüchsiger, eine zerklüftete Region mit von Heidekraut überwucherten Landzungen und kleinen,

grünen Feldern, die zum Fuß der Berghänge ansteigen. Der Abstecher über die Coast Road (von der R263 braun ausgeschildert) zeigt die schönsten Seiten dieser wilden Landschaft, in der die Bäume sich unter dem Wind beugen und die Bauernhäuser aus groben Steinen mit Schiefer gedeckt sind. Dies ist *Gaeltacht*, die irischsprachige Region.

In Carrick biegen Sie (zum »Teelin Pier«) links von der Hauptstraße ab. Bald sehen Sie die ersten Schilder **»Bunglass: The Cliffs«**. Sie weisen auf eine steil ansteigende, kurvige Straße hin, die über Straßenkuppen und an Toren vorbei zu einem windigen Parkplatz und Aussichtspunkt ansteigt. Von hier blickt man aus bedrohlich wirkender Perspektive auf einen verfallenen Wachturm aus napoleonischer Zeit herab.

Im Fischereihafen von Killybegs, einem Städtchen in Donegal, reiht sich Kutter an Kutter

Ein paar Schritte vom Auto – und Sie haben einen atemberaubenden Blick auf die **Steilküste von Slieve League**, die sich als steile Wand über 600 Meter aus dem Meer erhebt und als die höchste Europas gilt. Tapfere Kletterer ohne Höhenangst können sich am **One Man's Path** (oder Pass) versuchen, einem 60 Zentimeter breiten Fußweg, der zwischen nacktem Fels hindurch über abfallende Hänge zum Gipfel führt. Bei nasser oder windiger Witterung ist ein Versuch nicht ratsam.

Weites Moorland, aufgewühlt durch die Arbeit von Generationen von Torfstechern, erstreckt sich hinter Slieve League, bis sich plötzlich das herrlich grüne Tal von **Glen-**

columbkille öffnet. Es ist einer von Irlands »ganz besonderen Orten«, wo die magische Atmosphäre das rein Idyllische in den Hintergrund drängt.

Glencolumbkille verläuft Richtung Westen, ein langes, geschütztes Tal, das zwischen schroffen Landspitzen am Meer endet.

Um die Reethaus-Rekonstruktionen und historische Kulturobjekte im **Folk Village Museum** gibt es ein unerhebliches Touristenaufkommen. Dem Museum fehlt es auf angenehme Weise an dem süßlichen Kitsch, der Kulturparks oft umgibt. Das liegt zum Teil daran, dass es in den 60er Jahren des 20. Jahrhunderts von den Dorfbewohnern von Glencolumbkille selbst gegründet und dem Tal nicht von außen aufgedrängt wurde. Wenn Sie Lust auf eine Flasche Algen- oder Fuchsienwein haben, im *shebeen* (Pub) kann man so etwas kaufen.

Der eigentliche Zauber von Glencolumbkille aber entfaltet sich in seiner Beziehung zum heiligen Columban, dem in Donegal geborenen Heiligen, dem das Tal seinen Namen verdankt. Columban wurde 521 am Gartan Lough geboren. Er gründete Klöster und Klausen an verschiedenen Orten in Donegal und fühlte sich von der Stille des Tals, aber auch von seinem Ruf als Ort heidnischer Spiritualität angezogen; ein Ruf, der sich in den vielen Menhiren und vorchristlichen Grabstätten im Tal spiegelt.

An Turas Cholmcille, Columba's Journey, ist ein fünf Kilometer langer Rundweg mit 15 Stationen oder heiligen Orten, den jedes Jahr am 9. Juni, dem Tag des heiligen Columban, um Mitternacht barfüßige Pilger abschreiten.

Sie können aber jederzeit von der ersten Station an, einem auf einem Friedhof gelegenen Hofgrab, im eigenen Tempo an Menhiren, Platten mit eingemeißelten Kreuzen und einer Gruppe von Stationen in der

Glencolumbkille Folk Village Museum
www.infowing.ie/ donegal/ad/fr.htm

🗺 206 B4
☎ 074 9830017
🕐 Geschl. Nov.–April, Okt. Sa und So
💲 €€

Links: Schroffe Felsen und sanft herabfallendes Wasser – charakteristische Kontraste in Donegals zerklüfteter und ursprünglicher Naturlandschaft

Umgebung von **Kapelle, Bett und Quelle des hl. Columban** am Nordhang des Tals vorbeispazieren. Die alte Kapelle ist eine Art Kasten mit brusthohen Steinmauern auf einer Hügelkuppe zwischen gemeißelten Kreuzplatten. Und das höchst unbequeme Bett in einer Ecke der Kapelle ist eine niedrige Konstruktion aus zwei zwischen Steinen eingeklemmten Steinplatten.

Ab Glencolumbkille schlängelt sich die Straße durch ödes Sumpfland nach Ardara. Ein interessanter Abstecher führt nach drei Kilometern links von der Hauptstrecke weg. Die schmale Straße wird zunehmend holpriger. Halten Sie sich nach acht Kilometern an der Gabelung links, und Sie entdecken das verlassene Fischerdorf **Port** – ein wunderbares Fleckchen, um von den Hügeln

oberhalb der Ruinen über den weißen Kiesstrand zwischen blauem Meer und noch blauerem Himmel zu blicken und zu faulenzen. Es kommt nur gelegentlich ein vereinzelter Fischer nach Port, es ist also ein perfekter Ort für den, der Einsamkeit sucht.

Ardara (»Ar-dra« gesprochen) ist eine freundliche Kleinstadt, die in den längst vergangenen Tagen der Textilweberei zu Wohlstand kam. Man kann im **Ardara Heritage Centre** neben der Brücke im Stadtzentrum Vorführungen von Handwebern besuchen, und die Hälfte aller Geschäfte im Ort scheint Aran-Pullover und Tweedkleidung aus Donegal zu verkaufen. Nancy's, auf halber Höhe am Berghang, und **Peter Oliver's**, um die Ecke, sind großartige Musik-Pubs. ■

Im Lough Derg, im Süden der Grafschaft Donegal, bedecken prunkvolle Gebäude die winzige Station Island, die wegen der Sünder, die hier drei Tage barfuß, fastend und betend Buße tun, auch St. Patricks Fegefeuer genannt wird

West- und Nordwest-Donegal

DUTZENDE VON GROSSEN UND KLEINEN HALBINSELN, granitbedeckt und mit Seen überzogen, bilden die spektakuläre Küstenlinie von West- und Nordwest-Donegal. Zusammen mit dem bergigen Landesinneren formen sie eine Landschaft, die ebenso wild und schroff wie unwiderstehlich wirkt.

**West- und
Nordwest-
Donegal**
📍 206
**Besucher-
information**
✉ Blaney Rd.,
  Letterkenny,
  County Donegal
☎ 074 9121160

Die **Halbinsel Dawros** streckt sich zackenförmig in die Bucht von Loughros More. Zwischen den niedrigen Hügeln der Halbinsel verbergen sich zahlreiche Seen. In Lough Doon zwischen Kilclooney und Rossbeg findet sich ein besonders schönes Beispiel für ein Insel-Ringfort. Es ist vermutlich 2000 Jahre alt, und seine Wände sind bis zu fünf Meter hoch. In einem gemieteten Boot (ausgeschildert) können Sie selbst zur Insel hinüberrudern.

Die Küste der Halbinsel mit ihren Dünen und Sandstränden ist flach – besonders um das geschützt liegende Narin. Es gibt Sandbänke und ein Watt, das alljährlich große Schwärme überwinternder Gänse anzieht.

Nördlich von Dawros springt die **Halbinsel Dooey Point** mit schönen Stränden und Dünen vor. Die Landschaft der **Halbinsel Crohy Head**, ist rauer. Eine kurvenreiche Küstenstraße, auf der man auch wandern kann, führt zu den Hängen

Die majestätische Schlichtheit der Küste bei Gweedore in Donegal: Sand, Meer, Himmel und wilde, erikabewachsene Hügel

Dungloe Besucherinformation

✉ Unweit der Hauptstraße, Dungloe, County Donegal

☎ 074 9521297

🕐 Geschl. Okt.–Mai

des bergigeren Landesinneren. Wenn Sie Berge erleben möchten, fahren Sie von Lettermacaward aus die 64 Kilometer lange Strecke Richtung Nordosten in das enger werdende Owenwee Valley, hinauf zu den Ausläufern der Derryveagh Mountains, dann hinunter nach Owenbeg und über Fintown und den Lough Finn zurück.

The Rosses liegt nördlich von Crohy – für die meisten Leute der Inbegriff einer *Gaeltacht*-Region. In Donegal sprechen mehr Menschen Irisch als in jedem anderen Teil Irlands, und einheimische Sprache und Kultur werden am entschiedensten in The Rosses bewahrt. Fördermittel und Vergünstigungen haben sicherlich dazu beigetragen, dass die Bevölkerung wieder zunimmt und an den einsamen Straßen neue Häuser entstehen. Die Landschaft hier ist herber als auf den durch Fahrdämme verbundenen Inseln in der Bucht von Galway (siehe S. 183). Granit ragt aus dem Sumpfland empor, es gibt zahllose Seen und Teiche.

Donegals kleiner **Flughafen Carrickfinn** *(Tel. 074 9548284 oder 9548232)* liegt nördlich von Annagry. Die Fischerei- und Algenindustrie blüht draußen in **Burtonport**, einer kleinen Stadt mit einem Hafen voller Kutter und einer Fabrik. Hier können Sie ein Boot für einen Angelausflug aufs Meer mieten *(Tel. 074 9542077 oder 9542167)* oder eine Fähre zur Insel Aran (Arranmore) besteigen (siehe S. 230).

In dem auf Besucher eingestellten Dorf **Dungloe** auf der Südseite von The Rosses findet jährlich der Schönheitswettbewerb »Mary from Dungloe« *(Tel. 074 9521254)* statt – keine üble Ausrede, um ein paar Wochen im Juli Geld zu verdienen und zu feiern.

Zwei weitere angenehme Ziele in The Rosses sind **Cruit Island**, eine Mini-Insel mit großartigen Sandstränden und vogelreichem Schilfdickicht drei Kilometer nördlich von Burtonport sowie die weithin bekannte **Leo's Tavern** in Meenaleck bei Crolly im Norden der Region. Die Kinder von Barbara und Leo Brennan, den Inhabern, sind gute Musiker. Die meisten von ihnen treten gemeinsam unter dem Bandnamen Clannad auf.

Jenseits von The Rosses, im Norden, liegt **Gweedore**, eine Gegend mit Sandküsten, die in die roten Klippen von **Bloody Foreland** übergehen. Landeinwärts ragt der Tievealehid (430 m) auf, ein Bergmassiv, das in Gweedore aus jeder Perspektive im Hintergrund sichtbar ist. Über die ginstergelben Hügel der einsamen Landschaft schlängeln sich Landstraßen. Von Bloody Foreland aus hat man einen grandiosen Blick auf das Meer, vor allem auf die **Insel Tory** (siehe S. 230). Von Meenlaragh, acht Kilometer östlich von Foreland, fahren Schiffe zur Insel.

Im Südosten erheben sich die kahlen Quarzitgipfel und die sanften, mit Heidekraut bewachsenen Hänge der **Derryveagh Mountains**. Der höchste Gipfel ist der **Errigal** (siehe S. 226), er ist auch der höchste Berg (750 m) in der Grafschaft Donegal. Eine Reihe langer, schmaler Täler mit reizvollen Seen wie dem **Lough Beagh** und dem Gartan Lough zieht sich von Südwesten nach Nordosten durch das Herz der Berge. Ein gewaltiges Kreuz markiert die Stelle am Ufer der Gartan Lough (an der Straße ausgeschildert), wo der heilige Columban 521 geboren wurde.

Ein eingestürzter Grabbau aus der Bronzezeit steht in der Nähe; die in den Fels geschlagenen Ritzen in der Deckplatte sind mit Münzen übersät. Dies ist der **Flagstone of Loneliness**, den früher Auswanderer aufsuchten, um vor der Überfahrt in die USA Abbitte zu leisten. ■

Wanderung zum Gipfel des Errigal

Mit 751 Metern ist der Errigal der höchste Berg in Donegal. Er mag einschüchternd wirken, aber eine Gipfeltour stellt keine technischen Anforderungen an den Wanderer, und der Gipfelblick (240 km) ist nach dem langen Aufstieg eine großzügige Belohnung.

Nähert man sich dem Errigal von Nordwesten auf der R251, zeigt der Berg sich von seiner besten Seite. Er ragt direkt vor Ihnen auf, ein spitzer, scheinbar schneebedeckter Gipfelkegel. Je näher man dem Errigal kommt, desto eindrucksvoller wird er, und man erkennt, dass das blendende Weiß auf dem Gipfel in Wirklichkeit nackter Quarzit ist. *Corries* (runde Senken) reißen Schattenabgründe in die Südflanken, und ein weißer Schleier aus Geröll ruht auf den Bergschultern. Sind Sie erst einmal in Dunlewy am Ufer des Dunlewy Lough am Fuß des Berges angekommen, fürchten Sie, der Aufstieg könne einen normalen Wanderer vielleicht doch überfordern. Aber keine Sorge! Information und Ermutigung bekommt man im **Dunlewy Lakeside Centre** (Tel. 075 31699, geschl. Okt.–Febr.; €€). Dort wir man Ihnen raten, fünf Kilometer weiter zu fahren und von dort aus mit dem Aufstieg zu beginnen. Verzichten Sie auf die Tour, wenn Sie nicht fit sind, die Wolken tief hängen oder der Gipfel hinter Dunst und Regen verschwindet. Unter normalen Bedingungen kann jeder gut trainierte mit guten, die Gelenke stützenden Schuhen die Tour bewältigen.

Ab dem **Rastplatz** an der R251 ist die mit **»Wandersmann«-Schildern** gekennzeichnete Route über die stetig ansteigende Südostflanke gut zu sehen. Bei klarem Wetter ist der Weg nicht zu verfehlen. Erst geht man durch Gras und Heidekraut, etwas weiter oben am Berg setzt sich grobes Geröll aus rutschigem Bruchstein und Felsblöcken durch. Jetzt haben Sie den Quarzitabschnitt erreicht. In der Nähe des Gipfels sind die Steine zerklüfteter und oft in Platten zerbrochen. Der Bergpfad wird steiler und kurviger, während er sich um und über Felsplatten und Vorsprünge aus nacktem Quarzit schlängelt.

Der Berggrat, auf dem man ameisengroße Wanderer erkennen kann, krümmt sich vor und über Ihnen nach rechts. Sie haben den ersten **Gipfel** erreicht, und hier offenbart sich der eigentliche Reiz dieser Route: Hinter dem ersten Gipfel liegt ein zweiter, schmalerer, der

⬛ Siehe Karte S. 206
➤ »Wandersmann«-Schilder vom Rastplatz an der R251, 5 km östlich von Dunlewy
↔ 2,5 Kilometer einfache Strecke, etwa 532 Höhenmeter
⏲ 2–3 Stunden für die gesamte Wanderung, je nach Kondition

UNBEDINGT ANSEHEN

- Blick auf den Errigal aus nordwestlicher Richtung
- Dunlewy Lakeside Centre für Informationen
- Aufregend schmaler Kammpfad am Gipfel
- Umwerfende Fernsicht vom zweiten Gipfel

mit dem ersten über einen kurzen, stellenweise nur 60 Zentimeter breiten Kamm verbunden ist. Wer Höhenangst empfindet, wird hier Schwierigkeiten haben: Rechts fallen die Hänge steil ab. Aber allein schon des Panoramablicks wegen lohnt es sich, den zweiten (niedrigeren) Gipfel zu besteigen. Die Aussicht ist atemberaubend: Im Vordergrund über 600 Meter abfallende Geröllfelder bis zu den Seen (der Altan rechts, Dunlewy und Nacung links) und in erhabener Ferne eine Kulisse aus Bergen und Küsten. Diese sind im Allgemeinen 80 Kilometer entfernt, und bei außergewöhnlich klarem Wetter reicht die Sicht dreimal so weit: 240 Kilometer, von den Connemara Mountains im Südwesten bis nach Antrim und sogar bis hinüber nach Schottland im Nordwesten.

Kehren Sie auf demselben Weg zum Rastplatz zurück. ∎

Oben rechts: Belohnung für die Anstrengung – Rasten auf dem Gipfel des Errigal mit atemberaubender Sicht Richtung Lough Altan

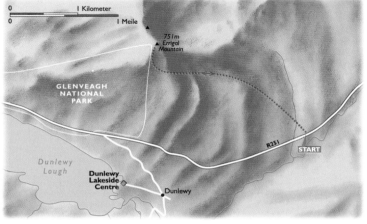

0   I Kilometer

0   I Meile

751m
▲ Errigal
 Mountain

GLENVEAGH
NATIONAL
PARK

R251

START

Dunlewy
Lough

**Dunlewy
Lakeside
Centre**

● Dunlewy

Inishowen und die nordöstlichen Halbinseln

DER NORDOSTEN VON DONEGAL IST EINE WUNDERBAR wilde Region mit Sümpfen, Heidekraut und von der See zerfetzten Felsabhängen. Will man die Einsamkeit, den Anblick der Seevögel und die ungezähmte Natur genießen, sollte man sich Zeit nehmen.

206 E6
Besucher-
information
Blaney Rd.,
Letterkenny,
County Donegal
074 9121160

The Gallery
www.irishart.com
Dunfanaghy,
County Donegal
074 9136224
Geschl. So
€€

An drei Halbinseln mit ganz unterschiedlichem Charakter schließt sich im Osten Inishowen an, Donegals größte und am wenigsten besuchte Halbinsel. Die westlichste dieser drei kleineren Halbinseln ist **Horn Head**. Dunfanaghy, ein kleines, unter der englischen Herrschaft planmäßig angelegtes Dorf, steht in den Dünen. Sein Armenhaus, 1845 zu Beginn der großen Hungersnot erbaut, ist als Museum unter dem Namen The Gallery neu eröffnet worden. Es erzählt die Geschichte der großen Hungersnot und illustriert die Härte des Lebens in einem Armenhaus.

Nördlich von Dunfanaghy verjüngt sich die Halbinsel zu einer bergigen Spitze, an der die 200 Meter hohen Klippen von Horn Head steil ins Meer abfallen. Dort sammeln sich Lummen und Papageientaucher. Im Osten liegt das weniger aufregende, aber noch schönere **Rosguill** mit dem 13 Kilometer langen Atlantic Drive, der über steile, kurvenreiche Landstraßen Aussichtspunkte mit herrlichem Küstenblick verbindet. Weiter im Osten schließt Fanad an, eine durch den schmalen, gekrümmten Meeresarm Mulroy Bay fast in zwei Teile gespaltene schroffe Landmasse. Diese Halbinsel ist flacher. Die besten ihrer hübschen Sandstrände liegen am Ostufer der **Ballymacstocker Bay** bzw. am Ufer des Lough Swilly.

Rathmullan, weiter im Süden, erfreut sich eines Strandes von anerkannter Qualität. Am 14. September 1607 setzten hier Hugh O'Neill, Rory O'Donnell und Cuchonnacht Maguire, die Grafen von Ulster, die sich weigerten, sich der britischen Krone zu beugen, die Segel in Richtung Kontinent.

Die östlichste und zugleich nördlichste sowie größte aller Halbinseln von Donegal ist die diamantförmige Landmasse **Inishowen**. Von der nur 13 Kilometer breiten Landenge bei Derry weitet sich die Landspitze Inishowen zur dreifachen Breite, bevor sie sich zur Spitze bei Malin Head hin wieder verjüngt.

Das Landesinnere von Inishowen ist gekennzeichnet von ödem Hochland über fruchtbaren Tälern und langen Seeküsten – vor allem im Südosten, wo ein Reigen von Ferienorten auf den Lough Foyle blicken. Nur wenige Besucher machen sich die Mühe, die schönen, wenn auch kargen nördlichen und westlichen Regionen zu erkunden, aber die Halbinsel hat für einen eintägigen Ausflug mit dem Auto durchs Hinterland mehr als genug zu bieten.

Oben am **Malin Head** gibt es abgesehen von einem alten Leuchtturm nicht viel zu sehen. Trotzdem kommen die meisten Besucher hierher; sie möchten an Irlands nördlichstem Punkt stehen.

Beide Küsten von Inishowen bieten sich für einen angenehmen Ausflug mit dem Auto an. Häufig zweigen kleine Landstraßen ab, die Sie näher ans Meer bringen. Die Westküste oder das Ufer des Lough Swilly sind aufregender, und es gibt drei wunderbare Strände im Nordteil: **White Strand Bay** in der Nähe

von Malin Head, **Pollan Bay** auf der dünenreichen Halbinsel Doagh Isle und die Mündung der **Trawbreaga Bay** bei dem adretten kleinen Dorf Malin. Sehenswert auf Doagh Isle ist auch das bunte Mauerwerk von **Carnickabraghy Castle** an der Nordspitze der Halbinsel.

Der große archäologische Schatz von **Inishowen** ist zweifellos das kreisförmige Ringfort **Grianan of Aileach** auf einem Hügel nordwestlich von Derry. Es wurde um 1870 rekonstruiert und so wiederhergestellt, wie es ausgesehen haben muss, als es um 1700 v. Chr. erbaut wurde: ein mächtiges Ringfort, das in drei Stufen zu einem schmalen, fünf Meter hohen Festungswall aufsteigt. Vom Wall aus reicht der Blick über die Stadt Derry, den Lough Foyle und den Lough Swilly. ■

Diese schroffen Felsspitzen markieren den nördlichsten Punkt Irlands, Malin Head, an der Spitze der Halbinsel Inishowen in der Grafschaft Donegal

**Die windge-
peitschte Insel
Tory, nordwestlich
der Grafschaft
Donegal, hat in
der naiven Male-
rei eine eigene
Schule begründet.
In ihr spiegeln
sich die Land-
schaften der Insel**

Die Inseln Aran und Tory

DIE ZWEI WICHTIGSTEN BEWOHNTEN INSELN DONEGALS,
Aran und Tory, unterscheiden sich in Topografie, Geschichte und
Charakter. Beide Inseln bieten Unterkünfte oder eignen sich als
Tagesausflugsziele. Bei der abgelegeneren Insel Tory sollten Sie für
den Fall einer plötzlichen Schlechtwetterlage auf eine Übernachtung
vorbereitet sein. Verlassen Sie Donegal nicht, ohne einen der beiden
eigenwilligen Vorposten erlebt zu haben.

**Aran Island und
Tory Island**

206 B5 und C6

Aran (von den Einheimischen
Arranmore genannt, um der Ver-
wechslung mit der Insel Aran in der
Grafschaft Galway vorzubeugen;
siehe S. 180) liegt drei Kilometer
westlich von Burtonport in der
Region The Rosses. Fast tausend
Menschen leben auf der annähernd
runden, hügeligen Insel, die im
Zentrum 228 Meter hoch ist. Sie ist
etwa fünf Kilometer breit und von
Norden nach Süden sechs Kilometer lang. Der August – mit Inselfest – ist eine gute Zeit für einen
Besuch. Bei einem halben Dutzend
Pubs finden Sie aber auch sonst zu
jeder Tages- und Nachtzeit in dem
kleinen Inselort **Leabgarrow** ein
Pub zum Amüsieren, Musikhören
und Reden.

Ein langer Vormittag oder Nachmittag reicht für einen Spaziergang an der gezackten Küste aus. Die Straßen und *boreens* (schmale Feldwege) steigen von der fruchtbaren Küstenebene im Osten hinauf ins wilde, sumpfige Landesinnere. Mit einem guten Paar Stiefel kann man Heidekraut, Felsen und hartes Gras meistern. Um **Green Island** herum, vor der Südspitze der Insel, sind gewaltige Vogelschwärme zu sehen.

Aran liegt in angenehmer Nähe zum Festland und ist täglich Ziel einer ganzen Anzahl von Besuchern. Wenn Sie abenteuerlustiger – und ein guter Bootsführer – sind, fahren Sie nach **Tory Island**, elf Kilometer vor der Nordküste von Bloody Foreland. Im Gegensatz zu Aran ist Tory flach, ein schlanker Streifen von vier Kilometern Länge. Was hier angebaut wird, muss auf kleinen, von Steinmauern umgebenen Feldern geschützt werden. Die Fischgründe sind gut, aber das Fischen selbst ist gefährlich. Es bedurfte einer gewaltigen öffentlichen Kampagne unter der Leitung des Pfarrers von Tory, um für die Insel einen geschützten Hafen und geregelten Fährdienst durchzusetzen.

Der Tourismus hat Tory gewissermaßen eine Rettungsleine zugeworfen. Es gibt archäologisch wertvolle Funde wie das uralte **Tau Cross** (es steht heute am Pier der Inselhauptstadt West Town), und die Touristen genießen das ausgeprägte Lebensgefühl der auf ihre Unabhängigkeit stolzen Insel, die, seit der heilige Columban im 6. Jahrhundert den ersten Tory-Insulaner dazu bestimmte, von einem eigenen König regiert wurde (und heute noch wird).

In den Pubs kann es hoch hergehen, vor allem während des Inselfests im Juli. Allerdings ist das Inselfest keine Inszenierung für Besucher. Die Leute hier sind, wenn es um die Probleme auf der Insel geht, ebenso offen und unverblümt, wie sie bereit sind, Legenden und Mythen von Tory Island weiterzugeben. Die Insel war das Versteck der grausamen Fomorian, von Räubern, die in mythischer Zeit unter ihrem Anführer Balor vom Bösen Auge das Festland überfielen.

Bis 1968 war das Malen als Freizeitvergnügen auf Tory fast unbekannt. Damals traf der Fischer James Dixon auf den englischen Künstler Derek Hill, der im Begriff war, eine Ansicht von Tory festzuhalten. Dixon erklärte, er könne das besser. Er beließ es nicht bei Worten. Bald interessierten sich weitere Inselbewohner für das Malen, und die für Tory Island typische Richtung der naiven Malerei entstand. Beispiele kann man in der **James Dixon Gallery**, dem Heim des verstorbenen Fischers und Malers, besichtigen (und kaufen). ■

Fähren
Aran Island
20 Minuten von Burtonport über
Arranmore Island
Fährservice
☎ 075 20532
💲 €€€

Tory Island
1–2 Stunden von Bunbeg, vom Wetter abhängig
☎ 074 951320
45–60 Minuten ab Magheroarty über
Turasmara Teo
☎ 074 9135061
💲 €€€

James Dixon Gallery
✉ Nahe der Schule
☎ 074 35920
🕐 Geschl. Dez.–März
💲 €

County Leitrim

LEITRIM IST SICHERLICH WESTIRLANDS AM WENIGSTEN besuchte Grafschaft. Sie ist keine Schönheit, besitzt aber einen diskreten Charme, der ein oder zwei Tage rechtfertigt, vor allem wenn man eine Vorliebe für Angeln, Boot fahren oder Bergwanderungen hat.

Leitrim liegt eingeklemmt zwischen Donegal und Fermanagh im Nordosten, Cavan im Osten, Longford im Süden und Roscommon und Sligo im Westen. Die Küstenlinie ist nur fünf Kilometer lang, weshalb Reisende sie auch kaum wahrnehmen. Aber nur wenige Kilometer landeinwärts erhebt sich das Kernland der **Dartry Mountains**, umgeben von wundervollen Seen. Im **Lough Melvin** an der Grenze zu Fermanagh liegen Inseln verstreut und im Süden attraktive Berglandschaften. Die Grafschaft Sligo im Südwesten hat den Löwenanteil des **Lough Gill**, doch in Leitrims Ostteil steht **Parke's Castle**, ein schönes befestigtes Haus mit Turm und Erkern. Es wurde 1609 für Captain Robert Parke auf einem Hügel am See an der Stelle eines älteren, fünfstöckigen Turms erbaut. Die Parkes verließen den Turm 1691, und bis Mitte des 20. Jahrhunderts zerfiel er zur Ruine. Heute hat man ihn mit Dächern aus irischer Eiche restauriert – sie werden auf althergebrachte Weise von Holzdübeln zusammengehalten.

Südlich vom Kopfende des Sees liegt das Dorf **Dromahair**, Schauplatz einer dramatischen Entführung (oder Verführung und Flucht), die Irlands Geschichte entscheidend verändern sollte. Die Old Hall aus dem 17. Jahrhundert befindet sich an der Stelle, wo 1152 Breffni Castle, die Festung von Tiernan O'Rourke stand. Seine Gemahlin Dervorgilla machte sich mit seinem erbittertsten Feind, Dermot MacMurrough, dem König von Leinster, davon. Er holte sie 1166 zurück und vertrieb MacMurrough aus Irland. Aber es war ein Pyrrhussieg.

Dermot MacMurrough sicherte sich, unterstützt von Heinrich II. von England, die Rückendeckung von Richard »Strongbow« de Clare, Earl of Pembroke. Strongbow landete 1169 auf irischem Boden. Die Anglonormannen errichteten einen ersten Posten, von dem aus bald ein irlandweiter Eroberungszug erfolgen sollte.

Nordöstlich von Dromahair, im Bergland, liegt **Manorhamilton**. Der **Leitrim Way**, ein gut gekennzeichneter, 48 Kilometer langer Fernwanderweg, verbindet Drumshanbo mit Manorhamilton im Norden. Die Route (Karten vor Ort erhältlich) bietet die beste Möglichkeit, um ein Gefühl

CAROLAN
1670-1738

206 C2
Besucherinformation
✉ Old Barrel Store, Carrick-on-Shannon, County Leitrim
☎ 071 9620170
🕐 Geschl. Nov.–April

Parke's Castle
✉ Dromahair, Lough Gill, bei Sligo, County Leitrim
☎ 071 64149
🕐 Geschl. Nov.–Mitte März
💲 €

Die Statue des großen irischen Harfenisten Turlough O' Carolan

für das sanfte Hügelland zu be-
kommen, vor allem weil der erste
Abschnitt das Ostufer des **Lough
Allen** streift.

Am Fuß des Sees, etwa 13 Kilometer südlich, angekommen,
schlängelt sich der Leitrim Way an
dem gepflegten Dorf **Drumshanbo**
vorbei nach **Leitrim** (ein weiteres
bescheidenes Dorf), wo der
Shannon-Erne Waterway
beginnt. Das nach 125 Jahren
Vernachlässigung 1994 wieder
eröffnete, 60 Kilometer lange
letzte Bindeglied in einer Kette
von Seen und Flüssen ist von
Beleek (siehe S. 322) am Lough
Erne in der Grafschaft Fermanagh
bis hinunter in den Süden nach
Limerick und zur Shannon-
Mündung auf einer Gesamtlänge
von 382 Kilometern schiffbar.

Der Kanal entstand 1860 als
Ballyconnell-und-Ballinamore-
Kanal, fiel aber bald der Konkurrenz
der Sligo, Leitrim & Northern
Counties Railway (unter Spöttern:
»*Slow, Late & Never Completely
Reliable*«) zum Opfer. Er windet sich
durch schöne grüne Natur mit run-
den Drumlins, Seen und kleinen
Bauernhöfen – nach Osten zum
Upper Lough Erne.

Dies ist nicht nur erstklassiges
Angelgebiet mit vielen fischreichen
Flüssen und Seen, man kann auch
Boot fahren, besonders flussabwärts
bei **Carrick-on-Shannon**. Hier
können Sie Boote zum Herum-
schippern oder zum Angeln
chartern oder sich zurücklehnen
und eine Flussfahrt mit humorvollen Kommentaren von Einheimischen genießen. ■

**Leitrims sanfte,
bäuerlich ge-
prägte Hügelland-
schaft lockt
Wanderer mit
dem reizvollen
Fernwanderweg
Leitrim Way**

Weitere Sehenswürdigkeiten

BALLYSADARE

In Ballysadare (Baile Easa Daire, der »Stadt des Wasserfalls der Eiche«) verläuft der Fluss Ballysadare über eine Reihe von Wehren und an den Überresten von Mühlen vorbei. In einem wild zugewucherten Friedhof steht die Hülle einer mittelalterlichen Kirche an der Stelle eines Klosters aus dem 7. Jahrhundert. W. B. Yeats ritt und wanderte in seinen Kindertagen durch die umliegenden Felder. Seine Verwandten, die Pollexfens, wohlhabende Müller in Sligo, besaßen auch in Ballysadare Mühlen.

🅰 206 B2 ✉ Kreuzung von N49 (Ballina) und N4 (Boyle), 5 km südlich von Sligo, County Sligo **Besucherinformation Sligo** ☎ 071 9161201

COSTELLO CHAPEL

Die winzige Costello Chapel ist eine der kleinsten Kapellen der Welt: Sie misst fünf mal vier Meter. Sie wurde 1877 von Edward Costello in Trauer über den frühzeitigen Tod seiner Frau errichtet. Das Paar liegt in unter dickem Glas ausgestellten Bleisärgen, ein bizarres, aber rührendes Bild.

🅰 206 C1 ✉ Am oberen Ende der Bridge Street, Carrick-on-Shannon, County Leitrim ☎ 078 20251 🕐 Nov.–April geschl.

DOON WELL UND ROCK OF DOON

Die Büsche am Weg zum Doon Well sind beladen mit Stofffetzen, Brillen und winzigen Heiligenfiguren – unleugbare Botschaft, dass das Wasser der berühmten Quelle, dem man Heilkraft nachsagt, seinen Zauber noch immer auf eine große Zahl von Pilgern ausübt.

Die Stufen am Parkplatz der Quelle führen zum Carraig a' Duin, dem nackten Rock of Doon, auf dessen Gipfel ein menschlicher Fußabdruck im Fels zu sehen ist. Vom 13. Jahrhundert bis zur Flucht der Earls 1607 wurde jeder König von Tyrconnell aus dem Haus O'Donnell hier gekrönt – vor seinen Leuten in dem Fußabdruck stehend.

🅰 206 D5 ✉ Ausgeschildert auf der N56 Kilmacrenan–Termon, 14 km nördlich von Letterkenny, County Donegal **Besucherinformation Letterkenny** ☎ 074 9121160

GLEBE HOUSE

Glebe House wurde 1828 als Pfarrhaus erbaut und 1953 von dem englischen Künstler Derek Hill erworben. Dem Haus haftet ein Hauch der Arts&Crafts-Bewegung an. In mehreren Räumen hängen Tapeten von William Morris und in der Küche farbenfrohe naive Malereien von Bewohnern der Insel Tory, darunter auch von ihrem Nestor James Dixon (siehe S. 231).

Die **Derek Hill Gallery** (eröffnet 1982) zeigt Werke von Picasso und Augustus John, aber auch irischen Künstlern wie Jack Yeats.

🅰 206 D5 ✉ Church Hill, Gartan Lough, an der R251, 16 km nordwestlich von Letterkenny (R250), County Donegal ☎ 074 37071 🕐 Okt.–Ende Mai und Fr geschl. 💲 €

GLENVEAGH NATIONAL PARK

Der Nationalpark Glenveagh um den Lough Beagh und die benachbarten Moore, Wälder und Berge umfasst 9650 Hektar feinstes Hügelland. Im Herzen des Parks steht Glenveagh Castle in märchenhafter Lage am Lough Beagh, im *baronial style*, dem beliebten schottischen Prunkstil, erbaut. Park und Garten wurden von John George Adair geschaffen, der im Winter 1861 hemmungslos 244 Pächter vertrieb, um deren Land in die Anlage einzubeziehen. Seine Frau Cornelia legte die Rhododrongarten an und führte das Rotwild ein, das später zu Irlands größter Herde anwuchs.

🅰 206 D5 ✉ Eingang an der R251, 16 km östlich von Dunlewy und dem Berg Errigal, County Donegal **Besucherinformation Glenveagh** ☎ 074 37090 🕐 Nov.–Mitte März geschl.

FRIEDHOF VON SKREEN

Auf dem Friedhof finden sich viele herrliche Grabstätten. Die schönste gehört Alexander Black (gestorben 1810), die Arbeit eines meisterhaften Steinmetzen namens Diamond. Der Stein zeigt Mr Black im großen Sonntagsstaat, vom Hut bis zum Schnallenschuh, auf einem Pflug hinter zwei Vollblütern. Vor ihm in der Luft schweben die Insignien seiner Zunft: Rechen, Heugabel, Dreschflegel und Schaufel.

🅰 206 B2 ✉ An der N59, 16 km westlich von Ballysadare, County Sligo **Besucherinformation Sligo** ☎ 071 9161201 ∎

Die Midlands sind das Herz von Irland, grünes Land mit Bauernhöfen, wunderbaren Seen und umliegenden Mooren, übersät mit mittelalterlichen Abteien und archäologischen Stätten. Sie sind der am wenigsten bekannte Teil des Landes – ein Geheimnis, das es noch zu enthüllen gilt.

Die Midlands

Monasterboice: In den großen Steinkreuzen verschmelzen Glaube und Kunst

Die Midlands

AUS DER LUFT SEHEN DIE IRISCHEN MIDLANDS WIE EINE WEITE GRÜNE Ebene mit braunen Moorflicken und einladend zwinkernden Seen aus. Fährt man aber durch das irische Herzland, gewinnt man den Eindruck von endlosen Kilometern bewirtschaftetem Land, in dem sich die Seen erfolgreich hinter Bäumen verstecken. Die Moore, die man von den Hauptstraßen erspäht, wirken unfruchtbar und kahl. Von der Stimmung, die der Reisende beim Anblick der grandiosen Berge und Küsten im Westen empfindet, ist wenig zu spüren. Tatsächlich wird Zentralirland nicht selten als ein Nirgendwo abgetan, durch das man fährt, um zu einem besseren Anderswo zu gelangen.

Wasser ist in den Midlands stets gegenwärtig. Die Flüsse und Seen verbindet der Grand Canal – eine großartige technische Leistung

Hat man sich jedoch erst einmal an das unerschütterlich gemächliche Tempo des Lebens in den neun Grafschaften der Midlands gewöhnt und ein Auge für den Reiz ihrer Hügel, der Drumlins, für ihre verschwiegenen Seen und die Moore entwickelt, ist man ihnen verfallen.

Es ist eine unverfälschte Landschaft, die dem Wasser ebenso viel verdankt wie der Erde, wo man sich gemütlich dem Zeitvertreib auf dem Land widmen kann: Kanufahrten auf dem Shannon, Angeln nach Hechten in den Cavan-Seen, Wanderungen in den Slieve Bloom Mountains, Ausritte über Seitenwege und Landstraßen oder Fahrten auf dem Grand Canal mit einem *narrowboat* (einem nicht selten zum Hausboot umgerüsteten, schmalen Flussschiff).

Die Grafschaften der Zentralregion gliedern sich locker in drei Gruppen. Ganz oben liegen die Nachbarn Monaghan und Cavan an der Grenze zu Nordirland. Ihren gepflegten, gut geplanten Städten haftet etwas von der britischen Kolonialzeit an.

Die fünf zentralen Counties – Roscommon, Longford, Westmeath, Offaly und Laois – sind urtypische Binnenlandgrafschaften.

An allen Grenzen, außer der von Laois, fließt der Shannon und leitet Wasser aus den ungeheuren Moorflächen ab, die man nach Jahrzehnten der Ausbeutung allmählich zu schützen beginnt. Clonmacnoise, die Abteien Fore und Boyle, Strokestown Park House und Birr Castle sind die bevorzugten Sehenswürdigkeiten.

Meath und Louth, die Küstengrafschaften nördlich von Dublin, sind reich an historischen Städten. ■

Strokestown Park House und das Famine Museum

IN STROKESTOWN PARK HOUSE SIND DIE VON EINER EINzigen Familie, den Pakenham-Mahons, über 300 Jahre hinweg angesammelten Möbel und Besitztümer erhalten geblieben. Ein Museum dokumentiert die Katastrophe, die in den Jahren nach 1840 über das ländliche Irland hereinbrach. Der Blick auf die Lebensweise einer herrschaftlichen Familie wirft ein anderes Licht auf die selbstherrliche Haltung so vieler Landbesitzer während des »Großen Hungers«.

Links: Rakish Paddy und sein Mädchen springen über das Moor – Stereotypen in einer alten, im Museum ausgestellten Karikatur

Die Letzte der in Strokestown lebenden Pakenham-Mahons war die 1894 geborene Olive. Sie verkaufte den Besitz 1978 an den örtlichen Werkstattbesitzer Jim Callary, dessen Unternehmen das Anwesen bis heute besitzt und bewirtschaftet.

In dem **Salon**, in dem Olive und ihr Mann zuletzt in den 70er Jahren wohnten, aßen und schliefen und dessen Gemälde sie verkauften, um liquide zu bleiben, hängen Familienfotos. Eines zeigt Olives Mutter mit einer auf 40 Zentimeter Umfang geschnürten Taille.

Weitere Fotos hängen in der **Bibliothek**, darunter das ergreifende Bild von Olives erstem Ehemann, Edward Stafford-King-Harman: Er fiel im Ersten Weltkrieg, nur vier Monate nach der Hochzeit. Um die Stimmung zu heben, spielt der Führer auf einem alten Grammofon eine Schallplatte von Margaret Burke-Sheridan. Mit sonorer Opernstimme singt sie *Galway Bay*: eine Strophe über Iren, die nach »prrraties« (Kartoffeln) buddeln und in einer Sprache sprechen, »die wir Engländer nicht verstehen«.

In der oberen Etage sind die **Schlafgemächer** der Eheleute mit Himmelbetten zu besichtigen. Auf den Bänken im **Schulzimmer** der Kinder liegen Schreibhefte aus den 30er Jahren aus und in einem wunderbaren **Spielzimmer** erinnerungsträchtige alte Spielsachen, Kostüme zum Verkleiden und ein Puppenservice für die Teegesellschaft.

Die **Küche** im Parterre lag vergessen hinter falschen Wänden versteckt, bis Jim Callary sie nach dem Kauf des Hauses entdeckte. Sie ist

Strokestown Park House
www.strokestownpark.ie

🅰 236 B4

✉ Strokestown, County Roscommon

☎ 071 963013

🕐 Geschl. Nov.–März; ganzjährig Buchungen für Besichtigungen mögl.

🅢 €€

vollständig erhalten, samt gewaltigem schwarzem Küchenherd und einer Galerie aus dem 18. Jahrhundert, von der aus die Dame des Hauses das Küchenpersonal im Auge behalten konnte, ohne ihm nahe kommen zu müssen.

Wie die Familien und Verwandten des Personals während des Großen Hungers 1845–49 (siehe S. 27f) litten, erzählt auf anschauliche Weise das in den alten Stallungen untergebrachte **Famine Museum**.

Authentische Dokumente aus Strokestown und gut präsentierte Reproduktionen von Karikaturen und Lithografien der Zeit führen durch die Zeit nach der Verseuchung mit dem Pilz *Phytophthora infestans*, der die irische Kartoffelernte mehrere Jahre lang in schwarzen Schleim verwandelte.

Die englische Regierung – und die Engländer im Allgemeinen – hielten die irischen Armen für »träge, faul, zu Missetaten neigend und jenseits einer Spur von Zivilisiertheit«. Die gewährte Hilfe war ineffizient, unzureichend und wurde hartherzig entzogen, als sie am meisten gebraucht wurde. Die Bauern waren in ihrer bitteren Armut von Kartoffeln völlig abhängig und verhungerten buchstäblich. Die Verpflichtung zur Unterstützung des Not leidenden Volkes wurde den Grundbesitzern und Pächtern aufgebürdet, die aber entweder nicht fähig oder nicht willens waren, dieser Verantwortung gerecht zu werden. Räumungen wegen nicht gezahlter Pacht waren weit verbreitet, und die so erzwungene Auswanderung wurde ein alltägliches Schicksal.

In Strokestown wurde Major Denis Mahon 1847 bei der Zwangsräumung von zwei Dritteln seiner Pächter (über 5000 Menschen) erschossen, sechs andere Grundbesitzer ereilte in dem Jahr das gleiche Schicksal. Den Grundbesitzern allein die Schuld zuzuweisen wäre aber zu einfach. Major Denis Mahon erhielt von der Regierung keine brauchbare Unterstützung, hatte keine Mittel, um denen zu helfen, die auf ihn angewiesen waren, und war gezwungen, ihnen entweder beim Verhungern zuzusehen oder für ihre Auswanderung zu zahlen.

Schlimmer war aber die Geisteshaltung englischer Politiker. ■

Oben: Als die Familie Mahon Strokestown Park House um 1735 erweiterte, wählte sie einen klassisch strengen Baustil

Boyle Abbey

BOYLE ABBEY, NAHE DER GRENZE ZWISCHEN DEN GRAF-schaften Roscommon und Sligo gelegen, ist eine für Irland unge-wöhnliche Ruine: ein bemerkenswert vollständig erhaltenes, sehr frühes Zisterzienserkloster. Gleichermaßen bemerkenswert ist die Tatsache, dass Boyle seinen Fortbestand dem Militär verdankt – statt dem üblichen Muster zu folgen und alles Vorgefundene zu zerstören, übernahm es die Gebäude und wandelte sie in Kasernen um.

Boyle Abbey
- 236 B5
- Boyle, County Roscommon
- 071 9662604
- Geschl. Nov.–März
- €

Schon gleich zu Anfang beim Betreten des Geländes durch das **Torhaus** mit den Kerben von Schwerthieben gelangweilter Soldaten werden die Phantasie und der Sinn für Geschichte geweckt. Weitere Spuren der Militärzeit sind die Graffiti an den Pfosten des inneren Tors. Ein im Torhaus ausgestelltes maßstabsgetreues Modell zeigt die Abtei zu ihrer Glanzzeit.

Mönche der Mellifont Abbey (siehe S. 278) kamen 1148 auf der Suche nach einem Bauplatz für eine neue Abtei nach Boyle. Sechs Jahre zuvor war eine Gruppe von ihnen nach einem Besuch in Frankreich, inspiriert von der strengen Disziplin der Mönche im Kloster St. Bernard,

nach Irland zurückgekehrt. Nach der Gründung der Zisterzienserabtei St. Mellifont waren sie bestrebt, ihr Wirkungsfeld auszudehnen. Der Clan McDermot sah das als eine gute Gelegenheit, das eigene Ansehen zu erhöhen: Er gab den Mönchen 400 Hektar Land, um in Boyle ihre Abtei und eine Gemeinschaft zu gründen.

In ihrer Blütezeit zwischen dem 13. und 15. Jahrhundert beherrschte Boyle Abbey weite Teile des Landes und ernährte eine mehr als 400-köpfige Bruderschaft, doch zur Zeit ihrer Auflösung, Mitte des 16. Jahrhunderts, lebte in den verfallenden Gebäudefluchten nur noch eine Hand voll Mönche. Königin Elisabeth I. übertrug der Familie Cusack die

Ländereien des Klosters, und diese gestattete den Mönchen, im Kloster zu verweilen. 1603 übertrug Jakob I., der neue König von England aus dem Hause Stuart, das Anwesen einem Abenteurer aus Staffordshire, John King. Er verwandelte das Kloster in eine als Boyle Castle bekannte Garnisonsfestung. Eineinhalb Jahrhunderte wurde sie als Kaserne genutzt. 1788 zogen die Connaught Rangers ein, und für die alte Anlage begann eine Phase des Verfalls, die bis ins 20. Jahrhundert anhielt.

Zur Zeit des Klosters war das Torhaus rund um die Uhr bewacht und hielt Unterkünfte für unerwartete Besucher bereit. Tritt man durch den Torbogen, gelangt man in einen weitläufigen, grasbedeckten **Klostergarten** mit niedrigen Mauern. Um diese erhebt sich die Außenmauer der Klosteranlage.

Auf der Südseite gibt es **Küchen** mit gewaltigen Kaminen. Das Kochen, Putzen und die mühevolle Kleinarbeit im Kloster oblag einer vielköpfigen Gemeinschaft von Laien: Die ursprüngliche Forderung des heiligen Benedikt, sich achtmal täglich zum Gebet zu versammeln

und sich zugleich durch schwere Arbeit selbst zu versorgen, erwies sich als nicht erfüllbar.

Im großen **Refektorium** an der Südostseite nahmen die Mönche schweigend ihre Mahlzeiten ein. Zwischen Mitte September und Ostern aßen die Mönche nur einmal am Tag – und da sie um 2.30 Uhr in der Nacht aufstanden, müssen ihnen die Tage wahrlich lang erschienen sein. Etwas weiter, entlang der Ostwand, lagen **Lese- und Schlafsäle**, ein Gemeinschaftsraum für gelegentliche Gespräche, der **Kapitelsaal** und das **Abtshaus**.

Ein niedriger Bogen führt in die **Klosterkirche** – ihre Ostseite ist streng romanisch, die Westseite zeigt dekorative gotische Elemente. Die Kapitelle sind floraler und die Säulen kunstvoller. Das westlichste Kapitell an der Nordwand (die sich gefährlich nach außen neigt) schmücken 14 kleine Fratzen, die aus dem Blattwerk hervorlugen – der Führer deutet an, dass es sich um die Truppe des Steinmetzmeisters handelt, die dieser hier, als Geste nach Fertigstellung der Kirche, verewigte. ■

Nur wenige Klosteranlagen haben Irlands blutige Kriege und seine Unterdrückung so unbeschadet überlebt wie Boyle Abbey, wo Profan- und Sakralbauten Seite an Seite stehen

County Cavan

WENN SIE SEEN MÖGEN, WERDEN SIE CAVAN LIEBEN. DIE kleine Grafschaft an der Grenze ist so reich mit ihnen gesegnet, dass eine Ansicht von Cavan ohne Gewässer Ihnen schon bald seltsam vorkommen wird. Bringen Sie Ihre Angel nach Cavan mit, und auch ein Paar Wanderstiefel sind nicht unangebracht. Ein langer, schmaler Streifen von Cavan streckt sich nach Westen und trennt Leitrim und Fermanagh. Hier, wo die Iron Mountains in die Bergkette Cuilcagh übergehen, hebt sich das Land und wird wunderbar wild.

Cavan ist gepflegt, aber nicht besonders touristenorientiert. Trotzdem ist er ein angenehmer Ausgangspunkt für Entdeckungstouren zu den Seen. Alternativ können Sie auch die näher an den Seen gelegenen Dörfer **Butlers Bridge** oder **Belturbet** wählen. Der obere Lough Erne windet sich von Fermanagh herunter und spaltet sich in Hunderte schmaler Wasserläufe. Diese Seen, Teiche und Flussläufe bilden grüne, schön bewaldete Inseln und Halbinseln. Zwischen dem grenznahen Belturbet und dem Punkt bei Crossdoney tritt der Fluss Erne aus der labyrinthartigen Wasserwelt hervor und fließt nach Süden.

Hier Auto zu fahren und zu wandern, wo zahllose Schilder auf unterschiedliche Gewässer – die Seen Tirliffin, Dumb oder Tully – verweisen,

ist für Ortsunkundige anfangs verwirrend. Halten Sie nach den braunen Schildern zum **Lough Oughter** Ausschau: Sie führen zu einer sich schlängelnden Rundstrecke über farnbewachsene Landstraßen, in deren Mitte der **Killykeen Forest Park** *(Tel. 049 433 2541)* liegt. Die Touristeninformation in Cavan gibt Auskunft über den Park und erläutert den Weg zu den Reitzentren **Killykeen Equestrian Centre** *(12 km nordwestlich von der Stadt Cavan, Tel. 049 436 1707)* und **Redhills Equestrian Centre** *(Tel. 047 55042)* oder den besten Angelgründen am Lough Oughter. Oder Sie folgen einem der gekennzeichneten Wanderwege durch den Park.

Die meisten Landstraßen in dieser Gegend sind *boreens*, typisch irische grasbewachsene Wege, die nirgendwohin führen, und das so langsam wie möglich. Aber Vorsicht! Jede der Straßen windet und schlängelt sich zwischen Seen, Hasel- und Eschengehölz hindurch, und man verirrt sich schnell! Belturbet und Butlers Bridge sind ausgezeichnete Angelplätze, und es gibt eine Reihe von Experten, die Ihnen verraten, wo man die dicksten Forellen fängt.

Weiter westlich, in **Ballyconnell**, stoßen Sie auf den Ballyconnell- und Ballinamore-Kanal, bekannt als **Shannon-Erne-Kanal**. Er beginnt bei der Stadt Leitrim und ist über seine gesamte Länge hinweg, bis zur Foalies Bridge an der Südküste des Oberen Lough Erne, schiffbar. Die

Links: Und wieder verlässt ein prachtvoller Fisch einen See der County Cavan

Cavan Besucherinformation

🅰 237 D5

✉ 1 Farnham St., Cavan, County Cavan

☎ 049 433 1942

Oben: Eiszeitgletscher lagerten auf ihrem Rückzug Kies und Ton ab und formten so die für die County Cavan typischen Hügel und Seen

Angelscheine

Angelscheine sind in den örtlichen Besucherinformationen und Geschäften für Anglerbedarf erhältlich. Weitere Auskünfte erteilen die North West Tourism (*Tel. 0494331942*) oder das Northern Regional Fisheries Board (*Tel. 0494332541*).

Wiedereröffnung der 60 Kilometer langen Verbindung zwischen den Fluss- und Seensystemen Erne und Shannon im Jahr 1994 war für Ballyconnell eine gewaltige Konjunkturspritze, die das verschlafene Dorf in einen lebhaften und wohlhabenden Bootshafen verwandelte. Sie können in Ballyconnell ein Boot mieten – mit oder ohne Kapitän – und über den Kanal entweder nach Ballinamore in der Grafschaft Leitrim oder den Kanal hinauf nach Fermanagh schippern.

Westlich von Ballyconnell krümmt sich der »Pfannenstiel« nach oben, nach Nordwesten. Die Landschaft hier ist karger und ungezähmter als im grünen Seen- und Hügelland im Süden und Osten der Graftschaft.

Beherrscht wird das Land durch die **Cuilcagh Mountains**, die über eine Abfolge flacher Gipfel zum 663 Meter hohen Cuilcagh selbst aufsteigen. Den durch die Grenze zwischen Fermanagh und Cavan geteilten Gipfel ersteigt man am besten auf dem Fernwanderweg **Ulster Way** vom Florence Court Forest Park in Fermanagh aus: rund 16 Kilometer hin und zurück und 410 Höhenmeter.

Bergwanderer, die eine ausgiebige Tagestour machen möchten, wählen den **Cavan Way**, einen gut gekennzeichneten Fernwanderweg über 26 Kilometer, der Blacklion an der Grenze von Fermanagh mit Dowra im Süden verbindet. Der Pfad steigt über die äußerste nordwestliche Schulter des Cuilcagh-Gebirges, passiert den **Shannon Pot**, wo der 368 Kilometer lange Fluss entspringt, und folgt dann dem jungen Shannon hinunter nach Dowra. ■

Oben: Ponyreiter
in der Grafschaft
Monaghan

Stadt Monaghan und Umgebung

DIE GRAFSCHAFTEN MONAGHAN UND CAVAN WERDEN
stets in einem Atemzug genannt, als wären sie Schwestern. Diese Verbindung verdanken sie vielleicht der Tatsache, dass sie quasi topografische Spiegelbilder sind. Cavan (siehe S. 242) ist reich an Seen, Monaghan ist reich an Hügeln – kleine, rundliche Drumlins aus Geröll und Ton, die Gletscher der Eiszeit vor 10 000 Jahren abgeladen haben. Die Hügel verleihen dem Grenzland Monaghan einen eher intimen und verschlossenen Charakter, der sich stark von den offenen Landschaften des südlichen Herzlandes oder dem Westen unterscheidet.

Monaghan town

🅰 237 D6

Besucherinformation

✉ Market House,
Monaghan,
County Monaghan

☎ 047 81122

Monaghan County Museum

www.monaghan.ie

✉ Hill St., Monaghan,
County Monaghan

☎ 047 82928

🕐 Geschl. So

Die Hauptstadt **Monaghan**, gediegen und aus Stein gebaut, ist der Inbegriff von harter Arbeit und Würde. Obwohl die Grafschaft Monaghan seit 1921 zur Republik gehört, war sie einst Teil des alten Königreichs Ulster und wurde im frühen 17. Jahrhundert von nichtkatholischen Siedlern aus Schottland kolonisiert. Monaghan partizipierte an Ulsters Aufstieg zu Wohlstand durch den Leinenhandel, der sich in den umfangreichen Bauten der Hauptstadt mit ihren drei öffentlichen Plätzen, einem hohen, schlanken, viktorianischen Trinkbrunnen und einer gewaltigen katholischen Kathedrale widerspiegelt.

Das **Monaghan County Museum** ist eines der Besten seiner Art; es zeigt archäologische Funde aus über 5000 Jahren. Glanzstück ist das **Kreuz von Clogher**, ein herrlich gearbeitetes Altarkreuz aus Bronze aus dem antiken Bistum Clogher, einige Kilometer nordwestlich.

CARRICKMACROSS UND CLONES

Südlich von Monaghan liegen die beiden für ihre Häkelspitzen bekannten Orte Carrickmacross und Clones, die das Handwerk – wenn auch ausschließlich für den Sammlermarkt – bis heute pflegen. Gelegentliche Vorführungen der Kunst kann man in der Carrickmacross Lace Gallery am Market Square besuchen.

In Clones lohnt sich zudem ein Blick auf das verwitterte, aber noch immer eindrucksvolle **High Cross**, das aus den Ruinen des Klosters St. Tiernan an der Abbey Street geborgen wurde und heute auf dem Diamond steht. Auf den Tafeln an der Südseite sind Szenen aus dem Alten Testament, auf der Nordseite Wunder aus dem Neuen Testament abgebildet.

INISHKEEN

Nun zur Ostgrenze der Grafschaft und in die Landschaft um Inishkeen: Es ist armes Bauernland, wo kleine Höfe sich mühen, aus den steilen Hängen der Drumlins und den zugewucherten Talsohlen das Bestmögliche herauszuholen. Irlands größter Dichter des 20. Jahrhunderts, Patrick Kavanagh (1904–67), zeigte die Heckenlandschaft in seinen wundervollen Gedichten als dunkel oder farbenfroh, je nach Stimmung. Kavanagh war ein Kleinbauer in der Umgebung von Inishkeen, bevor er in den frühen 30er Jahren fortzog, um in London und Dublin als Schriftsteller zu leben.

Inishkeen taucht häufig in seinen Werken auf, von der frühen Lyrik wie

dem autobiografischen *The Green Fool* (1938) bis zu bitter realistischen Gedichten wie *Stoney Grey Soil* (1940), in dem er beschreibt, wie das harte und entbehrungsreiche Leben und die Arbeit als Bauer seine Lebensfreude und Entwicklungsmöglichkeiten einschränkten.

Kavanaghs Geburtshaus *(der Öffentlichkeit nicht zugänglich)* in Inishkeen ist an der Straße ausgeschildert. In der alten Kirche des Dorfes befindet sich das ausgezeichnete **Inishkeen Folk Museum** mit einer faszinierenden Ausstellung über den Dichter und sein Werk. Kavanaghs Grab vor der Kirche schmückt ein schlichtes Holzkreuz mit den Worten: »*And pray for him who walked apart on the hills, loving life's miracles*« (Und bete für ihn, der allein über die Hügel wanderte und die Wunder des Lebens liebte).

Direkt hinter der neuen Kirche an der Straße von Inishkeen nach Carrickmacross verweist das Schild »My Black Shanco« auf einen Feldweg, der nach etwa 1,5 Kilometern zu Kavanaghs in vielen Gedichten erwähntem Hof **Shancoduff** führt. ∎

Rechts: Spitzenhäklerinnen in Monaghan brauchen gute Augen und flinke Finger

Carrickmacross Lace Gallery

✉ Market Sq., Carrickmacross, County Monaghan

☎ 042 966 2506

🕐 Geschl. Okt.–April

Inishkeen Folk Museum

www.patrickkavanagh country.com

✉ Inishkeen, County Monaghan

☎ 042 937 8560

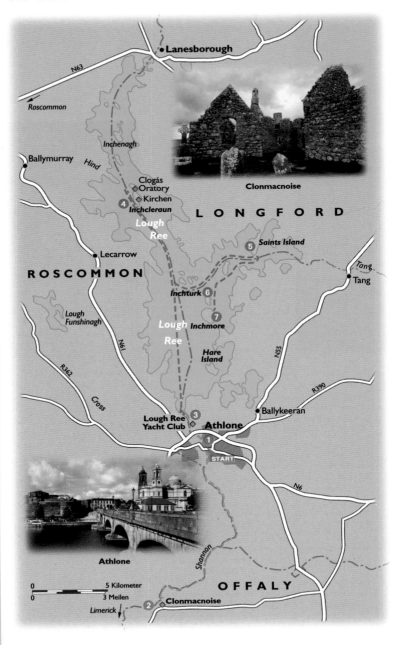

Lanesborough

N63

Roscommon

Inchenagh

Ballymurray

Hind

Clogás
◇ Oratory
◇ Kirchen
④ *Inchcleraun*

L O N G F O R D

Lough Ree

Clonmacnoise

Lecarrow

⑤ *Saints Island*

R O S C O M M O N

Lough Funshinagh

Inchturk ⑥

⑦ *Inchmore*

Lough Ree

Hare Island

Tang
Tang

N61

N55

R390

R362

Cross

Lough Ree
Yacht Club ◇ ③ **Athlone** ①

● Ballykeeran

START

N6

Athlone

0   5 Kilometer
0   3 Meilen

Limerick ↓

Shannon

② ◇ **Clonmacnoise**

O F F A L Y

In dem alten Städtchen Athlone gibt es viele gemütliche Pubs mit Musik und gutem Stout

Flussfahrt: Der Shannon und Lough Ree ab Athlone

Die rührige, wenn auch nicht gerade schöne Stadt Athlone liegt mitten im Zentrum Irlands und zugleich mehr oder minder an der Mitte von Irlands längstem Fluss, dem Shannon, der sich von den Iron Mountains in der Grafschaft Cavan nach Süden zu seiner Mündung bei Limerick windet. Athlone, reichlich ausgestattet mit Ausflugsschiffen und ohne Kapitän charterbaren Booten, ist ein großartiger Ausgangspunkt für Entdeckungsfahrten auf dem Shannon: nach Süden zur Klosteranlage Clonmacnoise oder nach Norden zu den waldigen Inseln des Lough Ree.

Wenn Sie von **Athlone** ❶ *(Besucherinforma-tion, St. Peter's Sq., Athlone, Tel. 09064 94630, geschl. Nov.–März)* nach Süden zum Kloster Clonmacnoise möchten, sollten Sie die Schleuse einkalkulieren, die Sie passieren müssen, um zum Shannon unterhalb der Stadt zu gelangen. Am besten ist es, morgens früh der Erste in der Schlange zu sein – sonst müssen Sie eine Stunde oder länger warten, bis sich die Schleuse mehrfach gefüllt und wieder geleert hat. Sind Sie erst einmal hindurch und folgen der Strömung flussabwärts, müssen Sie nur noch auf die schwarzen Markierungen zu Ihrer Linken und die roten Markierungen zur Rechten achten.

Der breite Shannon schlängelt sich gelassen durch grüne Wiesen – viele von ihnen werden

🅜 Siehe Karte S. 236 B3
➤ Yachthafen Jolly Mariner, Coosan *(Tel. 09064 72892 oder 72113)*
🔄 Clonmacnoise und zurück
   30 Kilometer, Lough Ree
   36 Kilometer
🕐 Pro Fahrt ein halber Tag

UNBEDINGT ANSEHEN

- Schleuse und Uferpromenade von Athlone
- Clonmacnoise
- Inchcleraun
- Angeln – Angel mitbringen!
- Insellandschaft des Lough Ree

bis in den Spätsommer nicht gemäht, um den inzwischen sehr seltenen Wachtelkönig zu schützen. Sie werden den unauffälligen braunen Vogel kaum sehen. Aber mit etwas Glück hören Sie das Männchen laut seinen lateinischen Namen *crex crex* krächzen, bevor die Türme von **Clonmacnoise** ❷ (siehe S. 252) in Sicht kommen. Unterhalb der Klosterstätte liegt eine bequeme Anlegestelle. Rechnen Sie für den Rückweg nach Athlone eine halbe Stunde mehr ein, da Sie gegen die Strömung fahren müssen. Fahren Sie von Athlone flussaufwärts, passieren Sie nach etwa 1,5 Kilometern zur Rechten den **Lough Ree Yacht Club** ❸ (bereits 1770 gegründet). Vergessen Sie nicht, dass sich die schwarzen Markierungen bei der Fahrt flussaufwärts rechts und die roten links befinden.

Hinter dem Yachtklub weitet sich die Wasserstraße zum großflächigen **Lough Ree**, dem Herzen des Shannon. Es empfiehlt sich, die Navigationshinweise, die man im Hafen Jolly Mariner, Coosan, bekommen hat, zu beherzigen, denn in dem seichten See liegen zahlreiche Felsen und Riffe. Der Lough ist 26 Kilometer lang. Die Ufer sind flach und dicht von Bäumen bewachsen. Dahinter erheben sich niedrige Hügel, die in der ebenen Landschaft höher wirken, als sie sind.

Wenn Sie bei einer der Inseln anlegen möchten, vergewissern Sie sich, dass Ihr Boot einen Anker und ein komplett ausgestattetes Beiboot besitzt. Ree ist ein ausgezeichnetes Angelrevier, und mit einem gemieteten Boot können Sie das voll und ganz ausnutzen.

Von den zahlreichen Inseln und Inselchen im Lough Ree ist die auch als **Quaker's Island** bekannte Insel **Inchcleraun** ❹ im Nordteil des Sees die in archäologischer Hinsicht interessanteste. Wenn Sie sich in den Gebäuden der Insel umsehen möchten, müssen Sie in der Nähe der roten Markierung (Nr. 7) ankern, zum Ufer der felsigen Insel hinüberrudern und an Land klettern. In einer Baumgruppe stehen die winzige **Teampull Diarmuid Church**, die **Teampull Mor** (große Kirche) aus dem 13. Jahrhundert mit hohem Giebel und niedriger Tür unter einem groben Sturz, die kleine **Chancel Church** und – in Ufernähe – die **Church of the Dead**. In der Nähe der höher gelegenen Inselmitte erhebt sich die ehrwürdige **Clogás**

Eine der schönsten und entspannendsten Arten, sich in Zentralirland die Zeit zu vertreiben: Ausflüge zu den Inseln im Lough Ree

Oratory mit ihrem quadratischen Glockenturm. Schwieriger zu finden sind die Ruinen von **Fairbrother's House**: Fairbrother war ein Quaker, der im frühen 19. Jahrhundert auf Inchcleraun lebte. Der Sage nach verwendete er beim Bau seines Hauses törichterweise Ecksteine von der Kapelle Clogás. St. Diarmuid, der Gründer des Inselklosters, blickte von seinem Sitz im Himmel herab und war nicht erfreut. Erst traf der Heilige »das Pferd des Quakers mit einem Blitzschlag seines heiligen Zorns, woraufhin es wütend, unzähmbar, furchtbar, himmelschreiend und unwiderstehlich verrückt wurde«. Dann wurden alle Tiere auf der Insel verrückt und kamen erst wieder zu Verstand, als der Quaker gelobte, nie wieder einen der heiligen Steine von Inchcleraun zu berühren.

Für die frühchristlichen Eremiten mit ihrem Wunsch nach Abgeschiedenheit war es nur natürlich, auf den Inseln im Lough Ree Zuflucht für das Gebet zu suchen. Überreste von Kirchen stehen auf **Saint's Island** ⑤ (tatsächlich die Spitze einer Halbinsel) und **Nun's Island**, die man beide heute als Weideland nutzt.

Im frühen 20. Jahrhundert lebten auf den meisten Inseln Aalfischer mit ihren Familien. Inzwischen sind viele der Inseln Ferienorte.

Einige Inselbesitzer haben festgestellt, dass ihre Vorstellungen vom Inselleben mit der Realität wenig gemein haben – wie der Buchbinder aus Dublin, der auf **Inchturk** ⑥ ein hübsches Ferienhaus aus einheimischem Stein mit Reetdach errichtete. Gattin und Sohn kamen, blieben eine Nacht und erklärten, es sei zu ruhig. Seitdem steht das Haus verlassen.

Auf **Inchmore** ⑦, der größten Insel im See – sie ist in Privatbesitz –, kann man Reste des Klosters St. Liobán besichtigen. ■

Königin von Connacht

Lough Ree ist nicht nur reich an Fischen, er ist ebenso reich an Sagen. Eine der schönsten rankt sich um den Tod der mythischen Königin von Connacht, der kriegerischen und lüsternen Medb (siehe S. 338). Medb fand ihr Ende beim Bad im Lough Ree. Forbaid, Prinz von Ulster, von dessen Vater Medb den Braunen Bullen von Cooles gestohlen hatte, wollte den Verlust rächen und verbarg sich am Ufer des Lough Ree. Er entdeckte Medbs bevorzugte Badestelle, maß die Entfernung von dort zum Ufer und trainierte mit der Steinschleuder auf genau diese Distanz. Als Medb an dem schicksalhaften Tag zum Baden kam, zerschmetterte ihr Forbaid mit einem gut gezielten Schuss den Schädel. Warum er zu diesem Zweck ein Stück Hartkäse als Geschoss wählte, bleibt ungeklärt. ■

Die Sieben Wunder von Fore

IN EINEM STILLEN TAL IN WEST-MEATH, 24 KILOMETER nordöstlich von Mullingar, liegt am Rand des winzigen Dorfes Fore ein bemerkenswertes Ensemble von Monumenten. Ein Besuch der als Sieben Wunder von Fore bekannten Sehenswürdigkeiten bei schönem Wetter ist immer ein denkwürdiges Erlebnis.

Ein *Quaking Scraw* ist ein Moor, in dem man normalerweise kein Gebäude errichten kann. Das **Monastery in the Quaking Scraw** – eine Gruppe von größtenteils aus dem 15. Jahrhundert stammenden Ruinen eines Benediktinerklosters ein paar Felder von der Straße entfernt – scheint dennoch in einem nassen Sumpf erbaut zu sein, tatsächlich aber steht es auf einer festen Insel mitten im Moor. Die Ruine der größten Benediktineranlage Irlands ist ein vollständiges Ensemble von Klostergebäuden mit gewaltigen Kaminen und soliden Mauern, an die eine schlichte, aber hübsche Kirche angrenzt. Im Osten steht das Torhaus, heute ein Bauernhaus, und im Nordosten das Fundament eines Taubenschlags.

Über den Pfad zur Nebenstraße hinunter gelangt man zu einer Esche, die über einem Haufen moosbewachsener Steine neben der Mauer rechts steht. Dies ist **St. Fechin's Bath** (keines der Sieben Wunder, aber dennoch sehenswert); Fechin gründete 630 das erste Kloster in Fore. In dem Baum hängen üblicherweise Stofffetzen, und die Rinde des Stamms ist bedeckt mit Tausenden von Münzen – den bei heiligen Quellen traditionellen Opfergaben. Die moosgrünen Steine sind Überbleibsel eines Beckens, in dem der Heilige ganze Nächte im kalten Wasser kniend im Gebet verbracht haben soll. Hier badete man kranke Kinder in der Hoffnung auf Heilung.

Die **Mill without a Race** – heute ein Chaos übereinander gestürzter Mauern – und das **Water that flows Uphill** liegen an der Straße zu Ihrer Linken. Fechin gab die ursprüngliche Mühle trotz fehlenden Wassers in Auftrag – für das Wasser sorgte dann angeblich ein Schlag mit seinem Stab gegen einen Hügel am Lough Lene (südlich von Fore). Das Wasser fließt noch heute – auch ein wenig bergauf, wenn man es nicht ganz so genau nimmt …

Vergiftung durch Kupfer und Verwüstungen durch Souvenirjäger haben den **Tree that won't Burn** zu einem Stumpf reduziert. Er steht in der Nähe der Straße neben St. Fechin's Well, der Wasser gibt, das nicht kocht – **Water that won't Boil** –, heute eine Schlammpfütze. Pech droht dem Skeptiker, der die Sache überprüfen will.

Jenseits der Straße erwarten den Besucher die letzten beiden Wunder. Der **Stone raised by St. Fechin's Prayers** bildet den massiven Sturz einer größtenteils aus dem 12. Jahrhundert stammenden Kirche. Der Stein könnte wesentlich älter sein. Er trägt ein griechisches Kreuz in einem Kreis – ein Symbol eher östlichen Ursprungs. Auf der Böschung oberhalb der Kirche lebte im frühen 17. Jahrhundert der Eremit Patrick Begley, der **Anchorite in a Stone** (Klausner im Stein). Seine bescheidene Zelle wurde später in das prachtvolle kirchenähnliche Familiengrab der Greville Nugent eingegliedert. Den Schlüssel zum Mausoleum verwahrt das Pub Seven Wonders in Fore – ein nettes Plätzchen für eine Rast. ∎

Mullingar
🅰 237 D3
Besucher-information
✉ Market House, Mullingar, County Westmeath
☎ 044 48650

Sieben Wunder
🅰 237 D4
✉ Von Mullingar auf der R394 Richtung Norden nach Castlepollard, dann nordöstlich auf der R395 nach Fore. raised by St. Fechin's Prayers und der Anchorite in a Stone liegen südlich an einer Nebenstraße durch das Tal Fore, die anderen fünf Wunder nördlich von ihr

Gegenüber:
Der Blick vom Tree that won't Burn und dem Water that won't Boil Richtung Monastery in the Quaking Scraw: drei der Sieben Wunder von Fore

Clonmacnoise

Gegenüber:
Flüstern Sie Ihre
Geheimnisse
nicht zu nah an
der Westpforte
der MacDermot's
Church, ein
Zauber könnte
sie laut hörbar
machen – oder ist
es eine Laune der
Akustik?

WUNDERBAR AN EINER BIEGUNG DES SHANNON LIEGT
Clonmacnoise, das am vollständigsten erhaltene und stimmungsvollste Kloster in den Midlands. Viele halten die Klosteranlage mit erlesenen Hochkreuzen, einer Fülle von alten Kirchen und einem herrlichen Rundturm für die schönste ihrer Art in ganz Irland.

Clonmacnoise

⬛ 236 B3

✉ Shannonbridge,
County Offaly

☎ 0905 74195

💲 €€

Clonmacnoise ist von Ballynahown auf der N62, elf Kilometer südlich von Athlone, gut ausgeschildert. Ebenso leicht erreicht man das Kloster, acht Kilometer nördlich von Shannonbridge, über die R357 (13 Kilometer südöstlich von Ballinasloe). Aber es gibt nur eine wirklich eindrucksvolle Art der Anreise: von Athlone (siehe S. 246) aus über den Fluss mit Blick auf den Rundturm und die Kirchen der umfriedeten Anlage, die sich über ihren Spiegelungen auf dem Shannon gegen den Himmel abzeichnen.

Seine Wirkung verdankt das Kloster teils der außergewöhnlichen ländlichen Lage am Fluss, teils der Vielfalt und Pracht seiner Bauten. Hier, am Esker Riada, der Straße des Königs, einem Gletscherkamm, der als Hochweg die Königreiche Leinster und Connacht quert, gründete der heilige Ciarán etwa 548 das erste Kloster. Von seiner Gründung bis zur Ankunft der Normannen im 12. Jahrhundert war Clonmacnoise das wichtigste Zentrum des christlichen Irland.

Die Könige von Connacht und die Hochkönige von Tara wurden hier beigesetzt. Trotz zahlreicher Angriffe durch die Dänen und auch durch Iren blieb Clonmacnoise ein Leitstern, dessen Ein-

fluss sich über ganz Nordeuropa erstreckte. Erst nach der Landung der Normannen in Irland schwand die Macht des Klosters. 1179 wird von mindestens einhundert Häusern und dreizehn Kirchen auf Klostergrund berichtet; dreihundert Jahre später war der Ort auf den Status eines unbedeutenden Bischofssitzes herabgesunken. 1552 marschierte ein englisches Regiment aus Athlone ein, zerstörte das Bauwerk und entwendete alles Wertvolle – sogar die Klosterannalen, Glasmalereien und die Kirchenglocken.

Die Ruinen einer anglo-normannischen **Burg** aus dem 13. Jahrhundert verfallen auf einer Anhöhe oberhalb des Landestegs von Clonmacnoise am Shannon.

Das Erste der drei ist das **Cross of Scriptures** aus dem 10. Jahrhundert mit den aufwärts gerichteten Querbalken. Zu den abgebildeten Szenen gehören ein Flötenspieler, der die Rechtschaffenen zum Jüngsten Gericht ruft, der auf dem Rücken liegende Teufel, dessen hochgestreckte Füße dem heiligen Antonius als Sitz dienen, und ein Vogel, der Christus den Kuss des Lebens gibt; Christus liegt mit geflochtenem Heiligenschein in einer von zwei – mit ihren spitzen Helmen Wikingern ähnelnden – Kriegern bewachten Gruft. Ebenfalls

Rechts: Die
üppig verzierten
Hochkreuze von
Clonmacnoise
zählen zu den
wertvollsten
Schätzen des
Klosters

ausgestellt ist eine Sammlung von Grabplatten mit Inschriften.

Die umfriedete Stätte ist ungefähr kreisförmig. Der ca. 20 Meter hohe Rundturm (10. Jahrhundert) ist im Umkreis kilometerweit sichtbar. Der als **O'Rourke's Tower** bekannte Turm wurde nach dem König von Connacht Fergal O'Rourke (gest. 964) benannt. Das Dach zerstörte ein Blitzschlag im Jahr 1135; es wurde nie wieder richtig aufgebaut.

Im Ostteil liegt die Kathedrale oder auch **MacDermot's Church**, 904 errichtet und im 12. Jahrhundert umgebaut. Es gibt eine Seitenkapelle voller gemeißelter Steinfragmente und eine gotische Westpforte, dekoriert mit Drachen und Blattwerk zu Füßen der Statuen der Heiligen Franziskus,

Domenikus und Patrick. Die Pforte wurde so konstruiert, dass man das Flüstern dessen hören kann, der auf der anderen Seite steht. Hier pflegten die Priester Leprakranken die Beichte abzunehmen.

Überall auf dem Gelände verteilt, stehen einige kleinere Kirchen: **Teampull Doolin**, **Teampull Hurpan** und **Teampull Finghin** mit seinem mit Zahnornament verzierten Kanzelbogen und einem runden Glockenturm. Sie wurde um 1160 erbaut und besitzt einige wirklich schöne romanische Steinmetzarbeiten. Die Tür des winzigen, an die Kapelle angrenzenden Rundturms ist ebenerdig. Als die Kapelle errichtet wurde, hatte die Furcht vor marodierenden Wikingern nachgelassen, und so wurde der Turm eher als Glocken-

Oben: Der mächtige Shannon windet sich in einer Schleife um das bedeutende Kloster Clonmacnoise

Rechts: Wunderbar erhaltene Beispiele mittelalterlicher Steinmetzkunst schmücken die Schäfte, Arme und Sockel der herrlichen Hochkreuze von Clonmacnoise

turm denn zur Verteidigung angelegt.

Ein wenig oben am Hang steht die winzige **St. Ciarán's Chapel**, die Grabstätte des Heiligen. Der Boden der Kapelle liegt tiefer als das umliegende Terrain: Generationen von Bauern haben eine Hand voll Erde mit etwas heiligem Staub aufgeklaubt und in der Hoffnung auf eine gute Ernte auf ihre Felder gestreut. Der schönsten Steinmetzarbeiten erfreut sich die **Nun's Church** westlich der ummauerten Anlage: Zu entdecken sind schwere Bögen mit Zahnornamenten, Satyre, winzige Fratzen und in der Außenpforte elf Köpfe mit Schnäbeln und vorstehenden Augen. Die reuige Dervorgilla, eine Art irische Helena (siehe S. 261), ließ die Kapelle 1167 errichten. ■

Birr und seine Burg

Birr

 236 B2

**Besucher-
information**

✉ Main St., Birr,
County Offaly

☎ 0509 20110

🕐 Geschl. Okt.–April

Birr Castle

www.birrcastle.com

☎ 0509 20336

🕐 Nur Gärten und
Park geöffnet

💲 €€

DIE GESCHICKE VON BIRR SIND SEIT 1620 ENG MIT EINER ungewöhnlichen Familie verknüpft: den Parsons und späteren Earls of Rosse. Sie legten in den Feldern der Grafschaft Offaly die hübsche georgianische Stadt an, und Birr Castle stand im 19. Jahrhundert, dem großen Zeitalter der Privatiers und Amateurforscher, an vorderster wissenschaftlicher Front.

Sie haben das meiste von Birr, wenn Sie sich an den Stadtrundgang **Birr Town Trail** halten (der entsprechende Plan ist im Besucherzentrum erhältlich). Sie starten in der eleganten Flaniermeile John's Mall, John's Mall steht im Schatten schön gewachsener orientalischer Platanen, ihre kleinen georgianischen Häuser mit den breiten fächerförmigen Oberlichtern blicken auf Blumenbeete und reinliche weiße Kettengeländer. Der Rundgang führt am Mercy Convent vorbei, hinter dessen hohe Mauern, über die O'Donnell Street und durch die Main Street mit ihren hübschen alten Ladenfassaden, viele von ihnen mit geschnitzten Einfassungen. Achten Sie auf die druidischen Mistelzweigsammler vor der Mulholland's Pharmacy; weitere schöne Beispiele sind die Ladenfronten von Guinan's Footwear, Owen's Fruit and Veg und Barber the Watchmaker.

Birr Castle selbst ist noch immer der Wohnsitz des Earl und der Countess of Rosse und der Öffentlichkeit nicht zugänglich. Das Anwesen jedoch (Gärten und Park) steht allen offen. Es umfasst einige der schönsten Anlagen Irlands und wird in einem langwierigen Prozess fortgesetzt saniert und ausgebaut. Kreuz und quer über das Landgut verlaufen Spazierwege in den Park, zum Fluss und an den See.

Besonders interessant sind die riesigen Buchsbaumgehölze, mehr als 200 Jahre alt und bis zu 20 Meter hoch. Zwischen ihnen umherzuschlendern ist ein ganz besonderes Erlebnis. Das gilt auch für die Suche nach »Sweeney«, der Korbskulptur des legendären Königs, der halb Mensch, halb Vogel war. Das spitzbärtige Kinn auf die angezogenen Knie gestützt, sitzt er in der Astgabel einer Stechpalme in der Nähe des Lovers' Walk. Auch die Rosen, Magnolien und die kunstvollen Gartenanlagen sind ein Genuss.

Will man die Leistungen der Familie Parsons im Bereich der Wissenschaft würdigen, sollte man sich eine Stunde im **Science Centre** in den ehemaligen Stallungen umsehen. Dort findet man eine fesselnde Ausstellung mit einer Fülle von

Adrette georgianische Häuser säumen die Straßen von Birr

authentischem Material: Plänen, Briefen, Fotos, Modellen und Instrumenten. Charles Parsons (1859–1931) hat beispielsweise die Dampfturbine erfunden und umgerechnet 22 000 Euro und 25 Jahre in Versuche zur Herstellung von Diamanten investiert; 1897 ließ er einen mit Dampf angetriebenen Hubschrauber aufsteigen – sechs Jahre vor dem offiziell ersten motorgetriebenen Flug der Gebrüder Wright.

Der dritte Earl of Rosse, William Parsons (1800–67), entwarf und baute das Riesenteleskop »Leviathan«. Es besaß den größten Gussmetallspiegel, der je gefertigt wurde. Mitte des 19. Jahrhunderts hatte man den Himmel in 7000 Segmente aufgeteilt, und die große Frage war nun, was sie jeweils enthielten. Als

William Parsons im April 1845 zum ersten Mal durch sein Teleskop blickte, sah er, was er einen »Nebelstrudel« nannte – eine andere Galaxie, 40 Millionen Lichtjahre entfernt.

Williams Frau Mary war eine Pionierin der Fotografie, und ihr verdanken wir bemerkenswerte Aufnahmen des Teleskops. Noch besser – das Instrument selbst steht heute, schön restauriert, noch an seinem ursprünglichen Platz auf dem Gelände und wird dreimal täglich vorgeführt. Ketten und Gewichte rasseln, wenn das Teleskop langsam an riesigen gebogenen Schienen hochfährt und mühelos von einer Seite zur anderen gleitet. Man muss kein Wissenschaftler sein, um diese außerordentliche technische Leistung zu bewundern. ■

Der Earl und die Countess von Rosse gewähren der Öffentlichkeit Zutritt zu den schönen Anlagen um ihr Heim Birr Castle, den Schauplatz bahnbrechender wissenschaftlicher Entdeckungen von Mitgliedern ihrer Familie

Versteckte Schönheit: das Moor

Vor 50 Jahren hätte man jeden, der die Schönheit der Moore gepriesen hätte, für einen Narren gehalten. Doch das Umweltbewusstsein hat eine neue Sicht und Wertschätzung dieser eindrucksvollen und einsamen Landschaften hervorgebracht.

Etwa ein Siebtel Irlands besteht aus Mooren – 1 200 000 Hektar, ob nun in Form von Decken- oder Hochmoor.

Deckenmoore treten häufiger im Westen auf, generell erst auf über 300 Metern. Sie wellen sich, sind pflanzenreich, von Gras und Heidekraut bedeckt und können – wie Creggan in der Grafschaft Tyrone (siehe S. 320) und Céide Fields in Mayo (siehe S. 201), – archäologische Fundstätten zwei bis drei Meter tief unter sich begraben.

Das Moor der Midlands ist das Hochmoor: sauer, mit bis zu neun Meter tiefem, triefend nassem Morast und Torfmoos. In der ebenen Landschaft gedeihen Pflanzen wie Schnabelsegge, Rasenbinse, die orangefarbene Moorlilie mit sternenförmigen Blüten und der Insekten fressende Sonnentau.

Irland ist für die Ausbreitung von Mooren ideal. Die sich zurückziehenden Gletscher der Eiszeit gruben Senken in den Fels und füllten sie mit undurchlässigem Ton. In dem regnerischen Klima, das folgte, entstanden Seen, die bald von Pflanzen besiedelt waren. Diese starben ab, konnten aber wegen der sauren Umgebung nicht verrotten. Es entstand Torf, der sich, reichlich mit Wasser gespeist, in dicken Moorschichten übereinander lagerte – Torfmull kann im Labyrinth seiner Poren und

Zellen das bis zu Zwanzigfache seines eigenen Gewichts an Wasser aufnehmen.

Getrockneter Torf brennt heiß und langsam; er wird seit Tausenden von Jahren von Hand für den Hausgebrauch gestochen. Das änderte sich 1946, als die Ausbeutung mit der Gründung der Torfbehörde, Bord na Móna, dramatisch zunahm. Ihr Ziel war der Abbau von so viel Torf wie möglich für die Stromgewinnung, für Gartenbauzwecke und als Torfbriketts für die Verfeuerung im Kamin. Man hielt die Moore für eine nahezu unbegrenzte Ressource: Die Torfbehörde besaß 80 800 Hektar Boden, der ansonsten als wertlos galt, aber jährlich mehrere Millionen Tonnen Torfstich abwarf.

Aber Ansichten ändern sich. Allmählich entdeckte man ihre einzigartige, eng aneinander angepasste Tier- und Pflanzenwelt. Bord na Móna erwirbt heute keine Moore mehr, und sie ist verpflichtet, den Abbau der Moore 2030 einzustellen. Es gibt eindrucks-

Diese jungen Torfstecher besuchen das Herz des Blackwater Bog mit der einstigen Torfarbeiter-Bahn, heute The Clonmacnoise & West Offaly Railway

volle Pläne, um die zerstörten Moore in Naturschutz- und Erholungsgebiete mit Seen, Sumpfland und Wäldern umzuwandeln.

Große Moore, die man besuchen kann, sind das Bog of Allen, 48 Kilometer westlich von Dublin, die Tyrone-Moore östlich von Omagh oder das Blackwater Bog: 8000 Hektar, die sich über die Grafschaften Offaly, Westmeath, Roscommon und Galway erstrecken.

Bei Shannonbridge können Sie mit The Clonmacnoise & West Offaly Railway an einer der Führungen der Bord na Móna Blackwater Tours teilnehmen *(Tel. 09096 74450, www.bnm.ie)* und sich selbst anhand eines klassischen Beispiels ein Bild von der Zerstörung und Erhaltung von Mooren machen. ∎

Rock of Dunamase

EINGESTÜRZTE WÄNDE, BÖGEN UND LANGE STRECKEN von Mauerwerk erheben sich über Rock of Dunamase in der Grafschaft Laois. An den hohen, markanten Überresten der Befestigungen lassen sich zweieinhalb Jahrtausende Geschichte ablesen.

Felsen schon in der Eisenzeit befestigt war, leuchtet dem Besucher rasch ein, bedenkt man die Sichtweite von 80 Kilometern aus der Vogelperspektive auf das Umland. Was auch immer sich später in den Burganlagen auf Dunamase verbarg, es war bedeutend genug, um 845 von den Wikingern geplündert zu werden. Im 12. Jahrhundert errichtete Dermot MacMurrough, König von Leinster, auf dem Felsen eine Burg, die von dem Furcht erregenden anglonormannischen Kriegsherrn Richard de Clare (besser bekannt als »Strongbow«) verstärkt wurde, nachdem dieser MacMurroughs Tochter Aoife geheiratet hatte. 1650 sprengten Cromwells Truppen die Burg und setzten ihrer aktiven Zeit ein Ende.

Die Landschaft in der Osthälfte der Grafschaft Laois, die im Osten an Lidare und im Süden an Kilkenny und Carlow grenzt, ist im Allgemeinen eher flach oder sanft hügelig. Kein Wunder, dass die schroffe Kalksteinklippe Rock of Dunamase, fünf Kilometer östlich von Portlaoise, in dieser Umgebung besonders auffällt. Die zerklüfteten Ruinen auf der Klippe fesseln doppelt, nicht nur wegen ihrer Höhe, sondern auch wegen der Art, wie sie aus dem Dickicht aus Farn und Gehölz auf den Böschungen emporragen. Die Türme und Wälle wirken wie natürliche Auswüchse des Felsens, auf dem sie stehen.

Der ägyptische Astronom Ptolemäus dachte wohl an Dunamase, als er von einer irischen Festung mit Namen Dunum schrieb. Dass der

Was Sie von dem kleinen Parkplatz unterhalb der Burg sehen, ist ein nicht zu interpretierendes Durcheinander aus verschiedensten Bauphasen. Im Wesentlichen teilen Wälle den Felsen in **drei Segmente** bzw. Verteidigungsbezirke auf, die man nacheinander erklettert, um zum Gipfel zu gelangen. Zum **Außentor** im ersten Wall klettert man über Wassergräben und Böschungen. Treten Sie dann durch den hohen Bogen des Außentors, und setzen Sie Ihren Aufstieg über den steilen, unebenen Hang des **äußeren Verteidigungsbezirks** fort, der von oben und unten durch Festungstore geschützt wurde. Bald erreichen Sie die Zwischenmauer, die den oberen Teil des Felsens umschließt. In die Flankierungstürme, rechts und links neben dem gewaltigen Haupttor, sind

Links: Die Tore in den Turmruinen aus dem 12. Jahrhundert auf dem Rock of Dunamase sind noch erhalten

Portlaoise
237 D2
Besucherinformation
Portlaoise,
County Laois
0502 21178

Oben: Vom Rock of Dunamase aus hat man eine exzellente Aussicht auf den mittleren Verteidigungsring, die Ruine des Haupttors und die Hügellandschaft der Grafschaft Laois

Schießscharten eingelassen. Durch sie konnten die Soldaten Ankömmlinge im Auge behalten.

Haben Sie das Haupttor passiert, stehen Sie im **mittleren Verteidigungsbezirk**. Zu Ihrer Rechten liegen die rechteckigen Fundamente eines freigelegten Tores, zur Linken windet sich ein Pfad zu den Resten eines Ausfalltores, durch das die Verteidiger zum Überraschungsangriff stürmen konnten.

Wenn Sie den direkten Zugang bevorzugen, klettern Sie durch die Nesseln und das Gestrüpp in den **inneren Verteidigungsring** auf dem Felsgipfel. Der Trennwall ist fast völlig verschwunden, aber drei Seiten von Strongbows normannischem **Bergfried** mit Rundbogenfenstern und schlichten, aber massiven Wänden haben standgehalten. ∎

Verhängnisvolle Affäre

Es war Dermot MacMurrough, König von Leinster und Erbauer der Burg auf dem Rock of Dunamase, der die Engländer – oder zumindest die Anglonormannen – 1169 nach Irland brachte.

MacMurroughs Affäre mit Dervorgilla, der Gemahlin von Tiernan O'Rourke, führte zu seiner Verbannung auf Geheiß des Hochkönigs von Irland. Englands König Heinrich II. war seit 1155 im Besitz einer päpstlichen Bulle, die ihn ermächtige, Irland zu erobern und zu unterwerfen. Als MacMurrough ihn um Beistand in seinem Händel bat, hatte Heinrich endlich den nötigen Vorwand. ∎

Wanderung durch die Slieve Bloom Mountains

Die Slieve Bloom Mountains erheben sich im flachen Grasland von Laois: eine heidekrautbedeckte Hügelkette mit von Wind gepeitschten Höhen und atemberaubender Aussicht. Darin verstecken sich Täler mit Wasserfällen, Wäldern und geschützten Wegen. Hier zwei Wanderrouten, die Sie mit den wunderbaren Bergen bekannt machen: der eine mit einem verborgenen Tal, der andere mit der Kammhöhe.

ROUTE 1: CLAMPHOLE FALLS

Vom **Parkpatz Glenbarrow** geht es den mit »Tinnahinch 3 km« ausgeschilderten Weg hinunter. Nach etwa 200 Metern wenden Sie sich bei einem gelben Pfeil nach links und gehen zwischen den Bäumen hindurch 1,5 Kilometer weiter. Achten Sie unterwegs auf **rote Eichhörnchen**, die in Irland noch recht weit verbreitet sind.

Nach etwa einem Kilometer kommen Sie zu einem nackten Felsgelände an einem Flussbett, einem alten **Steinbruch** ❶, mit Sandsteinuntergrund. Kurz darauf erreichen Sie die **Clamphole Falls** ❷, einen hübschen, über Sandsteinblöcke hinabstürzenden Wasserlauf; dies ist ein beliebter Picknickplatz. Im Sandstein des Flussbetts kann man Wellenlinien erkennen: Spuren der ständigen Wellenbewegung, als die Slieve Bloom Mountains in grauer Vorzeit noch überflutet waren.

Vom Wasserfall gelangt man auf dem Weg, auf dem man gekommen ist, zum Parkplatz zurück.

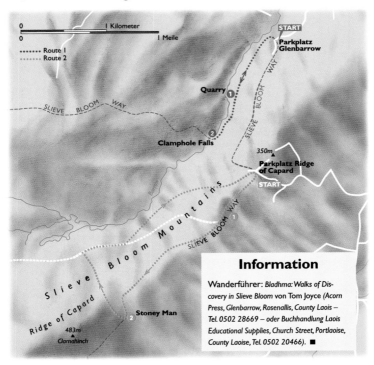

Information

Wanderführer: Bladhma: Walks of Discovery in Slieve Bloom von Tom Joyce (Acorn Press, Glenbarrow, Rosenallis, County Laois – Tel. 0502 28669 – oder Buchhandlung Laois Educational Supplies, Church Street, Portlaoise, County Laoise, Tel. 0502 20466). ■

Die Slieve Bloom Mountains bieten geübten Wanderern wunderbare Möglichkeiten

ROUTE 2: RIDGE OF CAPARD

Vom **Parkplatz Ridge of Capard** aus passieren Sie die Wegmarkierung des **Slieve Bloom Way** ❶. Dieser Fernwanderweg ist ein 50 Kilometer langer Rundweg über die Gipfel und Kämme von Slieve Bloom. Die Wanderung ist anstrengend, aber lohnenswert.

Folgen Sie dem Slieve Bloom Way, einem mit »Monicknew 8 km« markierten Moorpfad ca. 450 Meter durch das Heidekraut. Biegen Sie nach rechts auf die Kiesstraße ein, wenden Sie sich nach hundert Metern nach links ins Heidekraut, und folgen Sie den Markierungsstangen zwei Kilometer weit Richtung Südwesten zum Steinhügel **Stoney Man** ❷.

Die Slieve Blooms erheben sich in einem urwüchsigen Teil der Tiefebenen der Midlands, und die Aussicht vom Ridge of Capard ist herrlich. Sie reicht kilometerweit über die 300 Meter tiefer liegenden flachen Wiesen und Wälder. Unterschätzen Sie den Lebensraum Heide nicht: Es gibt wunderschöne Moose und Flechten unterschiedlichster Art. Der hohe Steinhaufen (Stoney Man) ist ein wunderbarer Platz für ein Picknick. Vom Hügelgrab kehren Sie entweder über den bekannten Weg zum Parkplatz zurück, oder Sie halten sich rechts und steigen durch die dichte Heide und den Wald bis zur Waldstraße am Talboden ab. Gehen Sie nach links, und halten Sie sich an der Gabelung wieder links; so kommen Sie wieder zum Parkplatz zurück. ■

ROUTE 1

- 🗺 Siehe Karte S. 237 C2
- ▶ Parkplatz Glenbarrow (N7 nach New Inn, 21 Kilometer westlich von Kildare; R422 nach Rosenallis; den Schildern zum Parkplatz Glenbarrow folgen)
- ↔ 3 Kilometer
- ⏱ 1–2 Stunden
- ▶ Parkplatz Glenbarrow

UNBEDINGT ANSEHEN

- Rote Eichhörnchen in den Wäldern
- Wellenlinien im Felsen des Flussbetts
- Die Becken der Clamphole Falls

ROUTE 2

- 🗺 Siehe Karte S. 237 C2
- ▶ Parkplatz Ridge of Capard (von Rosenallis – siehe oben – aus die Straße nach Mountrath, dann den Schildern »Ridge of Capard« folgen)
- ↔ 5,5 Kilometer
- ⏱ 2 Stunden
- ▶ Parkplatz Ridge of Capard

UNBEDINGT ANSEHEN

- Aussicht vom Ridge of Capard
- Flechten und Heidemoose
- Aussicht vom Stoney Man

Der riesige Berg-
fried von Trim
Castle, geschützt
durch Wälle und
Türme, wacht
noch immer über
den Boyne

Kells und Trim

DAS BESCHEIDENE LANDSTÄDTCHEN IM NORDWESTEN DER
Grafschaft Meath verdankt seinen Ruhm dem *Book of Kells* (Buch von
Kells), das um 807 im örtlichen Kloster entstand. Die Einwohner von
Kells sind stolz darauf, erwähnen Sie also nicht die Möglichkeit, dass
das »schönste Buch der Welt« im St.-Columban-Kloster auf der
schottischen Insel Iona entstanden sein könnte! Kells ist schon wegen
seiner prächtigen Hochkreuze und der winzigen, als St. Columba's
House bekannten Kapelle eine Entdeckungstour wert.

Kells

🅰 237 D4

**Besucher-
information**

✉ Headfort Pl., Kells,
County Meath

☎ 046 9247840

Heritage Centre

✉ Navan Rd., Kells,
County Meath

☎ 046 9247840

🕐 Geschl. Mo
Okt.–März

💲 €

Der heilige Columban gründete
das Kloster Kells im Jahr 559. Heute
steht an dieser Stelle ein **Rundturm** aus dem 10. Jahrhundert, ein
schlanker Zylinder von 30 Metern
Höhe, dessen Dach allerdings fehlt.

Hinter dem Kirchhof steht **St.
Columba's House**, eine kleine
Kapelle mit steilem Kragsteindach
und einer Leiter, die in eine winzige
Dachkammer führt. Sie datiert
wahrscheinlich aus der Bauzeit des
Rundturms.

Die vier **Hochkreuze** aus
dem 9. Jahrhundert im Kirchhof
sollten Sie näher untersuchen. Das
schönste ist das **South Cross**,
auch **Cross of St. Patrick and**

St. Columba, mit typischen
gemeißelten Szenen wie Feuerprobe
und Kreuzigung. Vom **North
Cross** existiert nur noch ein
Stumpf. Der Schaft des **West
Cross** zeigt die Arche Noah und
Salomos Gericht, das **East Cross**
eine Kreuzigung.

Das andere Hochkreuz in Kells,
das **Marktkreuz**, ist eine
Skulptur aus dem 10. Jahrhundert.
Der Sage nach wurden an dem
Kreuz 1798 Rebellen der United
Irishmen aufgehängt. Es steht vor
dem **Heritage Centre**, in dem
Klosterfunde und Kopien des
Market Cross und des *Book of Kells*
untergebracht sind.

TRIM

Am Boyne, 24 Kilometer südlich von Kells, liegt die historische Stadt Trim mit zwei Burgen, zwei Kathedralen und genug Klosterruinen, um Sie einen ganzen Tag zu fesseln.

Trims wichtigste Sehenswürdigkeiten gruppieren sich im Ortszentrum am Nord- und Südufer des Boyne. Eine weitere Gruppe liegt um den Friedhof und die St. Peters's Bridge 1,5 Kilometer östlich.

Trim Castle, die größte Festung Irlands, überragt das Südufer des Flusses. Sie wurde größtenteils im frühen 13. Jahrhundert an der Stelle einer früheren Feste errichtet, die von Rory O'Connor, dem König von Connacht, 1174 niedergebrannt worden war.

Für die neue Festung bestand diese Gefahr allerdings nicht, denn sie besaß Mitte des 13. Jahrhunderts einen fast 440 Meter langen Zwischenwall, einen gewaltigen, 21 Meter hohen quadratischen Bergfried mit drei Meter dicken Mauern, zahlreiche Ausfalltore und zehn Flankierungstürme.

Gegenüber der Burg, am Nordufer des Boyne, steht **Talbot's Castle**, ein vornehmes befestigtes Herrenhaus, das Sir John Talbot 1415 erbaute. Dahinter steht **Yellow Steeple**, die Ruinen der St. Mary's Abbey aus dem 14. Jahrhundert.

Folgen Sie dem Boyne nach Osten, gelangen Sie zur **St. Peter's Bridge**, einem hübschen normannischen Brückenbogen. Auf der Südseite des Flusses befindet sich die **Crutched Friary**: eine Kapelle mit Bergfried aus dem 13. Jahrhundert, im Besitz der Crutched oder Crossed Friars – sie trugen als Ehrenzeichen für ihre Unterstützung der Kreuzritter ein rotes Kreuz.

Auf der Nordseite des Flusses steht die Ruine der **Cathedral of St. Peter and St. Paul** aus dem frühen 13. Jahrhundert. Auf dem angrenzenden Friedhof achten Sie auf die Darstellung von Sir Lucas Dillon (gest. 1593) und seiner Gemahlin Jane – Seite an Seite, aber durch ein Schwert getrennt. Es verweist auf das durch die Neigung Lady Janes zu ihrem Schwager hervorgerufene Zerwürfnis des Paares. ∎

Trim

🏰 237 E3

Besucherinformation

✉ Mill St., Trim, County Meath

☎ 046 943711

Hill of Tara

DER HÜGEL VON TARA ÜBERRAGT DIE EBENEN VON MEATH
und bietet eine Aussicht über phantastische 160 Kilometer. Praktisch
während des gesamten ersten Jahrtausends war Tara Sitz der Hochkönige von Irland und wurde Symbol und Sitz der irischen Regierung.
Es ist ein bewegender Ort mit von Heldenmythen getränktem Boden.

Hill of Tara

🅰 237 E3

**Besucher-
information**

✉ Abseits der N3, S von
Navan, County Meath

☎ 041 9824488 oder
046 9025903

🕓 Geschl. Nov.–April;
Besteigung des Hügels
immer möglich

💲 €

Hier planten Diarmuid und die
schöne Gráinne am Vorabend ihrer
Hochzeit mit Fionn MacCumhaill
die gemeinsame Flucht. Auf Tara
trat der große Kriegsrat von Nuada
mit der Silberhand, dem König des
märchenhaften Reiches De Danaan,
zusammen, als eine Niederlage gegen die Furcht erregenden Formo-
rian unausweichlich schien. Hier erschien schicksalhaft der Gott Lugh,
der Langhändige, und bewies sein
Recht, als Kämpfer für De Danaan
anzutreten, indem er schwere Steinplatten über die Palastmauern
schleuderte und alle Mitbewerber
beim *fidchell*, einer Art mythischem
Schach, schlug. Als die Stunde
des Zweikampfes kam, fällte Lugh
den Kämpfer Balor vom Bösen
Auge – seinen eigenen Großvater –
mit einem wohl gezielten *tathlun*,
einem magischen Stein.

435 entzündete der heilige
Patrick auf dem nahen Hill of
Slane ein Osterfeuer, um die heidnischen Feuer auf Tara heraus-
zufordern.

BESICHTIGUNG DER STÄTTE

**Gegenüber:
Cormac's House
auf dem Gipfel
des Berges Tara
befindet sich
rechts vom Ring-
fort Royal Seat;
im Royal Seat
steht der Schick-
salsstein. Dahinter
liegt das kleinere
Grab der Geiseln**

Aus archäologischer Sicht war der
Hill of Tara, als er 1022 aufgegeben
wurde, bereits seit 3000 Jahren
besiedelt. Wenn man die Anlage
durch das Besucherzentrum (eine
ehemalige Kirche) betritt, sieht
man zuerst eine Ansammlung von
Buckeln und Haufen, die man, mit
der Broschüre des **Besucherzen-
trums** in der Hand und ein wenig
Phantasie, schon bald zu verstehen
beginnt.

Den Nordteil des Berges durchziehen die gewaltigen Gräben eines
untergegangenen Eingangs von
Tara: der 228 Meter lange so genannte **Bankettsaal**. Tausend
Mann konnten hier, so die Legende,
gemeinsam feiern. Ganz in der
Nähe liegen **Gráinne's Fort**, ein
Hügelgrab, und die kreisförmigen
Sloping Trenches, wo Dúnlaing,
der König von Ulster, im Jahr 222
30 Prinzessinnen von Tara nieder-
metzeln ließ.

Geht man gegenüber dem Besucherzentrum am Hügel entlang
Richtung Süden, passiert man die
von drei Wällen umgebene Festung
aus der Eisenzeit mit dem Namen
Rath of the Synods. Dann folgt
der größte von einem Wall umgebene Bezirk, die **Royal Enclosure**. Er umfasst drei Stätten. Der
Dumha na nGiall, der Grabhügel der Geiseln, ein mit Gras
bedeckter Hügel mit niedrigem
Eingang, ist ein steinzeitliches
Ganggrab, in dem der Hochkönig
Cormac MacArt (227–266) Gefan-
gene aus Connacht bis zu ihrem
Tod festhielt.

Südlich stehen **Cormac's
House**, ein Grabhügel aus der
Bronzezeit, und die Ringfeste mit
dem Namen **Royal Seat**, wo ein
wenig abseits auch die Lialh Fáil
oder **Schicksalsstein**, eine schöne
Steinsäule, zu sehen ist. Weiter südlich von der Royal Enclosure befindet sich ein weiteres Ringfort: **Rath
Laoghaire**, wo König Laoghaire
der Sage nach aufrecht stehend und
in voller Rüstung begraben sein
soll. ■

Brú na Bóinne

AN EINER LANG GEZOGENEN BIEGUNG DES BOYNE LIEGT Brú na Bóinne, das berühmte Boyne-Tal: Hier zeugen – wie sonst nirgendwo in Europa an einem Ort konzentriert – mehr als 50 neolithische Stätten vom Glauben und den religiösen Praktiken der Vorfahren aus vorchristlicher Zeit. Auch wenn die meisten Zeugnisse nicht mehr deutbar sind, die schiere Anzahl der Gräber, Steinkreise, Ringforts und Menhire wirken überwältigend.

Brú na Bóinne

237 E4

Boyne Valley Archaeological Park, 11 km SW von Drogheda, County Meath

041 988 0300 oder 041 988 0301

€

Der größte Teil von Brú na Bóinne steht auf privatem Grund und ist der Öffentlichkeit nicht zugänglich. **Dowth** wird bis in absehbare Zukunft ausschließlich Archäologen offen stehen, während **Knowth** mit seiner Kreis-, Bogen- und Schlangenornamentik und einem außergewöhnlichen »Sonnenuhr«-Motiv nur von außen und mit einer Führung zu sehen ist.

Folglich sind die Höhepunkte eines Besuchs in Brú na Bóinne die Ausstellung im **Besucherzentrum** und eine anschließende Führung ins Herz des Grabes von Newgrange. Diese Tour ist äußerst beliebt. Es empfiehlt sich daher, früh zu kommen.

In ganz Europa wurden zwischen 4000 und 3000 v. Chr. Hügelgräber

angelegt: Steingräber mit einem Tunnel, der vom Eingang in eine Grabkammer oder mehrere Räume im Innern der Anlage führt. Es gibt kleine Gräber, aber auch weitläufige Hügel, die über Jahrzehnte aufgehäuft wurden.

Newgrange ist eines der größten – ein von Menschen geschaffener Hügel von 85 Metern Durchmesser und elf Metern Höhe. Der steinerne Kern des Hügels wiegt mindestens 200 000 Tonnen und ist mit Lehm und Muscheln aus dem Boyne verfugt. Die kreisförmige Außenmauer des Grabes schützen 97 massive Steinblöcke. Die kleine steinzeitliche Gemeinde von Bauern – mit einer durchschnittlichen Lebenserwartung von 30 Jahren –, die vor 5000 Jahren an dieser Biegung im Boyne-Tal siedelte,

brauchte wahrscheinlich 40 bis 80 Jahre, um das Grab anzulegen.

Doch wurde das Material nicht willkürlich aufgehäuft. Der riesige Steinberg ist nur eine Hülle, unter der sich die innere Struktur des Grabes verbirgt: Ein 19 Meter langer mit Steinen eingefasster und überdachter Gang führt vom Eingang in eine Kammer mit Kragsteinen tief im Innern des Hügels. An diese **Kammer** schließen sich drei Nebenkammern an, in denen zwei große, flache Sandsteinschalen oder Teller stehen. Sowohl Gang als auch Nebenkammern sind über und über mit Wirbeln, Spiralen und Schlangenlinien verziert.

Noch bemerkenswerter ist jedoch die schlitzförmige Öffnung über dem Eingang, der so genannte **Lichtdurchlass**. Der Eingang des Grabes

Der mächtige Grabhügel Newgrange: Bei Wintersonnenwende fällt ein Strahl der aufgehenden Sonne direkt in sein Zentrum

orientiert sich präzise an den ersten morgendlichen Sonnenstrahlen des 21. Dezember, der Wintersonnenwende. An diesem Tag und zwei Tage davor und danach fällt ein Strahl der aufgehenden Sonne durch den Durchlass ins Zentrum des Grabes. Ungefähr eine Viertelstunde ist die innere Kammer in goldenes Licht getaucht, dann erlischt der Strahl wieder – ein unglaublich faszinierender Anblick für die wenigen Glücklichen, denen kurz vor Sonnenaufgang zur Wintersonnenwende Zutritt gewährt wird. Der Andrang ist so groß, dass eine zehnjährige Warteliste bis auf Weiteres geschlossen wurde.

Über die Motive der Grabbauer kann man nur spekulieren. Die weißen Quarzitsteine an der Außenmauer stammen aus Wicklow und müssen mit Flößen oder Leder-

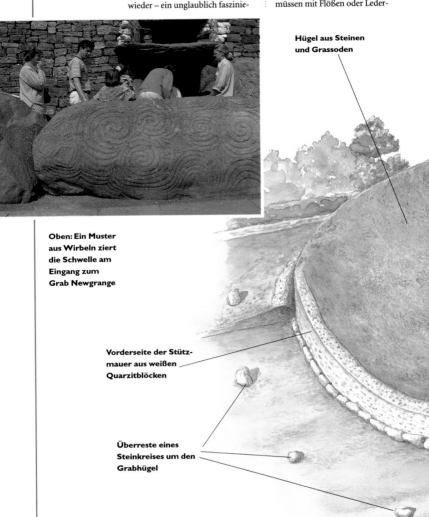

Hügel aus Steinen und Grassoden

Oben: Ein Muster aus Wirbeln ziert die Schwelle am Eingang zum Grab Newgrange

Vorderseite der Stützmauer aus weißen Quarzitblöcken

Überreste eines Steinkreises um den Grabhügel

booten übers Meer transportiert worden sein.

Um das Grab wachen in einem losen Kreis **Menhire**. Offensichtlich muss ein unwiderstehlicher Drang diese Menschen dazu bewegt haben, diesen planerischen, organisatorischen und baulichen Gewaltakt auf sich zu nehmen. Einen Hinweis geben vielleicht die Aschereste, die in den flachen Schalen der mittleren Nische entdeckt wurden. Es sind die Überreste von nur sechs Menschen, und man vermutet, dass das Grab regelmäßig leer geräumt wurde, um für die Einäscherungen der nächsten Monate Raum zu schaffen. Vielleicht glaubten die Menschen, die Geister ihrer Toten würden am kürzesten Tag des Jahres das Grab, auf einem Lichtstrahl reitend, verlassen. ■

Unten:
Brú na Bóinne im heutigen, restaurierten Zustand

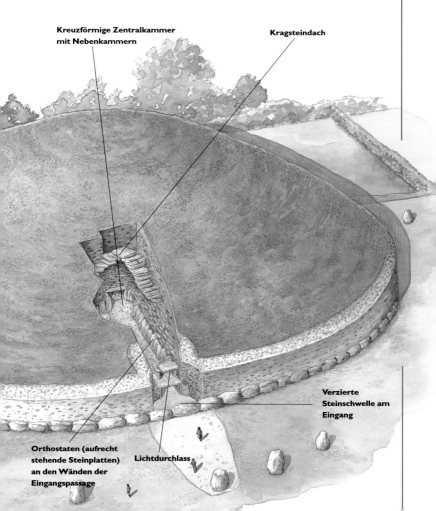

Kreuzförmige Zentralkammer mit Nebenkammern

Kragsteindach

Verzierte Steinschwelle am Eingang

Orthostaten (aufrecht stehende Steinplatten) an den Wänden der Eingangspassage

Lichtdurchlass

Die irische See vor der Grafschaft Louth ist nicht immer so ruhig

Eine Küstenfahrt von Drogheda nach Dundalk

Über die Schnellstraße N1 braucht man nur eine halbe Stunde von Drogheda nach Dundalk. Ziel dieser Fahrt entlang der sich nach Norden schlängelnden Küste der Grafschaft Louth ist es, sich einfach Zeit zu nehmen und, ohne von Touristen gestört zu werden, gemütlich zwischen der Küste und den kleinen Dörfern zu pendeln.

Drogheda ❶ *(Besucherinformation Tel. 041 983 7070; €)* ist ein historisches Städtchen am Boyne; hier gibt es viel zu sehen und zu unternehmen. Von **Millmount**, dem uralten Grabhügel am Südufer des Flusses, hat man einen schönen Panoramablick auf die Stadt aus grauem Stein. Den Millmount überragt der **Martello-Turm**, 1808 zur Verteidigung gegen eine mögliche französische Invasion unter Napoleon Bonaparte errichtet. Das ausgezeichnete **Millmount Museum** *(Millmount, Drogheda, County Louth, Tel. 041 983 3097)* am Fuß des Turms zeigt unter anderem die herrlich gemalten Banner der Handelsgesellschaften von Drogheda aus dem 19. Jahrhundert.

Im Ort selbst ist die **St. Peter's Church** erwähnenswert. Sie stellt Oliver Plunketts (1629–81) Briefe aus der Gefangenschaft, seine Zellentür und den ledernen braunen Kopf des Enthaupteten aus. Der Erzbischof von Armagh wurde als Verräter hingerichtet; drei Jahrhunderte später sprach man ihn heilig.

Nehmen Sie von Drogheda aus die N1 Richtung Belfast, und biegen Sie nach **Termonfeckin** ❷ (oberhalb der Brücke in Drogheda rechts ausgeschildert) ab. Auf dem Friedhof der St. Fechin's Church in Termonfeckin (Eingang rechts, ca. 150 Meter nach der Brücke) steht ein von Flechten überzogenes **Hochkreuz** aus dem 10. Jahrhundert mit einem Christus im Strahlenkranz auf der Westseite und feinem Flechtwerk auf der Rückfront. Vor dem Kreuz finden Sie eine weitere Skulptur: Eine stark verwitterte **Kreuzigungsszene** zeigt einen Soldaten, der Jesus mit dem Speer verwundet.

Hinter der Kirche (ausgeschildert) steht die solide dreistöckige Burg **Termonfeckin**

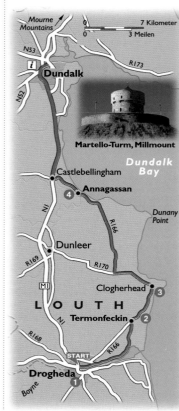

- 🄼 Siehe Karte S. 237 F4
- ▶ Drogheda
- ↔ 43 Kilometer
- 🕐 2–3 Stunden
- ▶ Dundalk

UNBEDINGT ANSEHEN

- Millmount Museum
- Erinnerungen an Oliver Plunkett in der St. Peter's Church
- Hochkreuz von Termonfeckin
- Blick von der Küste auf die Berge von Mourne
- Hafen von Annagassan

Mourne Mountains

7 Kilometer

3 Meilen

N53

Dundalk

R173

N52

Martello-Turm, Millmount

Dundalk Bay

Castlebellingham

Annagassan
④

N1

Dunany Point

R166

Dunleer

R169

R170

Clogherhead ③

L O U T H

Termonfeckin ②

N1

R168

START

R166

Drogheda
①

Boyne

Castle (*Schlüssel im Wohnhaus gegenüber*); ihre Decken haben bis heute überdauert. Burgbesitzer (darunter der Erzbischof von Armagh) hatten früher das Recht der ersten Wahl aus dem Fang der einheimischen Fischer.

In Termonfeckin setzen Sie die Fahrt auf der R 166 Richtung **Clogherhead** ③ fort; halten Sie sich im Dorf rechts, und Sie gelangen zu einem Sandstrand, wo man herrlich spazieren gehen kann. Wieder auf der Straße, führt eine Abzweigung (blaues Schild »Port Oriel«) nach 1,5 Kilometern zu einem kleinen **Fischerhafen**. Hier steht am Straßenrand ein der Königin des Meeres geweihter Schrein, den Einheimische zum Gedenken an Schiffbrüchige errichtet haben.

Biegen Sie von der R 166 links (Schild »Annagassan 4«) nach **Annagassan** ④ ab – von hier haben Sie einen phantastischen Blick auf die Mourne Mountains vor Ihnen. In Annagassan verlocken das freundliche **Glyde Inn** und die **O'Neill's Bakery** nebenan zum spontanen Imbiss. Der kleine **Hafen** – mit Reusenbooten auf Schlickbänken, einem alten mit Efeu bedeckten Ziegelofen und einem gewaltigen Eisenanker – ist auf der Dorfstraße ausgeschildert.

Setzen Sie bei Castlebellingham die Fahrt auf der N1 Richtung Norden nach Dundalk fort. ∎

Der große
Rundturm von
Monasterboice
wurde im späten
10. Jahrhundert
zum Schutz vor
marodierenden
Wikingern er-
richtet

Monasterboice

IN DIESER ANLAGE IN LOUTH, IM NORDWESTEN VON
Drogheda, stehen dicht gedrängt zahlreiche außergewöhnliche frühchristliche Monumente. Das Muiredach's Cross etwa, ein Meisterwerk
der Steinmetzkunst, gilt als schönstes Hochkreuz Irlands.

Monasterboice

 237 E4

✉ Collon, County
Louth, 10 km
NW von Drogheda.
Biegen Sie links von
der N1 bei Drogheda
unweit des Monaster-
boice Inn ab.

☎ 041 983 7070

Monasterboice liegt wunderschön
ländlich inmitten grüner, wogender
Felder. Bäume verdecken die Pracht
der Anlage, bis man sich ihr nähert.
Dann sieht man den Rundturm, die
Hochkreuze und die Kirchenruinen
und erkennt, dass dies eines der beeindruckendsten baulichen Ensem-
bles des Landes ist.

Ein Schüler des heiligen Patrick,
ein Eremit namens Buite (auch
Buithe, Boethius oder Boyce, ja
sogar Boyne – es heißt, der Fluss sei
nach ihm benannt), gründete das

Kloster im späten 5. Jahrhundert.
Buite starb 521. (Engel sollen damals
eine herabgelassen haben, damit er
direkt in den Himmel aufsteigen
konnte.) Sein Kloster wuchs,
gewann großen Einfluss und wurde
ein berühmtes Studienzentrum.

Monasterboice überstand die Be-
setzung durch die Wikinger 968. Der
Hochkönig Donal selbst führte eine
Streitmacht aus Tara heran, um die
Marodeure zu vertreiben. Danach
wurde der 33 Meter hohe Rundturm
errichtet, der sich zur Spitze hin ver-

jüngt. Für die zylindrische Form verwendete man gewölbte Steine. Die Fenster sind nur schmale Schlitze, und der Eingang liegt zwei Meter über dem Boden. Die Mönche gelangten über eine Leiter hinein, die bei Angriffen hochgezogen wurde. Das Innere des Turms fiel 1097, zusammen mit vielen Schätzen von Monasterboice, einem Brand zum Opfer. Kurz darauf begann der Niedergang des Klosters – während Mellifont Abbey aufblühte (siehe S. 278).

Alte Grabplatten umgeben den Turm, und in seinem Schatten stehen zwei Kirchenruinen: **An Teampall Theas**, die Südkirche, und **An Teampall Thuaidh**, die Nordkirche. Der ganze Stolz der Stätte aber sind drei Hochkreuze aus dem 10. Jahrhundert. Die Spitze des **North Cross**, das abseits an der Friedhofsmauer steht, schmückt ein verwittertes Wirbelmotiv. Das **West Cross**, neben An Teampall Thuaidh, ist gewaltige sechs Meter hoch. Es besteht aus separatem Schaft, Ringkreuz und Spitze. Viele gemeißelte Tafeln sind erodiert und nicht mehr entzifferbar, aber die Kreuzigung im Zentrum des nach Westen gewandten Rings ist deutlich zu erkennen. Auf der Ostseite sind Christus beim Gang über den See von Galiläa, der Riese Goliath und die Kinder Israels beim Tanz um das Goldene Kalb zu sehen.

Das **South Cross** beim Eingang zur Anlage – auch als **Muiredach's Cross** bekannt – ist fünf Meter hoch. Ring und Schaft wurden aus einem Stück Sandstein geschlagen. Die Spitze ist einem Giebelhaus mit geneigtem Dach nachgebildet. Der Sockel trägt die Inschrift »*Or do Muiredach Lasnernad Chros*« (Ein Gebet für Muiredach, für den dieses Kreuz geschaffen wurde). Muiredach (gest. 923) war Abt von Monasterboice, und das Hochkreuz wurde kurz nach seinem Tod zu seinem Andenken und als Zeichen des Wohlstands von Monasterboice errichtet.

Die vier Seiten des Kreuzes, den Schaft und den Ring bedecken gemeißelte Bibelszenen. Auf der Ostseite sitzt im Mittelpunkt des Rings Christus zu Gericht, zu seinen Füßen wiegt der Erzengel Michael die Seelen, während der Teufel an den Waagschalen zerrt. Auf dem Schaft darunter beten vier (nicht, wie sonst üblich, drei) weise Männer das Jesuskind an. Moses lässt unter den Augen der Israeliten mit einem Schlag auf wundersame Weise Wasser aus einem Wüstenfelsen quellen; David bereitet eine große Steinschleuder für Goliath vor, und Eva reicht Adam den schicksalhaften Apfel, während Kain Abel mit einer Keule erschlägt. Im Mittelpunkt der Westseite steht die Kreuzigung. Es folgen Christus und Petrus beim Überreichen der Schlüssel zur Himmelspforte, der ungläubige Thomas, dessen Zweifel von einer Tafeln tragenden Apostelgruppe widerlegt werden, und Judas und der Verräterkuss im Garten von Gethsemane. ∎

Rechts: Die Religiosität des 10. Jahrhunderts spiegelt sich in der biblischen Genauigkeit der Darstellungen auf Muiredach's Cross

Der Wanderpfad Táin auf der Halbinsel Cooley

Dies ist eine ganz einfache Wanderung – hin und zurück. Der sensationelle Blick auf Küste und Berge lohnt die geringe Mühe. Die Halbinsel Cooley in der Grafschaft Louth ist eine von Irlands touristisch kaum erschlossenen Gegenden.

Das **Dorf Carlingford** ❶ *(Besucherinformation Tel. 042 937 3033, geschl. Okt.–Mai)* liegt am Carlingford Lough, einem herrlich breiten Meeresarm.

Carlingford befindet sich am Nordufer der Halbinsel Cooley, einer prachtvollen Hügellandschaft mit bergigem Kamm, gesäumt von fruchtbaren grünen Ebenen. Der Ort ruht am Fuß des Slieve Foye, des höchsten Punkts auf dem Kamm des Berges Carlingford.

Am Ufer krallt sich **King John's Castle** aus dem 12. Jahrhundert romantisch in die Felsen über dem Fischerhafen. An der Uferstraße steht **Taafe's Castle**, ein grimmig wirkendes Turmhaus aus dem 16. Jahrhundert.

Ausgangspunkt der Wanderung ist das **Village Hotel** am Dorfplatz von Carlingford. Nehmen Sie die Straße, die an der oberen Seite des Platzes bergauf führt, biegen Sie nach 250 Metern links ab, und gehen Sie ca. 750 Meter weiter. Diese Straße endet an einer Querstraße. Hier entdecken Sie das Schild »Táin Trail« mit dem »Wandersmann«-Zeichen. Biegen Sie nach rechts ab und folgen Sie der Táin-Trail-Markierung auf einen grasbewachsenen Weg, der Sie, nach einer Biegung, über dem Dorf vorbei in die Berge hinaufführt.

Die Aussicht wird zunehmend besser. Jenseits vom Carlingford Lough sehen Sie die **Mourne Mountains** in ihrer rauen Schönheit. Links ragt über dem Nordufer der 488 Meter hohe Slievemartin auf. Zur Mitte hin liegen die massigen Gestalten von Eagle Mountain (635 m) und Slieve Muck (672 m), und zur Rechten ragt der 755 Meter hohe Gipfel des Slieve Binnian empor. Im hinteren Teil des Meeres-

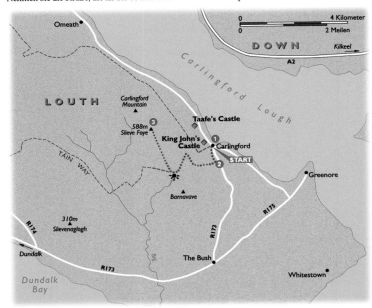

Die wilde Moorlandschaft der Halbinsel Cooley lädt zu herrlichen einsamen Wanderungen ein

arms liegen die Zwillingsdörfer Rostrevor und Warrenpoint.

Vom **Sattel des Passes** ❷ aus ist die Aussicht am besten. Der Aussichtspunkt bietet zudem einen atemberaubenden Blick nach Südwesten. Zur Rechten steigen die Hänge des Carlingford Mountain auf, zur Linken liegt die niedrigere Bergschulter des Barnavave. Vor Ihnen mündet das breite, grüne Tal des Big River in die Dundalk Bay mit ihrer Küste, die in einem weiten Bogen nach Süden bis Dunany Point reicht.

Sie können über den Táin Trail zum Dorf Carlingford zurückgehen. Wenn Sie aber noch Energie erübrigen können, sollten Sie Richtung Nordosten weiterwandern und den steilen, aber nicht schwierigen Gipfel **Slieve Foye** ❸ besteigen (etwa 300 Höhenmeter), von dem aus die Aussicht noch besser ist.

Von hier aus kehren Sie auf dem Weg zurück, auf dem Sie gekommen sind. ∎

🅰 Siehe Karte S. 237 F5
▶ Village Hotel, Carlingford, Halbinsel Cooley
↔ 8 Kilometer (11 km mit Aufstieg zum Slieve Foye)
🕐 2 Stunden (bzw. 3 Stunden)
▶ Carlingford

UNBEDINGT ANSEHEN
- Das Dorf Carlingford und seine Burgen
- Blick vom Táin Trail auf den Carlingford Lough und die Mourne Mountains
- Südwestblick vom Pass
- Slieve Foye – Aufstieg und Aussicht

Weitere Sehenswürdigkeiten

ABBEYLEIX

Der Viscount de Vesci, im 18. Jahrhundert Lord von Abbeyleix, ließ vor seinen Toren ein Musterdorf mit breiten, von Bäumen gesäumten Straßen, hübschen Gebäuden und einem sehr georgianischen Sinn für Ruhe und Ordnung anlegen. Das **Abbeyleix Heritage House** in der ehemaligen Schule liefert einen guten Überblick über die Geschichte des Ortes. Wenn Sie sich zur Genüge im Dorf umgesehen haben, gönnen Sie sich ein Pint im charmanten Pub **Morrissey's** an der Main Street, einer altmodischen Bar mit dazugehörigem Lebensmittelgeschäft.

🚗 237 D1 ✉ An der N8, 14 km südlich von Portlaoise, County Laois **Abbeyleix Heritage House** ☎ 0502 31653

BECTIVE ABBEY

In imponierender Lage bei einer Brücke über den Fluss Knightsbrook steht Bective Abbey, das 1995 für den Kinohit *Braveheart* als Drehort diente. Die Lage ist herrlich, und die Ruinen der Zisterzienserabtei machen ihr alle Ehre. Bective ist im Lauf von Jahrhunderten entstanden. Die Kirche und der Kapitelsaal mit Rippengewölbe stammen aus dem 13. Jahrhundert, während der Kreuzgang im 15. Jahrhundert hinzugefügt wurde. Als die Abtei im 16. Jahrhundert geschlossen wurde, ergänzte man einen Wehrturm, um das Kloster in ein befestigtes Wohngebäude umzuwandeln.

🚗 237 E3 ✉ Ausgeschildert auf der R161, 6 km NÖ von Trim, County Meath **Besucherinformation Trim** ☎ 046 943711

EMO COURT

James Gandon, Architekt des herrlichen Custom House in Dublin, übernahm nur einen einzigen privaten Auftrag: Emo Court. 1792 entwarf er für Lady Portarlington das edle neoklassizistische Haus mit großer Kuppel. Die schön restaurierten Haupträume kann man im Rahmen einer Führung besichtigen. Die Gärten sind makellos: Klassische Statuen stehen zwischen Azaleen und Rhododendren, und Wege hinunter an den See laden zum Spaziergang am Seeufer ein.

🚗 237 D2 ✉ An der N7 Kildare–Portlaoise, bei New Inn, 10 km nordöstlich von Portlaoise,

County Laois ☎ 0502 26573 🕐 Öffnungszeiten variieren, telefonisch erfragen Ⓢ €

GANGGRÄBER VON LOUGHCREW

Auf den Gipfeln des Sliabh na Caillighe, des Hexenberges, warten 32 Ganggräber aus der Zeit von 3000 bis 2500 v. Chr. darauf, erforscht zu werden. Die Steine vieler Gräber sind mit Ornamenten versehen: floralen Motiven, labyrinthartigen Kreisformen, Zickzack- und Schlangenlinien. Nehmen Sie eine Taschenlampe mit, und machen Sie sich auf einen 15-minütigen Aufstieg gefasst.

🚗 237 D4 ✉ Auf dem Berg Sliabh na Caillighe (Parkplatz), auf der R154 ausgeschildert, 8 km südöstlich von Oldcastle (21 km nordwestlich von Kells über die R163/R154), County Meath ☎ 049 8541256 oder 049 8542009 🕐 Führungen: Mitte Juni–Sept.; außerhalb der Saison erhält man den Schlüssel beim Ehepaar Balfe im ersten Haus rechts am Beginn der Landstraße Ⓢ Führungen: €, außerhalb der Saison: €€ Schlüsselpfand

MELLIFONT ABBEY

Auf dem Höhepunkt seiner Macht im Mittelalter lebte eine 400-köpfige Ordensgemeinschaft in Mellifont Abbey; die Abtei führte mehr als 20 Nebenklöster. Als erste Gründung Malachys, des Erzbischofs von Armagh, im Jahr 1142 war die Abtei Zentrale und Stammsitz des Zisterzienserordens in Irland. Sie war mit dem Ziel gegründet worden, das irische Klosterleben disziplinierter und härter zu gestalten. Um 1550 wurde das Kloster aufgelöst und in ein befestigtes Wohngebäude verwandelt. 1727 wurde es aufgegeben und im 19. Jahrhundert schließlich als Schweinestall genutzt.

Heute kann man das große Torhaus bewundern, einen prächtigen Kapitelsaal aus dem 14. Jahrhundert und etwas, das unter Irlands Klöstern einzigartig ist: ein achteckiges Lavabo (Waschplatz der Mönche) aus dem 12. Jahrhundert. Vier Wände mit schön gemeißelten romanischen Bögen sind erhalten.

🚗 237 E4 ✉ 8 km nordwestlich von Drogheda, auf der R168 und N2 ausgeschildert, County Louth ☎ 041 982 6459 🕐 Geschl. Nov.–April Ⓢ €

D er sarkastische Witz in Städten wie Belfast und Londonderry, ein netter Plausch in den Kleinstädten, gut gelaunte Menschen: Die Nordiren sind gastfreundlich und sehr stolz auf ihre Hügel- und Seenlandschaft und die Küste.

Nordirland

**Bushmills Distillery: In jedem
Fass steckt flüssiges Gold –
natürlich Whiskey**

Belfast

WOHL KEINE ANDERE HAUPTSTADT WESTEUROPAS WAR SO OFT IN DEN Schlagzeilen wie Belfast. Da wirkt es paradox, dass keine andere Stadt so wenig besucht und oft missverstanden wird. Belfast ist für alle, die einige Tage hier bleiben und der Stadt mit Offenheit begegnen, eine der interessantesten und bei aller Rauheit einladendsten Städte der Republik Irland und Nordirlands. Die meisten Besucher werden in Belfast keine Probleme oder Ablehnung erleben, jedenfalls nicht mehr als in vergleichbaren europäischen Städten. Zwar ist der Fortgang des Friedensprozesses nicht voraussagbar, aber die Menschen in Belfast wollen zu gern zeigen, wie willkommen Touristen sind: Besucher sind ein Symbol besserer Zeiten für die schwer heimgesuchte Region.

Die eleganten Häuser (19. Jh.) im Zentrum verraten viktorianischen Bürgerstolz

Belfast liegt am inneren Ende des Belfast Lough, einer Bucht mit einer idyllischen Hügelkette im Westen, dem Black Hill, Black Mountain, Divis, Quire's Hill und Cave Hill. Die Stadt wird vom River Lagan geteilt, der sich seinen Weg nach Norden in den Belfast Lough bahnt. Das Stadtzentrum und fast alle anderen Sehenswürdigkeiten liegen westlich des Lagan.

Wer eine strahlende, moderne Stadt erwartet, wird enttäuscht. Belfast verdankt seinen Wohlstand der Textilindustrie, die ihre letzte Blüte im späten 19. Jahrhundert erlebte. Es gibt pompöse, viktorianische Bauten und Kirchen, schluchtenartige Einkaufsstraßen mit großen Geschäften und Kaufhäusern, endlose Reihen von Arbeiterhäusern aus rotem Backstein und gutbürgerliche Boulevards etwas weiter draußen.

Seit 1998, dem Ende der 30-jährigen »Troubles«, wie die Unruhen hier genannt werden, ist dank der Investitionen ein gewisser Wiederaufbau und Neuanfang zu spüren. Der einstmals stinkende River Lagan wurde gesäubert, das Ufer verfügt nun über ein Besucherzentrum sowie eine Reihe neuer und renovierter Bauten. Dennoch hat Belfast sich sein Flair weitgehend bewahrt – grundsolide, geschäftig und ein wenig heruntergekommen. Die schönsten Gebäude – das Rathaus, die Oper und die St. Anne's Cathedral – stehen im Stadtzentrum; der Botanische Garten, ein Symbol viktorianischer Philantropie, liegt im Süden.

Am besten erkundet man all dies mit etwas Zeit; man sollte sich vor allem intensiv mit den Menschen unterhalten: Plaudern Sie mit dem Taxifahrer, wenn Sie in einem der Black Taxis zu den konfessionell geprägten *murals*, den berühmten Wandbildern, fahren; gehen Sie etwas trinken, und essen Sie dazu einen Teller *champ* (Stampfkartoffeln und Lauchzwiebeln) im reich verzierten Crown Liquor Saloon; schlendern Sie den Cave Hill hinauf, oder wandern Sie auf dem Zugpfad am Lagan entlang. Die Großzügigkeit und der sprichwörtliche schwarze Humor in Belfast sind jedenfalls eine kräftige Mixtur! ∎

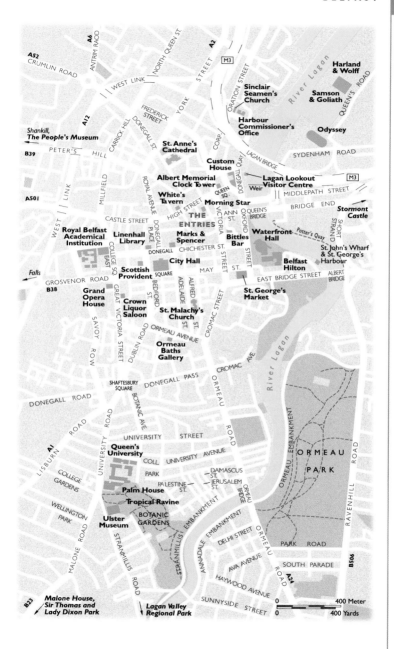

Das Stadtzentrum von Belfast

ZWEI GEGENSÄTZLICHE EINDRÜCKE PRÄGEN DAS STADT-
zentrum von Belfast. Da sind einerseits die pompösen, viktorianischen
öffentlichen Bauten, andererseits der flinke Witz und die Freundlichkeit der Einwohner, die man beim Schlendern durch die Straßen trifft.

Belfast
🅰 281
**Besucher-
information**
www.belfastcity.gov.uk
✉ Belfast Welcome
  Centre, 35 Donegall
  Pl., Belfast
☎ 028 9024 6609

DONEGALL SQUARE

Jeder Rundgang durch die Innenstadt von Belfast sollte am Donegall
Square beginnen, dem Herzen der
Stadt. Dieser weitläufige Platz mit
Rasenflächen und viel Grün in der
Mitte wird von meist öffentlichen
Bauten gesäumt. An erster Stelle
steht hier die riesige **City Hall** *(Tel.
028 9027 0456, öffentliche Führungen
zu verschiedenen Zeiten, vorab anmelden)*, das Rathaus, das wie eine große,
weiße Hochzeitstorte aus blassem
Portlandstein wirkt. Der Bau wurde
1898 begonnen und 1905 eröffnet;
seine Ausmaße – der massive Portikus mit einer 90 Meter langen Fassade, eine mit Grünspan überzogene,
53 Meter hohe Zentralkuppel aus
Kupfer und die anmutig im Zucker-
bäckerstil gestalteten vier Ecktürme –
erinnern an den edwardianischen
Pomp, der damals Mode war. Queen

Victoria schaut unerschütterlich von
ihrem Sockel vor dem Eingang herab;
andere Statuen stehen rund um das
Rathaus. Bemerkenswert sind vor
allem das Denkmal für die Mann-
schaft der in Belfast gebauten *Titanic*
und die glanzvolle Statue von Frederick Temple, Lord Dufferin und Ava
(1826–1902).

Wie sehr die Geschichten von
Großbritannien und Irland mit-
einander verwoben sind, zeigt die
Statue von Lord Dufferin: Er perso-
nifiziert das britische Empire der
viktorianischen Epoche; denn er war
Vizekönig von Indien (1884–1888),
Generalgouverneur von Kanada,
und nicht zuletzt Botschafter in
Moskau und spielte überdies eine
wichtige Rolle bei der Eingliederung
Burmas in das britische Empire.

Gehen Sie unter dem riesigen
Giebel in die Eingangshalle, die mit

drei verschiedenen Arten italienischen Marmors ausgeschmückt ist. Putzverzierungen mit Girlanden und Medaillons schmücken die Wände und das Innere der großen Kuppel, die sich über einem Kreis runder Galerien und Mosaike zur Stadtgeschichte erhebt.

Der Ratssaal ist der Höhepunkt der täglichen **Führungen** durch das Rathaus: Der Raum ist verschwenderisch mit handgeschnitzter, österreichischer Eiche getäfelt, mit roten Bänken für die Stadträte und einem reich verzierten »Thron« für den Bürgermeister unterhalb der Buntglasfenster sowie mit einer herrlichen purpurroten und weißen Kuppel darüber geschmückt. Hier sieht man auch den schlichten runden Holztisch, an dem Sir Edward Carson den »Solemn League and Convenant« gegen die Home Rule am 28. September 1912 unterzeichnete; ein Dokument, das später Tausende von Oraniern (siehe S. 310f), einige mit ihrem eigenen Blut, ebenfalls unterschrieben.

In einem nahe gelegenen Flur hängt ein kraftvolles Gemälde der Ulster-Men im gemeinsamen Kampf, der alle Iren über politische und religiöse Gräben hinweg einte, denn Tausende nordirischer Katholiken und Protestanten, Unionisten und Nationalisten kämpften an der Seite Großbritanniens im Ersten Weltkrieg. Das Bild zeigt den 17-jährigen Leutnant 2. Klasse Thornley und seine Männer aus der Ulster-Division am 1. Juli 1916, dem ersten Tag der Schlacht an der Somme.

Der Donegall Square wird von interessanten Geschäfts- und Regierungsbauten gesäumt: Das verzierte, mit Skulpturen geschmückte **Scottish-Provident**-Gebäude an der Westseite des Platzes zeigt Delphine, Königinnen und Löwen; das rote Sandsteingebäude mit **Marks & Spencer** an der Nordseite verbreitet italienisches Flair. An der Nord-

westecke des Platzes erhebt sich die **Linenhall Library** in einem ehemaligen viktorianischen Stoffkaufhaus – Leinenstreifen aus Stein hängen bündelweise über dem Eingang. Die Bibliothek lohnt einen Blick ins Innere, wo Zehntausende von Büchern auf Holzregalen stehen. Im beliebten Tea Room bekommt man eine ausgezeichnete Tasse Tee. Eine schöne, geschwungene Holztreppe führt in das erste Stockwerk zu einem Labyrinth von Bücherregalen. Es gibt hier verstaubte, alte Schinken, manche davon sehr selten und ausgefallen, besonders im Governors' Room, wo man auch gebundene Ausgaben des *Belfast Newsletter*, einsehen kann, die seit 1738 erscheint. Jeder Besucher darf in den Sammlungen der Bibliothek stöbern – darunter im zweiten Stock auch in der Political Collection, die mit Zeitungsausschnitten, Postern, Pamphleten und anderen Materialien den Nordirlandkonflikt dokumentiert.

Ruhe bitte! In der Linenhall Library herrscht zeitlose Stille

Linenhall Library
www.linenhall.com
✉ Donegall Sq., Belfast
☎ 028 9032 1707
🕐 Geschl. So

JENSEITS DES DONEGALL SQUARE

Geht man entgegen dem Uhrzeigersinn vom Donegall Square rund um

Das Grand Opera House verströmt viktorianischen Charme...

Grand Opera House
www.goh.co.uk
✉ Great Victoria St., Belfast
☎ 028 9024 1919

die Sehenswürdigkeiten im Stadtzentrum, könnte man mit einem Spaziergang in Richtung Westen vom Wellington Place bis zum College Square beginnen. Hier liegt die ansehnliche, aus Backstein erbaute **Royal Belfast Academical Institution** inmitten einer Grünfläche. Sie wurde 1814 nach einem Entwurf von Sir John Soane errichtet, der auch die Bank of England und viele andere Bauten in London gestaltete. Wendet man sich von der »Inst« nach Süden, führt der College Square East zur Great Victoria Street und dem üppig verzierten **Grand Opera House** (1894/95). Zwei symbolische Theatermasken schmücken die Fassade; im Inneren findet man sich zwischen dunkelrotem Plüsch und riesigen, mit Blattgold geschmückten Elefanten, Cheruben und Thespisjüngern aus Stuck wieder. Das Opernhaus wurde 1980 restauriert, 1991 und 1993 teilweise durch Bomben zerstört, bevor es seinen alten Glanz nach einer Restaurierung wiedererlangte.

Gegenüber der Oper liegt die Kneipeninstitution Belfasts, der **Crown Liquor Saloon** (Tel. 028

9027 9901) – ein so bedeutendes Beispiel extravaganten, spätviktorianischen Kneipeninterieurs, dass heute der National Trust darauf Acht gibt. Ein Kronenmosaik ziert den Boden im Eingangsbereich: Angeblich verlangte bei einer Renovierung 1895 der damals als Railway Tavern bekannten Kneipe die Ehefrau des Besitzers Patrick Flanagan, dass das Pub in »Crown« (dt. »Krone«) umbenannt werden und das Bild der Krone angefertigt und aufgehängt werden sollte – sie war nämlich eine glühende Anhängerin Englands. Doch Patrick Flanagan war entschiedener Nationalist – und ein ebenso kluger Ehemann. Er gab dem Wunsch seiner Frau nach, ließ die Krone allerdings im Fußboden anbringen, damit jeder seine Schuhe darauf abtreten konnte. Heute kann man an der geschwungenen, gefliesten Theke unter dem Stuckherbstlaub und den Schneckenverzierungen an der braunen Decke einen Drink ordern und ihn in einem der holzgetäfelten Nebenzimmer mit Milchglasscheiben genießen. Probieren Sie einmal Crowns »Champ«, einen leckeren Mischmasch aus Stampfkartoffeln und Lauchzwiebeln.

An der Ormeau Avenue findet man die **Ormeau Baths Gallery**, eine phantasiereiche Zweckentfremdung eines alten, ungenutzten Schwimmbades als Galerie für zeitgenössische Kunst; besonders gut vertreten sind irische Künstler. Etwas nordöstlich der Galerie versteckt sich an der Alfred Street ein frühviktorianisches Juwel, die katholische **St. Malachy's Church**. Das Äußere mit seinen dunklen Backsteinen und dem rosafarbenen Anstrich wirkt eher enttäuschend, verbirgt aber ein überreich verziertes Inneres mit Fächergewölbe, Stuck und Jugendstilbuntglasfenstern mit hohen, violetten Lilien.

Noch weiter nordöstlich, dort, wo die Oxford Street auf die May Street

trifft, erhebt sich der hübsche, rote Backsteinbau des **St. George's Market**. In der spätviktorianischen Markthalle kauft ganz Belfast dienstags und freitags frische Blumen, Fisch, Obst und Gemüse unter einem gusseisernen Glasdach. Kunstveranstaltungen, Ausstellungen und Kunsthandwerksmärkte finden hier ebenfalls statt *(Auskunft: Tel. 028 9027 0386).*

Nördlich und östlich des Donegall Square warten eine Reihe anderer interessanter Sehenswürdigkeiten: **The Entries** ist ein Gewirr aus Gassen gleich südlich der High Street, dem Herzen des alten Belfast mit vielen unverwechselbaren Pubs (siehe S. 290 f). Am Beginn der High Street steht ein unübersehbares Belfaster Wahrzeichen, der 35 Meter hohe **Albert Memorial Clock Tower** von 1865. Der Turm neigt sich 1,25 Meter zur Seite – man musste ihn wegen des sumpfigen Untergrundes auf Holzpflöcken errichten, und im Laufe der Zeit haben sich diese verschoben. In Belfast scherzt man deshalb auch gerne »Albert weiß die Uhrzeit und wie betrunken man ist.«

Der morastige Untergrund ist auch für den unebenen Fußboden im Kirchenschiff der protestantischen **St. Anne's Cathedral** *(Tel. 028 9032 8332)* an der Donegall Street, westlich des Albert Tower, verantwortlich. Die 1904 geweihte Kirche wurde auf 25 Meter hohen Holzpfeilern gebaut, die sich ebenfalls verschoben haben. Dennoch ist der Fußboden aus kanadischem Ahorn und irischem Marmor im Kirchenschiff wunderschön; Gleiches gilt für die nach oben ragenden Pfeiler, die sich zu Kapiteln emporschwingen, auf denen typische Handwerke dargestellt sind. Dazu gehören Flachsspinnerei, Weben, Schiffsbau, Säen. Bei dem Kirchenbau wurden Steine aus allen 32 Grafschaften Irlands verwendet. Es gibt drei bezaubernde moderne Ostfenster mit christlichen Symbolen – Fisch, Weinreben, Weizen und ein Lamm.

An der Nordwand weist ein schlichtes Bronzedenkmal auf das Grab von Lord Carson (1854–1935) hin, dem erbitterten Gegner der Home Rule und Ulster-Führer (1911–21). ■

… der Crown Liquor Saloon bietet handfestere Genüsse

Ormeau Baths Gallery

✉ Ormeau Ave., Belfast

☎ 028 9032 1402

🕐 Geschl. So und Mo

Stadtführungen

EINE STADT WIE BELFAST MIT SEINER PROBLEMATISCHEN
und bewegten Geschichte lässt sich am besten mit einem Einheimischen erkunden, der das Gesehene auch erklären kann. Wer mit Black
Taxi Tours durch die konfessionell bestimmten Gettos von West Belfast fährt, eine Flussrundfahrt vom Belfaster Hafen über den River
Lagan unternimmt oder eine Tour durch die Pubs im Herzen der Altstadt wagt, wird Geschichten, Meinungen und Insiderwissen zu hören
bekommen, vor allem über die »Troubles« in Belfast. Wer auf eigene
Faust unterwegs ist, erfährt viel weniger.

BLACK TAXI TOURS

Mit dem Black Taxi zu den »Troubles«-Vierteln – Geschichte auf die etwas andere Art

Je nach Stimmung und Geselligkeit
des Fahrers kann eine Fahrt mit den
Black Taxi Tours unglaublich viel
Spaß machen. Man kann natürlich
auch eines der regulären schwarzen

Taxis benutzen, manchmal auch als
»People's Taxis« bezeichnet, die
kreuz und quer durch das westliche
Belfast fahren. Diese Taxis hatte man
in den 70er Jahren eingeführt, weil
viele Busse gestohlen und als Barrikaden zweckentfremdet wurden. Die
Taxis waren preisgünstiger als Busse
und verkehrten in einem busähnlichen Dienst auf den wichtigen
Strecken. Noch immer operieren sie
eigentlich wie Busse, nehmen Fahrgäste auf und setzen andere ab.
Empfehlenswerter ist da eine Fahrt
mit den vom irischen Tourismusverband geprüften Black Taxi Tours
von Michael Johnston.

Die genaue Strecke kann man mit
dem Fahrer aushandeln, der sie im
Übrigen gerne nach Ihren Wünschen
individuell gestaltet. Die Standardtour führt am Hafen vorbei, meist
am Lagan Weir, dem Lagan Lookout
und den großen Samson & Goliath-Kränen der Harland & Wolff-Werft
(siehe S. 299) vorbei, aber auch zu
Sehenswürdigkeiten in der Stadt wie
dem Crown Liquor Store und dem
Grand Opera House (siehe S. 284).
Doch die Hauptattraktion jeder
Fahrt beginnt mit dem Abstecher zur
Shankill und Falls Road, jenen Stadtvierteln in West-Belfast, wo der Nordirlandkonflikt ausgetragen wurde.

Das protestantische West-Belfast
beginnt an der **Crumlin Road** mit
der massiv umzäunten Orange Hall,
wo eine Statue von König William III.
hoch oben auf dem Dach neben dem

Der Lagan Weir hat den Fluss von einer verschmutzten Kloake in eine einladende Landschaft verwandelt

Black Taxi Tours
www.belfasttours.com
✉ E-Mail:
michael@belfasttours.com
☎ 028 9064 2264;
aus dem Ausland:
044 7860 127207
🕐 Abfahrt täglich ab
Innenstadt 10 Uhr,
12 Uhr, 14 Uhr,
16 Uhr, 18 Uhr
(20 Uhr im
Sommer)
💲 €€€ pro Person

Union Jack der Loyalisten, der britischen Flagge, steht. Die Arbeitslosigkeit ist hoch, und viele der alten viktorianischen Seitenstraßen sind verwahrlost, obwohl die Häuser allmählich besseren weichen.

Das **Crumlin Road Courthouse** steht gebieterisch an der Straße; es wurde von Belfasts wichtigstem viktorianischem Architekten, Sir Charles Lanyon, mit einem massiven Portikus und der Justitiastatue auf dem Dach als Symbol für die Würde des Gesetzes gestaltet – allerdings fehlt der Justitia die Waage, jemand hat sie gestohlen.

Gegenüber erhebt sich das noch bedrohlicher wirkende **Crumlin Road Gaol**, ein Tunnel unter der Straße verbindet beide Bauten miteinander. In den 70er und 80er Jahren fanden hier die Prozesse des

Diplock Courts unter Ausschluss der Öffentlichkeit statt; in machen Fällen wurde ein Gefangener jahrelang in Untersuchungshaft gehalten, bevor es überhaupt zum Prozess kam.

Einen Block weiter südlich verläuft die **Shankill Road** parallel zur Crumlin Road: Erstere ist die Hauptverkehrsstraße des protestantischen West-Belfast, im Grunde eine altmodische Durchgangsstraße eines Vorortviertels mit kleinen Familien- und Einzelhandelsgeschäften, Pubs und Wettbüros.

Kaum zu übersehen sind jedoch der Stacheldraht und der verstärkte Stahl an den Buchmacherläden oder die schweren Stahlfensterläden an einigen Geschäften – aufschlussreiche Beweise für das Bedrohungsgefühl in diesem Viertel. Die erbittert behauptete Identität der Loyalisten wird

Die gewagte Architektur der abends hell erleuchteten Waterfront Hall bietet einen phantastischen Anblick

The People's Museum

✉ Fernhill House, Glencairn Rd., Belfast

☎ 028 9071 5599

auch in riesigen Wandbildern, den berühmten *murals*, zum Ausdruck gebracht, die Giebelwände und ganze Hausmauern bedecken (siehe S. 292ff). Der Black-Taxi-Fahrer weiß natürlich, dass die Bilder zu beiden Straßenseiten die Hauptattraktion sind, und hält gerne an, damit Sie Fotos machen können. Er wird Ihnen auch über die Ereignisse erzählen, die sich hier zugetragen haben – wenn Sie möchten, in den schillerndsten Farben –, aber auch mit nachdenklichen Einsichten, wenn er merkt, dass Sie wirklich Interesse haben.

Fährt man die gesamte Länge der Shankill Road hinunter und dann weiter bis zum Ende der Glencairn Road, trifft man auf **The People's Museum**, eine Art Schnelldurchlauf durch die Sozialgeschichte des Shankill-Viertels und eine gut aufbereitete Geschichte des Unionismus – nach dem Besuch versteht man die Hintergründe und die Denkweise dieser protestantischen Enklave besser.

Die Gegend der religiös bestimmten Gewalt in Belfast war überraschend klein: Nur hundert Meter trennen die Shankill Road von der katholisch dominierten Falls Road und der Springfield Road im Süden. Hier wurde die **Peace Line** errichtet, um die Extremisten beider Seiten (und ihre Brandbomben) aus dem jeweils anderen Viertel fern zu halten.

Die **Falls Road** wirkt wie ein Spiegelbild der Shankill Road, obwohl hier die Bordsteine und Flaggen in Orange und Grün gehalten sind, den Farben der Nationalisten. Auch hier gibt es kleine Geschäfte und Läden, dieselbe Art von Pubs und eine unglaubliche Vielfalt an Wandbil

ihre Probleme zweifellos besser verstanden – und beendet die Tour mit einem Gefühl der Bewunderung für den Gleichmut und die Aufrichtigkeit der meisten Menschen in Belfast.

RIVER-LAGAN-FLUSSFAHRT

Die Flussfahrt auf dem River Lagan mit der *MV Joyce* zeigt Ihnen ein Belfast, das man nur vom Wasser aus erleben kann. Man legt am Donegall Quay neben dem **Lagan Lookout Visitor Centre** (siehe S. 298f) ab. Der Lagan war vor dem Bau des Lagan Weir 1994 eine stinkende und offene Kloake: Angesichts der Lachse und Meeresforellen, die heute flussaufwärts schwimmen, und der Angler am Ufer kaum vorstellbar.

Das Boot fährt unter der **Queen's Bridge** hindurch, dem ersten wichtigen Bauprojekt von Sir Charles Lanyon in Belfast. Die Lampenpfosten der Brücke sind mit Meeresgöttern verziert. Man passiert dann das alte **Custom House** (siehe S. 298f) sowie die Neubauten am Westufer, darunter die runde **Waterfront Hall** (1997) und das gläserne **Belfast Hilton** (1998). Am gegenüberliegenden Ufer kann man einen Blick auf die riesigen Werftenkräne **Samson and Goliath** erhaschen, die über den langen, roten Backsteinmauern der alten Sirocco-Fabriken schweben. Hier wurden einst Maschinen für die Teeblatttrocknung hergestellt. Neue, schicke Wohnkomplexe wie St. John's Wharf und St. Georges Harbour am Flussufer und die alten, roten Backsteinlagerhäuser am Pooter's Quay, in denen heute High-Tech-Firmen residieren, weichen allmählich den großen Schuppen der Tennants-Textilfabrik, einem der letzten traditionellen Unternehmen am Fluss.

Jenseits der großen grünen Bäume des **Ormeau Park** und der roten Backsteinterrasse des »**Holy**

dern. Wer mehr über das kulturelle Erbe des katholischen Belfast lernen möchte, sollte das kleine Zentrum von Sinn Fein an der Falls Road oder das **Cultúrlann MacAdam O'Fiaich** ein wenig weiter draußen besuchen; Letzteres ist ein irisches Kulturzentrum, wo man auch essen oder eine Tasse Tee genießen kann.

Weiter oben an der Springfield Road, die nordwestlich von der Falls Road abzweigt, liegt das noch immer extrem befestigte, unansehnliche Polizeirevier, das in der heißen Phase der Unruhen häufig Zielscheibe von Angriffen war. Ihr Fahrer kann Ihnen dazu mehr erzählen, wie auch über die republikanischen Gefallenen, die auf dem Milltown Cemetery rund 1,6 Kilometer weiter an der Falls Road begraben sind. Nach einer Black-Taxi-Fahrt hat man die Stadt und

River Lagan Cruise
www.laganboatcompany.com
✉ Lagan Boat Company, Donegall Quay, Belfast
☎ 028 9033 0844 oder 07718 910423
🕐 Abfahrtszeiten: Telefonisch erfragen
💲 €€

Cultúrlann MacAdam O'Fiaich
✉ 216 Falls Rd.
☎ 028 9093 9303

Neue Hüte, große Hoffnungen: Der Graduation Day an der Queen's University

Land« wird die Gegend ländlicher: Dieses »Heilige Land« umfasst die Damascus, Palestine und Jerusalem Street rund um die Ormeau Road. Austernfischer, Flussuferläufer und Brachvögel kann man am Kieselsteinflussufer sehen; im Wasser leben Aale, Meeräschen und sogar Seebarsche sowie kleine Schollen. Eisvögel zeigen ihr strahlendes Blau in den Schilfgrasfeldern, die von der Langanside Development Corporation angepflanzt wurden. Hier scheint das Ökosystem eines Flusses wieder zum Leben zu erwachen.

GEFÜHRTE RUNDGÄNGE

Wer gerne an kurzen, geführten Rundgängen durch die Stadt teilnehmen möchte, kann zwischen dem Old Town Walk (Altstadtführung) und einem Belfast City Centre Walk (Innenstadtführung) des Belfast Tourism Development Office *(Tel. 028 9032 0202)* wählen. Die vielleicht angenehmste Stadtführung ist die **Historical Pub Tour of Belfast** *(Tel. 028 9032 0202)*, die im ersten Stock des Flannigans Crown Liquor Saloon (siehe S. 284) jeden Donnerstag um 19 Uhr und am Samstag um 16 Uhr (Mai bis Ende September) beginnt. Jede feuchtfröhliche Kneipentour führt zu sechs von insgesamt elf ausgesuchten Kneipen.

Besonders einladend sind die **White's Tavern**, das älteste Pub von Belfast (1630) in der Winecellar Entry an der Lombard Street, mit geschwärzten Deckenbalken, Steinfußboden und viel Flair; auch die halbrunde Holztheke und die Nebenzimmer im stilvoll gealterten **Morning Star** an Pottinger's Entry und die **Bittles Bar** am Victoria Square, ein spitzer, dreieckiger Bau, voll gestopft mit Gemälden bekannter Schriftsteller, die der Belfaster Maler Joe O'Kane verewigt hat. Das beste Bild hängt über dem Podium im »spitzen Ende« des Pubs; es zeigt W. B. Yeats, James Joyce, Brendan Behan, George Bernard Shaw und Samuel Beckett beim Trinken an der Bar, während Oscar Wilde an den Bierhähnen zapft und Flann O'Brien aus einem Bilderrahmen hinter der gemalten Bar hinausschaut.

Wenn das Herz von Belfast im Stadtzentrum schlägt, dann gehen Magen und Leber wohl irgendwo an der **Golden Mile** verloren: Dieses Belfaster Vergnügungsdreieck südlich des Zentrums zwischen Great Victoria und Bedford Street erstreckt sich südlich des Shaftesbury Square bis zur **Queen's University** – hier findet man die meisten besseren Restaurants und Kneipen, wo auch spät nachts auf den Straßen noch immer etwas los ist. Die Queen's University (1845–49), ein weiterer Bau von Lanyon, ist im Tudorstil gehalten und zählt heute fast 10 000 Studenten, so dass es auf dem viereckigen Kolonnaden-Innenhof und den eleganten Plätzen auf dem Campus manchmal ganz schön laut zugeht.

Hinter der Universität, an der Stranmillis Road, laden die **Botanic Gardens** zu einem Spaziergang ein. Das heiße und schwüle **Palm House** (1839–40) mit seiner runden Spitze und lang gestreckten Seitenflügeln ist ebenso außergewöhnlich wie die mit einem Glasdach geschützte **Tropical Ravine**, die 1887 von dem Kurator Charles McKimm gegründet wurde, um die schwüle Hitze und Fruchtbarkeit eines Regenwaldflusses nachzubauen. Auf einem Balkon kann man sich auf Höhe der Baumkronen umsehen oder, etwas weiter unten, zwischen Bananen, Farnen und Orchideen, Hortensien, und Guaven umhergehen.

In der Nähe der Tropical Ravine steht das **Ulster Museum**, eines der besten Stadtmuseen Irlands. Die Kunstsammlung umfasst Werke von Pissarro über Sickert bis hin zu Stanley Spencer und Henry Moore, dazu gehört auch eine sehr gute Auswahl an Aquarellen und Zeichnungen. Turner, Gainsborough, Reynolds und Wilson sind hier die eher traditionellen Kunstvertreter;

außerdem gibt es etliche Werke des in Belfast geborenen Künstlers Sir John Lavery (1856–1941).

Zu den historischen Exponaten gehören Bronze- und Goldkreuze, Broschen, Reliquiare und Schmuck. In der Technologieabteilung kann man die großartigen Maschinen bestaunen, die in der Industriellen Revolution der Textilproduktion in Belfast so viel Geld einbrachten.

Doch am spannendsten sind die persönlichen Gegenstände und der Schatz aus Schmuck, Gold und Silber, den man 1967–69 aus dem Wrack der *Girona* bergen konnte, einem spanischen Kriegsschiff, das in der Nähe des Giant's Causeway (siehe S. 306 f) bei der Vernichtung der spanischen Armada 1588 mit 200 Passagieren auf Grund gelaufen und gesunken war. ∎

Ulster Museum
www.ulstermuseum.org.uk
✉ Botanic Gardens, Belfast
☎ 028 9038 3000

Das Palm House in den Botanic Gardens – Triumph viktorianischer Gartenarchitektur aus Glas und Gusseisen

Botanic Gardens
✉ Stranmillis Rd., Belfast
☎ 028 9033 5252

Wandbilder und »The Troubles«

Wer die berühmten, konfessionell geprägten Wandbilder, die *murals*, in Belfast zum ersten Mal sieht, ist vielleicht schockiert: Sie scheinen Gewalt zu propagieren – mit helmbewehrten, bewaffneten Männern und intoleranten Aufrufen wie »Iren raus«, »Englands Völkermord«, »Niemals aufgeben« haushoch auf Mauern und Wänden. Gleichzeitig wirken sie wie eine Spielwiese für eine Art von Machismos, der ihnen wiederum etwas von ihrer Aggressivität nimmt.

Die republikanischen Helden des Osteraufstandes 1916 paradieren auf einer Giebelwand – zeitgenössische politische Kunst in Belfast

Als »politische« Bilder – ein Euphemismus, den die Tourismusbranche geprägt hat – wirken viele reichlich übertrieben, doch als volkstümliche Kunst, die Gefühle ausdrückt, üben sie eine große Faszination aus. Die Bilder entstehen und verschwinden mit dem Abriss und Neubau von Häusern; doch die Gegenden mit Bildern in Belfast wechseln kaum. Republikanische Motive findet man vor allem rund um die Falls und die Springfield Road, die Straßen um das Ballymurphy-Anwesen und den Ardoyne weiter nördlich sowie im Viertel Short Strand im Osten von Belfast. Die loyalistischen Bilder sieht man meist rund um die Shankill und Crumlin Road und in Ost-Belfast rund um die Lower Newtownards Road.

Die Inhalte der Bilder spiegeln die seit 30 Jahren andauernden Unruhen (»Troubles«) zwischen Protestanten und Katholiken, zwischen Anhängern eines britischen Nordirland und Befürwortern einer freien, mit Irland vereinten Provinz, wider. Loyalisten mit ihrer Belagerungsmentalität und ihrem Wunsch, den Status quo zu verteidigen, neigen eher dazu, aggressive, martialische Bilder von einschüchternden, jungen Paramilitärs mit erhoben Waffen zu ma-

len, die eine verwirrende Anzahl illegaler Organisationen unterstützen: die UDA (Ulster Defence Association), UVF (Ulster Volunteer Force), UFF (Ulster Freedom Fighters), LVF (Loyalist Volunteer Force) und viele mehr. Die republikanischen Bilder sind romantischer und kreativer: Lächelnde Menschen im Hungerstreik rufen jeden dazu auf, sich anzuschließen; Figuren aus der irischen Mythologie jagen britische Soldaten zurück über das Meer. Die Katholiken – bei der Wohnungssuche, am Arbeitsplatz, von der Polizei und dem Sozialsystem diskriminiert – begannen mit einer Reihe von Bürgerrechtsmärschen, die rasch zu Auseinandersetzungen mit Polizei und Loyalisten ausarteten, vor allem rund um Derry's Bogside, ein verarmtes katholisches Getto, das in den ersten republikanischen Bildern in »Free Derry« umbenannt wurde. Britische Truppen erschienen am 14. August 1969 erstmals auf den Straßen von Derry, zwei Tage später auch in Belfast. Zunächst empfanden die Katholiken die Soldaten als Beschützer, doch bald hatten sie die Armee genauso wie die Royal Ulster Constabulary als Unterdrücker abgetan – und zwar ausländische. 1971 begann die IRA Schießereien und Bombenanschläge, um die britische Armee zum Rückzug zu zwingen. Die Regierung versuchte die Unruhen niederzuschlagen, dabei wurden Personen auch ohne Prozess und direkte (parlamentarische) Kontrolle aus Westminster inhaftiert. Schließlich wurden am 30. Januar 1972, dem »Bloody Sunday«, 13 Menschen in Derry von britischen Fallschirmjägern erschossen; die IRA begann daraufhin 1974 mit einer Anschlagserie auf der britischen Insel und tötete 21 Jugendliche mit Bombenanschlägen auf ein Pub in Birmingham. Die Loyalisten übten Vergeltung, indem sie ihre eigenen paramilitärischen Gruppen aufstellten – zwei Jahrzehnte von blu-

Republikanische Wandbilder umfassen zeitlose sentimentale Motive (oben), bemühen sich aber auch, neue Mythen zu schaffen und Menschen zu mobilisieren

tigen Anschlägen und Gegenanschlägen folgten. Die Loyalisten wollten keine Veränderung im Status von Nordirland innerhalb Großbritanniens; die Nationalisten forderten Bürgerrechte und wünschten sich, Teil eines vereinten Irland zu werden. Keine Seite gab nach oder hörte der anderen auch nur zu.

1975 wurde die Inhaftierung ohne Prozess abgeschafft, doch die republikanischen Gefangenen, die bis dahin den Sonderstatus als »poli-

tische« Häftlinge genossen hatten, verloren damit ihre politische Rolle. Der Widerstand in den Gefängnissen eskalierte 1981, als zehn Hungerstreikende sich im Maze-Gefängnis südlich von Lisburn zu Tode hungerten, um so ihren politischen Status zu erzwingen – ohne Erfolg. Es sind ihre Gesichter, die heute aus den Bildern an der Falls Road blicken oder hinablächeln.

In den 80er Jahren spalteten sich radikalere Splittergruppen von der paramilitärischen

Oben: Bobby Sands lächelt im republikanischen West-Belfast von der Wand

Hauptorganisation ab und erschwerten das Leben aller. Dennoch kam Bewegung in die Politik: Der Versuch 1973, eine Regierung unter Beteiligung aller Gruppen für Nordirland zu etablieren, wurde im folgenden Jahr durch einen provinzweiten Streik der protestantischen Arbeiter vereitelt. 1982 gründete man eine Northern Ireland Assembly, in der alle Gruppen vertreten waren; 1985 wurde schließlich das Britisch-Irische Abkommen unterzeichnet, das bei den Unionisten verhasst war, aber Dublin bis zu einem gewissen Grad integrierte: Die Mitwirkung der Regierung der Republik Irland, die so lange antibritisch eingestellt gewesen war und auf ihren Anspruch auf Kontrolle über die sechs Landkreise im Norden gepocht hatte, war ein entscheidender Schritt zur Lösung des Konflikts.

In den 90er Jahren standen die Zeichen auf Entspannung: In der Downing-Street-Erklärung von 1993 verzichtete die britische Regierung auf jedes »eigene strategische oder wirtschaftliche Interesse« an Nordirland; die Regierung in Dublin akzeptierte, dass jede Änderung im Verfassungsstatus der Provinz nur mit der Mehrheit der Bevölkerung vorgenommen werden durfte. Und am 31. August 1994 erklärte die IRA die »vollständige Beendigung« der Gewalt; die paramilitärischen Gruppen der Loyalisten folgten dem Beispiel. Die britische Regierung reagierte mit einem Teilabzug der Truppen, Straßensperren und Grenzkontrollpunkte wurden abgeschafft – erstmals gab es einen Hoffnungsschimmer! Allerdings wurde er durch die Bombenanschläge der IRA auf der britischen Insel 1996 getrübt.

Mit der Wahl der Labour-Regierung in London im Mai 1997 schlug die Stimmung um: Die Mehrheit der neuen Regierung war stark genug, um den Widerstand der Unionisten zu brechen und Fortschritte zu erzielen. Am 10. April 1998 wurde das »Good-Friday«-Abkommen (dt. »Karfreitagsabkommen«) verkündet. Sie beendete den Anspruch der Republik Irland auf die sechs nordirischen Counties, versprach die Freilassung paramilitärischer Gefangener, die Entwaffnung der paramilitärischen Gruppen und eine unabhängige Kommission über die Kontrolle Nordirlands und schlug die Wahl eines nordirischen Parlaments vor.

Dennoch steht Nordirland gewaltigen Problemen gegenüber: Es hat Bombenanschläge, Schlägereien und Schießereien auch nach jenem Karfreitag gegeben. Die jährlichen Oranier-Märsche sind noch immer Brennpunkte der Gewalt. Und die Entwaffnung ist noch immer

nicht vollzogen. Ein verheißungsvolles Zeichen: Auf einer Wand an der York Road prangt sogar ein gemeinsames Bild aller Gruppen – einen Bogen gestalteten die Protestanten, den anderen die Katholiken und einen dritten jene, die sich konfessionell nicht gebunden fühlen. ■

Militaristische, protestantische Künstler stellen ihre paramilitärischen Helden gerne als Gründer einer regulären Armee dar (oben). Republikanische Künstler arbeiten lieber mit feiner Ironie (unten)

Familienpicknick auf dem Cave Hill, mit herrlicher Aussicht über Belfast Lough

Zu Fuß auf den Cave Hill

Dieser schöne Spaziergang ist bei Belfastern sehr beliebt. Er führt zu prähistorischen Höhlen auf dem Berg hinter der Stadt, zu einem Felsen, an dem die United Irishmen 1795 einen Eid auf Irland ablegten, und zum Heritage Centre in Belfast.

Beginnen Sie die Tour am Parkplatz an der Südseite des Belfast Castle, folgen Sie den blauen Pfeilen auf dem Boden, die die **Blue Route** markieren, und gehen Sie bis zu einer T-Kreuzung, wo Sie sich rechts halten. Nach einem halben Kilometer geht es links ab, dann bergauf unter einer großen Basaltklippe, die als **Napoleon's Nose ❶** bekannt ist. In rund 300 Metern Entfernung, an einem Stein mit zwei blauen Pfeilen und dem Hinweisschild auf »McArt's Fort«, gehen Sie weiter bergauf. 300 Meter hinter dem Wald biegen Sie erneut links ab in Richtung der **Höhle ❷**, in die Sie hineinklettern können. Von hier oben bietet sich eine herrliche Aussicht: Belfast erstreckt sich entlang des Belfast Lough mit der dunkel schimmernden Ards Peninsula.

Die Höhle selbst ist eine von fünf jungsteinzeitlichen Fundstätten; die Menschen fanden hier Feuerstein in den Kalkfelsen unter der Basalthügelspitze. Auch Eisen wurde hier abgebaut, wie die offenen Gruben belegen. Vielleicht war es an dieser Stelle oder in **McArt's Fort ❸**

auf dem Gipfel, wo sich 1795 Wolf Tone, Henry Joy McCracken, Dr. William Drennan und eine kleine Gruppe ihrer Freunde, die meisten von ihnen Presbyterianer, trafen, um einen Schwur zu leisten, nach dem jeder Ire jeglicher Herkunft für die Unabhängigkeit kämpfen sollte. Dies war die Geburtsstunde der »United Irishmen«, einer Rebellenorganisation, deren Anführer 1798 blutig zu Tode kommen sollten.

Um McArt's Fort zu erreichen, wendet man sich vor der Höhle auf einem schmalen Pfad unter den Felsen nach rechts. Oberhalb des Abhangs muss man noch ein Kuhgatter überwinden. Gehen Sie weiter links hinauf; nach rund 300 Metern klettern Sie über ein weiteres Rindergatter und gehen weiter hinauf (mit dem Zaun auf der rechten Seite), halten sich aber weiter links, um eine Bodensenke zu überqueren, und erreichen das Fort in 360 Metern Höhe.

Gehen Sie denselben Weg durch den Wald zurück bis zum Stein mit den Pfeilen. Gehen Sie weiter bergab links hinunter, nach rund 150

Metern setzen Sie den Weg weiter geradeaus bis zu einer Kreuzung von Waldpfaden fort.

Orientieren Sie sich an dem blauen Pfeil auf einem Stein am **Volunteers' Well ④**. Am Parkplatz gehen Sie rechts zum prunkvollen **Belfast Castle ⑤**, das 1867–70 für den Marquis von Donegall errichtet wurde.

Das **Cave Hill Heritage Centre** (*Belfast Castle, Tel. 028 9077 6925*) im zweiten Stock vermittelt Einblicke in das Tierleben, die Geologie und die Geschichte der Gegend. ∎

🗺 Siehe Karte S. 301 F3

➤ Belfast Castle Parkplatz, Cave Hill Country Park – ausgeschildert an der A6 Antrim Road, sechs Kilometer nördl. des Stadtzentrums. City Bus 8, 9, 10, 45–51 ab Donegall Square

↔ 3,5 Kilometer

🕐 2 Stunden

• Kostenlose Karte und Literatur im Belfast Castle Heritage Centre

➤ Belfast Castle

UNBEDINGT ANSEHEN

• Napoleon's Nose
• Höhle
• McArt's Fort
• Cave Hill Heritage Centre

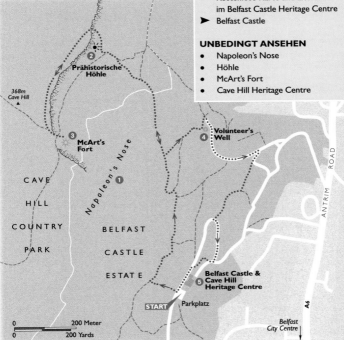

Der Unionist Sir Edward Carson (1854–1935) steht unerschrocken vor Stormont Castle

Weitere Sehenswürdigkeiten rund um Belfast

LAGAN TOWPATH

Wer den Lagan zu Fuß und flussaufwärts von Belfast aus erkunden möchte, sollte den 18 Kilometer langen **Lagan Towpath Walk** durch den idyllischen, bewaldeten Lagan Valley Regional Park wählen. Vier Wanderführer gibt es im Belfast Welcome Centre. Der Pfad beginnt am Parkplatz der Lockview Road. Hinter dem Tor der Botanic Gardens geht man links neben dem Ulster Museum die Stranmillis Road hinauf, dann rechts auf die Lockview Road. Der alte Zugpfad führt durch ein 1600 Hektar großes Gebiet aus Wald, Wiesen und Marschen bis zum Zielpunkt in Lisburn.

Nach fünf Kilometern kann man zwei der schönsten grünen Oasen von Belfast genießen: Das **Malone House** (Barnett Park, Upper Malone Rd., Belfast, Tel. 028 9068 1246, Haus So geschl., City Bus 70, 71) südlich des Stadtzentrums ist ein hübsches, restauriertes, spätgeorgianisches Haus mit einem ausgezeichneten Restaurant inmitten eines 40 Hektar großen Anwesens, auf dem im Frühjahr Azaleen und Rhododendren blühen.

Etwa 1,6 Kilometer vom Malone House entfernt, ebenfalls an der Upper Malone Road, lädt der **Sir Thomas and Lady Dixon Park** (City Bus 71) mit einer abwechslungsreichen Landschaft aus Wiesen, Wäldern und Wasser sowie den City of Belfast International Rose Gardens (vier Hektar mit mehr als 30 000 Strauchrosen) ein. Ab Mitte Juli bieten sie einen spektakulären Anblick; im Frühjahr blühen im Park auch Narzissen. ⚑ 281

STORMONT

Ideale Wandermöglichkeiten bieten sich rund um Stormont, etwa acht Kilometer östlich des Stadtzentrums von Belfast. **Stormont Castle**, 1928 aus Portlandstein erbaut (Tel. 028 9052 0100, City Bus 16, 17, 20), Sitz der Northern Ireland Assembly, ragt spektakulär am Ende eines 1,6 Kilometer langen Weges empor. Das Schloss ist für Besucher nur nach Anmeldung zugänglich; allerdings kann man im bewaldeten Park (120 Hektar) spazieren gehen. ⚑ 301 F3

DIE WATERFRONT

Der Hafen von Belfast hat seit dem Bau des Lagan Weir mit seinen fünf stählernen Schleusentoren 1994 eine Wiedergeburt erlebt. Das Wehr hat den Flusspegel stabilisiert, die starke Geruchsentwicklung unterbunden und Laganside in ein einladendes Viertel verwandelt. Das **La-**

gan **Lookout Visitor Centre** (*Lagan Weir, Donegall Quay, Tel. 028 9031 5444*) bietet mit seinen großen Fenstern eine Aussicht auf das Wehr. Hier werden auch Ausstellungen zum Schiffbau in Belfast und zur Geschichte des Flusses gezeigt. Auf der anderen Seite sieht man die riesigen Zwillingskräne Samson und Goliath der Harland & Wolff-Werft; ihre schlanken, gelben Stahlgerüste erheben sich 91 Meter und sind 137 Meter lang. Die Kräne erinnern an die Bedeutung der Belfaster Werften, wo Schiffe wie die 1912 vom Stapel gelaufene *Titanic* gebaut wurden. In der Blütezeit des Schiffbaus arbeiteten hier über 25 000 Menschen, heute sind es einige Hundert. Gleich hinter dem Lagan Lookout steht das **Custom House**, 1854–57 von Sir Charles Lanyon errichtet; der Giebel ist mit Meeresstatuen, Neptun, Britannia, Delphinen und Ankern verziert.

Auf der anderen Flussseite erhebt sich das 150 Millionen Dollar teure Sport- und Kulturzentrum **Odyssey** (*Tel. 028 9045 1055*) gegenüber dem altehrwürdigen Zollhaus.

Geht man auf der Meeresseite vom Lagan Lookout am Donegall Quay entlang und unter der Autobahnbrücke durch, trifft man hinter einer Ecke auf zwei der interessantesten Bauten von Belfast. Das **Harbour Commissioner's Office** (*Corporation Square, Tel. 028 9055 4422, info@belfast-harbour.co.uk, Besuche nach Voranmeldung*) von 1854 hat ein mit Buntglas und feinen Stuckarbeiten reich ausgestaltetes Inneres. Im ersten Stock sind vor allem Gemälde von Segelschiffen in schwerer See und historische Hafenszenen aus Belfast von Eyre Macklin, einem bekannten Maler der Jahrhundertwende, zu sehen; im Barnet Room mit seiner bemalten und stuckverzierten Tonnendecke zeigen die Buntglasfenster die Insignien der Handelspartner von Belfast im britischen Empire – Australien, Kanada, die USA, Indien, Italien und die Kapkolonie in Südafrika.

Gleich an der Straße steht auch die **Sinclair Seaman's Church** (*Corporation Square, Tel. 028 9071 5997, Öffnungszeiten bitte telefonisch erfragen*). Sie wurde 1857 von Sir Charles Lanyon gebaut. Die Einrichtung dieser L-förmigen Presbyterianerkirche mit frei stehendem, italienisch beeinflussten Turm, ist von nautischen Motiven geprägt. Fischer- und Schlepperboote sind in den Buntglasfenstern zu erkennen, die Kollektenbehälter sind als Miniatur-

rettungsboote gestaltet, und die Kanzel hat die Form eines Schiffsbugs. An den Wänden hängen Masten einer Guinnessbark, Schiffssignallampen für Backbord und Steuerbord sowie eine Rettungssignallampe, mit der Schiffbrüchige Hilfe herbeiriefen. Sonntags werden beim Gottesdienst 50 Plätze stets für Matrosen auf Landgang freigehalten, und der Beginn des Gottesdienstes wird mit sechs Schlägen der Messingschiffsglocke von der *HMS Hood* angezeigt – das Schiff wurde in der Hafeneinfahrt im englischen Portsmouth während des Ersten Weltkriegs von einem deutschen U-Boot versenkt. 281 ■

Ungewöhnliches in der Sinclair Seamen's Church: Sie ist wie ein Schiff eingerichtet, damit sich Matrosen wie zu Hause fühlen

Grafschaften in Nordirland

Die Counties (Grafschaften) von Nordirland erstrecken sich rund um den Lough Neagh. Dieser See ist mit einer Fläche von 400 Quadratkilometern der größte der britischen Inseln. Fünf der sechs nordirischen Grafschaften – Armagh, Down, Antrim, Londonderry und Tyrone – grenzen an das flache Seeufer. Nur Fermanagh County weiter im Westen hat keine direkte Verbindung zum Lough Neagh. Trotz des riesigen Sees, der vielen schönen Hügelketten und einer teilweise spektakulären Küste ist das ländliche Nordirland touristisch kaum erschlossen.

Im County Tyrone liegt der größte Teil der Sperrins, einer idyllischen Hügellandschaft, die zum Wandern oder zu Autoausflügen einlädt. Durch die »Taille« des Landkreises schlängelt sich ein breiter Gürtel aus Moorlandschaft mit zahlreichen archäologischen Fundstätten.

Dunluce Castle, eine der Sehenswürdigkeiten an der Antrim Coast

Die Grafschaft Antrim ist auf Grund seiner atemberaubenden Kalk- und Sandstein- sowie Basaltfelsklippen an der Küste nördlich von Belfast der bekannteste der sechs Landkreise: Diese Küste besteht aus einer Reihe von nach Osten gerichteten Glens (Schluchten) und wird am Ende von rund 37 000 achteckigen Felssäulen im Giant's Causeway gekrönt.

Die Grafschaft Londonderry ist der westliche Nachbar von Antrim und stolz auf die zweitgrößte Stadt Nordirlands, Londonderry (Derry). Der Ortskern liegt innerhalb einer der am besten erhaltenen Stadtmauern Irlands. Auf den Felsklippen der nach Norden blickenden Derryküste liegt Downhill, im 18. Jahrhundert Landbesitz des exzentrischen Bischofs von Londonderry.

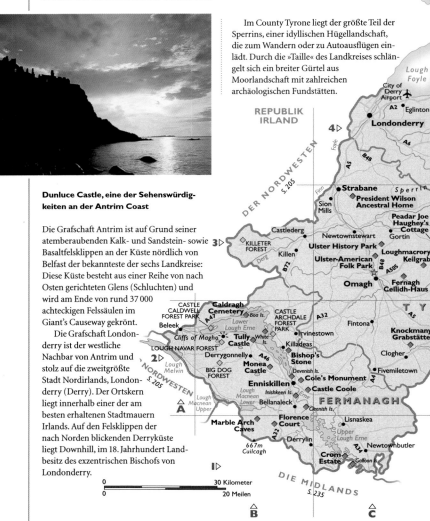

Weiter im Westen laden die beiden Zwillingsseen Upper und Lower Lough Erne (80 km Länge) mit hervorragenden Möglichkeiten für Boots- und Angeltouren ein.

Das County Armagh bietet das Lough Neagh Discovery Centre und die historische Stadt Armagh sowie die Drumlin Hills des südlichen Armagh und das

vulkanisch geprägte Slieve Gullion. Nach Norden, in Richtung Belfast, erstreckt sich die Grafschaft Down mit den Mourne Mountains im Süden, St. Patrick's Country im Zentrum und dem Wildvogelparadies Strangford Lough im Norden. ■

County Antrim

DAS COUNTY ANTRIM IST BESONDERS AUF DIE SPEKTAKU-
läre Küste und das grüne Landesinnere stolz. Die Gegend erstreckt
sich auf 120 Kilometern Länge zwischen Carrickfergus und Portrush.
Die Basalt- und Sandsteinlandschaft wirkt wie ein riesiger natür-
licher Skulpturenpark wirkt. Eine Fahrt auf der Küstenstraße durch
Antrim gehört zu den Höhepunkten jeder Irlandreise.

VON CARRICKFERGUS NACH LARNE

Zunächst führt die Küstenstraße A2
nördlich aus der Stadt durch die
Vororte von Newtownabbey bis
nach **Carrickfergus**, wo das große
und gut erhaltene Norman Castle
einen Besuch lohnt.

Carrickfergus Castle erhebt
sich auf einem Felssporn am Hafen,
mit einem 30 Meter hohen *Keep*,
einem Bergfried, der zwischen den
grauen Festungsmauern emporragt.
Sir John de Courcy errichtete die
Burg 1180 als Bastion gegen poten-
zielle Angriffe über den Belfast
Lough. Die Burg überstand etliche
Belagerungen durch Schotten, Franzosen und selbst Engländer – angesichts der strategisch günstigen Lage
kein Wunder.

Im Stadtzentrum kann man am
Marktplatz die **Church of St. Nicholas** aus dem 12. Jahrhundert bestaunen. Die Kirche enthält bemerkenswertes, mittelalterliches Glas
und birgt ein wunderschön verziertes Grab aus dem 17. Jahrhundert.

Etwas nördlich der Stadt tauchen
Hinweisschilder für das **Andrew
Jackson Centre** auf; zwar präsentiert die reetgedeckte Hütte Ausstel-
lungsstücke zum Leben des früheren
US-Präsidenten (1767–1845), doch
die eigentliche Verbindung Jacksons
zu diesem Haus ist eher vage.

Außerhalb von Carrickfergus
lohnt ein elf Kilometer langer Abstecher rund um die **Island Magee
Peninsula** (über die B150, nördlich
von Whitehead von der A2 ab-

gehend). Der Priel des Larne Lough
wird fast vollständig vom östlichen
Arm der Island Magee umschlossen
und eignet sich gut für Vogelbeob-
achtung und Bootsausflüge; die
Landzunge selbst bietet schöne Felsklippen bei Gobbins mit Blick nach
Osten auf die Irische See.

Eine Fähre verbindet Ballylum-
ford am nördlichen Ende der Halbinsel mit **Larne**, einem geschäftigen
Küstenhafen ohne viel Flair. Larne
ist der Ausgangspunkt für die Antrim
Coast, die man auf der Fahrt gen
Norden auf der A2 streift – übrigens
eine Route, die selbst eine Sehenswürdigkeit ist: Sie wurde 1834 von
Sir Charles Lanyon, im 19. Jahrhundert der bedeutendste Architekt in
Belfast, als Projekt entwickelt, um
den verarmten Einwohnern der Region Arbeit zu geben. Gebaut hat die
Küstenstraße der schottische Inge-
nieur William Bald; sie schlängelt
sich durch die Felsen und überquert
die Mündung aller neun Glens in
Antrim. Mit dem Bau der Straße
nahm der Handel zu, und recht bald
reisten auch Urlauber auf der Suche
nach romantischen Landschaften
hierher.

VON BALLYGALLY NACH CUSHENDALL

Hinter Ballygally schwingt sich die
Küste bei **Carnlough** zu einigen
spektakulären Kalksteinfelsen empor.
Das idyllische Fischerdorf mit Hafen
schmiegt sich an die Carnlough Bay;
diese Felsen sind allerdings nur ein
Vorgeschmack auf die atemberau-

**Carrickfergus Be-
sucherinformation**
🅰 301 F3
✉ Antrim Street,
Carrickfergus,
County Antrim
☎ 028 9335 8000

**Carrickfergus
Castle**
🅰 301 F3
✉ Carrickfergus,
County Antrim
☎ 028 9335 1273

**Andrew Jackson
Centre**
🅰 301 F3
✉ Larne Road, 3 km N
von Carrickfergus
☎ 028 9335 8049

**Larne Besucher-
information**
🅰 301 F4
✉ Narrow Gauge Rd.,
Larne
☎ 028 2826 0088

benden Klippen der **Antrim Coast** und ihrer Glens. In Antrim gibt es zahlreiche Glens oder Schluchten, neun von ihnen werden als Antrim Glens bezeichnet. Die Antrim Glens entstanden einst durch Flüsse und wurden von eiszeitlichen Gletschern und Schmelzwasser, Kälte und Erosion geformt. Die Glens verlaufen in nordöstlicher Richtung, winden und schlängeln sich durch Kalk-, Sand- und Basaltgestein an der Küste.

Ihre stille Tiefe mit den Waldungen und den umliegenden Mooren und kahlen Felsen hat etwas Geheimnisvolles an sich. Die Glens sind ein beliebtes Besucherziel, doch wer den Wagen abstellt und die idyllischen Täler zu Fuß erkundet, wird die Landschaft fast allein genießen können. **Glenarm** und **Glencloy** haben durch die Carnlough Bay direkten Meereszugang; von hier aus windet sich die Straße am Fuße der Felsen um den Garron Point. Dort geht die Kalksteinlandschaft in staubigen, roten Sandstein über, und die mit Höhlen durchsetzten Felsklippen steigen auf 250 Meter Höhe an. Gleich hinter dem Garron Point

beginnt der atemberaubendste Abschnitt der Antrim Coast, da die Küstenebene auf ein grünes, fünf Kilometer langes, vorgelagertes Landstück abflacht.

Glenariff, Glenballyeamon und **Glenaan** vereinen sich hier, ihre Mündungen werden nur von der 360 Meter hohen Felsnase von Lurigethan getrennt.

Im Küstendorf **Waterfoot** an der Red Bay biegt man links landeinwärts ab; am Ufer der Bucht zeigen sich noch immer Flecken des in Glenariff bis Mitte des 20. Jahrhunderts abgebauten Eisenerzes.

Fahren Sie weiter den Glenariff hinauf, den breitesten und spektakulärsten der Glens; die Straße steigt unter den dunklen Granitfelswänden an, darüber strömen nach heftigen Niederschlägen ganze Wasserfälle in die Tiefe. Der **Glenariff Forest Park** ist am Ende des Glen ausgeschildert; man kann den Wagen auf dem Parkplatz stehen lassen, um kurze Naturpfade, eine mittellange Panoramastrecke oder den fünf Kilometer langen **Waterfall Trail** zu einigen der besten Wasserfälle im Glenariff zu erkunden.

Carnlough wurde für protestantische Siedler gebaut und wirkt deshalb sehr strukturiert und harmonisch

VON CUSHENDALL NACH BALLYCASTLE

Zurück an der Red Bay, bringt Sie die Straße in das recht große Dorf **Cushendall**; von hier führt ein weiterer Abstecher auf der B14 den Glenballyeamon hinauf. Von Cushendall passiert man auf einer Landstraße ein Golfresort und fährt über den lang gestreckten Hügel des Cross Slieve eine kurze Strecke bis zum Zwillingsdorf von Cushendall, Cushendun, am Fuße des Glendun. Wenn Sie auf der A2 weiter landeinwärts fahren, können Sie nach 1,6 Kilometern eine ausgeschilderte Straße zu **Ossian's Grave** nehmen. Am besten lässt man das Auto am Fuße des steilen Farmwegs, der zum Denkmal hinaufführt, einfach stehen: Die Belohnung für den knapp 15-minütigen Aufstieg ist eine herrliche Aussicht über die Glens, die Berge und die Küste an Ossian's Grave. Halbkreisförmige, spitz zulaufende, hornähnliche Vorhöfe bewachen das 4000 Jahre alte Hügelgrab, eine heilige Stätte. Der Legende nach liegt hier Ossian, der Sohn von Fionn MacCumhaill, begraben.

Eine Nebenstraße steigt den wenig besuchten **Glenaan** bis zu einer Straßenkreuzung im wilden Moor hinauf; halten Sie sich hier rechts, um in Richtung Meer durch den bewaldeten **Glendun** zurückzufahren. Man passiert den roten Sandsteinviadukt mit drei Bögen, auf dem Sir Charles Lanyon die Hauptküstenstraße über den Glendun River führte; im Craigogh Wood ist auf einem Messefelsen aus dem 18. Jahrhundert eine eingeritzte Kreuzigungsszene zu erkennen.

Unterhalb davon liegt **Cushendun**, ein reizvolles Dorf wie aus dem Bilderbuch, das heute vom National Trust gepflegt wird. Das Dorf entstand im frühen 20. Jahrhundert für Lord Cushendun und wurde von dem Architekten Clough William-Ellis entworfen. Die weißen Kalkmauern und die Schieferdächer der robusten Häuser schimmern zwischen den Bäumen durch.

Die A2 führt auf einem 16 Kilometer langen Abschnitt durch das Moor landeinwärts bis nach Ballycastle. Eine reizvollere Alternative bietet die etwas holperige Küstenstraße nach **Torr Head** (als

»Scenic Route« ausgeschildert), die sich in Serpentinen durch die hochliegende, hügelige Küstenlandschaft mit Bauernhöfen und Feldern an den Hängen am Torr Head vorbeischlängelt (hier gibt es einen Parkplatz mit Meerblick – ein Muss, falls Sie ein Picknick planen) und zurück nach Ballyvoy und zur A2 führt.

Von hier ist es nur eine kurze Strecke bis nach **Ballycastle**. Der hübsche kleine Ferienort am Meer erwacht beim Lammastide am letzten Montag und Dienstag im August zum Leben. An diesen Tagen wird seit 400 Jahren die **Ould Lammas Fair** gefeiert, bei der Fans von Seealgen, Schalentieren und »Yellowmen« (Honigbonbons) zusammenströmen. Die Speiserotalgen werden von den Felsen der Gegend gesammelt und getrocknet – man isst sie entweder naturbelassen oder nach Geschmack leicht geröstet. Yellowman-Bonbons sind dagegen leuchtend gelb und außergewöhnlich hart.

Von Ballycastle legt täglich eine Fähre zur **Rathlin Island** ab, einer friedlichen und hübschen Insel, die man nicht versäumen sollte. Das L-förmige Eiland misst von Ost nach West gerade einmal acht Kilometer und fünf Kilometer von Nord nach Süd. Hier leben rund 70 Insulaner vom Tourismus, der Landwirtschaft und dem Fischfang (und zwar in dieser Reihenfolge). Die Hauptattraktion ist das **Kebble Cliffs National Nature Reserve** am Westzipfel, wo rund 250 000 Seevögel – Eissturmvögel, Dreizehenmöwen, Lunde, Tordalks und Seetaucher – kreischend durch die Luft schwirren, wenn sie hier zwischen April und Juli nisten. Im Hafendorf gibt es einen Pub und im **Boathouse Centre** ein Inselmuseum.

VON BALLINTOY NACH PORTRUSH

Vor Ihnen liegen nun die drei Haupttouristenattraktionen der Antrim Coast, zwei von Menschenhand geschaffen und eines ein Naturwunder (oder das Werk eines Riesen, je nachdem, was man so glaubt). Zunächst trifft man auf die **Carrickarade (Carrick-a-rede) Rope Bridge** bei Ballintoy, ein beängstigendes Gewirr aus Seilen und Holzplanken, das in jeder Saison von örtlichen Fischern zwischen den Felsklippen auf dem Festland und einem riesigen Felsen (fast eine Insel) vor der Küste gespannt wird. Dieser Felsen erhebt sich mitten im Durchzugsgebiet der Lachse auf ihrem Laichweg, so dass sie hier links und rechts vorbei-, damit aber in die geschickt von den Fischern ausgelegten Netze hineinschwimmen. Die 20 Meter lange Brücke ist eine Besucherattraktion. Zwar schaukelt, schlingert und wippt sie beim Hinübergehen – ganze 25 Meter über dem Meer! –, ist aber dennoch sicher.

Elf Kilometer hinter Carrickarade liegt die berühmteste (und daher gut ausgeschilderte) Touristenattraktion von Nordirland, der **Giant's Causeway** (Fußweg des Riesen), eine Fläche aus rund 37 000 sechseckigen Basaltsteinsäulen, die durch

Die frei hängende, schwankende Seilbrücke in Carrickarade

Boathouse Centre Museum
- 301 E5
- Rathlin Island Harbor
- 028 2076 3951
- Geschl. Sept.–März

Carrickarade Rope Bridge
- 301 E5
- Nahe Ballintoy, County Antrim
- 028 2073 1159
- Geschl. Okt.–März

Old Bushmills Distillery
www.bushmills.com
- 301 E5
- Bushmills, County Antrim
- 028 2073 3224
- Geöffnet für Führungen April–Okt. täglich; Nov.–März Mo–Fr

einen Lavastrom nach einer Vulkaneruption vor rund 60 Millionen Jahren entstanden. Die dunklen Säulen wirken vor dem Hintergrund einer hundert Meter hohen Felswand fast wie dicht gepackt, teilweise bis zu zwölf Meter hohe Bleistifte. Ende des 19. Jahrhunderts benannten die Reiseführer die spektakulärste Formation »Giant's Organ Pipe« (dt. »Orgelpfeife des Riesen«) – ein sehr treffender Name. Der Riese war natürlich – wer auch sonst? – der mächtige Fionn MacCumhaill, und der bekannteste Abschnitt des Lavastroms, eine lange Felsplatte mit mosaikartig angeordneten Pfeilern, die zur See ausgerichtet sind, soll eine Straße sein, die er sich baute, um seine Freundin auf der Hebrideninsel Staffa zu besuchen.

Die Mythologie und die Geologie des Giant's Causeway werden im **Besucherzentrum** (*Tel. 028 2073 1855*) auf den Felsen darüber erläutert. Von hier aus kann man einen Straßenzug hinunter zum Causeway nehmen oder in zehn Minuten hinuntergehen. Wanderer können vom Causeway zur »Orgelpfeife« weiterlaufen, dann auf einem Pfad mit schönen Ausblicken auf den Causeway und an den beeindruckenden Basaltfelsen vorbei zum Besucherzentrum zurückkehren.

Weiter landeinwärts liegt das Dorf Bushmills, wo in der **Old Bushmills Distillery** der beste Whiskey Nordirlands hergestellt wird. Bushmills ist die weltweit älteste offizielle Brennerei. Sie produziert seit 1608; die Gebäude werden von einem Paar großer, pagodenähnlicher Türme gekrönt. Im Rahmen der Führung kann man die glänzenden Kupferdestillierkolben und das zitternde Gebräu in den riesigen Maischbottichen beobachten. Besonders einladend ist aber das Lager: kühl, dunkel und von dem süßen, alkoholgetränkten Duft des »Angels' Share« erfüllt – dem Whiskey-

geruch, der durch die Ritzen der gestapelten Holzfässer entweicht. Man kann auch ein oder zwei Whiskeys probieren und eine Flasche Blend oder Single Malt Bushmills kaufen.

Bevor man den Ferienort Portrush und die Grenze zur Grafschaft Derry erreicht, sollte man einen Abstecher zu einer der stimmungsvollsten Sehenswürdigkeiten Irlands unternehmen: Die ausgedehnten Ruinen von **Dunluce Castle** thronen auf dem Rand der Felsen inmitten einer wunderbar romantischen Atmosphäre. 1584, während der Unterdrückung durch die Tudors, eroberte der mutige und blutrünstige Burgherr, Sorley Boy MacDonnell, seine Burg von den Engländern zurück – in einem gewagten Angriff, bei dem seine Truppen die Engländer überraschten, weil sich in Körben 60 Meter hoch hatten hinaufziehen lassen. MacDonnell befestigte die Burg später mit Kanonen aus dem Wrack der spanischen Armadagaleone *Girona* (siehe S. 291, Ulster Museum). 1639 rutschte die Burgküche während eines Sturms hinab ins Meer, Dunluce wurde aufgegeben und verfiel. ■

Oben: Die Türme und Spitzen von Dunluce Castle

Dunluce Castle

🅰 301 D5

✉ Port Ballintree, auf den Klippen zwischen Bushmills und Portrush

☎ Dunluce Besucherinformation: 028 7082 3333

Gegenüber: War es Mutter Natur, die die achteckigen Säulen im Giant's Causeway aus erkaltetem Basalt schuf? Oder war es Fionn the Hero, der sie ins Meer hinunterstieß?

Londonderry City

PROTESTANTEN UND FESTLANDBRITEN NENNEN DIE STADT
Londonderry, Katholiken und/oder irische Nationalisten bevorzugen
den Namen Derry: Londonderry oder eben Derry ist nach Belfast die
bedeutendste nordirische Stadt, ein dynamischer, lebendiger, kleiner
Ort, der seine Geschichte voller Stolz als Sprungbett für die Zukunft
betrachtet.

Heute strahlt Derry eine anziehende, optimistische Vitalität aus und ist für einen Ein- oder Zweitagesbesuch wie geschaffen.

Derry heißt eigentlich »Eichenhain« und liegt am River Foyle, dort, wo der Fluss sich verbreitert und in die Meeresbucht, den Lough Foyle, fließt. Die Stadt liegt strategisch perfekt; 1613–18, beim Beginn der Besiedlung von Ulster durch protestantische Minderheiten (siehe S. 26), bauten die Londoner Handelsgesellschaften, die Derry beherrschten, eine dichte, rautenförmige Anlage von Verteidigungswällen rund um den Stadtkern. Diese Mauern wurden gegen Ende des Jahrhunderts, im April 1689, so schwer wie nie zuvor auf die Probe gestellt, als der entmachtete katholische König von Großbritannien, Jakob II., die Stadt belagerte. Derry hatte eigentlich schon seit 1688 unter einer Belagerung gelitten, als 13 Lehrlingsjungen die Stadttore vor den anrückenden Jakobiten verriegelt hatten. Als die »große Belagerung« im Juli 1689 gebrochen wurde, waren 7000 der 30 000 Verteidiger in der Stadt durch Krankheit, Verwundung und Hunger gestorben: Der Kampf trägt für die Iren bis heute epische Züge, weil er zu jahrhundertelang andauernden Provokationen und viel Verbitterung geführt hat. Dazu gehörte in den 60er Jahren ein Ausbruch neuer Gewalt, als die katholische Bevölkerungsmehrheit in Derry, wütend über ihre eingeschränkten Bürgerrechte, bei dem von den Protestanten dominierten Stadtrat keine Hilfe erhielt. Der »Bloody Sunday« (dt. »blutiger Sonntag«) von 1972 (siehe S. 292), als britische Fallschirmjäger 13 Bürgerrechtler erschossen, ereignete sich in Derry. Die Gewalt eskalierte, vor allem im wild entschlossenen, vor

Londonderry City

▲ 300 C4

Besucherinformation

✉ 44 Foyle St.,
Londonderry, County
Londonderry

☎ 028 7126 7284

Guildhall

✉ Guildhall Sq.,
Londonderry

☎ 028 7137 7335

🕐 Geschl. Sa und So

Links: Hoffnung, Verzweiflung, Resignation und Trotz – die Statuen in Derry symbolisieren Aspekte der Emigration

der Altstadt liegenden, katholischen Getto von Bogside. Zeitweise waren drei Viertel aller Bauten außerhalb der Stadtmauern beschädigt, verlassen oder zerstört.

Man muss schon sehr lange suchen, um irgendwelche Spuren dieser Unruhen im heutigen Stadtbild zu entdecken: Die Bars an der **Waterloo Street**, gleich außerhalb der Stadtmauer im Westen, sind abends überfüllt; das **Craft Village** *(Tel. 028 7137 0191)* in der Nordecke der Stadtmauern floriert, hier gibt es Kunsthandwerkstätten, Restaurants, Weinlokale und Cafés rund um kleine, gepflasterte Plätze.

Irische Musik und irischen Tanz kann man im Sommer an jedem Werktag gegen Mittag im reetgedeckten **Bridie's Cottage** *(Tel. 028 7136 3448)* genießen – zwar ist dies kein authentisches *ceilidh*-Haus (siehe S. 388), dafür aber ein Symbol des freundschaftlich-geselligen Lebens in der Stadt. Die prächtige **Guildhall** (1890) mit einem imposanten Uhrturm wurde aus dem roten Sandstein erbaut.

Wer noch mehr über Geschichte wissen möchte, sollte im **Tower Museum** am Union Hall Place innerhalb der Stadtmauern vorbeischauen. Das Museum vermittelt einen ausgewogenen, raschen Überblick über die Geschichte Derrys. Die Ausstellung beginnt mit dem urzeitlichen Derry und führt durch einige Backsteintunnel, Nachbauten jener Tunnel, die nach Beginn der Belagerung unterhalb der Stadt angelegt wurden. Man erfährt etwas über den Wohlstand im 17., die Industrialisierung im 18. und die Home-Rule-Bewegung im späten 19. Jahrhundert. Den Abschluss bilden die »Troubles«.

Um Derry und seine Umgebung näher in Augenschein zu nehmen, sollte man den **Walls of Derry** *(Tel. 028 7126 7284)* folgen, einem 1,6 Kilometer langen Rundgang, der am Tower Museum beginnt. Außerhalb der Wälle erkennt man die mit Parolen beschmierten Hauswände in Bogside, verarmte protestantische Häuser und neue Einkaufszentren, kann aber auch die herrliche Aussicht auf die umliegenden Hügel genießen. Einen Besuch wert ist auch die **St. Columb's Cathedral** im Bishop's Gate. ∎

Von den Mauern von Derry blickt man auf die Stadt und die Hügel dahinter

Tower Museum
- ✉ Union Hall Pl., Londonderry, County Londonderry
- ☎ 028 7137 2411
- 🕐 Geschl. Mo (ganzjährig) und So und Mo Sept.–Juni

St. Columb's Kathedrale
www.stcolumbscathedral.org
- ✉ London St., Londonderry, County Londonderry
- ☎ 028 7126 7313
- 🕐 So und Di (nur für Kirchgänger)

Orange und Green

Alljährlich am 12. Juli erklingen in den Städten und auf den Landstraßen Nordirlands der dumpfe Schlag der *Lambeg*-Trommeln und das Pfeifen der Flöten, wenn die Männer des Oranierordens aufmarschieren. Für Außenstehende ist die Leidenschaft der ernst blickenden, protestantischen Männer mit ihren Melonen und orangefarbenen Schärpen kaum nachvollziehbar – ebenso wenig wie die verbitterte Ablehnung der katholischen Zuschauer. In Drumcree, am Stadtrand von Portadown, haben die Märsche des 12. Juli in den vergangenen Jahren Wut und blutige Gewalt hervorgerufen, so dass die folgenden Drumcree-Märsche von der Paraden-Kommission untersagt wurden.

Auch das gehört zum St. Patrick's Day

Befragt man einen Oranier, so wird er antworten, dass der Marsch an den Sieg des protestantischen Königs Wilhelm III. über den entthronten römisch-katholischen König Jakob II. in der Schlacht vom 12. Juli 1690 erinnern soll und dass er die protestantische Tradition fortführen möchte. Nationalistisch gesinnte Katholiken werden sicher entgegnen, die Oraniermärsche seien pure Triumphparaden, die die Überlegenheit der Protestanten noch unterstreichen sollten. In beiden Aussagen liegt ein Körnchen Wahrheit.

Der Oranierorden entstand im September 1795, nachdem eine protestantische Bürgermiliz, die Peep O'Day Boys, einen Angriff der Defenders, einer katholischen Gruppe, auf

Dan Winters Bauernhof in Loughgall, County Armagh, abgewehrt hatte. In dem Haus befindet sich heute das **Orange Order Museum** *(Dan Winter's Cottage, Derryloughan Rd., Loughgall, Tel. 028 3885 1344)*. Die ersten Julimärsche fanden im darauf folgenden Jahr (1796) statt und sind seitdem eine protestantische Tradition geblieben. Dabei wurden katholische Wunden immer wieder aufgerissen, vor allem, da man Katholiken bei den Märschen mit Gesten provozierte und aufhetzende, konfessionelle Melodien in vorwiegend katholischen Vierteln spielte. Die meisten Protestanten lehnen diese Provokationen allerdings ab und schämen sich, weil sie deshalb in aller Welt in Verruf geraten.

Andere Oraniermärsche wurden dazu genutzt, um Katholiken zu verhöhnen, vor allem Paraden rund um die Stadtmauern von Derry, jeweils am Sonnabend nach dem 12. August (dem Jahrestag des Endes der Belagerung) sowie am Sonnabend nach dem 18. Dezember

Die Oraniermärsche – Provokation für die einen, Selbstbehauptung für die anderen

(zum Gedenken an die Verriegelung der Stadttore durch die 13 Lehrlinge 1688). Die Katholiken und die radikal nationalistische Enklave von Bogside völlig ignorierend, symbolisieren diese Märsche auch die politische, wirtschaftliche und daher sehr konkrete Vormachtstellung der Oranier. Doch mit der aufkeimenden Hoffnung auf bessere interkonfessionelle Beziehungen sind auch die Derry-Walls-Märsche kleiner und weniger provokativ geworden.

Die Märsche des Ancient Order of Hibernians (1838 gegründet, obwohl der Orden schon zu Tudor-Zeiten entstand, als man Leibwächter für verfolgte Priester rekrutierte), dessen Mitglieder grüne Schärpen tragen, finden noch immer am 17. März und zu Mariä Himmelfahrt am 15. August statt. Dies sind allerdings ruhige Paraden, ländlicher und stärker an die Kirche gebunden. ∎

Brachte Frederick Hervey, Bischof von Londonderry, wirklich seine Geliebte im Mussenden Temple auf den Klippen von Downhill unter?

County Londonderry

DIE GRAFSCHAFT LONDONDERRY UMFASST DEN NORD-
westlichen Teil Nordirlands. Der Küstenabschnitt ist nicht so spektakulär wie im benachbarten Antrim, hat aber seinen eigenen Charme
und zieht sich am östlichen und südlichen Ufer des Lough Foyle bis
nach Derry City. Landeinwärts erstrecken sich die Sperrin Hills aus
dem County Tyrone bis in diese Grafschaft. Eine hügelige Waldland-
schaft erhebt sich an der östlichen Grenze von Derry, am River Bann.

Downhill

- 301 D5
- 107 Sea Rd.,
  Coleraine,
  County Londonderry
- 028 7084 8728
- Geschl. Sept.–März
  und April–Juni
  Mo–Fr

VON DOWNHILL NACH LIMAVADY

Acht Kilometer westlich von Coleraine auf der A2, an der nördlichen
Grenze zu Antrim, thront eine
merkwürdige Ansammlung von
Gebäuden auf den Felsen oberhalb
des Golfresorts von Castlerock:
Downhill ist ein Anwesen, das
einst Frederick Hervey gehörte, dem

4. Earl of Bristol und protestan-
tischem Bischof von Londonderry.
Er ließ sich im englischen Ickworth
(Suffolk) ein Haus mit riesiger
Rotunde bauen, und auf den Felsen
in Derry schuf er ab 1780 das
elegante Palais von Downhill mit
einer weitläufigen Galerie für seine
Kunstsammlung. Man kann zwischen den verstreut liegenden Rui-

nen des Palais und dem Mauergarten umhergehen. Spazieren Sie dann zum Rand der Felsen, um einen Blick auf den von einer Kuppel gekrönten **Mussenden Temple** (1783–85) zu werfen.

Wer die flache, einsame und windumtoste Küstenlandschaft liebt, kann von Downhill aus in Richtung Westen zur Halbinsel von **Magilligan Point** weiterfahren, die den Lough Foyle fast schließt – nur 1,6 Kilometer Wasser trennen die Landspitze vom Inishowen-Ufer in der Grafschaft Donegal.

Landeinwärts und südlich des Magilligan Point findet sich **Limavady**, ein hübscher, georgianisch geprägter Ort am River Roe. Am spektakulärsten wirkt er etwas südlich von Limavady, im **Roe Valley Country Park** (Tel. 028 7772 2074), einer fünf Kilometer langen Schlucht. Erhaltene Überreste der einst florierenden Leinenherstellung in Derry finden sich im Park verstreut: Flachsmühlen, in denen früher die Fasern für den Webvorgang getrennt wurden, weite Wiesen, wo die Rauwolle zum Trocknen ausgebreitet lag, und Holzhammermühlen mit wassergetriebenen Holzhämmern, die den Stoff kalanderten und geschmeidig machten.

SÜDLICH NACH MAGHERA

Die B68 führt vom Roe Valley Country Park in Richtung Süden nach **Dungiven**. Etwas südlich der Stadt (von der A6 zu erreichen) thronen die beeindruckenden Ruinen der **Dungiven Priory**, eines Augustinerklosters aus dem frühen 12. Jahrhundert. In der Kirche befindet sich eines der schönsten Gräber Irlands, das Grab von »Cooey of the Foreigners«, Cooey-na-Gal O'Cahan (gest. 1385).

Die A6 schlängelt sich südöstlich nach **Maghera**, wo man drei Kilometer auf der A29 weiterfahren kann, bevor man links auf die Straße nach Grillagh abbiegt. Nach weiteren 2,5 Kilometern Fahrt folgt man hinter der Rockfield Farm links einem Weg zum Parkplatz am Eingang des **Drumlamph Wood**. Dies ist eines der wenigen ursprünglichen Waldgebiete Nordirlands, wo auf 18 Hektar Haselnusssträucher und Eichen gedeihen. Wanderwege führen durch eine vielfältige Moor-, Wiesen- und Schilflandschaft.

VON MAGHERA NACH BELLAGHY

Literaturfans werden von Maghera über die A42 und die B182 weiter nach Bellaghy fahren. Das befestigte Bauernhaus **Bellaghy Bawn** von 1613 beherbergt eine Ausstellung zum Leben und Werk (mit Erstausgaben und Manuskripten) von Seamus Heaney, dem bedeutendsten lebenden Dichter Irlands, der 1995 den Literaturnobelpreis erhielt: Er wurde 1939 geboren und wuchs auf der benachbarten Mossbawan-Farm auf. ∎

Limavady Besucherinformation
- 🅜 301 D4
- ✉ 7 Connell St., Limavady, County Londonderry
- ☎ 028 7776 0307

Bellaghy Bawn
- 🅜 301 E3
- ✉ Castle St., Bellaghy, County Londonderry
- ☎ 028 7938 6812
- 🕐 Geschl. So Okt.–April
- 💲 €

Ausritt in den Wellen am Strand unterhalb des Mussenden Temple

Ulster-American Folk Park

DAS BEEINDRUCKENDE FREILICHTMUSEUM LIEGT SÜD-
lich der Grenze von Derry in der Grafschaft Tyrone. Der Park vermittelt die authentische Atmosphäre des früheren Lebens im ländlichen Ulster und setzt sich auch mit der Armut und dem wirtschaftlich unsicheren Pachtbesitz auseinander, die Familien zur Emigration
zwangen. Ein anderer Parkbereich widmet sich den Häusern von
Emigranten in Amerika und ihrem Leben in der Neuen Welt.

**Ulster-American
Folk Park**
www.folkpark.com

🗺 300 C3

✉ 2 Mellon Rd.,
Castletown, Omagh,
County Tyrone

☎ 028 8224 3292

🕐 Geschl. Sa und So
Okt.–März

🅂 €€

Thomas Mellon war fünf Jahre alt,
als seine Familie aus einem einfachen Haus in Camphill, etwas nördlich von Omagh, auswanderte,
heute ein Teil des Ulster-American
Folk Park und ein Zeichen für seine
Ausdehnung seit der Gründung
1976. Erst das Geld der Familie
Mellon machte den Bau des Parks
überhaupt möglich: Der kleine
Auswanderer wurde später Richter,

sein Sohn Andrew begründete die
Stahlindustrie in Pittsburgh. Seine
Nachkommen wollten ihm und
Tausenden anderen, die ihre Hei-
mat auf Grund der Armut verlassen
mussten, ein Denkmal setzen.

Im Mittelpunkt der **Old
World Section** des Parks steht
das **Mellon House**, eine typische
Bauernkate des 19. Jahrhunderts –
dunkel und niedrig, mit rauchigen,

weben bedeckte **Schmiedehütte**, die mit Torfsoden gefüllt ist; eine **Weberhütte**, wo kostümierte Weber vor der Tür sitzen und fleißig spinnen. Im Innern steht einer der großen Webstühle, die das Weben in den Hütten erst ermöglichten und Ulsters Leinenindustrie am Leben erhielten, bevor die industrielle Fertigung die Heimarbeit ablöste.

In der Nähe liegt das **Hughes House**, Geburtsort eines anderen armen, später berühmt gewordenen Emigranten: John Joseph Hughes, der als Kind 1817 von Augher im südlichen Tyrone auswanderte. Hughes gründete in New York 1858 die St. Patrick's Cathedral.

Die **National School aus Castletown** ist besonders bei Schulklassen populär: Hier werden zweimal täglich Unterrichtsstunden von einem »harten, aber herzlichen« Schulmeister gegeben, der die in den engen Holzbänken eingezwängten Kinder unterrichtet.

Oben: Geschichte zum Anfassen mit authentischen Kostümen und Requisiten im Ulster-American Folk Park bei Omagh im County Tyrone

gelben Wänden, knarrenden Holzbetten und dem Geruch nach Rauch und Feuchtigkeit. Frauen in zeitgenössischen Kleidern backen Brot und bieten es zum Verkauf an; Enten und Hühner schnattern und gackern vor der Tür. Das Haus ist eine gute Einführung in das historische, bäuerliche Leben, auch wenn der scharfe Geruch von Säuberungsmitteln in der Luft hängt. Ein älterer Bautyp, in dem die meisten Bauern des 18. Jahrhunderts zur Zeit der »Penal Laws« lebten, war eine einräumige Hütte, in der Eltern und Kinder in größter Enge wohnten.

Rechts: Häuser wie dieses alte Postamt wurden vorsichtig auseinander- und im Folk Park wieder zusammengebaut

Die meisten Gebäude im Old-World-Bereich wurden einst vor dem Abriss bewahrt und hier für ihren Wiederaufbau hertransportiert. Es gibt eine dunkle, mit Spinnen-

Eine vollständige **Straße aus dem Ulster** des 19. Jahrhunderts wurde mit typisch kleinstädtischen Häusern rekonstruiert – dem winzig kleinen Postamt aus Mountjoy, einer Sattlerei, einer Druckerei mit Schreibwarenhandel, dem Laden von Devlin dem Pfandleiher, Murray dem Stoffhändler, der Hill-Apotheke und Reilly's Bar, die man aus Newtownbutler hierher brachte.

Die Straße führt zu einer dunklen, düsteren Hafenmole mit einem Ticketschalter, wo ein kopfsteingepflasterter Platz vor der lebensgroßen Nachbildung des mittleren Abschnitts eines **Auswanderersegelschiffs** liegt. Man geht auf der Gangway hinunter in das Schiffsinnere mit tiefhängenden Balken, Tischen und hölzernen Kastenkojen, die nur 1,20 mal 1,50 Meter maßen – dort musste sich eine ganze Familie hineinzwängen.

Ein Nachbau einer **amerikanischen Hafenmole** verrät etwas von dem Überlebenskampf, dem die meisten von ihnen in der Neuen Welt ausgesetzt waren.

Die **New World Collection** zeigt die Blockhütten der Auswanderer im Mittleren Westen. ■

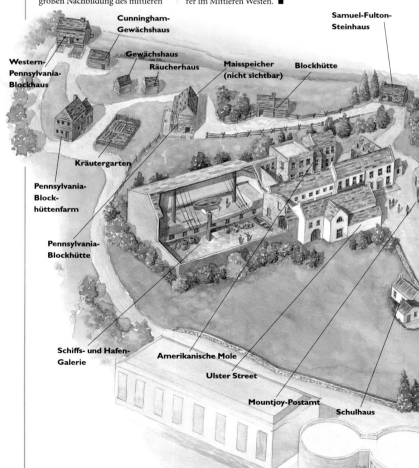

Cunningham-Gewächshaus

Samuel-Fulton-Steinhaus

Gewächshaus

Western-Pennsylvania-Blockhaus

Räucherhaus

Maisspeicher
(nicht sichtbar)

Blockhütte

Kräutergarten

Pennsylvania-Blockhüttenfarm

Pennsylvania-Blockhütte

Schiffs- und Hafen-Galerie

Amerikanische Mole

Ulster Street

Mountjoy-Postamt

Schulhaus

Links: Reilly's Bar an der Ulster Street

Unten: Der Ulster-American Folk Park

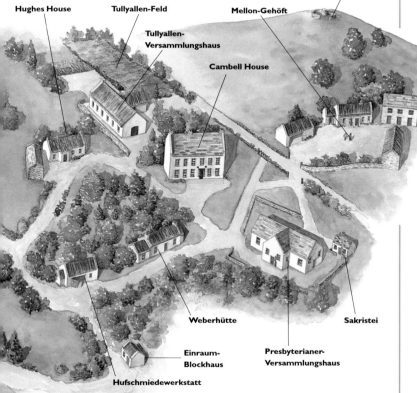

Aussichtspunkt

Hughes House

Tullyallen-Feld

Tullyallen-Versammlungshaus

Mellon-Gehöft

Cambell House

Weberhütte

Sakristei

Einraum-Blockhaus

Presbyterianer-Versammlungshaus

Hufschmiedewerkstatt

Mit dem Auto durch die Sperrin Mountains

Die Sperrin Mountains, eine einsame, wildromantische Bergregion, ziehen sich wellenförmig an der Grenze zwischen Tyrone und Derry entlang und werden von den parallel liegenden Flusstälern des Owenkillew und Glenelly durchzogen. Hier gibt es nur kleine Siedlungen, dafür aber herrliche, weite Aussichten und gute Wandermöglichkeiten.

Die Hügellandschaft der Sperrin Mountains in der Grafschaft Tyrone

> ⚏ Siehe Karte S. 300 C3
> ► Omagh
> ↔ 112 Kilometer
> ⌚ Ein halber Tag
> ► Gortin & Omagh
>
> **UNBEDINGT ANSEHEN**
> - Gortin Glen Forest Park
> - Aghascrebagh Ogham Stone
> - Aussicht von Barnes Gap
> - Sperrin Heritage Centre
> - Sawel Mountain – Blick vom Gipfel

Von Omagh fährt man auf der B48 nach Norden in Richtung Gortin. Nach zehn Kilometern führt die Straße durch den schmalen Engpass zwischen den dicht bewaldeten Abhängen des Gortin Glen hindurch. Ein acht Kilometer langer Abstecher auf der ausgeschilderten Panoramastraße durch den **Gortin Glen Forest Park** ➊ (Tel. 028 8164 8217) zeigt Ihnen einige der schönsten Ecken dieses Nadelwaldes.

Vor Ihnen, an der B48, warten weitere, spektakuläre Aussichten; die Straße führt hinab durch **Gortin** ➋, ein kleines Dorf am Grund des Owenkillew Valley. Die **Badoney Tavern** ist ein Treffpunkt für Wanderer, der Gastwirt weiß alles über die Gegend.

Von Gortin aus fahren Sie weiter auf der B46 sechs Kilometer nach Osten; 1,6 Kilometer hinter der Drumlea Bridge biegen Sie links auf eine gewundene Bergstraße an der Südseite

des Tals ab. Nach sieben Kilometern macht die Straße bei Monanameal eine Rechtsbiegung nach Greencastle. Nach 1,6 Kilometern passieren Sie links ein Feld mit zwei alten Steinen; einer davon ist ein frei stehender Monolith, einer der typisch irischen »Standing Stones«, der andere eine Steinsäule, die als **Aghascrebagh Ogham Stone** ➌ bekannt ist: Sie trägt eine mindestens 1500 Jahre alte Inschrift.

An der Crock Bridge, 16 Kilometer von Gortin entfernt, halten Sie sich links und biegen noch einmal links ab auf die Straße, die am Nordufer des Flusses zum Owenkillew Valley zurückführt. Nach elf Kilometern biegen Sie bei Scotch Town rechts auf eine Straße ab, die sich zum **Barnes Gap** ➍ hinaufschlängelt. Von hier hat man eine tolle Aussicht über das Glenelly Valley zu den höchsten Gipfeln der Sperrin Mountains – dem **Sawel Mountain** (678 m), dem **Dart Mountain** (619 m) rechts und dem direkt vor Ihnen liegenden **Mullaghclogha** (635 m).

Tief unten im Glenelly Valley fahren Sie rechts auf die Straße, die sich an den südlichen Teil des Tals klammert: Nach einer 5,5 Kilometer langen, extrem gewundenen Strecke biegen Sie links ab, um hinunterzufahren und auf der Oughtboy Bridge den Fluss zu überqueren.

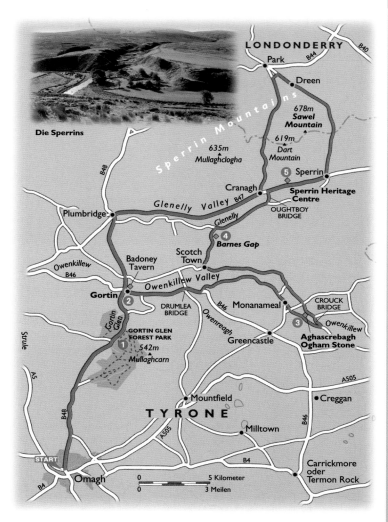

Die Sperrins

Sperrin Mountains

678m
Sawel Mountain

635m
Mullaghclogha

619m
Dart Mountain

LONDONDERRY

Park

B44

B40

Dreen

5 Sperrin

Sperrin Heritage Centre

Cranagh
B47

OUGHTBOY BRIDGE

Glenelly Valley

Plumbridge

B48

Glenelly

4 **Barnes Gap**

Scotch Town

Badoney Tavern

Owenkillew
B46

Gortin

2

DRUMLEA BRIDGE

Owenkillew Valley

B46 **Monanameal**

CROUCK BRIDGE

Owenkillew

3 **Aghascrebagh Ogham Stone**

Owenreagh

Greencastle

Strule

Gortin Glen

GORTIN GLEN FOREST PARK

1

542m
▲ *Mullaghcarn*

A5

B48

• **Mountfield**

• **Creggan**

T Y R O N E

A505

B46

A505

• **Milltown**

START

B4

Carrickmore oder Termon Rock

B4

Omagh

0   5 Kilometer
0   3 Meilen

Halten Sie sich auf der B47 weiter rechts, stets an der Nordseite des Glenelly Valley.

Nach 1,6 Kilometern passiert man das **Sperrin Heritage Centre** 5 *(Tel. 028 8164 8142)*, wo man Sie gerne über Flora und Fauna informiert. Nach nochmals 2,5 Kilometern biegen Sie im Dorf Sperrin links ab und fahren durch das hügelige Heidemoor-

land und gelangen direkt unter die Ostwand des **Sawel Mountain**. Auf der anderen Seite führt die Straße hinunter auf die B44 im Park. Fahren Sie über die Sperrins noch einmal in das **Glenelly Valley** zurück. In Cranagh biegen Sie auf der B47 rechts ab, fahren nach Plumbridge, wo Sie die B48 in Richtung Süden nach Gortin und Omagh zurückbringt. ■

An Creagan und das Moorland von Tyrone

SÜDLICH DER SPERRIN MOUNTAINS LIEGT EIN BREITER GÜRtel aus Deckenmoor – ein Torfmoor, das zumeist aus trockenen Gräsern besteht und erst bei starkem Regenfall gedeiht. Die Region birgt herausragende archäologische Schätze, eine ausgedehnte stein- und bronzezeitliche Landschaft, die ihre Wirkung nach und nach entfaltet.

Der beste Startpunkt für die Wanderungen durch das Deckenmoor von Tyrone ist das **An Creagan Visitor Centre** an der A505, auf halbem Wege zwischen Omagh und Cookstown gelegen. Dieses Besucherzentrum vermittelt einen ausgezeichneten Einblick in die Kultur und Geschichte des Moors und informiert über das vielfältige Tierleben sowie die seltenen archäologischen Stätten rund um An Creagan. Man kann hier auch etwas essen und Broschüren mitnehmen; Räder lassen sich im Omagh Besucherzentrum mieten *(Tel. 028 8224 7831)*.

Die Deckenmoore entwickelten sich in der kalten und feuchten Klimaphase um 1000 v. Chr. Sie dehnten sich in einer damals teilweise bewaldeten Landschaft aus, in der Birken, Eichen, Haselsträucher und Erlen wuchsen, die in weiten Teilen aber schon vor Tausenden von Jahren für den Ackerbau gerodet worden war. Die Bauern der Steinzeit hatten Dolmen, Ackermauern, Keil- und Hügelgräber errichtet; später bauten die Menschen der Bronzezeit Steinkreise, einfache Grabkammern und künstliche Pfahlbauteninseln in den Moorseen. Das Moor breitete sich über dieser Kulturlandschaft aus, so dass ein stimmungsvolles, leicht hügeliges Heide- und Grasmoor entstand, das sich bis zum Horizont erstreckt.

Der Ackerbau lohnte irgendwann nicht mehr, erst enteignete

Katholiken waren im 18. und 19. Jahrhundert gezwungen, im Moor zu leben. Ihre Versuche, das Torfmoor zu besiedeln, kann man noch heute an den Ruinen der Kalkbrennöfen und an Erdfurchen ablesen, in denen einst Kartoffeln gelagert wurden. Der Torf erwies sich als dankbares Brennmaterial, und es waren Torfschneider, die in den 30er Jahren Schätze wie die Steinkreise von Beaghmore freilegten.

Beaghmore ist die bekannteste archäologische Stätte in Tyrone. An der Stätte finden sich außerordentlich viele Steinformationen, die zwischen 2000 und 1200 v. Chr. angelegt worden sind: Drei Kreispaare entstanden hier aus unterschiedlichen Steinen – felsige, brusthohe Findlinge und liegende Felsbrocken –, ein anderer Kreis besteht aus über 800 kleinen Steinklumpen, einem Dutzend oder mehr Rundhügelgräbern und etlichen Steinreihen, die sich in verschiedene Richtungen erstrecken.

Nördlich von An Creagan liegt **Peadar Joe Haughey's Cottage** sowie ein als **Black Bog** bekanntes Moor. Noch weiter nördlich trifft man auf **Dun Ruadh**, die rote Burg, ein hufeisenförmiges Hügelgrab, in dem bronzezeitliche Menschen 13 Tote bestatteten.

Südlich der A505 liegen verschiedene Stätten; sehenswert sind vor allem drei bemerkenswerte Gräber. Am westlichsten liegt das **Loughmacross Keilgrab**, etwa 2000 v. Chr. angelegt, mit emporragenden Decksteinen, die auf Randsteinen liegen. Südöstlich des An Creagan Centre, ist das mindestens 1500 Jahre ältere **Creggandevesky-Hügelgrab** eines der besten Beispiele seiner Art in ganz Irland. Rund 18 Meter lang und aus Tonnen kleiner Steine errichtet, verfügt es über drei Kammern. Die verbrannten Knochen von 21 Menschen wurden hier ausgegraben.

Drei Kilometer östlich davon befindet sich am Ende einer Schotterstraße unterhalb eines Bauernhofes das **Cregganconroe-Hügelgrab**: Ein riesiger Schlussstein ragt inmitten von Randsteinen und den Überresten von zwei größeren Galerien und zwei kleinen Nebenkammern schräg in den Himmel. ■

County Fermanagh

EINER LEGENDE ZUFOLGE SOLL EIN JUNGES LIEBESPAAR die Überflutung der Grafschaft Fermanagh verursacht haben. Ursprünglich scheint der ganze Landkreis eine trockene Ebene gewesen zu sein – nur im Zentrum gab es einen Märchenbrunnen, der aber stets bedeckt war, um einen Feenfluch fern zu halten. Doch eines Tages kamen das Mädchen und ihr Liebhaber vorbei; weil sie durstig waren, nahmen sie den Deckel ab und tranken Wasser, vergaßen aber, den Brunnen zu bedecken. Am nächsten Morgen lief er über und hörte nicht mehr auf. Bald war ganz Fermanagh von Wasser bedeckt.

Tatsächlich ist ein Drittel des Landkreises von Wasser bedeckt, wie Einheimische gerne erzählen, und zwar fast vollständig in Form der beiden großen Zwillingsseen, des **Lower** und **Upper Lough Erne**. Insgesamt haben sie eine Länge von 80 Kilometern und werden durch eine Landenge, auf der die Hauptstadt des Landkreises, Enniskillen, liegt, wie von einem Scharnier zusammengehalten. Der Lower Lough Erne ist ein zusammenhängender, ausgedehnter See,

der Upper Lough Erne ähnelt mehr einem komplexen System kleiner Flüsse.

Von hier aus kann man über die Ballynamore und Ballyconnell Canals (heute in Shannon-Erne Waterway umbenannt; siehe S. 233) die gesamte Strecke bis in den Süden zum Shannon Estuary fahren. Auf beiden Seen kann man Ausflüge und Angeltouren unternehmen (siehe S. 233).

Am westlichen Ende des Lower Lough liegt **Belleek (Bellek)**, ein hübsches Dorf direkt an der Grenze zwischen dem County Fermanagh in Nordirland und der Grafschaft Donegal in der Republik Irland. Bellek ist ein freundlicher Ort mit gusseisernen Straßenbänken und renovierten hölzernen Geschäftsfassaden. Das Dorf ist für seine Produkte aus strahlend weißem Porzellan berühmt, das seit 1850 in der **Belleek Pottery** (Tel. 0238 6865 8501) entsteht. Eine Führung durch die Porzellanmanufaktur zeigt den Herstellungsprozess, bei dem eine Mischung aus Cornwall-Kaolin und Glas mit Holzschaufeln geschlagen wird; dann werden lange Bänder des Materials von den Kunsthandwerkern zu verschiedenen Produkten geformt, bevor man sie detailreich mit Vögeln oder Blumen bemalt. Die Handwerker benutzen meist selbst hergestellte Werkzeuge; sie behaupten, dass

Tully Castle
🅰 300 B2
✉ Derrygonnelly, nahe der Straße Enniskillen–Belleek, County Fermanagh
☎ 028 9054 3037
🕐 Geschl. Sept.–Juni

Links: In der Belleek Pottery formen Kunsthandwerker feine Porzellanwaren

**Oben: Das
Wassertor im
Enniskillen Castle
mit Blick auf den
River Erne ist eine
der klassischen
Ansichten aus
der Hauptstadt
der Grafschaft
Fermanagh**

**ExploreErne
Museum**

✉ Erne Gateway Centre,
Corry, Belleek, County
Fermanagh

☎ 028 6865 8866

🕐 Geschl. Okt.–Juni

ein einfacher, 13 Zentimeter langer
Nagel mit einem abgeflachten Ende
das Geheimnis ihres Erfolges sei.
Natürlich kann man Belleek-Porzellan im Fabrikladen auch kaufen.
Einige Arbeiten sind auch mit dem
Shamrocks, dem irischen Kleeblatt,
verziert – obwohl zu bezweifeln ist,
dass diese Stücke Ihnen ein ähnliches
Glück bescheren wie einem der Männer, der beim Bau der Porzellanmanufaktur arbeitete: Er rutschte auf
dem Dach aus und fiel hinunter, landete aber völlig unverletzt auf seinen
Füßen. Man gab ihm einen Schluck
starken Whiskey und schickte ihn
gleich wieder hinauf zum Arbeiten.

In Belleek kann man ein Boot für
die Fahrt auf dem Lower Lough
mieten und im **ExploreErne Museum** eine Einführung in die Geographie der Seenlandschaft erhalten.

NACH SÜDEN

Eine lang gestreckte Hügelkette,
von zwei Wäldern bedeckt und umschlossen, dem Lough Navar Forest
und dem Big Dog Forest, überragt
die weite Hügellandschaft südlich
des Lower Lough Erne. Der **Lough
Navar Forest** eignet sich gut
für Autoausflüge in den Wald, aber
auch für Wanderungen auf den
markierten Pfaden. Die meisten
Wege und Pfade führen zur großen
Panoramakarte am **Lough Navar
Forest Viewpoint**, einem Aussichtspunkt direkt auf den spektakulären Felsen der **Cliffs of Magho**.
Hier hat man eine Panoramaaussicht auf den Lower Lough Erne mit
seiner Inselwelt und das blasse, 750
Meter hohe Dreieck des Mount Errigal im Nordwesten (60 Kilometer
entfernt in Donegal).

Zwei schöne Burgsiedlungen des 17. Jahrhunderts stehen im Süden: **Tully Castle** am Seeufer wurde um 1610 von der schottischen Einwandererfamilie Hume errichtet. 1641 schloss sich Roderick Maguire einem allgemeinen Aufstand an und brannte Tully nieder. Sein katholischer Clan hatte nach dem Aufstand von Hugh O'Neill Ländereien in Fermanagh durch Konfiszierung verloren (siehe S. 26). Die Verteidiger der Burg kamen bei dem Angriff ums Leben, obwohl Maguire ihnen sicheres Geleit nach Enniskillen zugesagt hatte. Zwischen den kahlen Ruinen ragen noch immer turmbewehrte Mauern rund um den Burghof auf, auch eine Bastion sowie ein reizvoller Kräutergarten im Stil des frühen 17. Jahrhunderts sind zu sehen.

Monea Castle wirkt mit seinen hohen, prächtigen zylindrischen Türmen gerade so, als ob man es aus dem schottischen Hochland hierher transportiert hätte. Auch diese Burg wurde 1641 niedergebrannt und 1689 während der erfolglosen Eroberungsversuche von Enniskillen nochmals zerstört. Nach einem weiteren

Brand 1750 gab man die Burg dem Verfall preis.

Die südliche Grenze von Fermanagh formt eine Ausbuchtung bis zum schmalen Fortsatz des nordwestlichen County Cavan. Hier unten, südlich des idyllischen Lough Macnean Lower, findet man in den Hügeln überall verstreut liegende Höhlen. An der Nordwand des Cuilcagh Mountain kann man die **Marble Arch Caves** in einer aufregenden Tour besichtigen.

NACH NORDEN
Das Nordufer des Lower Lough Erne bietet zwei herrliche Waldparks mit weiten Uferabschnitten. Durch den **Castle Caldwell Forest Park** (*Tel. 028 6863 1253*), sechs Kilometer östlich von Belleek, ziehen sich schöne Pfade durch zwei lange, bewaldete Landzungen im Fluss. An der Hütte am Parkeingang auf der A47 steht der **Memorial Stone**, der wie eine überdimensionierte Geige geformt ist und an Dennis McCabe erinnert, einen Geiger, der am 13. August 1779 hier ertrank, als er (betrunken) in den See stürzte.

Im **Castle Archdale Forest**, an der Mitte des Sees, lebt eine Rothirschherde; hier befindet ein Hafen mit Mietbooten und Wanderwege Möglichkeiten zur Entspannung.

Acht Kilometer weiter südlich in Richtung Enniskillen lohnt ein Umweg zum Dorfkirchhof in Killadeas und zum **Bishop's Stone**. Dieser Gedenkstein wurde vermutlich im 8. Jahrhundert in Erinnerung an einen Abt geschaffen; er zeigt auf einer Seite ein Profilporträt, auf der anderen ein heidnisch wirkendes, starr blickendes Gesicht. Möglicherweise wollte der Künstler den Übergang (oder vielleicht die Toleranz der frühen keltischen Kirche) vom Heiden- zum Christentum darstellen.

ENNISKILLEN

Die Nord- und Südrouten an den Ufern des Lower Lough Erne vereinen sich in **Enniskillen** auf der schmalen Landzunge, die beide Seen voneinander trennt. Die bedeutendste Stadt in Fermanagh liegt direkt im Herzen des Landkreises – gesellschaftlich, wirtschaftlich, aber auch geographisch. Es gibt hier eine ausgezeichnete Touristeninformation, einige gute Hotels und alle Einrichtungen einer mittelgroßen Stadt. Die lang gezogene Hauptstraße, die auf 1,6 Kilometern sechs verschiedene Namen trägt, lockt mit einem echten Schatz irischer Pub-Kultur – dem viktorianischen **Blake's of the Hollow** (*Tel. 028 6632 2143*). Ein wahres Kleinod – von den Whiskeyfässern und holzgetäfelten Sitznischen bis zum ausgezeichneten Guinness und den häufigen Aufführungen traditioneller Musik.

Am River Erne steht das **Enniskillen Castle** mit einem hübschen Wassertor und zwei Türmen; ein Regimentsmuseum widmet sich der Geschichte der Inniskilling-Füsiliere; ein recht gutes Heimatzentrum dokumentiert die Geschichte von Fermanagh.

Das **Kriegerdenkmal** der Stadt am oberen Ende der East Bridge Street erinnert an den Ersten und Zweiten Weltkrieg und gelangte weltweit zu trauriger Berühmtheit, als hier bei einem IRA-Bombenanschlag am Remembrance Day, dem irischen Volkstrauertag, am 11. November 1987 elf Menschen getötet wurden.

Nördlich des Denkmals erhebt sich im Zentrum einer sternförmigen Festung aus dem 17. Jahrhundert im Forthill Park das **Cole's Monument**. Die dorische Säule wurde 1857 zu Ehren von General Sir Galbraith Lowry Cole (1772–1842) errichtet, einem Bruder des 2. Earl of Enniskillen und einem der mit dem Herzog von Wellington

kämpfenden Generäle im Krieg gegen Napoleon. Man kann die 108 gewundenen Treppenstufen in der Säule hinaufsteigen und oben die wunderbare Aussicht auf Enniskillen und den Lough Erne genießen.

Südlich der Stadt verwandelt sich die Landschaft in ein Labyrinth aus Wasser und Land, weil sich hier der River Erne in zahllosen Windungen und Seitenarmen in den Upper Lough Erne schlängelt.

Derrylin am Südufer des Oberen Sees (»der freundlichste Ort in Fermanagh«) und **Lisnaskea** am Norufer sind zwei sympathische kleine Orte, die zum Ausspannen einladen.

Am Südufer, nahe der Grenze nach Cavan, fünf Kilometer westlich von Newtownbutler, überwacht der National Trust das **Crom Estate** am Ostufer des Sees (New Crom Castle ist ein privates Anwesen). Die alte Burgsiedlung von 1611 ist eine malerische Ruine am Seeufer mit zwei gewaltigen und knorrigen Eiben aus dem 17. Jahrhundert im Garten. Es gibt viel Wald und Uferpfade, Hirsche und Baummarder. ∎

Kleines Glück im Blake's of the Hollow: Zeitung, Bier und ein Sessel am Kamin

Enniskillen Castle
www.enniskillencastle.co.uk
✉ Castle Barracks, Enniskillen, County Fermanagh
☎ 028 6632 5000
🕐 Geschl. Okt.–April: Sa, So; Mai, Juni, Sept.: So

Crom Estate
✉ Forthill Park, nahe Lisnaskea–Newtownbutler Rd., County Fermanagh
☎ 028 6773 8118
🕐 Geschl. Okt.–Mitte März
💲 €€

Fahrt auf dem Lough Erne

DEN SCHÖNEN BLICK AUF DEN UPPER UND LOWER LOUGH kann man zwar auch vom Ufer aus genießen, aber wirklich kennen lernen wird man die Seen erst im Rahmen einer Schifffahrt. Die beiden Haupthäfen sind Belleek und Enniskillen im County Fermanagh.

Angeblich gibt es im Lower Lough Erne 93 Inseln (oder sind es 97?) und 152 (oder doch 177?) im Upper Lough Erne – keiner zählt sie so genau, sicher ist nur: Es sind viele!

Die bekannteste Insel im Lower Lough ist **Devenish**, etwas flussabwärts von Enniskillen *(Fähre ab Trory Jetty, an der A32 ausgeschildert, tägl. April–Sept.).* Auf dem Caldragh-Friedhof auf **Boa Island** *(Straßenbrücke über die A47)* findet man eine rätselhafte **Janusfigur** aus dem 5. oder 6. Jahrhundert mit

zwei heidnischen Gesichtern, deren starre, wilde Blicke in entgegengesetzte Richtungen gehen.

Auf **White Island** *(Fähre ab Castle Archdale Marina, tägl. April–Sept.)* stehen sieben Steinschnitzereien, die Wissenschaftler noch immer vor Rätsel stellen. Achten Sie auf die *sheela-na-gig* (die Figur einer lächelnden Frau mit zur Schau gestellter Scham), eine weitere Figur mit einem Buch, zwei mögliche Darstellungen von Christus, daneben ein Bischof und eine andere

Figur, die König David sein könnte. Diese Figuren gehen vermutlich auf das 6. Jahrhundert, die Zeit des frühen Christentums in Irland, zurück.

Im Upper Lough Erne gibt es drei Inseln mit alten heidnischen oder christlichen Steinschnitzereien. **Inishkeen** *(Brückenstraße ab A4, südl. von Enniskillen)* weist merkwürdig geformte Steine im Friedhof der St. Fergus Church auf: einen gehörnten Kopf und eine Figur in einem Boot.

Auf **Cleenish**, zu erreichen über eine Brücke drei Kilometer östlich von Bellanaleck, gibt es einige Grabsteine; weiter im Süden findet man auf **Galloon** *(Straße an der Kreuzung in Landbrock, 3 km südl. von Newtownbutler)* Grabtafeln aus dem 18. Jahrhundert mit Totenköpfen und gekreuzten Knochen. ■

Bootsverleih und Ausflüge auf dem Lough Erne

Enniskillen

Bootsausflüge auf dem Lower Lough Erne und Tagesbootsverleih: Erne Tours Ltd. *(Tel. 028 6632 2882).* Bootsverleih: Lochside Cruiser *(Tel. 028 6632 4368).*

Belleek (Bellek)

Tagesbootsverleih: Belleek Angling Centre *(Tel. 028 6865 8181).* Bootsverleih: Belleek Charter Cruising *(Tel. 028 6865 8027).*

Lisnaskea

Bootsausflüge auf dem Upper Lough Erne: Share Centre *(Tel. 028 6772 2122).* ■

Florence Court
wirkt, als wolle es
den schönen Park
umarmen

Zwei schöne Häuser
in Fermanagh

DAS 18. JAHRHUNDERT WAR IN IRLAND DAS GOLDENE ZEIT-
alter eleganter Landschafts- und Hausarchitektur. In der Grafschaft
Fermanagh gibt es zwei reizvolle Anwesen dieser Art.

Florence Court

🏔 300 B1

✉ Ausgeschildert A32
Enniskillen —
Swanlinbar, 11 km
südl. von Enniskillen

☎ 028 6634 8249

🕐 Geschl. Okt.–Mitte
März; Mitte März–Mai,
Sept.: Mo–Fr.
Geöffnet für Gruppen,
nach Vereinbarung

💲 €€

FLORENCE COURT

Florence Court ist ein abgeschieden
liegendes Haus aus dem 18. Jahrhundert, das sich auf einem wunderschönen, bewaldeten Anwesen mit
südwestlichem Blick auf die gezackte
Bergkette der Cuilcagh Mountains
befindet. Die Familie Cole (die späteren Earls von Enniskillen) bauten
das Anwesen in mehreren Phasen ab
1750, zunächst den dreistöckigen,
zentralen Gebäudeteil, dann die
Arkadenflügel.

Im Sommer dient das Anwesen
als Kulisse für verschiedene Freiluft-
veranstaltungen, von viktorianischen
Gartenpartys und Landfesten bis hin
zu einem Teddybär-Picknick für Kinder. Interessant ist die Sägemühle, die
der 3. Earl von Enniskillen während
der Großen Hungersnot errichten
ließ, um einigen seiner verarmten
Lehnleute bezahlte Arbeit anzubieten.

Einer der idyllischen Pfade durch
die Wälder führt zum Cuilcagh
Mountain und passiert die Florence-

Court-Eibe, einen verwitterten, alten Baum, der wie eine Rakete geformt ist und hier schon Mitte des 18. Jahrhundert wuchs. Aus den Ablegern hat sich eine eigene Pflanzenart entwickelt, die irische Eibe.

Das Hausinnere musste vom National Trust 1955 nach einem Brand komplett restauriert werden – nur fünf Jahre, nachdem man den Besitz angekauft hatte. Wundervoller Rokokostuck fällt vor allem an den Treppenwänden und der Decke im Esszimmer auf, wo pausbäckige Cherubim die vier Winde des Himmels symbolisieren. Sehenswert ist auch die Wandrosette mit Vögeln inmitten von Blumen.

Im oberen Stock sind Familiendrucke, Zeichnungen und Fotografien ausgestellt. Im Nachttisch neben dem eleganten Himmelbett im Schlafzimmer der Gräfin findet sich ein seltenes Stück Belleek Pottery (siehe S. 322 f) – ein Nachtopf mit dem Bild des britischen Premierministers William Gladstone aus dem 19. Jahrhundert. Gladstone verspielte die Loyalität, ja löste sogar Hass bei vielen irischen Familien mit britischen Wurzeln aus, die auf ihrem Besitz in Irland lebten, als er die Home Rule unterstützte, mit dem die sichere Vorherrschaft dieser Familien ins Wanken geraten wäre.

CASTLE COOLE

Die Familie Lowry-Corry, die Earls von Belmore, erbaute Castle Coole gegen Ende des 18. Jahrhunderts. Seit mindestens 300 Jahren leben Graugänse auf dem Anwesen; einer Legende nach bleiben die Belmores so lange auf Castle Coole, wie auch die Gänse hier sind. Gegenwärtig wohnt der Earl in einem anderen Haus auf dem Besitz.

Der Meister der Regency-Architektur, James Wyatt, gestaltete die prächtige, palladianisch geprägte Villa. Der Bau wurde 1798 vollendet und gilt als eines der schönsten neo-klassizistischen Häuser Irlands. Es wurde von Armar Lowry-Corry in Auftrag gegeben, einem Landjunker, der 1741 Glück hatte, als er das Anwesen und viel Geld, Besitz und Land überall in Fermanagh, Tyrone und Donegal erbte. Das Haus galt als prunkvolles Symbol seiner Macht und seines Einflusses auf die irische Politik. Er wurde 1797 zum 1. Earl von Belmore ernannt. Er hinterließ bei seinem Tod 1802 so hohe Schulden, dass sein Sohn, der 2. Earl von Belmore, 20 Jahre lang brauchte, bis er die Innengestaltung und die Einrichtung des Haus vollendet (und bezahlt) hatte.

Die Villa besitzt einen Portikus mit vier massiven Säulen; sie erhebt sich auf einer Anhöhe inmitten eines 600 Hektar großen Parks. Fast alle Originalmöbel befinden sich noch in denselben Zimmern, für die sie hergestellt wurden. Der ovale Salon mit dem feinen, gusseisernen Ofen und der Empfangssalon sind verschwenderisch eingerichtet, ebenso wie das Prunkschlafzimmer mit Himmelbett, das man 1821 eigens für einen Besuch von König George IV. hatte anfertigen lassen. ■

Vollendete Eleganz im Castle Coole: Der 2. Earl von Belmore benötigte 20 Jahre, um die Einrichtung zu finanzieren

Castle Coole

🗺 300 B2

✉ Nahe A4 Enniskillen–Belfast, 2,5 km südöstl. von Enniskillen

☎ 028 6632 2690

🕐 Geschl. Okt.–März, April, Mai, Sept. Mo–Fr, Juni–Aug. Do. Geöffnet für Gruppen nach Vereinbarung

💲 €€

Kinder vergnügen
sich im Planeta-
rium (Tel. 028
3752 3689) auf
dem College Hill
in Armagh City

County Armagh

DIE GRAFSCHAFT ARMAGH HAT DEN RUF EINER ENGSTIRNI-
gen, republikanisch beherrschten Region. Doch überall in diesem wohl am
schärfsten kritisierten County Nordirlands findet man historische Gebäude und Städte, landschaftliche Schönheit und freundliche Bewohner.

Das Südufer des Lough Neagh bildet den nördlichen Abschluss des County Armagh; im hiesigen **Oxford Island Discovery Centre** kann man von versteckten Vogelbeobachtungsposten aus je nach Jahreszeit viele verschiedene Vogelarten beobachten.

Zwei reizvolle (vom National Trust verwaltete) Häuser stehen ein wenig südlich der Autobahn M1 von Dungannon nach Belfast: Im 1820 entstandene **The Argory** (von den Kreuzungen 13 und 14 ausgeschildert) blieben die Atmosphäre und die Einrichtung des Jahres 1900 bis heute erhalten. Das **Ardress House** ist ein Bauernhaus aus dem 17. Jahrhundert, das im 18. Jahrhundert mit dem Bau eines neuen Flügels und eines Scheinflügels auf der anderen Seite zu einer Villa erweitert wurde.

Armagh City lohnt einen Tagesbesuch: Die historische Haupt-

stadt von Ulster ist der Sitz des katholischen und des anglikanischen Bischofs von Irland und verfügt daher über zwei Kathedralen. Der Bau der **Catholic Cathedral of St. Patrick** begann 1838, wurde während der Hungersnot gestoppt und 1873 vollendet – aus Geldmitteln, die man bei Tombolas, durch Spendenaufrufe und auf Kirchenbasaren sammelte. Der Bau erhebt sich stolz oberhalb einer langen Treppe, die Kirche besticht durch Marmorverzierungen und Mosaiken sowie vergoldete Engelsflügel hoch oben im Gewölbe des Kirchenschiffs.

Auf der anderen Talseite steht der ebenfalls St. Patrick geweihte **Anglikanische Dom**; er ist niedriger, kleiner und wesentlich älter als das katholische Gegenüber. Die Domkirche geht auf das Mittelalter zurück, wurde 1765 restauriert und beher-

**Oxford Island
Discovery Centre**

🅰 301 E2

✉ Oxford Island, Lough
Neagh, Craigavon,
County Armagh

☎ 028 3832 2205

🕐 Geschl. So–Di
Okt.–März

$ €€

The Argory

🅰 301 D2

✉ Derrycaw Rd., Moy,
Dungannon,
County Armagh

☎ 028 8778 4753

🕐 Geschl. Okt.–Mitte
März; Mai, Sept.:
Mo–Fr

$ €€

bergt einige bedeutende Denkmäler, darunter das prächtige Tandragee Idol, ein Götzenbild aus der Eisenzeit, das mit dicken Backen lächelt. Möglicherweise handelt es sich um Nuada mit dem Silberarm (siehe S. 266). Draußen, an der Westmauer des nördlichen Querschiffs, erinnert ein Denkmal an Brian Boroimhe oder Boru, den mächtigsten der irischen High Kings, der 1014 in der Schlacht von Clontarf, dem endgültigen Sieg über die Wikinger, starb.

Die **Public Library** (Tel. 028 3752 3142) von Armagh an der Abbey Street unweit der anglikanischen Domkirche ist ein Traum für alle Liebhaber alter, in Leder gebundener Bücher, die in einem prunkvollen Raum dieser öffentlichen Stadtbibliothek aufbewahrt werden. Das **County Museum** an der Mall East, einem kleinen grünen Park, verfügt über eine hervorragende Sammlung mit Exponaten, Holzkelchen, Schmuck aus der Bronzezeit und Werkzeugen. Das Heimatzentrum **St. Patrick's Trian** (Tel. 028 3752 1801) zeigt Bilder von Mönchen und Kriegern sowie das »Land der Liliputaner«.

Drei Kilometer westlich von Armagh erhebt sich das **Navan Hill Fort**, das alte Eamchain Mhacha, auch Königin Mhacha's Schloss genannt. Auf diesem beeindruckenden Hügel herrschten die Könige von Ulster ein Jahrtausend lang. Viele Abenteuer des Ulster-Helden Cúchulainn haben sich hier zugetragen.

Eine Fahrt durch die wogende Seenlandschaft mit Drumlin-Moränehügeln im südlichen Armagh sollte man auf keinen Fall versäumen. Im **Tí Chulainn Cultural Centre** (Tel. 02830 888828) in Mullaghbane werden regelmäßig Musik und Geschichten dargeboten.

Das **Slieve Gullion Forest Park's Courtyard Centre** ist an der B113 zwischen Meigh und Forkhill ausgeschildert; man erreicht es per Auto oder zu Fuß. Das letzte Stück bis zu den bronzezeitlichen Hügelgräbern auf dem Gipfel des Slieve Gullion ist kurz, aber steil – die Aussicht dafür umwerfend. ■

Armagh County Museum

- 🅰 301 D2
- ✉ The Mall East, Armagh, County Armagh
- ☎ 028 3752 3070
- 🕐 Geschl. So

Navan Hill war ein Jahrtausend lang Burgsitz der Red Branch Knights

Ardress House
- 🅰 301 E2
- ✉ Ardress, Annaghmore, County Armagh
- ☎ 028 3885 4753
- 🕐 Geschl. Okt.–März; Mo–Fr April–Sept.
- 💲 €€

Slieve Gullion Forest Park's Courtyard Centre
- 🅰 301 E1
- ✉ 89 Dromintee Rd., Killeavy, östl. von Newry, County Armagh
- ☎ 028 4173 8284
- 🕐 Geschl. Sept.–Mitte Mai

Fionn MacCumhaill auf dem Slieve Gullion

Auf der Spitze des Slieve Gullion findet man den Calliagh Beara Lough, gleich am nördlichen Hügelgrab – das Wasser sollte man aber besser nicht berühren ... Es war Fionn MacCumhaill, der hier Miluchra traf, eine Zauberin in Gestalt einer schönen Frau. Sie flehte ihn an, in den See zu springen, um ihren goldenen Ring herauszufischen. Der galante Fionn folgte ihrem Wunsch, aber als er aus dem Wasser stieg, verwandelte er sich plötzlich in einen schwachen Greis. Und die holde Maid zeigte sich jetzt als hässliche alte Hexe, die Calliagh Beara.

Einige sagen, es waren Fionns Männer, die Calliagh Beara im Versteck eines Gipfelgrabs fanden und sie dazu zwangen, ihren bösen Zauber rückgängig zu machen. Andere behaupten, es sei der Hund von Fionn, Bran, gewesen, der den Enkel des Helden, Oscar aus Killareny, zu Hilfe holte: Oscar fing einen Elf, der ihm einen Jungbrunnentrank für Fionn schenkte. ■

Zu Fuß über den Trassey Track zu Hare's Gap, Mourne Mountains

Die Mourne Mountains dehnen sich bis zum Meer im südlichen Zipfel des County Down aus. Die Berge bestehen aus wunderbar geformten, rosagrauen Gipfeln (darunter zwölf über 600 Meter Höhe), dicht gedrängt auf einer nur 24 mal 13 Kilometer großen Fläche. Im Herzen der Mournes verstecken sich Seen und einige berühmte Orte. Diese Ziele kann man zwar mit dem Auto erreichen, doch die Mournes sind vor allem ein Wandergebiet.

Man sollte hier passende Bergkleidung tragen, außerdem eine Karte, Kompass, Essen und Trinken mitnehmen, da das Wetter plötzlich umschlagen kann. Zwar ist der höchste Berg, der Slieve Donard, nur 850 Meter hoch, aber die Mournes sind ein ernst zu nehmendes Gebirge. Hat man einmal den Gipfel erreicht, kann man sich kaum noch verirren – dank der Mourne Wall, einem 35 Kilometer langen Rundgang auf einer Trockensteinmauer, die alle wichtigen Gipfel miteinander verbindet. Sie entstand 1904–22, um den verarmten, hungrigen Männern der Gegend dabei zu helfen, ihre Familien durchzubringen.

Die Wanderung zu Hare's Gap beginnt an dem kleinen Parkplatz unterhalb des bewaldeten Clonachullion Hill. Vom Eingang geht man links auf der Straße weiter, nach rund 70 Metern überquert man links einen Zauntritt und trifft auf den **Trassey Track**, einen beliebten Wan-

derpfad, der allmählich ansteigt; die **Forestry Plantation** ❶ liegt dabei links von Ihnen.

An der Baumgrenze schlängelt sich der Ulster Way, ein Überlandwanderweg, der rechts abgeht; bleiben Sie jedoch auf dem Pfad, der ein wenig nach links abdreht und dann wieder geradeaus über das zunehmend steile Gelände mit dem Trassey River rechter Hand weiterführt.

Der Wegabschnitt, auf dem Sie jetzt wandern, ist als **Brandy Pad** ❷ bekannt – mit gutem Grund: Es ist ein alter Schmugglerpfad, auf dem heiße Ware (darunter auch Schnaps) auf Lastponys von der Küste südlich von Newcastle durch das Kerngebiet der Berge geschafft wurde. Hatten die Schmuggler die Tiefebene erreicht (auf der Binnenseite der Berge), konnte die Ware auf verschiedenen Farmen versteckt werden, bevor man sie weitertransportierte.

Nach der Fußgängerbrücke über den Fluss halten Sie sich links; Seitenwege führen hier

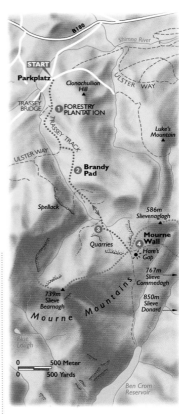

Der wunderschöne Ausblick von den Gipfeln der Mourne Mountains lohnt den Aufstieg

auch zu den alten **Steinbrüchen** ❸ hinter den kahlen Felsen von Spellack.

Von hier aus geht es immer geradeaus in Richtung der beiden zusammentreffenden Felsklippen, wo Sie die **Mourne Wall** ❹ in Hare's Gap erreichen. Lassen Sie sich ausreichend Zeit, um hier weiterzuwandern und die atemberaubende Aussicht bis zum Ende des Ben Crom Reservoir und dem Buckel des Slieve Commedagh (767 Meter) sowie auf den Slieve Donard zu genießen. ■

🗺 Siehe Karte S. 301 F1

▶ Parkplatz nordöstlich der Trassey Bridge unterhalb des Clonachullion Hill (1,6 km von der B180, 6 km westlich von Newcastle), County Down

↔ 6 km, 260 Meter Höhenunterschied

🕐 3 Stunden

▶ Parkplatz nordöstlich der Trassey Bridge

UNBEDINGT ANSEHEN

• Blick zurück vom Trassey Track

• Aussicht von Hare's Gap

Information

Karte:

Ordnance Survey Map of Northern Ireland 1:50 000 Discover Series No. 29 »The Mournes«

Wanderkarte:

Wanderung Nr. 10 der *Mourne-Mountain-Walks*-Sammlung, die in Buchhandlungen, Outdoor-Läden, im Mourne Heritage Trust's Countryside Centre in Newcastle (*91 Central Promenade*, Tel. *028 4372 4059*) und im Newcastle Tourist Office (*10–14 Central Promenade*, Tel. *028 4372 2222*) erhältlich ist.

St. Patrick's County

DER GEIST DES IRISCHEN SCHUTZHEILIGEN PRÄGT NOCH heute die als Patrick's County bekannte Region: In diesem reizvollen, aber wenig besuchten Winkel des County Down zwischen dem Strangford Lough und den Mourne Mountains ging der heilige Patrick 432 einst an Land, um Irland zum Christentum zu bekehren.

Die Kirche in Saul wirkt historisch, entstand aber erst 1932

Downpatrick
🄼 301 F2
Besucher-information
✉ The Saint Patrick Centre, 74 Market St., Downpatrick, County Down
☎ 028 4461 2233

Natürlich ist nur weniges von dem, was man sich über den hl. Patrick erzählt, historisch bezeugt, doch lässt sich sein Lebenslauf annähernd rekonstruieren. Man darf wohl annehmen, dass er in Schottland oder Wales geboren wurde, vielleicht als Sohn eines römischen Zenturios. Mit ungefähr 16 Jahren wurde er von irischen Plünderern gefangen genommen und in die Grafschaft Antrim verschleppt, wo er am Slemish Mountain etwa sechs Jahre lang als Schafhirte arbeiten musste. Es scheint so, als habe ein früher Missionar ihn während seiner Versklavung zum Christentum bekehrt. Schließlich konnte Patrick auf einem Schiff entkommen und sich nach Frankreich durchschlagen. Er bereiste als Wanderprediger fast 25 Jahre lang das europäische Festland;

431 wurde er zum Bischof ernannt, im folgenden Jahr kam er im County Down an. Möglicherweise segelte er den Meeresarm des Slaney River hinauf und landete etwas östlich des heutigen **Downpatrick**.

Patrick war ein praktisch denkender Missionar, der den örtlichen Häuptling Dichu, den Mann mit dem größten und direkten Einfluss auf das Volk, so schnell wie möglich missionieren wollte. Dichu überließ Patrick eine Scheune (*sabhal* genannt, daher der Ortsname »Saul«) als vorläufige Bleibe. Zwar zog der Missionar weiter und bereiste den gesamten Norden Irlands, doch 461 kehrte er nach Saul zurück, um hier zu sterben.

Im Jahre 1932, dem 1500-jährigen Jubiläum von Patricks Ankunft, wurden eine Kirche und ein Rund-

turm im traditionellen gälischen Stil an dieser Stätte errichtet. In der Kirche gibt es eine sehr gute **Ausstellung** *(Tel. 028 4461 4922)* über das Leben und Werk des Heiligen. Man kann an den reinigenden Kreuzigungsstationen auf einem Weg am nahe gelegenen Hügel des Slieve Patrick vorbei hinaufsteigen. Von hier oben hat man eine wunderbare Aussicht über den Strangford Lough und die Lecale-Halbinsel.

Wie die meisten frühchristlichen Missionare, so war auch Patrick ein großer Anhänger der Selbstkasteiung: An den **Struell Wells** *(Infos bei der Auskunft in Down–patrick)*, drei Kilometer südlich von Saul *(an der Straße Downpatrick-Ardglass ausgeschildert)*, stellte der Heilige seine Glaubensstärke auf die Probe, indem er in eiskaltes Wasser sprang und »darin einen großen Teil der Nacht völlig nackt mit dem Singen von Psalmen und religiösen Liedern verbrachte«. Die Quellen in dem grünen Tal genießen seitdem einen besonderen Ruf als Heilquellen.

Heute kann man das Badehaus der Damen und das Badehaus der Herren mit seinen Bänken und dem dunklen, kalten Schwimmbecken besuchen. Achten Sie auch auf die Quelle, deren Wasser angeblich Augenerkrankungen heilen kann, und die mit einer Kuppel überdachte Trinkquelle – lange als *tub* (dt. »Badewanne«) bekannt – wo St. Patrick jene gebetsreiche Nacht verbracht haben soll.

Die **Downpatrick Cathedral** auf einer Anhöhe stammt überwiegend aus dem 19. und 20. Jahrhundert. Im Schatten ihrer Mauern liegt eine riesige Felsplatte mit der Inschrift »Patrick«, die man 1901 über das Grab von St. Patrick legte, um Pilger davon abzuhalten, »heilige« Erde mitzunehmen. Der normannische Lord, Sir John de Courcy, schwor im späten 12. Jahrhundert,

dass er die Knochen von St. Patrick hier wieder vergraben hätte – gleich neben denen des hl. Columban, der 597 auf Iona, und der hl. Brigitte, die in Kildare 523 gestorben war.

Zwei weitere religiöse Sehenswürdigkeiten etwas weiter westlich von Downpatrick sind ebenfalls einen Besuch wert: Die **Inch Abbey** ist ein Zisterzienserkloster mit einem hübschen, dreigeteilten Spitzbogenfenster und liegt idyllisch direkt am River Quoile. In **Loughinisland** *(B2, dann die Loughinisland Road)* stehen drei alte Kirchen auf einem Drumlin in einem von Hügeln eingerahmten See. Man kann die Insel über eine Straßenbrücke erreichen und die Kirchen erkunden: Die MacCartan's Chapel hat eine winzige Tür mit der Inschrift PMC (Phelim MacCartan) aus dem Jahre 1636. ■

Die blumengeschmückte Grabplatte von St. Patrick an der Domkirche von Downpatrick

Inch Abbey

🅰 301 F2

✉ Nahe A7 westl. von Downpatrick, County Down

☎ 028 9054 6552

🕐 Ganzjährig geöffnet

💲 €

Strangford Lough und Ards Peninsula

Bangor

▲ 301 F3

**Besucher-
information**

✉ 34 Quay St., Bangor,
County Down

☎ 028 9127 0069

Strangford Lough

▲ 301 F3/G2

**Strangford Lough
Management**

✉ 13 The Strand,
Portaferry,
County Down

☎ 028 4273 8886

Mount Stewart

✉ Portaferry Rd.,
Newtownards,
County Down

☎ 028 4278 8387

🕐 Geschl. Nov.–März,
Okt. Mo–Fr

💲 €€

DER LANGE, NACH SÜDEN GESTRECKTE ARM DER ARDS Peninsula und die wundervolle Meeresbucht des Strangford Lough, ein Vogelparadies, ist eine der schönsten Landschaften Irlands. Zwei Häuser des National Trust, verstreut liegende Inseln und eine teilweise spektakuläre Küste runden das Bild des County Down ab.

Die Ards Peninsula beginnt am Küstenort Bangor im Norden des County Down und verläuft 40 Kilometer nach Süden. Die Ostküste der Landzunge mit ihren oft mit Algen bedeckten Sandstränden, Felsbuchten und Fischerdörfern blickt auf die Irische See. An der Südspitze führt ein acht Kilometer langer Küstenpfad rund um das Dörfchen **Kearney** (*Tel. 028 9751 0131*); Dorf und Küste werden hier vom National Trust gepflegt.

Im Gegensatz dazu steht die innere Küstenlinie der Ards Peninsula, wo der Strangford Lough die verschwommene und geheimnisvolle Atmosphäre einer Seenlandschaft verbreitet. Die Bucht misst vom innersten Zipfel bis zur Spitze der Landzunge 30 Kilometer; eine großartige Gezeitenbucht mit Drumlin-Inseln; das Wasser fällt bei Ebbe und gibt den Blick auf weite Wattflächen und Sandbänke frei. Nirgendwo in Nordirland kann man Vögel besser beobachten als hier: Rund 12 000 hellbäuchige Ringelgänse, zehn Prozent der weltweiten Gesamtpopulation, fliegen von Grönland zum Überwintern hierher; auch große Schwärme von Goldregenpfeifern, Kiebitzen, Brachvögeln, Uferschnepfen und Rotschenkeln sowie Pfeif-, Brand- und Spießenten (siehe auch Scrabo Tower, S. 343) versammeln sich hier.

Die Familie Stewart hat ihren Stammsitz bis heute auf **Mount**

Stewart, einem wunderschönen Anwesen auf dem Land an der Ostküste des Lough; es steht unter dem Schutz des National Trust. Das Haus wirkt fast familiär; originale Vogelgemälde des englischen Künstlers und Humoristen Edward Lear sind wie beiläufig an den Kaminschirm geheftet; Bücher des Dramatikers Sean O'Casey.

Die Grey Abbey, sechs Kilometer weiter südlich, ist eine Ruine aus dem 12. Jahrhundert direkt an der Küste. In Portaferry, einem symphatischen kleinen Dorf am Wasser, kann man die Fähre über die Meerenge nach Strangford Village sowie die südlichen und westlichen Ufer des Strangford Lough nehmen. Nach drei Kilometern führt rechts eine ausgeschilderte Abzweigung zum **Castle Ward**, einem vom National Trust geschützten, idyllisch gelegenen Anwesen am südlichen Ende der Bucht. Das Haus ist architektonisch recht ausgefallen, da die Fassade dem nüchternen palladianischen Stil folgt, während die Rückseite reichlich verzierte Gotik präsentiert: Die Besitzer im 18. Jahrhundert, Bernard und Lady Anne Ward, waren über die Gestaltung des Hauses so

zerstritten, dass jeder von ihnen eine Hälfte bekam. Die Frontfassade (Bernard Ward) ist ein exemplarisches Beispiel zurückhaltender Klassik, mit wundervollen Stuckinnenarbeiten (darunter auch eine echte Geige, ein Korb und ein Hut – alles in Stuck); Lady Annes Rückseite weist Spitzfenster und spitze Türrahmen, ein Fächergewölbe und maurische Verzierungen auf.

Vom **Quoile Pondage Countryside Centre** *(Tel. 028 4461 5520, April–Sep. Mo–Fr)* etwas nördlich von Downpatrick führen Wanderwege durch die einladende Fluss- und Marschlandschaft. Weiter oben am westlichen Ufer der Bucht kann man im **Castle Espie Wildfowl and Wetlands Trust** *(Tel. 028 9187 4146)* interessante Vogelarten beobachten.

Dazwischen liegt die **Mahee Island** *(ausgeschildert)*, ein einsames Eiland am Ende mehrerer Straßenbrücken. Im Kloster von St. Mochaoi predigte einst der heilige Patrick. Übrig geblieben sind davon nur alte Steinmauern, Ruinen eines Rundturms und einer Kirche sowie einige verwitterte Klostergrabplatten. ∎

Haus und Garten von Mount Stewart an der Küste des Strangford Lough bilden ein harmonisches Ensemble

Grey Abbey
🄰 301 G2
✉ Greyabbey, County Down
☎ 028 9054 3033
🕐 Geschl. Okt.–März: Mo–Fr; April–Sept.: Mo

Castle Ward
🄰 301 G2
✉ Strangford, County Down
☎ 028 4488 1204
🕐 Geschl. Nov.–März

Cúchulainn, der Kriegsheld aus Ulster

Das alte Königreich von Ulster, das einen Großteil des heutigen Nordirland umfasste, ist legendenumwoben. Viele dieser Sagen drehen sich um den unbesiegbaren Krieger Cúchulainn, der dem zweiten irischen Helden, dem mythischen Fionn MacCumhaill (Finn McCool), ebenbürtig ist.

Cúchulainn war der Sohn des Gottes Lugh the Longhanded und erhielt den Geburtsnamen Setanta. Im Alter von nur sieben Jahren erschlug er einen wilden Hund, der ihn auf den Hängen des Slieve Gullion angegriffen hatte, indem er mit seinem *sliotar* (Hurling-Kugel) dem Tier den Kiefer

Cúchulainn, der Kriegsheld aus Ulster

brach und dann den Schädel mit einem *camán* (Hurling-Schläger) zerschmetterte. Der Besitzer des Hundes, Cullainn the Smith, war darüber natürlich nicht sehr erfreut, und so bot ihm Setanta an, sein Haus so lange zu bewachen, bis er einen anderen Hund aufgezogen hatte. So kam er zu seinem späteren Namen, Cúchulainn, der Hund von Culainn.

Cúchulainn erwies sich als ganzer Mann: Die unnahbare, aber hübsche Emer gab ihm unlösbare Aufgaben, um ihre Hand zu gewinnen – einen Lachssprung zu vollführen; acht Männer mit einem Schlag zu töten und zwei Frauen sowie ihr Gewicht in Gold und Silber zu tragen. Natürlich konnte er alle Aufgaben bewältigen. Vor jeder Schlacht verwandelte sich Cúchulainn, wuchs zu riesenhafter Gestalt und veränderte seine Hautfarbe; eines seiner Augen schwoll zu enormer Größe an, sein Körper brannte so heiß, dass er Schnee zum Schmelzen brachte, Funken sprühten aus seinem Mund, und Blut spritzte aus seinem Scheitel.

Doch die wahre Bewährungsprobe kam für den besten aller Krieger erst, als die heimtücki-

sche und lüsterne Königin Medb von Connacht den Rinderraub von Colley gegen Ulster anzettelte. Sie war neidisch auf den legendären Bullen, den »Whitehorned One«, der ihrem Ehemann, King Ailill, gehörte; sie war entschlossen, ein Tier stehlen zu lassen, das dem Bullen ihres Mannes ebenbürtig war – den berühmten Brown Bull of Colley aus Ulster. Die Männer in Ulster wurden verhext, so dass sie schwach wie eine Frau im Wochenbett waren. Mit seinem Schwert, einer Schleuder und dem gefürchteten, hakenbewehrten Speer *Gae Bolga* tötete er so viele Krieger von Medb, dass die Truppen aufgerieben wurden. Doch die verschlagene Königin schaffte es, mit dem Brown Bull of Cooley zurück nach Connacht zu kehren, wo dieser den Whitehorned One töten sollte. Er zog in einem Vernichtungsritt durch ganz Irland und starb schließlich vor lauter Raserei.

Zehn Jahre nach dem Rinderraub von Cooley beauftragte sie drei Hexen, den Krieger mit einem Fluch zu belegen. Cúchulainn glaubte Ulster werde angegriffen, und er machte sich zur Verteidigung seiner Heimat bereit.

Bald darauf traf er auf die Söhne der Könige von Munster und Leinster. Leider hatte er diese Monarchen einst auch umgebracht: In der folgenden Vergeltungsschlacht wurde der Held durch einen Speerwurf getötet. Er band sich selbst an einem Menhir fest, um mehr Halt zu haben, und kämpfte mit seinem Schwert bis er starb. Als der junge König Lughaidh of Munster auf ihn zutrat und Cúchulainns Kopf abschlug, fiel das Schwert des Helden aus dessen Hand und schnitt dem König dabei die rechte Hand ab. So starb der tapferste Held aus Ulster. ■

Oben: Cúchulainn fährt auf seinem Kriegswagen in die Schlacht; oben links: Ein Druide warnt Queen Medb vor Cúchulainn; oben rechts: Cúchulainn trägt seinen verletzten Stiefbruder Ferdia

Schroffe Felsen in Ardglass oberhalb der einsamen Lecale Peninsula

Weitere Sehenswürdigkeiten

CASTLEDERG

Zwar gibt es in Castlederg im Westen der Graf-schaft Tyrone keine interessanten Sehenswürdig-keiten, aber die Fahrt auf der B72 dorthin lohnt gleichwohl: Der Ort ist ein schönes Dorf, das von der Landwirtschaft lebt. Der Schafverkauf am Dienstagmorgen im Forbes Livestock Mart an der Killen Road vor dem Dorf ist ein Treffpunkt für Bauern aus der ganzen Region; sie umringen den Auktionator mit seinem trommelnden Stak-kato. Westlich von Castlederg formt das County Tyrone eine Ausbuchtung in das County Ferm-anagh hinein: Hier gibt es schöne Wandermöglich-keiten und Autoausflüge auf einsamen Landstra-ßen rund um den **Killeter Forest** an der Grenze.
🄰 303 B3 **Castlederg Besucherzentrum**
✉ 26 Lower Strabane Rd., Castlederg, County Tyrone ☎ 028 8167 0795

KNOCKMANY CAIRN

Südöstlich von Omagh, unweit der Grenze zum County Monaghan, liegt die geheimnisvolle Schlucht des Glogher Valley. Auf der Spitze eines steilen, bewaldeten Hügels liegt der Knockmany Cairn, ein Ganggrab, dessen rosafarbene Steine mit mysteriösen Windungen und Spiralmus-tern, Parallellinien, die wie Ogham-Schrift wir-ken, und labyrinthähnlichen Formen verziert sind. Die herrliche Aussicht reicht kilometer-weit über Wälder und Hügel.
🄰 300 C2 **Omagh Besucherzentrum**
(siehe S. 342)

LECALE PENINSULA

Die wie eine stumpfe Nase geformte Lecale Peninsula östlich von Downpatrick bietet so manche Abwechslung und Überraschung. Die

Kilometern erreicht man die geschäftige Fischereistadt Ardglass, die in ihrer Blütezeit als wichtigster Fischereihafen in Ulster galt, daher auch die große Zahl an Türmen, kleinen Burgen und anderen befestigten Gebäuden. Killough, fünf Kilometer weiter am Wege, wurde im 18. Jahrhundert von Lord Bangor of Castle Ward als Hafen geplant, um Blei und Ernteprodukte von seinem Anwesen zu verladen. Die schnurgerade, 13 Kilometer lange Straße, die einst den Hafen und sein Gut miteinander verband, existiert noch immer. Von **Killough** aus kann man drei Kilometer zu den Ruinen der Kapelle auf **St. John's Point** aus dem 10. Jahrhundert fahren oder laufen. 🅰 301 G 2 ✉ Östl. von Downpatrick, County Down **Downpatrick Besucherzentrum** ✉ 74 Market St., Downpatrick, County Down ☎ 028 4461 2233

LOUGH NEAGH

Auf der anderen Seite der östlichen Grenze von Tyrone dehnt sich der Lough Neagh mit seinem weiten, flachen Ufer aus. Vor allem Aale lassen sich hier einfach und hervorragend angeln.

An den Ufern des Lough Neagh östlich von Cookstown erhebt sich das **Ardboe High Cross**, ein aufwendig geschnitztes, 5,50 Meter hohes Kreuz aus dem 10. Jahrhundert, das den weisen Salomon, die Erschlagung Abels durch Kain mit einem Dreschflegel und Daniel mit zwei Löwen zeigt. In der Nähe steht ein Wunschbaum, der aber durch Tausende von Gedenkmünzen, die in den Stamm eingedrückt wurden, fast abgestorben ist. 🅰 301 E 3 **Sperrin Tourism Partnership** ✉ 50 Ballyronan Rd., Magherafelt County, Londonderry ☎ 028 7963 4570

35 Kilometer lange Küstenstraße ab Strangford Village schlängelt sich südlich durch **Kilclief**, wo ein schönes Turmhaus aus dem 15. Jahrhundert steht. Es wurde von dem Bischof von Down, John Cely, erbaut, der 1443 seines Amtes enthoben wurde, da er mit Lettice Savage, einer verheirateten Frau, im Turm gelebt hatte. Nach acht

Urzeitliche Architektur

Irland ist besonders reich mit prähistorischer Architektur gesegnet. Die Menschen der Stein- und Bronzezeit hinterließen nur wenige Zeugnisse, aber ihre massiven Steindenkmäler sind Wahrzeichen, die auch nach vielen Jahrtausenden noch stehen. Am auffälligsten sind die Hügelgräber aus der Zeit um 4000 v. Chr. mit teilweise umschlossenen Vor- oder Innenhöfen und Ritualflächen gegenüber den Grabkammern. Keilgräber, keilförmige Gräber mit Vorhof, wurden vielleicht tausend Jahre später gebaut. Nur kurze Zeit später entstanden Kammer- oder Ganggräber, von Menschenhand geschaffene Grabhügel mit einem Gang, der in die Zentralkammern führte, in unterschiedlichen Größen; die größte Anlage in Newgrange (siehe S. 269) ist so massiv wie ein kleiner Hügel.

Steinkreise wurden in der Stein- und Bronzezeit errichtet; manche als Abgrenzung rund um Grabstätten, andere wohl als Ritualplätze. Einige zeichnen sich durch sehr große Steine aus, die möglicherweise eine Schutzfunktion hatten.

Die unberührte Murlough Bay gehört zu den Schmuckstücken der Antrim Coast

MURLOUGH BAY

Diese wunderschöne Bucht liegt zwar zwischen der belebten Straße an der Antrim Coast und dem Giant's Causeway, hat sich aber ihre Unberührtheit bewahrt.

Felsen und silbrig glänzender Sand liegen unter den Felsklippen und Hängen, die mit Silberbirken und Bergeschen bewachsen sind. Vom oberen Parkplatz führen viele ausgewiesene Wanderwege hinunter; einer windet sich an den Klippen entlang bis nach Fair Head mit einer Aussicht auf Rathlin Island im Norden. Vom unteren Parkplatz hat man die Wahl zwischen Stränden und Streifzügen durch die Strandhügel.

🅰 301 E5 ✉ 8 km östlich von Bellycastle, an der Straße zwischen Fair Head und Torr Head, County Antrim **Ballycastle Besucherauskunft** ✉ 7 Mary St., Ballycastle, County Antrim ☎ 028 2076 2024

OMAGH

Das Städtchen Omagh im County Tyrone war bis zum berüchtigten 15. August 1998 eigentlich nur als lokale Einkaufs- und Geschäftsstadt bekannt. Damals widersetzte sich eine republikanische Splittergruppe dem Karfreitagsabkommen (siehe S. 294 f), nannte sich selbst die »echte IRA« und zündete an jenem Sonnabend eine Autobombe in einer belebten Einkaufsstraße,

worauf 29 Menschen starben. Der furchtbare Anschlag wurde allgemein verurteilt und führte zu der Entschlossenheit, den Frieden auch umzusetzen.

🅰 300 C3 **Besucherauskunft** ✉ 1 Market St., Omagh, County Tyrone ☎ 028 8224 7831

PRÄSIDENT-WILSON-FAMILIEN-BESITZ

In der nordöstlichen Ecke des County Tyrone, drei Kilometer östlich von Strabane, ist das President Wilson Ancestral Home gut ausgeschildert. Das weiß gekalkte Haus, das Woodrow Wilsons Großvater James Wilson 1807 verließ, wird von Mitgliedern der Familie Wilson bis heute erhalten und bewirtschaftet.

Im Innern gibt es zwei Räume, eine Küche und ein Wohnzimmer mit einem Wäscheschrank sowie einem kunstvollen, eisernen Kamin. Eine Leiter führt durch ein Loch in der Decke zu einem oberen Raum unter dem rauchgeschwärzten Reetdach. In diesem kleinen Haus mit den winzigen Fenstern und dicken Steinwänden wurden Generationen der Familie Wilson aufgezogen, oft mehr als zwölf Kinder. James Wilson heiratete Annie Adams, ein Mädchen aus Sion Mills, das er auf dem Schiff nach Amerika traf; sein Urenkel Woodrow Wilson war 1913–21 Präsident der USA.

Bunte Pflanzenvielfalt im Rowallane Garden

🅰 300 C 3 ✉ Spout Rd., Dergalt, Strabane, County Tyrone ☎ 028 713844 🕐 Juli und Aug. Di–So, sonst nach Vereinbarung

ROWALLANE GARDEN

In diesem wundervollen, naturbelassenen Garten auf einem 20 Hektar großen Anwesen gibt es keine künstliche Landschaftsarchitektur. Im Jahre 1903 erbte Hugh Armytage Moore das Anwesen von seinem Onkel, Reverend John Moore. Ein halbes Jahrhundert lang kümmerte er sich um den Garten und machte hier Pflanzenarten aus aller Welt heimisch.

Man kann durch den Mauergarten mit Azaleen (im Mai ein reizvoller Anblick) und hinunter zu einem natürlich entstandenen Steingarten durch den flachen Glen des New Ground, an orangefarbenen, scharlachroten, rosa, gelben, violetten und weißen Rhododendronbeeten vorbei, spazieren.

🅰 301 F2 ✉ ausgeschildert an der A7 Belfast–Downpatrick bei Saintfield, 18 km von Belfast bzw. Downpatrick entfernt, County Down ☎ 028 9751 0131 🕐 Täglich geöffnet 💲 €€

SCRABO TOWER

Ein schon von Ferne auffallendes Wahrzeichen ist der 41 Meter hohe Scrabo Tower auf dem Gipfel des Scrabo Hill, am nördlichen Ende des **Strangford Lough** (siehe auch S. 336). Der Turm wurde 1857 als Dankesgeste für den 3. Marquis of Londonderry für dessen Anstrengungen erbaut, das Leiden seiner Lehnsleute während der Großen Hungersnot zu lindern. Heute zeigt der Turm eine Ausstellung über die Natur- und Sozialgeschichte der Region wie auch den Strangford Lough. Wer genug Ausdauer hat, kann die 122 Stufen zur Turmspitze erklimmen – es lohnt sich! Die herrliche Aussicht ist eine der beeindruckendsten in ganz Nordirland und umfasst die Berge von Mourne, die Hügel an der Antrim Coast, Belfast und die weite Fläche des Strangford Lough selbst sowie die Ards Peninsula. An besonders klaren Tagen erkennt man möglicherweise die Isle of Man und die Hügel in Schottland auf der anderen Seite der Irischen See.

Der Turm liegt im Zentrum des Scrabo Hill Country Park, wo der Wald in offene Ebenen übergeht und erkaltetes Vulkangestein über dem Sandstein spektakuläre, offen im Boden liegende, steinige Spuren inmitten der grünen Landschaft hinterlassen hat.

🅰 301 F3 ✉ 1,6 km südwestlich von Newtownards, County Down ☎ 028 9181 1491 🕐 Okt.–März und Fr von April–Sept. geschl., Country Park ganzjährig geöffnet

SPRINGHILL

Springhill ist ein ausgezeichnetes Beispiel eines Siedlungshauses. Es wurde um 1690 von der Familie Conyngham aus Schottland erbaut und im 18. Jahrhundert um zwei Flügel erweitert. Innen gibt es eine gut ausgestattete Bibliothek aus dem 18. Jahrhundert, prächtiges Mobiliar aus dem 18. und 19. Jahrhundert – von Binsenstühlen bis hin zu fein gearbeiteten Schränken –, ein Waffenkabinett mit einigen historischen Waffen (u. a. Steinschlossgewehre, die die Verteidiger bei der Belagerung von Derry benutzten; auch einige Langspieße, die man in der Schlacht am Vinegar Hill im County Wexford 1798 erbeutete) sowie eine Ausstellung mit historischen Trachten. Draußen finden sich ein Mauergarten sowie gut markierte Pfade durch den Park und den Wald.

🅰 301 D 3 ✉ Ausgeschildert an der B 18 Moneymore–Coagh, 8 km nordöstl. von Cookstown, County Derry ☎ 028 8674 8210 🕓 Geschl. April–Juni, Sept.: Mo–Fr (außer Feiertage am Mo); Nov.–Mitte März 💲 €€

Der Ulster Way ist der bekannteste Wanderpfad Nordirlands und mit 901 Kilometern der längste Rundwanderweg; man kann ihn auch abschnittsweise erwandern. Er ist gut markiert, darüber hinaus gibt es zahlreiche Karten

TOOMEBRIDGE-AALFISCHZUCHT

In dieser Fischzuchtanlage im westlichen County Antrim muss man einfach den Anblick von Millionen Aalen erleben! Zwar ist dies ein kommerzielles Unternehmen, Besucher sind aber willkommen (vorher telefonisch anmelden). Die Anlange liegt genau dort, wo der River Bann aus dem nördlichsten Punkt des Lough Neagh hinausfließt – eine ideale Stelle für den Aalfang, übrigens überwiegend für den Export, da die Leute in Ulster diese zappelnde Delikatesse nicht besonders mögen. Die Aalfischer vom Lough Neagh leben allerdings vom Handel, und weiter unten am River Bann ist das Sportangeln nach Aalen im Sommer recht beliebt.

🅰 300 C 3 ✉ Lough Neagh Fishermen's Cooperative Society, Toomebridge, County Antrim ☎ 028 7965 0618 🕓 Geschl. Sa und So

WELLBROOK BEETLING MILL

Diese Mühle war eine von sechs Mühlen, die man ab 1767 in dem engen Tal gebaut hatte. Hier wurde Leinen durch die Schläge wassergetriebener Holzhämmer in feine Stoffe kalandert. Man kann die lauten »Beetles« oder Hämmer, das Wasserrad und die anderen Originalmaschinen bewundern und mehr über die einst blühende Leinenindustrie in Ulster in der Ausstellung auf dem Trockenboden erfahren.

🅰 301 D 3 ✉ Ausgeschildert an der A 505 Cookstown–Omagh in Kildress, 5 km westl. von Cookstown, County Tyrone ☎ 028 8674 8210/ 8675 1735 🕓 Geschl. Sept.–Juni Mo–Fr (außer Feiertage am Mo) 💲 €€

ULSTER HISTORICAL PARK

Im Gortin Glen Forest Park an der B 48 zwischen Omagh und Gortin passiert man den Ulster History Park, eine Sammlung originalgroßer Nachbauten irischer Gebäude aus verschiedenen Jahrhunderten. Zu den Höhepunkten zählen Steinzeithäuser, eine bronzezeitliche Pfahlbauhütte, eine vornormannische Klosterstätte und eine Pflanzersiedlung des 17. Jahrhunderts.

Wer ein echtes Stück Geschichte von Tyrone erleben möchte, sollte die Ruinen der »Schwitzhütte« in Rouskey östlich von Gortin besuchen. Ein Vorläufer der modernen Sauna!

🅰 300 C 3 ✉ An der B 48, Cullion, Lislap, Gortin, County Armagh ☎ 028 8164 8188 🕓 Okt.–März Sa und So geschl. 💲 €€ ■

Reiseinformationen

**Ferien im Pferdewagen:
Irland ganz individuell**

REISEINFORMATIONEN

REISEPLANUNG

REISEZEIT

Die beste Zeit des Jahres, um nach Irland zu reisen, ist der Frühling und der Frühsommer. Die Monate April bis Juni sind meist sonnenreich und mild, und die Landschaft ist nach den winterlichen Regenfällen frisch und grün. Die Straßen sind wenig befahren. Dennoch haben die meisten Sehenswürdigkeiten nach der Winterpause schon geöffnet.

Wenn Sie jedoch an Festivals teilnehmen wollen, müssen Sie im Hochsommer nach Irland reisen. Alle großen Veranstaltungen finden im Juli oder August statt: Regatten vor Cork und Dingle, Kunstfestivals und Rennen in Galway, die Dublin Horse Show und die Connemara Pony Show, das internationale Festival Rose of Tralee und das Fleadh Cheoil na h'Éireann (Musikfestival).

Im September und Oktober ist das Wetter meist besser, und die Wälder und Moore leuchten in wunderschönen Farben. Die Preise lassen zum Herbst hin nach. Im Winter bleibt es meist mild, es ist aber oft dunkel und trist. Mit etwas Glück gibt es aber auch schöne kalte Tage bei klarem Wetter.

NICHT VERGESSEN

Bei Ihrer Kleiderwahl sollten Sie sich daran orientieren, dass ein Urlaub in Irland hauptsächlich unter freiem Himmel stattfindet. Packen Sie daher Regenbekleidung, einen Hut und einen Regenschirm ein. Über dem Atlantik ist es oft stürmisch, und die Wolken haben über 4800 Kilometer freie Fahrt, bis sie Irland erreichen. Insbesondere im Westen herrscht oft nebliges Nieselwetter.

Golfschuhe können Sie in Irland gut gebrauchen, denn es gibt hier eine Vielzahl guter Golfplätze. Sinnvoll sind auch Wanderschuhe,

denn im ganzen Land sind über 50 weitläufige Wanderwege ausgewiesen.

Mit dem Fernglas können Sie die Vogelwelt beobachten. In den größeren Städten gibt es Filme für Fotoapparate und Chips für Digitalkameras.

Irische Apotheken (*pharmacies* oder auch *chemists*) bieten eine große Auswahl an rezeptfreien und verschreibungspflichtigen Medikamenten. Benötigen Sie spezielle Medikamente, sollten Sie diese von zu Hause mitnehmen.

VERSICHERUNGEN

Medizinische und zahnmedizinische Behandlungen können EU-Bürger im Besitz des Formulars E III durchführen lassen. Auch empfiehlt es sich, eine gängige Kranken- und Reiseversicherung abzuschließen, bevor Sie nach Irland fahren.

EINREISE

Alle Nicht-EU-Bürger benötigen bei der Einreise einen gültigen Reisepass. Für EU-Bürger genügt der Personalausweis. Um zwischen der Republik Irland und Nordirland hin- und herzureisen, ist kein Ausweis notwendig.

Zoll: Drogen und andere illegale Stoffe sind auch in Irland verboten. EU-Bürger können nach der Zahlung von Zollgebühren 50 Liter Bier, 25 Liter Wein und 800 Zigaretten nach Irland einführen oder von dort ausführen. Zollfrei sind 200 Zigaretten, 50 Zigarren, 1 Liter Spirituosen oder 2 Liter Portwein oder Sherry.

Währungsbeschränkungen: Sie können beliebig viel Bargeld nach Irland einführen, aber bei der Ausfuhr gibt es Beschränkungen. Bei der Einreise ist es bei höheren Bargeldbeträgen ratsam, eine Einfuhrerklärung abzugeben.

ANREISE

MIT DEM FLUGZEUG

Die Flugzeit von Frankfurt/Main oder Zürich nach Dublin beträgt ca. 1,5 Stunden, von Wien fliegt man meistens über London nach Dublin. Von vielen größeren Flughäfen gibt es Linienflüge nach Dublin, Shannon, Cork, Knock und Belfast. Air Lingus ist die staatliche irische Fluggesellschaft (www.flyaerlingus.com). Sie unterhält Vertretungen in Deutschland (Tel. 0 18 05/97 59 00), in Österreich (Tel. 01/585 21 00) und der Schweiz (Tel. 0442 86 99 33).

Die größten Flughäfen der Republik Irland befinden sich in Dublin und Shannon, in Nordirland sind es der Belfast International und der Belfast City Airport.

In allen Flughäfen besteht ab ca. 7 Uhr früh die Möglichkeit, Geld zu wechseln. Auch Autovermietungen und Taxiunternehmen sind dort vertreten – die Fahrpreise betragen ungefähr das Fünffache der öffentlichen Verkehrsmittel.

IN DIE INNENSTADT

Die Fahrtzeiten in die Innenstädte betragen – abhängig vom Verkehrsaufkommen – zwischen einer halben und einer Stunde. Vom Belfast City Airport benötigen Sie ca. 10 bis 15 Minuten ins Zentrum.

VON DUBLIN AIRPORT INS STADTZENTRUM
Mit dem Auto nehmen Sie die M 1 Richtung Süden. Der Airlink Bus verkehrt alle 20 Minuten. Die Fahrpreise sind moderat, Kinder unter 16 Jahren zahlen nichts. Der Bus fährt zur Central Bus Station, zum Connolly Bahnhof und schließlich zum Bahnhof Heuston. Taxen vom Flughafen in die Innenstadt sind sehr teuer.

VOM SHANNON AIRPORT NACH LIMERICK
Mit dem Auto fahren Sie auf der N 18 ostwärts. Bus Éireann bietet einen regelmäßigen Busservice

nach Limerick an. Fahrtpreise der Taxen: mittel bis hoch.

VOM BELFAST INTERNATIONAL AIRPORT INS STADTZENTRUM

Mit dem Auto über die A52 ostwärts ins Stadtzentrum. Der Airbus Service bietet halbstündig Busfahrten zu moderaten Preisen (Kinder gratis). Taxifahrten sind teuer.

VOM BELFAST CITY AIRPORT INS STADTZENTRUM

Mit dem Auto folgen Sie den Wegweisern ins Zentrum. Fahrpreise für Taxen: moderat.

UNTERWEGS IN IRLAND

In Irland gibt es keine U-Bahnen.

UNTERWEGS IN DUBLIN

MIT DEM BUS

Das Busliniennetz im Großraum Dublin bis in die Countys Meath, Kildare und Wicklow wird von Dublin Bus (Tel. 01/873 42 22) betrieben. Sie können vorab billigere Mehrfahrtentickets am Schalter des CIE am Flughafen in Dublin, in der Zentrale von Dublin Bus in der Upper O'Connell Street 59 oder bei den Fahrkartenausgaben in der Stadt erhalten.

MIT DEM ZUG

Ein innerstädtischer Zug (DART) verbindet die südlichen und nördlichen Außenbezirke mit dem Zentrum. Von den 25 Haltebahnhöfen liegen die Connolly Station (nördlich des Liffey, ca. zehn Gehminuten von der Connolly Street entfernt), Tara Street und Pearse Street dem Stadtzentrum am nächsten (die letzten beiden befinden sich südlich des Flusses, ca. fünf Minuten vom Trinity College entfernt). Fahrscheine können Sie an jeder Haltestelle kaufen.

MIT DEM TAXI

Taxen findet man in Dublin am Taxistand oder bestellt sie per Telefon (die Telefonnummern stehen in den Golden Pages). Die größten Taxistände befinden sich am St. Stephen's Green, am College Green, an der O'Connell Street und an der Westland Row östlich des Trinity College. Die Autos sind meistens mit einem Taxameter ausgestattet, andernfalls sollten Sie vor Fahrtbeginn mit dem Fahrer den Preis festlegen.

VON DUBLIN MIT DEM AUTO INS LANDESINNERE

Die **M 50** ist eine Ringautobahn. Dies sind die wichtigsten Ausfallstraßen:

M1/N1 zum Dublin Airport, nach Drogheda, Dundalk und Belfast.

N2 nach Ashbourne, Slane und Derry.

N3 nach Navan, Cavan, Enniskillen und Sligo.

N4 nach Sligo, nach Kinnegad (wo die N6 nach Galway abzweigt) und nach Longford, von wo die N5 nach Westport führt.

N7 nach Cork, Limerick und Killarney.

N8l nach Blessington und West Wicklow.

N11 nach Bray, Wicklow, Wexford und zur Autofähre nach Rosslare.

UNTERWEGS IN DER REPUBLIK IRLAND

MIT DEM FLUGZEUG

Die staatliche Fluggesellschaft Air Lingus (Deutschland Tel. 0 18 05/97 59 00; Österreich Tel. 01/585 21 00; Schweiz Tel. 0442 86 99 33) fliegt von Dublin aus die Flughäfen in Waterford, Cork, Kerry, Shannon, Galway, Knock (County Mayo), Sligo und Carrickfinn (County Donegal) an.

MIT DER FÄHRE

Es gibt zwei Fährlinien, die die Fahrtzeit mit dem Auto verkürzen:

Über den Shannon
(Stündliche 20-minütige Überfahrt) Zwischen Killimer, County Clare, und Tarbert, County Kerry (Tel. 065/531 24).

Über den Waterford Harbour
(10-minütige Überfahrt, durchgehender Verkehr). Einige Kilometer südlich von Waterford zwischen Ballyhack, County Wexford, und Passage East, County Waterford) (Tel. 051/38 24 80).

MIT ÖFFENTLICHEN VERKEHRSMITTELN

Der CIE mit seinen Tochterfirmen Irish Rail (Iarnród Éireann), Irish Bus (Bus Éireann) und Dublin Bus (Bus Àtha Cliath) betreibt in ganz Irland Bus- und Zuglinien.

Mit dem Bus

Irish Bus (Tel. 01/836 61 11) mit dem auffälligen roten Hund als Firmenlogo unterhält Busverbindungen in alle großen Städte und auch in zahlreiche abgelegene Dörfer. Der tägliche Expressbus zwischen Dublin und Belfast ist preiswert und kann schneller sein als der Zug.

Mit dem Zug

Irish Rail (Tel. 01/836 62 22) ist der Betreiber der Zuglinien in Irland. Die Zugverbindungen sind effizient, wenn man von Dublin aus in den Süden oder Norden reisen will, aber langsam, wenn es in den Westen des Landes gehen soll. Alle großen Städte sind mit dem Zug erreichbar. Der empfehlenswerte Expresszug zwischen Dublin und Belfast benötigt für die Strecke ca. zwei Stunden und verkehrt achtmal täglich. In der Hauptferienzeit sowie am Freitag- und Sonntagabend sollten Sie Sitzplätze reservieren.

Fahrkarten

Tickets können Sie an jedem Bahnhof kaufen. Die zahlreichen Ermäßigungen, etwa für Kinder unter 16 Jahren, können bis zu 50 Prozent betragen. Es gibt einige interessante Kombitickets für Bus und Bahn, z. B. den Irish Explorer (5–8 Tage gültig), die Emerald Card, die für Irish Rail, Irish Bus, Dublin Bus, Northern Irish Railways und Ulsterbus gilt, und den Irish Rover, der günstige Zugreisen in der Republik und in Nordirland ermöglicht.

STUDENTENERMÄSSIGUNGEN

Der Student Travelsave Stamp

gewährt Vergünstigungen für Zuglinien, Fernbusse und Fährverbindungen. Man erhält ihn bei USIT (19/21 Aston Quay, O'Connell Bridge, Dublin 2, Tel. 01/602 16 00, Öffnungszeiten Mo–Fr 9–18 Uhr, Sa 11–16 Uhr) oder im Bus Éireann Travel Centre (Central Bus Station, Store Street, Dublin 1).

AUTOFAHREN

AUTOVERMIETUNG

Sie benötigen eine Fahrerlaubnis, die seit mehr als zwei Jahren ohne Einschränkungen Gültigkeit hat. Die Altersgrenze liegt bei 23 bzw. 70 Jahren. Sie müssen eine Kaution hinterlegen. Fly-and-drive- oder Rail/sail-and-drive-Angebote sind oft am günstigsten. Zwischen Mitte Juli und Mitte August sind Reservierungen erforderlich. Die Preise liegen in der Hochsaison wesentlich höher als in der Nebensaison. Haftpflicht-, Feuer-, Diebstahl- und Insassenversicherung sowie unbegrenzte Kilometer und Mehrwertsteuer sind meistens im Preis enthalten.

AUTOFAHREN IN DER REPUBLIK IRLAND

Außerhalb der großen Städte sind die Straßen relativ leer, und die Autofahrer sind zum größten Teil recht umsichtig. Je weiter Sie nach Westen kommen, desto enger, steiler und kurviger werden die Straßen. Irritierend ist, dass die Entfernungsangaben manchmal auf grün-weißen Schildern in Kilometern, häufiger aber in Meilen auf schwarz-weißen Schildern verzeichnet sind.
Es herrscht Linksverkehr, überholt wird rechts.
Wer in Dublin falsch parkt, muss mit einer Radkralle rechnen.

Fahrer und Beifahrer müssen während der Fahrt angeschnallt sein. In geschlossenen Ortschaften sind 30 Meilen/Std. (ca. 48 km/h) erlaubt, außerhalb der Ortschaften 60 Meilen/Std. (ca. 96 km/h) und auf den Autobahnen 70 Meilen/Std. (ca. 112 km/h).

Die Promillegrenze liegt bei 0,8 (ca. ein Pint Guinness).

LANDKARTEN

Die Karten der Ordnance Survey of Ireland 1:50 000 Discovery Series bilden auf 89 Seiten ganz Irland ab. Sie eignen sich gut für Wanderungen. Touristeninformationsbüros verteilen einfachere Straßenkarten.

UNTERWEGS IN BELFAST

MIT DEM BUS

Die Transportgesellschaft Citybus betreibt die Busse im Stadtgebiet von Belfast. Die Fahrscheine erhalten Sie entweder im Bus selbst oder im Europa Bus Centre (Glengall Street nahe Central Station, Tel. 028/90 23 23 56). Es gibt günstige Mehrfachkarten. Kostenlose Busverbindungen werden zwischen dem Hauptbahnhof und den zwei größten Busbahnhöfen sowie zur Jugendherberge angeboten. Spezielle Bahnbusse verbinden die Central Station mit dem Bahnhof Yorkgate.

Mit dem Taxi

Die schwarzen »London«-Taxen mit den gelben Schildern haben im Gegensatz zu anderen Taxen alle ein Taxameter. Taxistände befinden sich im Zentrum am Bahnhof Yorkgate, an der Central Station und an der City Hall. Die Taxiunternehmen der Stadt sind in den Gelben Seiten aufgeführt.

Von Belfast ins Landesinnere:

Die wichtigsten Straßen sind:
A 2 Richtung Norden an die Küste nach Antrim und zum Giant's Causeway; östlich durch Bangor und um die Halbinsel Ards.
M 2/A6 nach Derry.
M 1 über Dungannon zur A4 nach Enniskillen.
M 1 über Lisburn zur A1 nach Dundalk und Dublin.

UNTERWEGS IN NORDIRLAND

MIT DEM BUS

Ulsterbus (Tel. 028/90 33 30 00) verbindet alle Städte und fast alle

Dörfer Nordirlands miteinander. Sie können die Tickets am Busbahnhof oder direkt im Bus kaufen. Es gibt günstige Rückfahrten am gleichen Tag, Tickets für unbegrenzt viele Fahrten in einem bestimmten Zeitraum, Kombi-Tickets für Bus und Bahn und Ermäßigungen für Kinder, Studenten und Rentner.

MIT DEM ZUG

Northern Ireland Railways (Tel. 028/90 89 94 11) bietet Verbindungen zwischen Belfast und Larne (Yorkgate Station, Tel. 028/90 74 17 00) und nach Derry, Bangor und Dublin (Central Station, Tel. 028/90 89 94 11) an. Tickets kaufen Sie an den Bahnhöfen.

MIT DEM AUTO

AUTOVERMIETUNG

Die Anforderungen an die Automieter sind die gleichen wie in der Republik Irland, außer dass man erst ein Jahr im Besitz des Führerscheins sein muss. Wenn Sie sowohl in der Republik als auch nach Nordirland fahren wollen, sollten Sie sich vergewissern, dass die Versicherungen ausreichend sind.

Auto fahren in Nordirland

Die Straßen sind wenig befahren, und die Autofahrer sind meistens ruhig und höflich. Der Zustand der Straßen ist gut; Entfernungen werden in Meilen angegeben. Die Straßenverkehrsregeln sind die gleichen wie in der Republik Irland.

LANDKARTEN

Die Karten der Ordnance Survey of Northern Ireland 1:50 000 Discovery Series zeigen auf 29 Seiten die Straßen Nordirlands (dabei auch Donegal und Teile von Cavan, Leitrim, Louth, Monaghan und Roscommon). In den Touristeninformationsbüros gibt es die Ireland-North-Karten in einem Maßstab von 1:250 000, die sich hervorragend als Straßenkarten eignen.

PRAKTISCHE TIPPS

KINDER

Kinder sind eigentlich überall herzlich willkommen. In Pubs sollten Sie sich aber lieber zunächst erkundigen, ob Kinder erwünscht sind.
Meistens gibt es Kinderermäßigungen in öffentlichen Verkehrsmitteln und bei Eintrittsgeldern.

KOMMUNIKATION

POST

In der Republik Irland sind die Briefkästen und die Postautos grün. Sie können Briefmarken im Postamt oder an Briefmarkenautomaten kaufen. Briefe zum europäischen Festland benötigen ca. vier Tage. Im Norden sind die Briefkästen und die Postautos rot. Hier gelten die britischen Briefmarken.

TELEFON

Die Telefonzellen in der Republik Irland sind entweder grau oder grün und weiß. Sie stehen an Bahnhöfen, Busbahnhöfen, bei Postämtern und an Straßenecken. In Hotels, Pubs und größeren Geschäften gibt es Telefone, von denen aus Sie entweder mit Münzen oder mit Telefonkarten telefonieren können. Die Telefonkarten kaufen Sie im Zeitungsladen, in Postämtern und in größeren Geschäften (Supermärkten). Von allen Telefonzellen aus kann man ins Ausland telefonieren.

Die internationale Vorwahl für Irland lautet 00353. Der nationale Operator hat die Nummer 10, für den internationalen wählen Sie 114.

In Nordirland stehen rote Telefonzellen, aber auch eine Unmenge von gläsernen, grauen Plastiktelefonzellen. Die internationale Vorwahl für Nordirland lautet 0044. Der nationale Operator hat die Nummer 100, den internationalen erreichen Sie unter 155.

UMRECHNUNGEN

Entfernungen

Kilometer in Meilen	0,62
Meilen in Kilometer	1,6

Längenmaße

Zentimeter in Inches	0,39
Inches in Zentimeter	2,54
Meter in Fuß	3,28
Fuß in Meter	0,30
Meter in Yards	1,09
Yards in Meter	0,91

Flächenmaße

Hektar in Acres	2,47
Acres in Hektar	0,40

Gewicht

Gramm in Unzen	0,035
Unzen in Gramm	28,35

Temperatur

°C in °F	mal 1,8 plus 32
°F in °C	minus 32, mal 0,55

ELEKTRIZITÄT

Die Netzspannung beträgt 230 Volt. Die Steckdosen sind entweder geeignet für Stecker mit drei flachen oder zwei runden Pins. Es ist immer sinnvoll, einen passenden Adapter von zu Hause mitzunehmen, falls Sie elektrische Geräte auf Ihrer Reise mit sich führen.

ETIKETTE UND VERHALTENSREGELN

Es gibt keine formellen Verhaltensregeln in Irland. In Pubs, Geschäften und auf der Straße können Sie leicht in ein Gespräch verwickelt werden. Die Iren wenden sich gerne an Fremde und versuchen, alles über sie herauszufinden. Das ist keine Neugierde, sondern einfach freundlich und höflich. Dieses Interesse ist natürlich während der Hochsaison in touristischen Gebieten nicht so ausgeprägt. Musiker in Pubs und auf der Straße werden während ihrer Darbietungen ungern unterbrochen, selbst wenn ihnen offensichtlich niemand Aufmerksamkeit schenkt. Wenn Sie einen speziellen Musikwunsch äußern wollen, sollten Sie auch genau abwägen, welcher Art von musikalischer Darbietung Sie gerade beiwohnen – eine fröhliche Musiksession ist besser für Musikwünsche geeignet als ein besinnliches Beisammensein spezialisierter Künstler.
Es ist ratsam, kein Gespräch über Sex, Politik und Religion zu beginnen, insbesondere, wenn Sie sich in gefährlichen Gegenden in Nordirland befinden. Aber immer mehr Nordiren erzählen interessierten Zuhörern gerne von der Geschichte, der Gegenwart und der Zukunft ihres geplagten Landes. Wenn Einheimische brisante Themen anschneiden, ist es zwar durchaus angebracht, Interesse an diesen Dingen zu zeigen, aber seien Sie sehr vorsichtig damit, eigene Bewertungen abzugeben.

FEIERTAGE

1. Jan (Neujahrstag)
17. März (St. Patrick's Day)
März/April (Karfreitag, Ostermontag)
1. Mo im Mai (Maifeiertag)
Letzter Mo im Mai (Frühlingsfeiertag in NI)
1. Mo im Juni (Junifeiertag in der Republik)
12. Juli (Battle of the Boyne oder Orangeman's Day in NI)
1. Mo im Aug. (Augustfeiertag in der Republik)
Letzter Mo im Aug. (Spätsommerfeiertag in NI)
Letzter Mo im Okt. (Oktoberfeiertag in der Republik)
25. Dez. 1. Weihnachtstag
26. Dez. 2. Weihnachtstag (Boxing Day/St. Stephen's Day)

ALKOHOL

Zeitliche Beschränkungen des Alkoholkonsums werden allmählich aufgelöst. Vermutlich gehören sie bald ganz der Vergangenheit an. In Dublin und Belfast gibt es bereits einige Lokale, in denen bis 1 Uhr nachts oder sogar länger Alkohol ausgeschenkt werden darf. In den Pubs der Republik Irland können Sie momentan Mo–Sa von 10.30–23.30 Uhr und So von 12.30–14 Uhr und von 16–23 Uhr Alkohol bestellen.

In Nordirland sind die Zeiten des Alkoholkonsums festgelegt auf Mo–Sa von 11.30–23 Uhr und So von 12.30–14.30 Uhr und von 19–23 Uhr. Aber Flexibilität gehört zur irischen Lebenseinstellung.

MEDIEN

Die *Irish Times* und der *Irish Independent* sind die beiden wichtigsten Tageszeitungen in der Republik Irland. Als bedeutendste regionale Zeitung gilt der *Cork Examiner* im Südwesten des Landes.

RTE, die staatliche Fernsehanstalt, unterhält zwei Kanäle in englischer und einen in irischer Sprache. Ebenso bietet die Sendeanstalt zwei englischsprachige Radiosender (RTE 1 mit Nachrichten, aktuellen Ereignissen, Magazinen und Hörspielen sowie RTE 2 mit Popmusik) und einen irischen Sender *(Radió na Gaeltachta)*, der auch für die Hörer empfehlenswert ist, die der wohlklingenden irischen Sprache nicht mächtig sind, weil hier wunderschöne traditionelle Lieder und Gesänge präsentiert werden. Daneben gibt es noch eine Vielzahl privater Radiostationen.

GELD

Seit dem 1. Januar 2002 gilt auch in der Republik Irland der Euro als Zahlungsmittel. In Nordirland dagegen behält weiterhin das englische Pfund seine alleinige Gültigkeit. Es werden alle gängigen Kreditkarten akzeptiert.

ÖFFNUNGSZEITEN

Republik Irland
Banken: normalerweise Mo–Fr 10–16 Uhr. In kleineren Städten schließen die Banken möglicherweise über Mittag. Die größeren Banken in Dublin haben Do bis 17 Uhr geöffnet.
Geschäfte: von 9–17.30 Uhr, in der Innenstadt von Dublin auch länger. Große Einkaufszentren öffnen bis 20 oder 21 Uhr. In kleineren Städten schließen

einige Geschäfte am Mi oder Do bereits um 13 Uhr.

Nationale Feiertage, an denen die meisten Geschäfte geschlossen sind:
1. Jan (Neujahrstag)
17. März
Karfreitag
Ostermontag
1. Mo im Mai
1. Mo im Juni
1. Mo im Aug.
letzter Mo im Okt.
25. Dez.
26. Dez.

Nordirland
Die Banken sind normalerweise Mo–Fr von 10–15.30 Uhr geöffnet. Die Geschäfte haben dieselben Öffnungszeiten wie in der Republik.

APOTHEKEN

In allen größeren und in vielen kleinen Städten gibt es Apotheken (*pharmacies* oder *chemists*). Dort finden Sie spätabends oder nachts im Schaufenster auch Hinweise auf diejenigen Apotheken, die gerade Notdienst haben.

RELIGIÖSE STÄTTEN

Die römisch-katholische Kirche und die Church of Ireland (protestantisch) sind in Irland am stärksten vertreten. Es gibt aber auch einige Methodisten, Baptisten und andere freie Kirchen. Das örtliche Touristeninformationsbüro kann Ihnen nähere Hinweise geben.

ÄLTERE MITBÜRGER

Für Rentner gibt es meistens Ermäßigungen bei Eintrittsgeldern und Fahrpreisen.

ZEITVERSCHIEBUNG

In Irland herrscht die Greenwich Mean Time, d. h. es besteht eine Stunde Zeitunterschied zum europäischen Festland. Zwischen Ende März und Ende Oktober wird die Uhr um eine Stunde auf Sommerzeit vorgestellt.

TRINKGELD

Die Höhe des Trinkgelds liegt ganz in Ihrem Ermessen. Nur die Bedienung im Restaurant und die Taxifahrer erwarten wirklich ein Trinkgeld. Zehn Prozent Trinkgeld sind hier angemessen, 15 Prozent gelten als sehr großzügig.

ÖFFENTLICHE TOILETTEN

Überall dort, wo Sie sie erwarten, finden Sie öffentliche Toiletten – am Flughafen, in Bahnhöfen und Busbahnhöfen und in den Innenstädten. Einige können Sie unentgeltlich benutzen, bei anderen benötigen Sie etwas Kleingeld. Auch in Pubs, Cafés, Hotels und an anderen öffentlichen Orten gibt es Toiletten. Sie sind meistens in gutem Zustand, in ländlicheren Gegenden können sie aber auch schon etwas spartanisch sein.

BEHINDERTE REISENDE

Eine steigende Zahl an Unterkünften und öffentlichen Gebäuden wurde den Bedürfnissen von Behinderten angepasst oder speziell für Behinderte eingerichtet. Eine hilfreiche Broschüre ist der *Guide for Disabled Persons* und der *Accommodation Guide for Disabled Persons*, beide zu beziehen über das National Rehabilitation Board, 25 Clyde Rd., Dublin 4, Tel. 01/668 41 81.

TOURISTEN-INFORMATION

Bord Fáilte (The Welcome Board) ist das irische Fremdenverkehrsbüro.
www.ireland.travel.ie
Nordirland: 59 North Main St., Belfast, BT1 INB, Tel. 028/ 90 23 12 21, info@nitb.com
Deutschland
Tel. 069/66 80 09 50
Österreich Tel. 01/501 59 60 00
Schweiz Tel. 01/210 41 53

Die wichtigsten Agenturen von Bord Fáilte:

PRAKTISCHE TIPPS/IM NOTFALL

Dublin: Dublin Tourism, Suffolk St., Tel. 01/605 77 99, information@dublintourism.ie, www.visitdublin.com
Kilkenny: Rose Inn St., Tel. 056/515 00
Waterford: 41 The Quay, Tel. 051/35 83 97
Cork: Tourist House, Grand Parade, Tel. 021/427 32 51
Killarney: Town Hall, Tel. 064/316 33
Limerick: Arthur's Quay, Tel. 061/31 75 22
Shannon Airport: Tel. 061/47 16 64
Athlone: 7 Church St., Tel. 090/29 46 30
Galway: Aras Fáilte, Forster St., Tel. 091/53 77 00
Westport: The Mall, Tel. 098/257 11
Sligo: Aras Reddan, Temple St., Tel. 071/612 01

NORDIRLAND

Northern Ireland Tourist Board, 59 North St., Belfast BIT INB, Tel. 028/90 23 12 21, info@nitb.com, www.discovernorthernireland.com
Dublin: 16 Nassau St., Dublin 2, Tel. 01/679 19 77 oder 01/850 23 02 30, wenn Sie aus Irland selbst anrufen

AGENTUREN DES NITB:

Belfast: siehe oben
Antrim: Giant's Causeway, 44 Causeway Rd., Tel. 028/20 73 18 55
Armagh: Old Bank Building, 40 English St., Tel. 028/37 52 18 00
Derry: 44 Foyle St., Tel. 028/71 26 72 84
Down: 34 Quay St., Bangor, Tel. 028/91 27 00 69
Fermanagh: Wellington Rd., Enniskillen, Tel. 028/66 32 31 10
Tyrone: 1 Market St., Omagh, Tel. 028/82 24 78 31

FRAUEN

Weibliche Touristen sind auf ihren Reisen in Irland genauso sicher wie überall sonst in Nordeuropa. Sie sollten sich allerdings nicht alleine in öffentlichen Verkehrsmitteln aufhalten oder nachts in den Städten durch einsame Straßen gehen.

IM NOTFALL

ALLGEMEINE NOTFÄLLE – RUFNUMMER 999

VERBRECHEN UND POLIZEI

Die Art von Kriminalität, mit denen Irlandreisende hauptsächlich konfrontiert sind – kleine Diebstähle, Taschendiebstahl, Handtaschenraub, Autodiebstahl –, ist im Großen und Ganzen auf soziale Brennpunkte in Dublin und Belfast beschränkt. Außerhalb dieser Gebiete, in die Sie ohnehin eher selten kommen, sind lediglich die ganz alltäglichen Vorsichtsmaßnahmen nötig. Wenn Sie doch in Schwierigkeiten geraten sein sollten, wenden Sie sich an den Tourist Victim Support Service, Harcourt Sq., Harcourt St., Dublin 2, Tel. 01/478 52 95 oder 01/475 55 55.

Nordirland war sogar in den Jahren der größten Auseinandersetzungen für Touristen stets ungefährlich. Mit den sich verändernden Auffassungen nördlich und südlich der Grenze hat sich jetzt auch die Situation im Zentrum von Belfast entspannt – der einzige Ort, in dem die Spannung auch für Touristen spürbar war. Sie sollten sich in Nordirland so frei fühlen wie an anderen Orten und Vertrauen zur Bevölkerung haben. Aber Sie sollten stets daran denken, dass es als Gast in einem fremden Land angemessener ist, zuzuhören und aus dem Erzählten zu lernen, als selbst seine eigene Meinung kundzutun.

In der Republik Irland trägt die Polizei den Namen *Gardia* (Gard-i ausgesprochen) oder die »gards«, sie sind normalerweise nicht bewaffnet. In Nordirland wurde der Name der Polizei vor kurzem von Royal Ulster Constabulary (URC) in Police Service of Northern Ireland (PSNI) umbenannt. Seitdem sie ihre halbautomatischen Schusswaffen und die schussicheren Westen verdeckter tragen, sehen sie nicht mehr so gefährlich aus.

BOTSCHAFTEN UND KONSULATE

Botschaft der Bundesrepublik Deutschland
31 Trimleston Avenue, Booterstown, Blackrock/Co., Dublin, Tel. 01/269 30 11, www.germanembassy.ie
Botschaft Österreichs
93 Ailesbury Road, Ballsbridge, Dublin 4, Tel. 01/26 94 57
Botschaft der Schweiz
6 Ailesbury Road, Ballsbridge, Dublin 4, Tel. 01/218 63 82

Was tun bei einem Autounfall?
1. Wählen Sie die Nummer 999 (Polizei, Krankenwagen, Feuerwehr)
2. Bleiben Sie am Unfallort.
3. Tauschen Sie mit den anderen Unfallteilnehmern Name, Adresse und Versicherungsdetails aus.
4. Geben Sie in keinem Fall Schuldeingeständnisse ab.
5. Die meisten Autovermietungen geben in ihren Unterlagen Hinweise zum Verhalten bei Unfällen. So können spezielle Unternehmen für Abschleppoder Reparaturdienste vorgesehen sein. Wenn Sie sich in diesem Fall an andere Unternehmen wenden, kann unter Umständen der Versicherungsschutz erlöschen.

FUNDSACHEN

Wenn Sie etwas verloren haben, sollten Sie zuerst dort nachfragen, wo Sie die verlorene Sache zum letzten Mal gesehen haben. Es kann sehr gut sein, dass jemand sie abgegeben hat. Ansonsten sollten Sie den Verlust der nächsten Polizeidienststelle melden. Vergessen Sie nicht, um eine datierte und unterschriebene Verlustbestätigung zu bitten, um diese Ihrer Versicherung vorlegen zu können.

GESUNDHEIT

Es sind keine besonderen Impfungen notwendig. Das Leitungswasser eignet sich als Trinkwasser.

HOTELS & RESTAURANTS

Es ist noch gar nicht so lange her, dass Irlandreisende außerhalb von Dublin lange nach einer geeigneten Unterkunft Ausschau halten mussten. Es gab früher, vor allen Dingen in abgelegeneren Städten, nur heruntergekommene Hotels mit schlechten Betten und noch schlechterem, aber immer freundlichem Service. Aber die Zeiten haben sich geändert, und heute bietet das Land eine große Bandbreite an unterschiedlichen Unterkünften von großartigen Castles inmitten eines mehrere Hektar großen Grundstücks bis hin zu einfachen Jugendherbergen. Der Standard ist selten inakzeptabel.

PREISE

HOTELS
Preiskategorien für ein Doppelzimmer ohne Frühstück.

€€€€€	Über € 280
€€€€	€ 200–€ 280
€€€	€ 120–€ 200
€€	€ 80–€ 120
€	Unter € 80

RESTAURANTS
Preiskategorien für ein Drei-Gänge-Menü ohne Getränke.

€€€€€	Über € 80
€€€€	€ 50–€ 80
€€€	€ 35–€ 50
€€	€ 20–€ 35
€	Unter € 20

HOTELS

In der Republik Irland geben die Touristeninformationen Listen mit Unterkünften heraus, die von Bord Fáilte (dem irischen Fremdenverkehrsbüro) anerkannt sind. Nördlich der Grenze veröffentlicht das NITB (Northern Ireland Tourist Board) eine entsprechende Liste. Unter der folgenden Telefonnummer und der Zahlung einer geringen Gebühr können Reservierungen vorgenommen werden: Tel. 1800/66 86 68 innerhalb der Republik Irland und Tel. 0800/66 86 68 66 innerhalb Nordirlands.

Einige Castles und andere stattliche Häuser wurden zu Hotels umgewandelt. Der Aufenthalt in diesen Häusern voller Atmosphäre kann sehr schön sein, aber die Qualität variiert wegen des Alters der Häuser (kein Fahrstuhl, ungewöhnliche Gestaltung der Zimmer, steile Treppen etc.). Große, sehr gut organisierte Landhäuser und Golfhotels sind auch luxuriöse Unterkünfte. Hier kann der Service aber unpersönlich wirken. Auch in Irland ist der weltweite Trend festzustellen, internationale Willkommensfloskeln zu skandieren, gerade hier eine sehr bedauerliche Entwicklung, weil die Menschen in Irland eigentlich von Natur aus sehr warmherzig und auf freundliche Art spontan sind. Diese schönen Eigenschaften sind augenfälliger in den kleinen, vom Eigentümer betriebenen Hotels, deren Zahl ständig ansteigt. Hier wird dem Gast größte Aufmerksamkeit gewidmet, und meistens gibt es auch eine hervorragende Küche.

BED & BREAKFAST

Das berühmte irische Bed & Breakfast ist es aber, das die meisten Touristen aufsuchen. Sie werden hier mit der irischen Warmherzigkeit empfangen, und es ist sicherlich nicht die Schuld Ihres Gastgebers, wenn es nicht zu einer ausgiebigen Konversation kommt. Normalerweise sind die Iren äußerst erfreut darüber, wenn sie ihre speziellen Kenntnisse über die besten Touristenattraktionen, Strände, Musik, Pubs und Restaurants weitergeben können. Ein Schild mit einem Kleeblatt weist darauf hin, dass das Haus von Bord Fáilte empfohlen wird. Hier erwartet Sie meistens ein sehr guter Standard.

Eine andere verlässliche Organisation ist die Family Homes of Ireland (Tel. 091/552 00, www.family-home.ie), deren Zeichen ein Claddah-Ring ist (ein Ring mit einem Herzen, das von zwei Händen gehalten wird). Außerdem gibt es Tausende nicht organisierter B & Bs mit hohen Standards. In Pubs, Geschäften oder Postämtern bekommen Sie immer gute Auskunft.

Sie sollten daran denken, dass viele kleinere Häuser im Winter geschlossen sind. Es ist dann ratsam, vorab Reservierungen vorzunehmen. Außerdem sollten Sie wissen, dass das Irish Breakfast (in Nordirland das Ulster Fry) eine riesige Menge an Cholesterin enthält, das ihrer Gesundheit nicht unbedingt zuträglich ist, dennoch ist es einfach unwiderstehlich. Aber Sie sind ja im Urlaub, und unter Umständen sparen Sie sich mit einem Irish Breakfast am Morgen ein Mittagessen.

AUSWÄRTS ESSEN

Früher war es ein trostloses Unterfangen, in Irland ein schönes Restaurant zu finden, aber auch hier haben sich die Zeiten gewandelt. Nachfrage hat Angebot geschaffen, und heute finden Sie in jeder Ecke des Landes viele wirklich sehr gute Restaurants.

Obwohl die Speisekarten und Kocharten von absolut trendy bis hin zu wirklich traditionell reichen, können die besten irischen Restaurants sehr wohl zu den besten Lokalen Europas gezählt werden. Hier werden aus guten und frischen irischen Land- und Seeprodukten leckere Speisen zubereitet. Fleisch bildete während der letzten hundert Jahre die Grundlage der irischen Küche. Irisches Rind, Lamm und Schwein ist ausgezeichnet, und ökologisch produziertes Fleisch wurde zunächst vorsichtig eingeführt, erfreut sich jetzt aber steigender Beliebtheit. Viele Restaurants züchten heute auch eigenes ökologisches Gemüse. Auch die irischen Käsetheken, an denen es früher vorwiegend schmierigen Cheddar gab, haben ihr Angebot zu einer breiten Palette köstlicher irischer Käsespezialitäten ausgeweitet. Da Irland nun mal eine Insel ist, gibt es natürlich zwischen Kinsale und Portrush eine Vielzahl von Köchen, die auf die ausgezeichnete Zubereitung von Meeresfrüchten spezialisiert sind. Auch die irischen Weinkeller haben sich an die Verbesserungen der irischen Küche angepasst, aber es kann immer noch in

---

🏨 Hotel   🍴 Restaurant   🛏 Zimmer   ⛶ Sitzplätze   ♿ Behindertengerecht   🅿 Parkplatz   🕐 Geschlossen

Hotelrestaurants kleinerer Städte passieren, dass Sie unter der Bezeichnung »Hauswein« schlechten Wein serviert bekommen. Verpassen Sie nicht die Tea Time am Nachmittag in einem Café. Die irische Backkunst umfasst Scones, Dutzende unterschiedlicher Brotsorten und eine fruchtige, dunkle Backspezialität mit der Bezeichnung *brack*. Sie sollten aber auch die Pubs mit ihren günstigen Menüs nicht verachten, viele Pubs können mit ihrer Speisekarte sogar den Restaurants Konkurrenz machen. Manchmal bietet die Eigentümerin Ihres B&B ein selbst gekochtes Abendessen an, das weit besser sein kann als die örtlichen Restaurants.

DUBLIN

HOTELS

🏨 BERKELEY COURT
€€€€€
LANSDOWNE RD., DUBLIN 4
TEL. 01/665 32 00
FAX 01/661 72 38
E-MAIL berkeley-court@
jurysdoyle.com
Ein brillianter und professioneller 5-Sterne-Betrieb, der genau den erwarteten Service und die Ausstattung bietet.
🛏 188 🅿 120 🔄 🚭Alle gängigen Karten

🏨 CLARENCE
€€€€€
6–8 WELLINGTON QUAY
DUBLIN 2
TEL. 01/407 08 00
FAX 01/407 08 20
E-MAIL reservations@
theclarence.ie
Dieses trendige und schön eingerichtete Hotel gehört den Mitgliedern der weltberühmten Band U2. Es steht am Liffey direkt im Viertel Temple Bar.
🛏 50 🔄 🚭 🚭Alle gängigen Karten

🏨 FITZWILLIAM
€€€€€
ST. STEPHEN'S GREEN

DUBLIN 2
TEL. 01/478 70 00
FAX 01/478 78 78
E-MAIL enq@fitzwilliam.com
Das luxuriöse Hotel in dem bevorzugten Dubliner Viertel ist modern eingerichtet. Ausgesprochen freundliches Personal.
🛏 130 🅿 85 🔄 🚭Alle gängigen Karten

🏨 GRESHAM
€€€€€
O'CONNEL ST., DUBLIN 1
TEL. 01/874 68 81
FAX 01/878 71 75
E-MAIL info@thegresham.com
Nördlich des Liffey bietet das Gresham Komfort und hohen Servicestandard.
🛏 288 🅿 150 🔄 🚭
🚭 Alle gängigen Karten

🏨 THE MERRION
🍴 €€€€€
UPPER MERRION ST.
DUBLIN 2
TEL. 01/603 06 00
FAX 01/603 07 00
E-MAIL info@merrionhotel.com
In trügerischer Weise bescheiden umgibt dieses georgianische Haus einen versteckten Garten. Erstklassige Küche, makelloser Service und viele interessante Gäste. Mornington's Brasserie ist weniger atemberaubend. Das Restaurant Patrick Guilbaud bietet eine großartige Kulisse für die exquisite Küche nach französischer Tradition.
🛏 142 🅿 60 🔄 🚭 🚭
🚭 Alle gängigen Karten

🏨 RADISSON SAS ST. HELEN'S HOTEL
€€€€€
STILLORGAN RD.
BLACKROCK, DUBLIN 4
TEL. 01/218 60 00
FAX 01/21 86 03
Elegantes und luxuriöses Vorstadthaus aus georgianischen Zeiten. Blick über terrassenförmig angelegte Gärten. Viele Elemente aus dem 18. Jahrhundert sind erhalten.
🛏 151 🅿 230 🔄 🚭
🚭 Alle gängigen Karten

DER BESONDERE TIPP

🏨 SHELBOURNE MERIDIEN
Das Shelbourne, ein elegantes georgianisches Haus direkt am St. Stephen's Green, strahlt so viel Atmosphäre aus, wie es von einem historischen Haus erwartet wird. In diesem seit 200 Jahren hervorragenden Hotel lebt der Geist von allen weiter, die im historischen, literarischen und gesellschaftlichen Leben Irlands von Bedeutung waren.
€€€€€
ST. STEPHEN'S GREEN,
DUBLIN 2
TEL. 01/663 45 00
FAX 01/661 60 06
🛏 190 🅿 36 🔄 🚭
🚭 Alle gängigen Karten

🏨 BROWNES TOWN-HOUSE & BRASSERIE
€€€€
22 ST. STEPHEN'S GREEN,
DUBLIN 2
TEL. 01/638 39 39
FAX 01/638 39 00
E-MAIL info@brownesdublin.com
Wenn Sie in diesem gut ausgestatteten Haus direkt am bekanntesten Platz der Stadt übernachten, haben Sie es nicht weit zum Shopping, zu den Sehenswürdigkeiten und zum Nachtleben.
🛏 11 🚭Alle gängigen Karten

🏨 HIBERNIAN
€€€€
EASTMORELAND PLACE
BALLSBRIDGE, DUBLIN 4
TEL. 01/668 76 66
FAX 01/660 26 55
E-MAIL info@hibernianhotel.com
In einer ruhigen Wohngegend südlich des Flusses gelegen, ist dieses ein ausgesprochen gastfreundliches Haus mit tüchtigem Personal. Es befindet sich in einem architektonisch imposanten Gebäude, ist stolz auf seinen warmherzigen Service, den Komfort und auf die Fähigkeit, die Gäste zufrieden zu stellen.
🛏 40 🅿 18 🕐 Geschl. Weihnachten🔄 🚭Alle gängigen Karten

🔄 Lift 🚭 Nichtraucher 🚭 Klimaanlage 🚭 Hallenbad 🚭 Pool im Freien 🚭 Kreditkarten

🏨 JURYS BALLSBRIDGE HOTEL
€€€€
PEMBROKE RD.
BALLSBRIDGE, DUBLIN 4
TEL. 01/660 50 00
FAX 01/660 55 40
E-MAIL ballsbridge_hotel@
jurysdoyle.com
Komfort und freundlichen
Service findet man in diesem
Aushängeschild der internationalen Hotelkette Jury's mit
ihren gut geführten und ver-
lässlichen Häusern vor. The
Towers ist der luxuriöse Teil
des Hauses. Das Haus wurde
in den 60er Jahren erbaut und
stellt einen Gegensatz zur
georgianischen Architektur
der angrenzenden Straßen dar.
🛏 294 🅿 280 🔄 ♿
🔲 Alle gängigen Karten

🏨 ABERDEEN LODGE
€€€
53 PARK AVE.
BALLSBRIDGE, DUBLIN 4
TEL. 01/283 81 55
FAX 01/283 78 77
E-MAIL Aberdeen@iol.ie
Eines der besten privaten Hotels in einem feinen Haus aus
der Zeit Edwards. Hoher Komfort und große Effizienz, aber
immer freundliches Personal.
🛏 16 🅿 16 🔲 Alle gängigen
Karten

🏨 BLAKES TOWNHOUSE
€€€
50 MERRION RD.
BALLSBRIDGE, DUBLIN 4
TEL. 01/668 83 24
FAX 01/668 42 80
E-MAIL blakestownhouse@iol.ie
Himmelbetten, Balkongärten,
Klimaanlage: ein luxuriöses
und geschmackvolles Hotel in
Blakes.
🛏 13 🅿 6 🔲 Alle gängigen
Karten

🏨 BURLINGTON
€€€
UPPER LEESON ST.
DUBLIN 4
TEL. 01/660 52 22
FAX 01/660 84 96
Traditionelles und komforta-
bles Hotel nur wenige Minuten

vom St. Stephen's Green entfernt. Eine der größten Attraktionen im Süden der Stadt.
🛏 526 🅿 400 🔄 🔲 Alle
gängigen Karten

🏨 BUSWELLS
€€€
23–27 MOLESWORTH ST.
DUBLIN 2
TEL. 01/614 65 00
FAX 01/676 20 90
E-MAIL buswells@quinn-hotels.com
In der Nähe des National Museum und des Natural History
Museum nördlich des St. Stephen's Green. Stadthaus aus
dem 18. Jahrhundert, stilvoll in
ein komfortables Hotel umgewandelt. Friedvolle Umgebung.
🛏 67 🔲 Geschl. Weihnach-
ten 🔄 🔲 Alle gängigen
Karten

🏨 CLARION STEPHEN'S HALL
€€€
THE EARLSFORT CENTRE
LOWER LEESON ST., DUBLIN 2
TEL. 01/638 11 11
FAX 01/638 11 22
E-MAIL stephens@premgroup.com
Nahe des St. Stephen's Green
im Herzen des modernen Sü-
dens der Stadt. Eine gute Idee
wird hier erfolgreich umgesetzt: ein Hotel mit verschiedenen Kategorien
vom Penthouse über Suiten
bis hin zu Studio-Apartments,
alle sehr gut ausgestattet.
🛏 37 🅿 40 🔄 🔲 Alle
gängigen Karten

🏨 EGLINTON MANOR
€€€
83 EGLINTON RD.
DONNYBROOK, DUBLIN 4
TEL. 01/269 32 73
FAX 01/269 75 22
Das hübsche viktorianische
Haus ist voll mit Original-
stücken, ist aber doch mit mo-
dernem Komfort ausgestattet.
Herzliche Atmosphäre.
🛏 8 🔲 AE, MC, V

🏨 MERCER
€€€
MERCER ST.
LOWER DUBLIN 2

TEL. 01/478 21 79
FAX 01/672 99 26
E-MAIL info@mercerhotel.ie
Schön eingerichtete Zimmer
und tüchtiges Personal in diesem zentral gelegenen Hotel
nur einen Steinwurf vom
St. Stephen's Green entfernt.
🛏 21 🔄 🔲 🔲 AE, MC, V

🏨 MOREHAMPTON LODGE
€€€
113 MOREHAMPTON RD.
DONNYBROOK, DUBLIN 4
TEL. 01/283 74 99
FAX 01/283 75 95
Die Morehampton Lodge ist
ein schöner und friedvoller
Ort südlich des Grand Canal.
Häufige Busverbindungen ins
Zentrum. Einladendes Hotel in
einem behutsam umgestalteten
viktorianischen Haus mit hilfs-
bereitem, fröhlichem Personal.
🛏 17 🅿 7 🔲 Geschl. Weih-
nachten 🔲 Alle gängigen
Karten

🏨 MOUNT HERBERT
€€€
HERBERT RD.
LANSDOWNE RD., DUBLIN 4
TEL. 01/668 43 21
FAX 01/660 70 77
E-MAIL info@mountherberthotel.ie
Das Mount Herbert ist ein
angenehmes Hotel südöstlich
des Zentrums. Nahe der Lans-
downe DART Station.
🛏 175 🅿 🔄 🔲 Alle
gängigen Karten

🏨 SCHOOLHOUSE
€€€
2–8 NORTHUMBERLAND RD.
DUBLIN 4
TEL. 01/667 50 14
FAX 01/667 50 15
E-MAIL reservations@school
househotel.com
Nur keine Angst vor der Schule! Die Gestaltung aller Räume
spiegelt den der ursprünglichen Zweck als viktorianische Schule wider. Die Zimmer sind
alles andere als spartanisch.
Schöne Atmosphäre.
🛏 31 🔲 Geschl. Weihnach-
ten 🅿 21 🔄 🔲 🔲 Alle
gängigen Karten

🏨 Hotel   🍴 Restaurant   🛏 Zimmer   🔄 Sitzplätze   ♿ Behindertengerecht   🅿 Parkplatz   🔲 Geschlossen

TEMPLE BAR
€€€
FLEET ST.
TEMPLE BAR, DUBLIN 2
TEL. 01/677 33 33
FAX 01/677 30 88
E-MAIL reservations@tbh.ie
Der gemütliche und zentral gelegene Zufluchtsort trägt denselben Namen wie das trendigste Viertel Dublins, in dem es sich befindet und wo Sie tagsüber herumschlendern und später dann das Nachtleben genießen können.
129 Weihnachten geschl. Alle gängigen Karten

ARIEL HOUSE
€€
52 LANSDOWNE RD.
DUBLIN 4
TEL. 01/668 55 12
FAX 01/668 58 45
Schönes viktorianisches Haus nahe der Lansdowne DART Station. Hoher Standard.
28 30 Geschl. 23. Dez.–14. Jan. MC, V

BEWLEYS HOTEL
€€
MERRION RD.
BALLSBRIDGE, DUBLIN 4
TEL. 01/668 11 11
FAX 01/668 19 99
E-MAIL ballsbridge@bewleyshotels.com
Das Bewley's ist stolz auf seine entspannte Atmosphäre. Vom ersten Moment an freundliches Personal.
220 240 Geschl. Weihnachten Alle gängigen Karten

CHARLEVILLE LODGE
€€
268/272 NORTH CIRCULAR RD.
PHIBSBOROUGH, DUBLIN 7
TEL. 01/838 66 33
FAX 01/838 58 54
E-MAIL charleville@indigo.ie
Eine kurze Reihe schöner viktorianischer Häuser am nördlichen Rand des Phoenix Park, geschickt zu einem sympathischen Viertel kombiniert.
30 Geschl. Weihnachten 18 Alle gängigen Karten

JURYS GREEN ISLE
€€
NAAS RD.
DUBLIN 22
TEL. 01/459 43 06
FAX 01/459 21 78
Ein komfortables, lockeres Hotel im Südwesten Dublins. Gut geeignet für einen Start sowohl in den Südosten und Südwesten des Landes als auch für Ausflüge in die Stadt hinein.
90 250 Alle gängigen Karten

JURYS TARA
€€
MERRION RD.
DUBLIN 4
TEL. 01/269 46 66
FAX 01/269 10 27
E-MAIL tara-hotel@jurysdoyle.com
Gepflegte Einrichtung und entspannte Atmosphäre kennzeichnen dieses sehr moderne Hotel im Südosten der Stadt. Schöner Blick nordwärts über die Dublin Bay zum spektakulären Vorgebirge Howth Head.
113 Alle gängigen Karten

LONGFIELD'S
€€
FITZWILLIAM ST.
DUBLIN 2
TEL. 01/676 13 67
FAX 01/676 15 42
E-MAIL info@longfields.ie
Das Longfield's bietet georgianische Eleganz und tüchtiges Personal in ruhiger Lage südlich vom St. Stephen's Green.
24 Alle gängigen Karten

RESTAURANTS

THE COMMONS
€€€
NEWMAN HOUSE
85–86 ST. STEPHEN'S GREEN
DUBLIN 2
TEL. 01/478 05 30
FAX 01/478 05 51
Faszinierendes, georgianisches Gebäude mit starken historischen Bindungen. Beste und geschmackreiche Kochkunst, die zwar traditionsreich, aber dennoch voller neuer Ideen

ist. Probieren Sie Schwein, Hase, Rind und andere irische Fleischgerichte. Leckeres, hausgemachtes Brot.
Geschl. Sa, So M Alle gängigen Karten

COOKE'S CAFÉ
€€€
14 ST. WILLIAM ST.
DUBLIN 2
TEL. 01/679 05 36/7/8
FAX 01/679 05 46
E-MAIL cookes@iol.ie
Fabelhaftes Essen in betriebsamer Atmosphäre. Dicht nebeneinander sitzen die Gäste entweder im Café oder auf dem Bürgersteig. Etwas mehr Platz im I. Stock. Dem Cooke's stehen offenbar Änderungen bevor, aber der Standard wird erhalten bleiben.
Alle gängigen Karten

L'ECRIVAIN
€€€
109 LOWER BAGGOT ST.
DUBLIN 2
www.lecrivain.com
TEL. 01/661 19 19
FAX 01/661 06 17
E-MAIL enquiries@lecrivain.com
Ein verdientermaßen bekanntes Restaurant in Dublin voller kulinarischer Ideen aus besten, frischen Zutaten; brilliant, aber unaufdringlich dargeboten. Seeteufel, Austern, Garnelen, Muscheln sind alle wunderbar; Fleischliebhaber werden das irische Lamm und Rindfleisch mögen. Gute Weinkarte.
Geschl. Sa M, So Alle gängigen Karten

ROLY'S BISTRO
€€€
7 BALLSBRIDGE TERRACE
BALLSBRIDGE, DUBLIN 4
TEL. 01/668 26 11
FAX 01/660 85 35
In hervorragender Atmosphäre amüsieren sich hier die Dubliner; lockerer Zugang zum Essen (probieren Sie Garnelen aus der Dublin Bay und die herzhaften Puddings), die einfachen Geschmacksrichtungen und die Qualität sprechen für sich.
Alle gängigen Karten

🍴 SHANAHAN'S ON THE GREEN
€€€
119 ST. STEPHEN'S GREEN
DUBLIN 2
TEL. 01/407 09 39
FAX 01/407 09 40
E-MAIL k.mularny@indigo.ie
Sehr irischer Name, aber sehr amerikanische Küche: z.B. die seltene Kunst, riesige Steaks perfekt zuzubereiten. Auf der Speisekarte gibt es für jeden etwas, aber vor allem Fleischesser mit einem heroischen Appetit werden auf ihre Kosten kommen.
🕐 Geschl. So M 🔲 Alle gängigen Karten

🍴 THORNTON'S
€€€
1 PORTOBELLO RD.
DUBLIN 8
TEL. 01/454 90 67
FAX 01/453 29 47
E-MAIL thorntons@iol.ie
Kevin Thornton ist der Küchenchef, von dem schon lange Zeit geschwärmt wird. Warum dies so ist, werden Sie sehen, wenn Sie es schaffen, einen Tisch zu ergattern. Reservieren Sie längere Zeit im Voraus, um Geschmack und Präsentation zu genießen. Perfektionismus und Flair. Frühere Öffnungszeiten nach Vereinbarung.
🕐 Geschl. Sa–Do M, So A 🔲 Alle gängigen Karten

🍴 AYA
€€
CLAREDON ST.
DUBLIN 2
TEL. 01/677 15 44
E-MAIL mail@aya.ie
Wunderbares japanisches Restaurant. Sushi, aber auch irisches Frühstück mit Speck und Würstchen. Sie können im Restaurant oder außerhalb essen, online oder persönlich bei dem bezaubernden Personal bestellen, schnell essen oder sich alle Zeit der Welt lassen. Großartiges Konzept, und das Beste: Es liegt in der Nähe der schönsten Geschäfte Dublins.
🔲 🔲 Alle gängigen Karten

🍴 CHAPTER ONE
€€
PARNELL SQ.
DUBLIN 1
TEL. 01/873 22 66
FAX 01/873 23 30
Das Dublin Writers' Museum befindet sich über diesem ausgezeichneten Lokal nördlich des Liffey, wo französische und irische Einflüsse auf die Küche einen großartigen Effekt haben.
🕐 Geschl. So, Mo 🔲 🔲 AE, DC, V

🍴 DISH
€€
2 CROW ST.
TEMPLE BAR, DUBLIN 2
TEL. 01/671 12 48
FAX 01/671 12 49
E-MAIL dish@indigo.ie
Dieses Restaurant ist deutlich besser als die anderen Lokale in Temple Bar. Das Essen (Biofleisch, frischer Fisch, Kartoffeltortilla) wird einfach und verlockend präsentiert. Alles schmeckt entsprechend den Zutaten lecker und frisch.
🕐 Geschl. A 🔲 Alle gängigen Karten

🍴 DUZY'S CAFÉ
€€
18 GLASTHULE RD.
DUN LAOGHAIRE, CO. DUBLIN
TEL. 01/230 02 10
FAX 01/230 04 66
E-MAIL duzyscafe@club.ie
Dun Laoghaire ist als Fährhafen südlich von Dublin bestens bekannt, aber es ist auch eine hübsche Küstenstadt. Das freundliche und ruhige Duzy's macht das Städtchen für kulinarische Genießer interessant, die frischen Fisch, aber auch andere Gerichte mit guten Zutaten mögen.
🕐 Geschl. Sa M 🔲 Alle gängigen Karten

🍴 EDEN
€€
MEETING HOUSE SQ.
TEMPLE BAR, DUBLIN 2
TEL. 01/670 53 72
FAX 01/670 33 30
Mitten im Zentrum des Treibens in Temple Bar trägt das Eden mit Sicherheit seinen Teil zur modernen, geradlinigen Kochkunst bei. Der Geschmack der hochwertigen und sorgfältig zubereiteten Zutaten spricht für sich, z.B. würzige Thai-Suppe, Seeteufel und Paprika oder würzige Bällchen aus feinem, gehacktem Lammfleisch.
🔲 Alle gängigen Karten

🍴 JACOB'S LADDER
€€
4/5 NASSAU ST.
DUBLIN 2
TEL. 01/670 38 65
FAX 01/670 38 68
In direkter Nachbarschaft zum Trinity College gelegen (mit Blick über dessen Wiesen und Gärten), ist dies ein einladender Ort, regelmäßig besucht von Dublinern, die die beste moderne irische Küche schätzen.
🕐 Geschl. So, Mo 🔲 Alle gängigen Karten

🍴 KITES
€€
15–17 BALLSBRIDGE TERRACE
DUBLIN 4
TEL. 01/660 74 15
FAX 01/660 59 78
Ein sehr gutes chinesisches Restaurant mit angenehmer, dezenter Atmosphäre. Breite Auswahl an Gerichten.
🕐 Geschl. Karfreitag, 25., 26. Dez. 🔲 AE, DC, MC, V

🍴 POPPADOM RESTAURANT
€€
11A RATHGAR RD.
DUBLIN 6
TEL. 01/4902383
Bewundernswerte Poppadoms – die wahren Poppadoms, richtig zubereitet –, aber auch die weiteren authentischen indischen Gerichte sind von dieser Qualität. Es gibt wenige bessere indische Restaurants in Irland.
🕐 Geschl. M 🔲 🔲 Alle gängigen Karten

DER BESONDERE TIPP

🔟 O'CONNELL'S

Eine großartige Idee: Dieses bewundernswerte Lokal unterhalb des Bewley's Hotel bezieht alle Zutaten und den Wein von erstklassigen Zulieferern (natürlich ökologisch und sehr frisch). Der Speisekarte entnehmen Sie genau, woher die Zutaten für die Speisen kommen. Zum Genuss des Lachses können Sie sich das klare blaue Wasser vor Clare Island vorstellen, wo diese Fische gezüchtet wurden. Warum wird so etwas nicht öfter angeboten?

€€
BEWLEY'S HOTEL
MERRION RD., BALLSBRIDGE
DUBLIN 4
TEL. 01/647 33 04
FAX 01/647 34 99
E-MAIL info@oconnellsballsbridge.com
🔖 Alle gängigen Karten

🔟 THE RED BANK

€€
7 CHURCH ST.
SKERRIES, CO. DUBLIN
TEL. 01/849 10 05
FAX 01/849 15 98
E-MAIL redbank@aircom.net
Dubliner wagen sich freiwillig aus ihrer Stadt heraus, weil es hier tadellose und toll zubereitete Fischgerichte direkt von einheimischen Booten gibt. Es gibt auch schmackhafte, sättigende Desserts, die Sie an Ihre Kindheit erinnern.
🕐 Geschl. M (außer So), So A
♿ 🔖 Alle gängigen Karten

🔟 THE TEA ROOMS

€€
THE CLARENCE HOTEL
6–8 WELLINGTON QUAY
DUBLIN 2
TEL. 01/670 90 00
E-MAIL Clarence@indigo.ie
Sie können hier auch Tee trinken, wenn Sie wollen, aber eigentlich sind die Tearooms auf stilvolles Essen ausgerichtet. Die modernen Gerichte, z. B. ausgezeichneter frischer Seebarsch oder Austern in

Krabbensauce, werden in hellen und lebendigen, holzgetäfelten Räumen serviert.
🕐 Geschl. Sa u. So M
🔖 Alle gängigen Karten

🔟 BANGKOK CAFÉ

€
106 PARNELL ST.
DUBLIN 1
TEL. 01/878 66 18
Umgeben von angeregten Gesprächen der Gäste, werden Sie dieses Lokal als prickelnd empfinden – nicht zuletzt wegen des würzigen thailändischen Essens in bester Qualität.
🕐 Geschl. M 🔖 Keine Kreditkarten

🔟 BELLA CUBA

€
11 BALLSBRIDGE TERRACE
DUBLIN 4
TEL. 01/660 55 39
FAX 01/660 55 39
E-MAIL info@bella-cuba.com
Fabelhafte kubanische Küche, viel Fleisch und Fisch, geschmackreich wegen der Gewürze und Kräuter.
🕐 Geschl. 25.–26. Dez.
🔖 AE, MC, V

🔟 BLUEBERRY'S

€
ÜBER JACK O'ROURKE'S PUB
15 MAIN ST.
BLACKROCK, CO. DUBLIN
TEL. 01/278 89 00/278 89 02
Gehen Sie südlich der Stadt in Blackrock am Strand spazieren, und ist die Stimmung trübe? Dann gehen Sie ins O'Rourke's zu einem Glas Bier und hinterher ins darüber gelegene Blueberry's mit seinen frischen Gerichten. Besonders empfehlenswert sind die frischen Fischgerichte und die vegetarischen Gerichte.
🕐 Geschl. Sa M, So 🔖 Alle gängigen Karten

🔟 CAFÉ MAO

€
2–3 CHATHAM ROW
DUBLIN 2
TEL. 01/670 48 99
FAX 01/670 49 99

Wenn Sie sich dem Zentrum Dublins und dem Kaufrausch hingegeben haben, können Sie an diesem Ort neue Energie tanken. Köstliche Gerichte aus ganz Asien.
🔖 MC, V

🔟 CAVISTON'S SEAFOOD RESTAURANT

€
59 GLASTHULE RD.
SANDYCOVE DUN, LAOGHAIRE
CO. DUBLIN
TEL. 01/280 92 45
FAX 01/284 40 54
E-MAIL caviston@indigo.ie
Einfaches, anspruchsloses Familienunternehmen, dessen irische Fischspezialitäten und anderen Gerichte so hervorragend sind, dass Kenner allein deswegen aus dem Ausland anreisen. Jeder fühlt sich hier willkommen. Wie machen die das nur?
🕐 Geschl. So, Mo 🔖 Alle gängigen Karten

🔟 ELEPHANT & CASTLE

€
18 TEMPLE BAR
DUBLIN 2
TEL. 01/679 31 21
FAX 01/679 13 99
Das Restaurant hat so lange geöffnet, dass Sie bis zu vier Mahlzeiten hier einnehmen könnten. Und warum auch nicht, wenn das Essen vom Frühstück bis zum Dinner und auch die Atmosphäre so gut sind? Riesige Portionen Chicken Wings, hausgemachte Burger mit verschiedenen Saucen und ein ungeheuer großer Caesar Salad.
♿ 🔖 Alle gängigen Karten

🔟 GOOD WORLD

€
18 S. GREAT GEORGE'S ST.
DUBLIN 2
TEL. 01/677 53 73
FAX 01/677 53 73
Praktisch nach dem Einkauf in der Grafton Street oder nach einem Besuch der St. Patrick's Cathedral. Hier essen auch die in Dublin lebenden Chinesen am liebsten. Muss man mehr

HOTELS & RESTAURANTS

sagen? Alle Nudel- und Bohnensprossen-Variationen, alles sehr gut zubereitet und die beste und breiteste Auswahl an Dim Sum in Dublin.
🕓 Geschl. 25.–26. Dez.
🐾 AE, DC, MC, V

🍴 101 TALBOT
€
100–102 TALBOT ST.
DUBLIN 1
TEL. 01/874 50 11
FAX 01/874 50 11
E-MAIL pascalbradley@tinet.ie
Ferner Osten (thailändische Fischfrikadelle), Mittlerer Osten (nordafrikanisches Hühnchen) und Naher Osten (Fische aus der Dublin Bay) kommen auf der Speisekarte dieses bei informierten Süd-Dublinern beliebten Lokals auf der Nordseite zusammen. Praktisch auch für einen Snack vor dem Theaterbesuch. Das Abbey und das Gate Theatre liegen in der Nähe.
🕓 Geschl. So, Mo 🐾 Alle gängigen Karten

DER SÜDOSTEN

COUNTY KILDARE

ATHY

🏨 COURSETOWN HOUSE
€€
STRADBALLY RD.
TEL. 0598/63 11 01
FAX 0598/63 27 40
E-MAIL coursetown@hotmail.com
Das luxuriöse Landhotel befindet sich auf einer hundert Hektar großen Farm mit einem Naturschutzgebiet. Die Besitzer sind glücklich, wenn Sie das alles mit ihren Gästen teilen dürfen. Schöne Spazierwege.
🛏 4 🅿 22 🕓 Geschl.
20. Dez.–Mitte Feb.; Reservierung erforderlich 🐾 MC, V

KILDARE

🏨 CURRAGH LODGE
€€
DUBLIN RD.
TEL. 045/52 21 44

FAX 045/52 12 74
E-MAIL clhotel@iol.ie
Sehr komfortables Hotel mit tüchtigem, freundlichem Personal. Curragh Lodge ist ein schönes, altes Gebäude an der Straße nach Dublin. Wenige Gehminuten zum National Stud, Horse Museum, Japanese Garden und St. Fiachra's Garden.
🛏 20 🅿 30 🐾 Alle gängigen Karten

LEIXLIP

🏨 LEIXLIP HOUSE HOTEL 🍴 €
CAPTAINS HILL
TEL. 01/624 22 68
FAX 01/624 41 77
E-MAIL manager@leixliphouse.com
www.leixliphouse.com
In diesem schönen georgianischen Haus wird die angenehme Atmosphäre von den Fähigkeiten der Küche fast noch überboten. Irischer Stil, mit Augenmerk auf saisonale Produkte der Region. Setzt den Standard für andere Restaurants der Region.
🛏 19 🐾 Alle gängigen Karten

STRAFFAN

🏨 THE KILDARE HOTEL & GOLF CLUB
€€€€€
STRAFFAN
TEL. 01/601 72 00
FAX 01/601 72 99
E-MAIL resontsales@kclub.ie
www.kclub.ie
Ein hochklassiges 5-Sterne-Hotel mit eigenem Golfplatz nach Arnold Palmer. 2005 wird der Ryder Cup hier ausgetragen. Tüchtiges Personal bietet glänzenden und aufmerksamen Service. Ein luxuriöses Hotel für diejenigen, die nicht aufs Geld achten müssen.
🛏 69 plus 10 im Nebengebäude 🅿 205 🚻 ♿
🐾 Alle gängigen Karten

BALLYMORE EUSTACE

🍴 THE BALLYMORE INN
€€

BALLYMORE EUSTACE
TEL. 045/86 45 85
FAX 045/86 47 47
E-MAIL
theballymoreinn@hotmail.com
Von verlockenden Vorspeisen bis hin zur ausgezeichneten Käseplatte bietet dieses Lokal im Stile eines Pubs (Sie können auch in der Bar essen) hochwertige Kost, die auf sorgfältig ausgewählten Zutaten basiert. Alles wird mit einem herzlichen Lächeln serviert.
🕓 Geschl. So 🐾 MC, V

COUNTY WICKLOW

BLESSINGTON

🍴 DOWNSHIRE HOUSE
€€
BLESSINGTON
TEL. 045/86 51 99
FAX 045/86 53 35
E-MAIL info@downshirehouse.com
Die schöne Landschaft um Blessington am westlichen Rand der Wicklow Mountains stärkt den Appetit auf solide Landhausküche mit frischen Zutaten ganz besonders.
🛏 25 🅿 30 🕓 Geschl.
20. Dez.–7. Jan. 🚻 🐾 MC, V

BRAY

🍴 TREE OF IDLENESS
€€
SEA FRONT
TEL. 01/286 34 98
Wie bereitet man griechischzypriotische Gerichte zu? Sensationelle Dolmades, leckeres Souvlaki und das berühmte Moussaka. Oder probieren Sie das Spanferkel. Wundervolle Gerichte für ein kosmopolitisches Publikum. Ein hervorragendes Restaurant.
🕓 Geschl. Mo M 🐾 AE, MC, V

GLENDALOUGH

🏨 THE GLENDALOUGH
€€–€€€
GLENDALOUGH
TEL. 0404/451 35
FAX 0404/451 42
www.glendaloughhotel.com

Neben dem bezaubernden Klostergelände bietet dieses Hotel eine komfortable Unterkunft und einen wunderbaren Blick tief in das bewaldete Tal von Glendalough.

🛈 44 🅿 100 🕒 Geschl. 1. Dez.–Jan. 🛗 🚭 Alle gängigen Karten

DER BESONDERE TIPP

🏨 TUDOR LODGE

Ein außergewöhnlich gastfreundliches Haus nur ca. 1,5 Kilometer vom herrlichen Tal und dem historischen Kloster von Glendalough entfernt. Die Eigentümer behandeln Sie wie einen persönlichen Freund. Gemütliches Kaminzimmer. Das Frühstück ist so üppig, dass Sie mit Leichtigkeit das Mittagessen ausfallen lassen können.

€€
LARAGH
GLENDALOUGH
TEL./FAX 0404/455 54
www.tudorlodgeireland.com
🛈 9 🅿 12 🚭 MC, V

KILMACANOGUE

🍴 AVOCA HANDWEAVERS

€
KILMACANOGUE
TEL. 01/286 74 66
FAX 01/286 23 67
www.avoca.ie
Alles, was zu einem richtigen Essen gehört: frische Zutaten zu unkomplizierten Gerichten verarbeitet und mit Charme serviert. Das Restaurant ist an den berühmten Strickwarenladen angeschlossen.

🕒 Geschl. A 🚭 Alle gängigen Karten

MACREDDIN VILLAGE

🍴 THE STRAWBERRY TREE

€€€
THE BROOK LODGE INN
TEL. 0402/364 44
FAX 0402/365 80
E-MAIL brooklodge@macreddin.ie
www.brooklodge.com

Ein wunderbarer Ort, um die gut zubereiteten und präsentierten Gerichte aus ökologischem Anbau zu genießen, z.B. Lamm, Wildkaninchen und Kräuterreis und geschmackvollen einheimischen Käse.

🕒 Geschl. M 🛗 🚭 Alle gängigen Karten

RATHNEW

🏨 TINAKILLY COUNTRY HOUSE & RESTAURANT

€€€
RATHNEW
TEL. 0404/692 74
FAX 0404/678 06
E-MAIL reservations@tinakilly.ie
www.tinakilly.ie
Viktorianisches Haus inmitten terrassenförmig angelegter Gärten mit schönem Meeresblick an der ruhigen Küste nördlich von Wicklow.

🛈 51 🅿 60 🛗 🚭 Alle gängigen Karten

WOODENBRIDGE

🏨 WOODENBRIDGE

€€
WOODENBRIDGE
VALE OF AVOCA
ARKLOW
TEL. 0402/351 46
FAX 0402/355 73
www.woodenbridgehotel.com
Ein freundliches Hotel am Rande des herrlichen Vale of Avoca in den südlichen Wicklow Mountains. Einige Zimmer sind über 300 Jahre alt, andere sind neu. Alle sind sehr komfortabel.

🛈 23 🅿 100 🚭 AE, MC, V

COUNTY CARLOW

CARLOW

🏨 DOLMEN HOTEL 🍴

€€
KILKENNY RD.
TEL. 0599I/420 02
FAX 0599I/423 75
E-MAIL reservations@dolmenhotel.ie
Das Dolmen ist stolz darauf, den Komfort und die Geräumigkeit einer vergangenen Zeit

---

wiederzubeleben. Dies spiegelt sich in der Einrichtung der Zimmer wider. Beneidenswerte Lage direkt am Fluss. Sie können sich im Angeln üben oder über das acht Hektar große Gelände spazieren. Es gibt das formelle Belmont Restaurant, den lockeren Barrow Grill oder die Lunchtime Carvery.

🛈 40 plus 12 im Nebengebäude 🅿 300 🕒 🚭 Alle gängigen Karten

🏨 BARROWVILLE TOWN HOUSE

€
KILKENNY RD.
TEL. 05991/433 24
FAX 05991/419 53
Gastfreundliche Atmosphäre kennzeichnet dieses georgianische Hotel; klimpern Sie auf dem großen Piano, oder entspannen Sie in den Gärten.

🛈 7 🅿 11 🚭 AE, MC, V

COUNTY KILKENNY

DANESFORT

🏨 NEWLANDS COUNTRY HOUSE

€–€€
SEVENHOUSES
TEL. 056/291 11
FAX 056/291 71
E-MAIL newlands@indigo.ie
Als modernes Landhaus-Hotel bietet das Newlands Gastfreundlichkeit in schöner ländlicher Umgebung. Keine Kinder unter zwölf Jahren.

🛈 6 🅿 12 🕒 Geschl. Weihnachten 🚭 MC, V

KILKENNY

🏨 KILKENNY ORMONDE HOTEL 🍴

€€
ORMONDE ST.
TEL. 056/772 39 00
FAX 056/772 39 77
E-MAIL info@kilkennyormonde.com
Stets gutes Essen gibt es in beiden Restaurants dieses neuen Hotels mit großer Lounge und großem Empfangsbereich.

🛈 118 🚭 Alle gängigen Karten

HOTELS & RESTAURANTS

🍴 CAFÉ SOL
€
WILLIAM ST.
TEL./FAX 056/776 49 87
Der richtige Ort für ein Mittagessen oder die Teatime. Köstliches Essen – frisch gebackene Scones, mediterrane Salate, Hühnchen in Blätterteig, einheimische Würstchen –, mit viel Charme serviert.
🕐 Tägl. geöffnet 🦽
🏷 MC, V

KNOCKTOPHER

🏨 KNOCKTOPHER HALL
€
KNOCKTOPHER
TEL. 056/686 26
FAX 056/686 26
Das georgianische Landhaus wurde mit viel Flair in einen einladenden Rückzugsort umgewandelt. Gäste werden wie Freunde behandelt.
🛏 4 🅿 14
🕐 Geschl. 2. Dez.–15. Jan.

THOMASTOWN

🏨 MOUNT JULIET
€€€€–€€€€€
THOMASTOWN
TEL. 056/777 30 00
FAX 056/777 30 19
E-MAIL mountjulietinfo@conradhotels.com
Schöner Stuck, Adam-Kamine, Möbel aus dem 18. Jahrhundert und Kunstwerke in einem hübschen Palladium-Haus. Jack Nicklaus hat den Golfplatz des Hotels entworfen, und es gibt 600 Hektar Parklandschaft zu entdecken. Diskreter Luxus und aufmerksamer Service.
🛏 32 plus 27 im Nebengebäude 🅿 200 🏊 🏷 Alle gängigen Karten

COUNTY WEXFORD

ARTHURSTOWN

🏨 DUNBRODY COUNTRY
🍴 HOUSE HOTEL &
RESTAURANT
€€€€€
ARTHURSTOWN
TEL. 051/38 96 00
FAX 051/38 96 01
E-MAIL dunbrody@indigo.ie
Individuell eingerichtete Zimmer mit Marmor-Bädern in einem georgianischen Landhaus in einer Parklandschaft nahe am Meer. Preisgekrönte Cuisine in schönster Umgebung am Waterford Harbour.
🛏 20 🅿 40 🕐 Geschl. 24.–26. Dez. 🏷 Alle gängigen Karten

ENNISCORTHY

🏨 BALLINKEELE HOUSE
€€
ENNISCORTHY
TEL. 053/381 05
FAX 053/384 68
E-MAIL John@ballinkeele.com
Äußerst komfortable Zimmer, entspanntes Ambiente in diesem hochklassigen viktorianischen Haus im Herzen einer noch bewirtschafteten Farm.
🛏 5 🅿 20 🕐 Geschl. 13. Nov.–13. Feb.; Reservierung erforderlich 🏷 MC, Switch

GOREY

🏨 MARLFIELD HOUSE
€€€€€
GOREY
TEL. 055/211 24
FAX 055/215 72
E-MAIL info@marlfieldhouse.ie
Das schöne Regency-Haus ist heute ein luxuriöses Hotel; früher gehörte es dem Earl of Courtown. Vom Wintergarten aus Blick in den schönen Garten.
🛏 19 🅿 50 🕐 Geschl. 15. Dez.–30. Jan. 🏷 Alle gängigen Karten

ROSSLARE

🍴 LA MARINE
🏨 €€
KELLY'S RESORT HOTEL
TEL. 053/321 14
FAX 053/322 22
E-MAIL info@kellys.ie
Ein Hotel direkt am Meer mit stilvollem, modernem Anspruch bis hin zur importierten französischen Bar aus Zink. Das Gleiche gilt für das Essen: so schmackhaft, wie zeitgemäße Küche sein kann. Hervorragende Meeresfrüchtesuppe und ebensolches Wexford Beef direkt vom Grill.
🕐 Geschl. Mitte Dez.–Ende Feb. 🏷 AE, MC, V

COUNTY TIPPERARY

DER BESONDERE TIPP

🍴 BROCKA-ON-THE-WATER
V ergessen Sie den Trommelwirbel anspruchsvoller Restaurants. Dieses Lokal konzentriert sich auf die drei wesentlichen Dinge: Atmosphäre, Lage und Essen. Brocka-on-the-Water ist ein entspannter und wunderbarer Ort am Lough Derg im nördlichsten Teil des Co. Tipperary. Der frischeste Fisch und das Fleisch werden mit Kräutern und Gemüse aus dem eigenen Garten angerichtet.
€€€
KILGARVAN QUAY
BALLINDERRY
TEL. 067/220 38
🕐 Geschl. M 🏷 Keine Kreditkarten

CASHEL

🏨 CASHEL PALACE HOTEL
€€€–€€€€
CASHEL
TEL. 062/627 07
FAX 062/615 21
E-MAIL reception@cashel-palace.ie
Dieses Hotel ist ein echter Palast – der ehemalige Palast des Bischofs von Cashel mit dem Rock of Cashel als spektakulärem Hintergrund (nachts durch Scheinwerfer beleuchtet). Luxuriöse Zimmer im Palast selbst; Familien- und Gruppenunterkünfte in den ehemaligen Stallungen nebenan.
🛏 13 plus 10 im Nebengebäude 🅿 35 🏷 Alle gängigen Karten

🏨 Hotel 🍴 Restaurant 🛏 Zimmer 🍴 Sitzplätze 🦽 Behindertengerecht 🅿 Parkplatz 🕐 Geschlossen

CLONMEL

🏨 MINELLA
€€€
CLONMEL
TEL. 052/223 88
FAX 052/243 81
E-MAIL frontdesk@hotelminella.ie
Gemütliches Familienunternehmen mit geschmackvoll eingerichteten Zimmern (einige mit Whirlpool) auf einem ausgedehnten Grundstück am Fluss Suir; viel Komfort und unaufdringlicher Service.
🛏 70 🅿 100 🕒 Geschl. Weihnachten 🏊 🚫 Alle gängigen Karten

COUNTY WATERFORD

ANNESTOWN

🏨 ANNESTOWN HOUSE
€€–€€€
ANNESTOWN
TEL. 051/39 61 60
FAX 051/39 64 74
E-MAIL relax@annestown.com
Komfortables Hotel in hervorragender Lage an der Küste von Waterford. Schöner Seeblick und privater Zugang durch den Garten zu einem Sandstrand. Großzügige Zimmer mit Zentralheizung und mit wundervoller Aussicht auf die Küste und das Meer.
🛏 5 🅿 10
🕒 Geschl. 1. Nov.–1. März
🚫 AE, MC, V

ARDMORE

🍴 WHITE HORSES
€
ARDMORE
TEL. 024/940 40
Puddings, Pies und das Gebäck sind genauso lecker wie der frische Fisch, das Huhn und die vegetarischen Gerichte in diesem kleinen Restaurant im schönen Ardmore an der Südwestküste von Waterford.
🕒 Mo M 🛗
🚫 MC, V

CAPPOQUIN

🍴 RICHMOND HOUSE
€€€
CAPPOQUIN
TEL. 058/542 78
FAX 058/549 88
E-MAIL info@richmondhouse.net
Frische Fische und Schalentiere aus den einheimischen Flüssen und Küstengewässern sowie Fleisch von am Ort gezüchteten Tieren sind der Kern dieser exzellenten Küche. Wie steht es mit einheimischem Lamm mit hausgemachtem Minzgelee? Oder mit frisch gefangenen Krabben, Muscheln oder Flusslachsen?
🕒 Geschl. Di M (in der Hochsaison im Sommer tägl. geöffnet) 🚫 Alle gängigen Karten

DUNGARVAN

🏨 CASTLE FARM COUNTRY HOUSE
€
MILL ST.
CAPPAGH
TEL. 058/680 49
FAX 058/680 99
E-MAIL castle@castlecountryhouse.com
Äußerst freundliche und persönliche Note durch die Besitzer dieses charaktervollen Farmhauses, angrenzend an ein mittelalterliches Castle. Geräumige und schön eingerichtete Zimmer aus dem 18. Jahrhundert mit großen Betten.
🛏 5 🅿 7 🕒 Geschl. Nov.–Febr. 🚫 MC, V

🍴 THE TANNERY
€€
QUAY ST.
TEL. 058/454 20
FAX 058/455 18
E-MAIL info@tannery.ie
Eine phantasievolle Speisekarte: von alten Dauerbrennern – Thunfischsteak, Schwein und Nudeln, Bouillabaisse – bis hin zu nicht alltäglichen Innovationen – gesalzener Kabeljau,

Safranbrühe und Parmesangebäck.
🕒 Geschl. So, Mo 🚫 Alle gängigen Karten

GLENCAIRN

🍴 BUGGY'S GLENCAIRN INN
€€
NAHE LISMORE
TEL./FAX 058/562 32
E-MAIL info@buggys.net
Eine irische Institution, in der dank der unkomplizierten Verarbeitung von äußerst frischen Zutaten – inbesondere der am Ort frisch gefangenen Fische – außergewöhnlich schmackhafte Gerichte zubereitet werden.
🕒 Geschl. M 🛗 🚫 MC, V

WATERFORD

🏨 WATERFORD CASTLE
€€€€–€€€€€
THE ISLAND
TEL. 051/87 82 03
FAX 051/87 93 16
E-MAIL info@waterfordcastle.com
Eine Gelegenheit für einen Aufenthalt in einem normannischen Castle, das man mit der Fähre erreicht: etwas für Romantiker. Realisten dagegen werden den 18-Loch-Golfplatz, das Tontaubenschießen und andere Outdoor-Aktivitäten genießen.
🛏 19 🅿 50 🍴 🚫 Alle gängigen Karten

🍴 THE WINE VAULT
€€
HIGH ST.
TEL. 051/85 64 44
FAX 051/85 37 77
E-MAIL bacchus@eircom.net
Der Name dieses freundlichen Lokals zeigt, wie wichtig dem Inhaber die Weinkarte ist, welche der guten Küche zur Perfektion verhilft – Gravadlax, frische Austern und Lachs, ökologisches Gemüse.
🕒 Geschl. Mo, So M 🛗 🚫 AE, MC, V

🛗 Lift 🚭 Nichtraucher ❄ Klimaanlage 🏊 Hallenbad 🏊 Pool im Freien 🚫 Kreditkarten

HOTELS & RESTAURANTS

CORK CITY

HOTELS

🏨 HAYFIELD MANOR
€€€€€
PERROTT AVE.
COLLEGE RD.
TEL. 021/484 59 00
FAX 021/431 68 39
E-MAIL enquiries@hayfieldmanor.ie
Ein gemütlicher Rückzugsort mit exklusivem Fitnessclub, an dem Sie die Welt um sich herum vergessen können. Das komfortable, hochklassige Hotel befindet sich im Westen der Stadt.
ⓘ 88 🅿 100 🔌 🔲 🖥
🛇 Alle gängigen Karten

🏨 THE KINGSLEY HOTEL
€€€€€
VICTORIA CROSS
TEL. 021/480 05 55
FAX 021/480 05 26
E-MAIL resv@kingsleyhotel.com
Ein luxuriöses Hotel am Fluss Lee, mit einer angenehm entspannten Atmosphäre. Großzügige Zimmer mit Safe, Hosenbügler, Klimaanlage, Fernsehern mit Messaging und Reinigungsservice.
ⓘ 69 🅿 250 🔌 🔲 🖥
🛇 Alle gängigen Karten

🏨 AMBASSADOR
€€€–€€€€
MILITARY HILL
ST. LUKES
TEL. 021/455 19 96
FAX 021/455 19 97
E-MAIL info@ambassadorhotel.ie
Das gut ausgestattete Hotel befindet sich in einem imposanten Gebäude aus dem 19. Jahrhundert. Von der erhöhten Lage schöner Blick auf die Stadt.
ⓘ 60 🅿 60 🔶 Geschl.
Weihnachten 🔲 🛇 Alle gängigen Karten

🏨 IMPERIAL HOTEL
€€€
SOUTH MALL
TEL. 021/427 40 40
FAX 021/427 53 75

E-MAIL reservations@imperialhotelcork.ie
Individuell eingerichtete Suiten in einem schicken Hotel mit Komfort und ruhiger Atmosphäre in Corks Zentrum.
ⓘ 90 🅿 40 🔶 Geschl. 24. Dez.–2. Jan. 🔲 🛇 Alle gängigen Karten

RESTAURANTS

🍽 CAFÉ PARADISO
€€
16 LANCASTER QUAY
WESTERN RD.
TEL. 021/427 79 39
FAX 021/430 74 69
Wenn Sie brilliante Gerichte mit unterschiedlichsten Gemüsesorten groß und klein, selten und häufig, regional und exotisch mögen, sollte dieses Restaurant am South Cannal des Flusses Lee Ihr Ziel sein.
🔶 Geschl. So, Mo 🦽 🛇 MC, V

🍽 ISAAC'S
€€
48 MACCURTAIN ST.
TEL. 021/450 38 05
FAX 021/455 13 48
E-MAIL isaacs@iol.ie
Dieses moderne Restaurant ist so etwas wie eine Institution in der Stadt. Lebendig und freundlich mit vielen guten internationalen Gerichten – obwohl es sich eher mit aufgepeppten irischen Rezepten einen Namen machte.
🦽 🛇 Alle gängigen Karten

🍽 JACOB'S ON THE MALL
€€
30A STH MALL
TEL. 021/425 15 30
FAX 021/42 51 31
E-MAIL kingsley@tinet.ie
Auch ohne spezielle Kenntnisse lässt sich eine feine Küche würdigen. Gerichte wie gerösteter Kabeljau mit gestampften Kartoffeln oder Austern mit Schalotten werden in entspannter Atmosphäre im Herzen der Stadt serviert.
🔶 Geschl. So 🦽 🛇 AE, MC, V

🍽 JACQUES
€€
PHOENIX ST.
TEL. 021/427 73 87
FAX 021/427 06 34
E-MAIL jacquesrestaurant@eircom.net
Die Gerichte aus allen Teilen der Welt werden mit Sorgfalt und Liebe zum Detail zubereitet. Offenbar hat man hier gute Kenntnisse der unterschiedlichen kulinarischen Kulturen – spanische Salate, mediterraner Schwertfisch, thailändisches grünes Hühnchencurry, Boeuf Bordelaise u. a.
🔶 Geschl. Sa; So M 🛇 AE, MC, V

🍽 CRAWFORD GALLERY CAFÉ
€
CRAWFORD GALLERY
EMMET PLACE
TEL. 021/27 44 15
FAX 021/465 20 21
In dem Café einer Kunstgalerie erwartet man nicht unbedingt ein hervorragendes kulinarisches Erlebnis, aber genau das gibt es hier – wesentlicher Grund dafür ist, dass das meiste von der Küche, dem Garten und der Bäckerei des Ballymaloe House geliefert wird. Das kann regionales Lamm oder Fisch mit Kräutern sein, aber auch vegetarische Quiche mit pikantem hausgemachtem Chutney oder einfach nur frisch gebackenes Brot mit Bauernkäse aus Cork.
🔶 Geöffnet nur M; geschl. 24. Dez.–Anfang Jan. 🛇 MC, V

🍽 NAKON THAI
€
TRAMWAY HOUSE
DOUGLAS
TEL. 021/436 99 00
FAX 021/488 80 02
E-MAIL nakonthai@eircom.net
Hervorragende thailändische Küche, viele Gerichte à la carte, aber auch viele Tagesmenüs, in denen frische, ortsübliche Zutaten eine große Rolle spielen.
🔶 Geschl. 5 Tage über Weihnachten 🛇 AE, DC, MC, V

COUNTY CORK

BALTIMORE

🏨 THE CUSTOMS HOUSE
€

BALTIMORE
TEL. 028/202 00
Da es sich auf die frischesten
Meeresfrüchte und regionale
Produkte spezialisiert hat,
schließt es im Winter – so kann
das herzliche und engagierte
Ehepaar die Welt bereisen, um
Ideen für die nächste Saison
zu sammeln. Kinder unter
zwölf Jahren werden sich hier
nicht sehr wohl fühlen.
🔒 Geschl. Nov.–Apr.; So M
⚫ Keine

BANTRY

🏨 BLAIR'S COVE
RESTAURANT
€€€

DURRUS
TEL. 027/610 41
FAX 027/614 87
E-MAIL blairscove@eircom.net
Ein informelles Ambiente, ver-
bunden mit geschmackvoller,
unkomplizierter Küche.
🔒 Geschl. Nov.–März; Mo M
(außer Juli u. Aug.) ⚫ MC, V

BERE ISLAND

🏨 LAWRENCE COVE
HOUSE
€€€

BERE ISLAND
TEL. 027/750 63
FAX 027/750 63
E-MAIL cove@indigo.ie
Die Schifffahrt zur der Insel ist
die beste Vorbereitung auf das
wunderbare Dinner. Und wenn
Sie Fragen haben, wenden Sie
sich an den Kapitän, denn er
fängt die Fische und züchtet
das Gemüse für dieses Lokal.
🔒 Geschl. M; 30. Sept.–1. Mai
⚫ Eurocard, MC, V

FERMOY

🏨 BALLYVOLANE HOUSE
€€€

CASTLELYONS
TEL. 025/363 49

FAX 025/367 81
E-MAIL info@ballyvolanehouse.ie
Sie werden in diesem Landhaus
aus dem 18. Jahrhundert im ita-
lienischen Stil herzlich begrüßt.
Herrlicher Garten in Parkland-
schaft. Spazieren Sie um die
Seen; einer davon dient der
Forellenzucht.
🛏 6 🅿 25 🔒 Geschl.
23.–31. Dez. ⚫ Alle gängigen
Karten

🏨 LA BIGOUDENNE
€

28 MCCURTAIN ST.
TEL. 025/328 32
Bretonische, belgische und nord-
französische Gerichte werden
hier phantasievoll in unkom-
plizierter Atmosphäre serviert.
Vegetarier sind bei Voranmel-
dung herzlich willkommen.
🔒 Geschl. Mo M; A 🦽
⚫ MC, V

KANTURK

🏨 ASSOLAS COUNTRY
HOUSE
€€

KANTURK
TEL. 029/500 15
FAX 029/507 95
E-MAIL assolas@eircom.net
Ein über 300 Jahre altes,
herrschaftliches Haus, schön
zwischen hübschen Gärten
gelegen, wo Sie herzlich willkommen geheißen werden
und die Zimmer komfortabel
und charaktervoll sind – es
gibt familienfreundliche Zimmer um den Hof herum oder
große Zimmer mit Blick über
den Garten und den Fluss.
🛏 6 plus 3 im Nebengebäude
🅿 20 🔒 Geschl. 2. Nov.–
16. März ⚫ DC, MC, V

KILBRITTAIN

🏨 CASINO HOUSE
€€

COOLMAIN BAY
TEL. 023/499 44
FAX 023/499 45
E-MAIL chouse@eircom.net
Das Casino House ist das rich-
tige Lokal, wenn Sie ein kleines
bisschen Originalität wünschen

(Kaninchen gefüllt mit Pistazien,
Seeteufel mit Mousse aus
Roter Bete), um herkömm-
liche Zutaten in ein besonde-
res Gericht zu verwandeln.
🔒 Geschl. Jan.–Mitte März;
März–Juni Mi A; Sept.–Dez.
nur So M geöffnet ⚫ DC,
MC, V

KINSALE

🏨 OLD BANK HOUSE
€€€–€€€€

11 PEARSE ST.
TEL. 021/477 40 75
FAX 021/477 42 96
E-MAIL oldbank@indigo.ie
Ein gastfreundliches georgiani-
sches Haus, das von seinen
Besitzern peinlich genau res-
tauriert wurde. Angel-, Reit-,
Segelmöglichkeiten. Zimmer
mit feinen Antiquitäten im
Landhaus-Stil eingerichtet.
🛏 17 🔒 Geschl. Jan.–Mitte
März; März–Juni Mi A;
Sept.–Dez. nur So M geöffnet
🛗 ⚫ AE, MC, V

🏨 CRACKPOTS
€

3 CORK ST.
TEL. 021/477 28 47
FAX 021/477 35 17
E-MAIL crackpots@iol.ie
Ein wirklich schöner Ort im
Herzen des Landes, in dem
Fische hoch geschätzt werden.
Fleischliebhaber können ma-
rokkanische Hühnchen oder
andere gut zubereitete Fleisch-
gerichte genießen. Nach dem
Essen können Sie die Teller, auf
denen Ihr Gericht serviert
wurde, kaufen – sie wurden,
wie vieles auf der Speisekarte,
hier hergestellt (Abendessen
bereits von 18–20 Uhr).
🔒 Geschl. Nov. ⚫ AE, MC, V

🏨 KINSALE GOURMET
STORE & FISHY FISHY
CAFÉ
€€

GUARDWELL
TEL. 021/477 44 53
Wie der Name schon sagt, ist
dies ein modernes frisches
Lokal, in dem aber doch Fach-
wissen die Küche regiert.

🛗 Lift ⚫ Nichtraucher ❄ Klimaanlage 🏊 Hallenbad 🏊 Pool im Freien ⚫ Kreditkarten

Wählen Sie den Fisch selbst aus – er wird nach Ihren Wünschen zubereitet: frische Garnelen, Meeresfrüchtesuppe, Langusten, Seehecht oder ein halbes Dutzend anderer köstlicher Fischgerichte.

🕐 Geschl. So A 🔲 ⊘ MC, V

MALLOW

🏨 LONGUEVILLE HOUSE 🍴 HOTEL
€€€€
MALLOW
TEL. 022/471 56
FAX 022/474 59
E-MAIL info@longuevillehouse.ie
Ein sehr schönes, elegantes georgianisches Haus mit italienischem Stuck und anderen originalen Elementen bietet hochklassige Unterkunft in abgeschiedener Parklandschaft. Die Zimmer sind großzügig und hervorragend im Stil des gesamten Hotels eingerichtet. Im President's Restaurant gibt es sehr gutes Essen, basierend auf regionalen Produkten – Lachs sowie Lamm und Schwein aus eigener Züchtung sowie Früchte und Gemüse aus dem eigenen Garten; nicht zu vergessen den Longueville-Weißwein und den tadellosen Service. Ungewöhnlich für Irland ist, dass dieses Lokal besonders für Vegetarier geeignet ist. Reservierung erforderlich.

🛈 20 🅿 30 🕐 Geschl. Mitte Nov.–Mitte März
⊘ Alle gängigen Karten

MIDLETON

🏨 BALLYMALOE HOUSE 🍴 €€€€
BALLYMALOE
SHANAGARRY
TEL. 021/465 25 31
FAX 021/465 20 21
E-MAIL res@ballymaloe.ie
Im Herzen der 160 Hektar großen Farm befindet sich dieses bezaubernde und sehr komfortable Hotel. Die Zimmer liegen im Haupthaus oder in den Gebäuden rund um den Hof. Im Restaurant wird peinlich genau auf die Qualität der Zutaten geachtet. Hausgemachte Pastete, geräucherter Fisch aus Cobh, regionales Rindfleisch mit sorgfältig zubereiteter Sauce, hervorragender Käse aus Cork als Beilage zu dem berühmten Ballymaloe Brot – alles ist frisch und wird mit Sorgfalt zubereitet, so dass sowohl die Darbietung als auch der Geschmack perfekt sind. Nicht überraschend, denn hier hatte die berühmte Ballymaloe-Kochschule ihren Ursprung.

🛈 22 plus 10 im Nebengebäude 🅿 🕐 Geschl. 23.–26. Dez.; Restaurant M geschl. 🔲 ⊘ Alle gängigen Karten

SCHULL

🍴 LA COQUILLE
€€
MAIN ST.
TEL. 028/286 42
Französisch geführt und französisch im Geschmack – klare Zwiebelsuppe, ländlich gewürztes Huhn, unkompliziert gekochter Fisch. Ein vernünftiges kleines Lokal in einem charaktervollen Dorf.
⊘ AE, DC, MC

DER BESONDERE TIPP

🍴 ISLAND COTTAGE
Das hört sich gut an: eine romantische Schifffahrt zu einem Restaurant auf einer Insel. Das Island Cottage hat seinen ganz eigenen Stil, aber im guten Sinne. Es gibt keine Speisekarte, aber außergewöhnliche Zutaten und einen außergewöhnlich guten Koch. Sie essen, was auf den Tisch kommt, und es wird Ihnen schmecken! Auch die Lage ist außergewöhnlich schön. Reservieren Sie dennoch im Voraus, und denken Sie daran, dass die Fahrt mit dem Schiff extra bezahlt werden muss.
€€
HARE ISLAND
SKIBBEREEN
TEL. 028/38102
FAX 028/38102
E-MAIL ellmary@islandcottage.com
🕐 Geschl. 20. Sept.–14. Mai; Mo, Di ⊘ Keine Kreditkarten

ROSSCARBERY

🍴 O'CALLAGHAN-WALSHE
€€
THE SQUARE
TEL. 023/481 25
FAX 023/481 25
E-MAIL funfish@indigo.ie
Funfish: Austern, Muscheln und Hummer, Steinbutt, Dorsch und Dover-Seezunge – alles salzig-frisch und in gemütlicher Umgebung serviert. (Keine Kinder unter zwölf Jahren nach 19.30 Uhr im Sommer.)
🕐 Geschl. Mo–Fr M im Winter ⊘ MC, V

YOUGHAL

🏨 AHERNES 🍴 €€€€
163 N. MAIN ST.
TEL. 024/924 24
FAX 024/936 33
E-MAIL ahernes@eircom.net
Seit Generationen im Familienbesitz. Ein Ort mit irischer Gastfreundschaft, vom herzlichen Willkommen bis zum Abschied. Das Restaurant konzentriert sich auf frische Meeresfrüchte, Rindfleisch und Lamm.
🛈 12 🅿 12 🕐 Außerhalb der Saison telefonisch nach Öffnungszeiten erkundigen 🦽 ⊘ AE, DC, MC, V

COUNTY KERRY

BALLYFERRITER

🍴 TIGH AN TOBAIR
€
BALLYFERRITER
TEL. 066/915 64 04
FAX 066/915 65 26
E-MAIL tighantobair@eircom,net
Schmackhaft, robust, ein bisschen Outdoor-Kochkunst. Sehr frischer Fisch, hausgemachte Pies, regional gezüchtetes Gemüse, sehr süße Desserts. Das »House of the Well« am Ende der Halbinsel Dingle hat eine ausgezeichnete Qualität.
🕐 Geschl. Jan.–Feb.; Mi in der Nebensaison ⊘ MC, V

HOTELS & RESTAURANTS

CARAGH LAKE

🏨 🍴 CARAGH LODGE
€€€–€€€€
CARAGH LAKE
TEL. 066/976 91 15
FAX 066/976 93 16
E-MAIL caraghl@iol.ie
Geschmackvoll mit Antiquitäten eingerichteter, friedvoller Rückzugsort am Lough Caragh mit schönem Garten und spektakulärem Blick auf die Berge. Genauso empfehlenswert für ein köstliches Essen aus regionalen Produkten wie für den Tee mit vielen hausgemachten Backwaren.
🛏 15 🅿 22 🕔 Geschl. Mitte Okt.–Mitte April
💳 Alle gängigen Karten

DINGLE

🏨 GREENMOUNT HOUSE
€–€€
DINGLE
TEL. 066/915 14 14
FAX 066/915 19 74
E-MAIL mary@greenmounthouse.com
Das Hotel befindet sich am schönen Dingle Harbour und bietet herzliche Gastfreundschaft sowie eine entspannte und komfortable Atmosphäre.
🛏 12 🅿 12
🕔 Geschl. 21.–26. Dez.
💳 MC, Switch, V

KENMARE

🏨 PARK HOTEL KENMARE
€€€€€
KENMARE
TEL. 064/412 00
FAX 064/414 02
E-MAIL info@parkkenmare.com
Ein hübsches und luxuriöses viktorianisches Country-House im Landschaftsgarten mit herrlichen Ausblicken auf die breite Flussmündung. Das Personal ist sowohl kompetent als auch freundlich.
🛏 49 🅿 60 🢑 💳 Alle gängigen Karten

DER BESONDERE TIPP

🏨 SHEEN FALLS LODGE
Sehr komfortables Haus mit Service und Empfang auf höchstem Niveau. Es war früher eine Fischerhütte, was die atemberaubende Lage an der Flussmündung erklärt. Zauberhaft sind zudem die hinter dem Hotel liegenden Wasserfälle des Sheen River, die nachts mit Scheinwerfer beleuchtet werden.
€€€€–€€€€€
KENMARE
TEL. 064 41600
FAX 064 41386
E-MAIL info@sheenfallslodge.ie
🛏 66 🅿 76 🕔 Geschl. Mo–Mi im Dez.; 2. Jan.–2. Feb.
🢑 🌊 💳 Alle gängigen Karten

🍴 PACKIE'S
€€
HENRY ST.
TEL. 064/415 08
FAX 064/421 35
Reichhaltige und schmackhafte Desserts, insbesondere die hausgemachte Eiscreme – falls Sie dafür nach dem Hauptgericht noch Platz haben. Erstklassige Zutaten und dezente, aber perfekte Kochkunst treffen hier zusammen. Auf der Speisekarte stehen Gerichte wie Kartoffelkuchen mit Knoblauchbutter.
🕔 Geschl. Nov.–Ostern; Mo; M 💳 MC, V

KILLARNEY

🏨 KILLARNEY PARK
€€€€€
KENMARE PLACE
TEL. 064/355 55
FAX 064/352 66
E-MAIL info@killarneyparkhotel.ie
Zusammen mit den wohlhabendsten Besuchern von Killarney können Sie hier stilvoll Ihren Aufenthalt verbringen.
🛏 75 🅿 70 🕔 Geschl. Weihnachten 🢑 🍴 🌊 💳 Alle gängigen Karten

🏨 AGHADOE HEIGHTS
€€€€
KILLARNEY
TEL. 064/317 66
FAX 064/313 45
E-MAIL Info@aghadoeheights.com
Das AA Hotel of the Year for Ireland 2001–2002 hat diese Würden durchaus verdient. Hervorragende Lage, überwältigender Blick auf die Seen und Berge. Schönes Ambiente, persönlicher und sehr freundlicher Service, hervorragende Ausstattung. Stilvolle Zimmer mit Klimaanlage, viele mit eigenen Sonnenplätzen für die wenigen Momente, in denen die Sonne sich über Killarney zeigt.
🛏 69 🅿 120 🢑 🌊 💳 Alle gängigen Karten

🍴 COURTNEY'S RESTAURANT
€€
24 PLUNKETT ST.
TEL. 064/326 89
FAX 064/326 89
In dieser Stadt, die trotz ihrer schönen Lage an den Seen von Kerry für viele eine Servicewüste ist, bildet dieses Restaurant eine Oase des guten Essens und der Gastfreundschaft für Reisende, die nach positiven Erfahrungen hungern. Wunderbarer wilder Atlantik-Lachs, Garnelen und Hummer – alles so frisch wie das Meer.
🕔 Geschl. So 💳 MC, V

KILLORGLIN

🍴 NICK'S SEAFOOD RESTAURANT & PIANO BAR
€€
LOWER BRIDGE ST.
TEL. 066/612 19
Dieses Restaurant nimmt sich selbst nicht wirklich ernst. Es füllt die Ohren mit Musik, den Mund mit ausgelassenen Gesängen und den Magen mit gutem Essen. Die Speisekarte betont ganz heiter das regionale Fleisch und den Fisch – in Kerry gezüchtetes Rind z. B. oder Schalentiere

---

🢑 Lift 🚭 Nichtraucher 🍴 Klimaanlage 🌊 Hallenbad 🏊 Pool im Freien 💳 Kreditkarten

wie Muscheln in Nicks hervorragendem franko-irischem Stil.
🔓 Geschl. Di–Do M; in der Nebensaison 💳 Alle gängigen Karten

WATERVILLE

🏨 BUTLER ARMS
€€€–€€€€
WATERVILLE
TEL. 066/947 41 44
FAX 066/947 45 20
E-MAIL
reservations@butlerarms.com
Ein weitläufiges Hotel, das sich in herrlicher Lage mit Blick über das Meer befindet. Die meisten Zimmer haben Seeblick, und alle haben riesige - Badezimmer aus Marmor.
🛏 42 🅿 50 🔌 💳 Alle gängigen Karten

COUNTY LIMERICK

ADARE

🏨 DUNRAVEN ARMS
€€€–€€€€
ADARE
TEL. 061/39 66 33
FAX 061/39 65 41
E-MAIL
reservations@dunravenhotel.com
Entspannen Sie in der gelassenen Atmosphäre dieses traditionellen Country Inn in Adare, einem der schönsten Dörfer Irlands.
🛏 86 🅿 90 🔌 📶 💳 Alle gängigen Karten

🍴 THE WILD GEESE
€€
ROSE COTTAGE
TEL. 061/39 64 51
FAX 061/396 45
E-MAIL wildgeese@indigo.ie
In diesem wunderschönen kleinen Cottage ist das hoch angesehene Restaurant zu finden, in dem erstklassige Zutaten benutzt werden, um den Ansprüchen der kritischen und enthusiastischen Kunden gerecht zu werden. Leichtes Mittagessen nur im Sommer.
🔓 Geschl. Mo, So M; in der Nebensaison 💳 AE, MC, V

BALLINGARRY

🍴 THE MUSTARD SEED AT ECHO LODGE
€€
BALLINGARRY
TEL. 069/685 08
FAX 069/685 11
E-MAIL mustard@indigo.ie
Gute Küche, basierend auf regionalen, ökologischen und saisonalen Produkten, z. B. Fasan und Wildbret oder irisches Berglamm – alles mit herzlicher Gastfreundschaft zubereitet.
🔓 Geschl. So, Mo; M in der Nebensaison, Feb. 🦽 💳 Alle gängigen Karten

CROOM

🍴 MILL RACE
€
CROOM MILLS
TEL. 061/39 71 30
FAX 061/39 71 99
E-MAIL croommills@eircom.net
Ausgezeichnete Küche nach Hausfrauenart mit gebratenen Rinderrippen, Speck und Kohl, serviert mit Charme in der charaktervollen Umgebung einer Kornmühle mit einer Ausstellung über die Arbeiten in einer Mühle.
🔓 Geschl. M 💳 AE, MC, V

KILLMALLOCK

🏨 FLEMINGSTOWN HOUSE
€€
KILLMALLOCK
TEL. 063/980 63
FAX 063/985 46
E-MAIL info@flemingstown.com
Außerhalb der ländlichen Stadt Killmallock bietet das georgianische Farmhaus des Flemingstown House eine einnehmende Kombination aus Eleganz und Stil – Antiquitäten im Salon, Bleikristallfenster in der Gaststube. Besitzer und Personal sind herzlich und hilfsbereit.
🛏 5 🅿 12 🔓 Geschl. Nov.–Feb. 💳 MC, V

LIMERICK

🏨 GRESHAM ARDHU
€€–€€€
ENNIS RD.
TEL. 061/45 39 22
FAX 061/32 63 33
E-MAIL ryan@indigo.ie
Außerhalb von Limerick an der Straße zum Co. Clare befindet sich dieses gut ausgestattete Hotel, das auch moderne Familienzimmer anbietet.
🛏 181 🅿 180 🔌 💳 Alle gängigen Karten

🍴 GREEN ONION CAFÉ
€€
THE OLD TOWN HALL BUILDING, RUTLAND ST.
TEL. 061/40 07 10
Sehr angenehmes Lokal, in dem man in guter Gesellschaft gut essen und auf Wunsch ein kleines bisschen Privatspäre in einem der gemütlichen kleinen Nebenzimmer genießen kann.
🔓 Geschl. So 💳 AE, MC, V

WESTIRLAND

COUNTY CLARE

BALLYVAUGHAN

🏨 GREGAN'S CASTLE
€€€
BALLYVAUGHAN
TEL. 065/707 70 05
FAX 065/707 71 11
E-MAIL stay@gregans.ie
In bester Lage im Herzen des Burren im Co. Clare steht am Fuße des berühmten Corkscrew Hill das mittelalterliche Tower House des Gregan Castle. Dennoch zeitgemäß eingerichtete Unterkunft. Jedes Zimmer ist individuell im Landhausstil eingerichtet – alle mit schönem Blick über die Landschaft, einige mit eigenem Gartenstück. Alles ist hier sehr friedlich und ruhig – so sehr, dass selbst der Fernseher im Zimmer durch Abwesenheit glänzt.
🛏 22 🅿 25 🔓 Geschl. Okt.–März 💳 AE, MC, V

🏨 Hotel 🍴 Restaurant 🛏 Zimmer 🔌 Sitzplätze 🦽 Behindertengerecht 🅿 Parkplatz 🔓 Geschlossen

BUNRATTY

🏨 FITZPATRICK BUNRATTY
€€–€€€
BUNRATTY
TEL. 061/36 11 77
FAX 061/47 12 52
E-MAIL info@fitzpatrick.com
Ein modernes Hotel im Stil einer Ranch mit moderner Ausstattung. Angenehm nahe zum Flughafen Shannon sowie zum Castle und zum Folk Park.
🅿 150 🏊 🖘 Alle gängigen Karten

COROFIN

🏨 FERGUS VIEW
€
KILNABOY
TEL. 065/683 76 06
FAX 065/683 71 92
E-MAIL deckell@indigo.ie
Ein ausgezeichneter Familienbetrieb, in dem Mary Kellehers Kochkünste (einheimisches Fleisch, selbst gezogenes Gemüse) von ihren Puddings, einem cremigen Traum in einem großen Glas, abgerundet werden. Sehr gute Ausgangslage, um den Burren oder die Küste zu erkunden.
ℹ 6 🅿 8 🕒 Geschl. Okt.–Ostern

DOOLIN

🏨 ARAN VIEW HOTEL
€€€
COAST RD.
TEL. 065/707 40 61 UND 707 44 20
FAX 065/707 45 40
E-MAIL aranview@eircom.net
Ein freundliches Hotel. Alle Zimmer sind hübsch eingerichtet und mit Fernseher, großem Bad und Direktwahltelefon ausgestattet. Herrlicher Blick über die Galway Bay zu den Aran Islands. Traditionelle Musik mehrfach in der Woche im Aran View.
ℹ 13 plus 6 im Nebengebäude 🅿 40 🕒 Geschl. Nov.–März 🖘 Alle gängigen Karten

🍴 FLAGSHIP RESTAURANT
€
DOOLIN CRAFTS GALLERY
TEL. 065/707 43 09
FAX 065/707 45 11
Ein anspruchsloses Lokal, das aus dem Naturgegebenen das Beste macht – sehr schmackhaftes einheimisches Essen, z. B. Ziegenkäse, Lachs, der nur wenige Schritte entfernt geräuchert wird.
🕒 Geschl. Okt.–Ostern

ENNIS

🏨 WOODSTOCK
€€€–€€€€
SHANNAWAY RD.
TEL. 065/684 66 00
FAX 065/684 66 11
E-MAIL info@woodstockhotel.com
Ein Championship-Golfplatz, Whirlpool, Sauna, Solarium, Swimmingpool, Dampfraum und Fitnessraum gehören zu diesem gut ausgestatteten, modernen Hotel im Wald. Die luxuriösen Zimmer sind schön und geschmackvoll, aber dezent eingerichtet.
ℹ 67 🕒 🖥 🏊 🖘 Alle gängigen Karten

KILFENORA

🍴 VAUGHAN'S
€
KILFENORA
TEL. 065/708 80 04
Vaughan's ist ein äußerst angenehmer Pub, in dem das Guinness großartig schmeckt, die Musik hervorragend ist und das »plain Irish cooking« die besten einheimischen Zutaten für lokale Gerichte verwendet (Speck und Kohl, Rindfleisch und Stout-Pie).
🕒 Geschl. Karfreitag, 25. Dez.
🖘 MC, V

KILLALOE

🍴 CHERRY TREE RESTAURANT
€€
BALLINA ST.
TEL. 061/37 56 88
FAX 061/37 56 89

Am Ufer des Lough Derg im südöstlichen Teil des County Clare finden Sie Kochprofis, die keine großen kulinarischen Tricks verwenden, um vernünftiges Essen zu bereiten. Spargel in Parmaschinken mit Salbei und wilden Pilzen oder regionales, getrocknetes Rindfleisch.
🕒 Geschl. M A 🖥 🖘 Alle gängigen Karten

KILRUSH

🏨 HILLCREST VIEW
€
DOONBEG RD. (NAHE DER N67)
TEL. 065/905 19 86
FAX 065/905 19 86
E-MAIL ethnahynes@hotmail.com
Ein Familienbetrieb mit gastfreundlicher Atmosphäre und sauberen, komfortablen Zimmern.
ℹ 6 🅿 7 🖘 AE, MC, V

LAHINCH

🍴 BARRTRÁ SEAFOOD RESTAURANT
€€
BARRTRÁ
TEL. 065/708 12 80
E-MAIL barrtra@iol.ie
Hier kommt nur fangfrischer Fisch auf den Tisch. Wegen des herrlichen Seeblicks schmeckt alles noch besser.
🕒 Geschl. Mo; M in der Nebensaison; Nov.–Jan.
🖘 AE, MC, V

LISDOONVARNA

🏨🍴 SHEEDY'S RESTAURANT & HOTEL
€€€
LISDOONVARNA
TEL. 065/707 40 26
FAX 065/707 45 55
E-MAIL enquiries@sheedyscountryhouse.com
Komfortabler und freundlicher, kleiner Familienbetrieb, angeschlossen an ein ausgezeichnetes Restaurant (probieren Sie die saftige Lamm-Kasserolle mit Rosmarin und Biogemüse) in einer der charaktervollsten Städte des County Clare.
ℹ 11 🅿 40 🖘 AE, MC, V

🛗 Lift 🚭 Nichtraucher ❄ Klimaanlage 🏊 Hallenbad 🏊 Pool im Freien 🖘 Kreditkarten

HOTELS & RESTAURANTS

DER BESONDERE TIPP

🏨 **DROMOLAND CASTLE**

Dies ist der Traum eines jeden Multimillionärs: ein neugotisches Schloss mit Türmchen, verwinkeltem Dach und Zinnen. Aber die Burg wurde erbaut, lange nachdem diese Wehrmaßnahmen notwendig waren. Hier können Sie der Wirklichkeit entfliehen, um Luxus in phantastischer Umgebung zu genießen.

€€€€€
NEWMARKET-ON-FERGUS
TEL. 061/36 81 44
FAX 061/36 33 55
E-MAIL sales@dromoland.ie
🛏 75 🅿 120 🏾 Alle gängigen Karten

TULLA

🍴 **FLAPPERS**
€€
TULLA
TEL. 065/683 57 11
Ausgezeichnetes kleines Restaurant, bestens geeignet für ein leichtes bis normales Mittagessen oder für ein großes Abendessen. Sogar die einfachsten Salate, Fish-Pies oder die Hühnchenbrust sind erstklassig.
🕓 Geschl. im Sommer M A, So; im Winter Mo–Mi A, So ♿ 🏾 MC, V

COUNTY GALWAY

BALLYNAHINCH

🏨 **BALLYNAHINCH CASTLE**
€€€€–€€€€€
BALLYNAHINCH
TEL. 095/310 06 und 310 86
FAX 095/310 85
E-MAIL bhinch@iol.ie
Ein fröhliches Hotel in der freien Natur am Ufer eines Flusses, auf dem viel Sport getrieben wird. Die meisten Zimmer bieten einen Ausblick auf den Fluss. Gut ausgebildetes Personal verbreitet freundliche Atmosphäre.
🛏 40 🅿 55 🕓 Geschl. Feb., Weihnachten 🏾 Alle gängigen Karten

BUSHYPARK

🏨 **GLENLO ABBEY**
€€€€–€€€€€
BUSHYPARK
TEL. 091/52 66 66
FAX 091/52 78 00
E-MAIL glenlo@iol.ie
Ein charaktervolles Hotel am Lough Corrib in den Gebäuden einer georgianischen Abtei mit restaurierter Kirche. In einem modernen Flügel befinden sich die sehr komfortablen Zimmer, von denen viele Seeblick haben.
🛏 46 🅿 150 ♿ 🏾 Alle gängigen Karten

🏨 **KILLEEN HOUSE**
€€–€€€
KILLEEN
TEL. 091/52 41 79
FAX 091/52 80 65
Antike Möbel, handgewebte Teppiche, irisches Leinen und Kristall gehören zur Ausstattung des gastfreundlichen Hauses aus dem 19. Jahrhundert auf einem zehn Hektar großen Grundstück am südlichen Ufer des Lough Corrib, ca. 1,5 km nördlich von Galway.
🛏 5 🅿 6 ♿ 🏾 AE, DC, MC, V

CASHEL

🏨 **CASHEL HOUSE**
€€€€
CASHEL
TEL. 095/310 01
FAX 095/310 77
E-MAIL mcevilly@iol.ie
Beeindruckende Lage in einem 20 Hektar großen Garten an einer der schönsten Buchten von Connemara. Das Cashel House bietet eine elegante und stilvolle Unterkunft.
🛏 32 🅿 40 🕓 Geschl. 4. Jan.–4. Feb. 🏾 Alle gängigen Karten

🍴 **ZETLAND COUNTRY HOUSE**
€€
CASHEL BAY
TEL. 095/311 11
FAX 095/311 17
E-MAIL zetland@iol.ie

Anspruchslose, aber köstliche Küche in schön eingerichteten Räumen mit dem für Connemara typischen Blick auf das Meer und die Küste.
🕓 Geschl. Nov.–9. April
🏾 Alle gängigen Karten

CLARENBRIDGE

🍴 **PADDY BURKE'S**
€
CLARENBRIDGE
TEL. 091/79 62 26
FAX 091/79 60 16
Ganz einfach das berühmteste Austernlokal Irlands (seit 1835), denn hier gibt es die bekannten Clarenbridge-Austern, wo die Schickeria und Ottonormalverbraucher nebeneinander sitzen und ausgezeichnete Meeresfrüchte und ebenso gutes Stout genießen.
🕓 Geschl. Karfreitag, 25.–26. Dez. 🏾 AE, DC, MC, V

CLIFDEN

🏨 **ARDAGH**
€€€
BALLYCONNEELY RD.
TEL. 095/213 84
FAX 095/213 14
E-MAIL ardaghhotel@eircom.net
Wunderschön an der Ardbear Bay bei Clifden gelegener Familienbetrieb. Zimmer mit Blick auf das Meer oder in die Landschaft.
🛏 21 🅿 35 🏾 Alle gängigen Karten

🏨 **ABBEYGLEN CASTLE**
€€–€€€
CLIFDEN
TEL. 095/212 01
FAX 095/217 97
E-MAIL info@abbeyglen.ie
Abbeyglen Castle befindet sich nahe Clifden an der phantastischen Sky Road. Eine sehr engagierte Familie betreibt das Hotel mit großer Professionalität. Komfort und Küche stehen an erster Stelle, aber sie haben auch ein Gespür dafür, was den Gästen gefällt, deshalb die vielen Musik-Sessions in der Bar.
🛏 36 🅿 40 🏾 Alle gängigen Karten

🏨 Hotel 🍴 Restaurant 🛏 Zimmer 🪑 Sitzplätze ♿ Behindertengerecht 🅿 Parkplatz 🕓 Geschlossen

⌂ MAL DUA
€€
GALWAY RD.
TEL. 095/211 71
FAX 095/217 39
E-MAIL info@maldua.com
Nahe Clifden liegt dieses sehr
gastfreundliche, komfortable
Haus mit dem ständigen
Bestreben, den Gästen zu ge-
fallen. Crocket-Rasen und ein
Fahrradverleih, um das schöne
Connemara zu erkunden.
ⓘ 14 🅿 20 🕸 AE, MC, V

⌂ FIRE AND ICE
€€
STATION HOUSE, COURTYARD
TEL. 095/229 46
E-MAIL fireandice@eircom.net
Die wunderbare Küche beruht
auf der Verwendung der
besten Zutaten und Techniken.
Sie können während der Zu-
bereitung entspannen.
🕘 Geschl. So (außer Aug.),
Mo 🕸 MC, V

**DER
BESONDERE TIPP**

⌂ ST. CLERANS
Überfallen Sie eine Bank, oder
strapazieren Sie Ihren Geldbeutel, um hier in luxuriöser,
etwas schrulliger Umgebung zu
übernachten. Dem Regisseur John
Huston gehörte dieses georgianische Anwesen auf einem 18 Hektar großen, abgelegenen Grundstück. Die riesigen Zimmer sowie
die großzügigen Salons und das
Speisezimmer machen auf die
Besucher den Eindruck, als wären
sie selbst Statisten in einem Film.
Reiten, golfen, angeln oder spielen Sie nach Herzenslust Crocket
auf dem weitläufigen Gelände.
€€€€
CRAUGHWELL
NAHE LOUGHREA
TEL. 091/84 65 55
FAX 091/84 66 00
E-MAIL stcleran@iol.ie
ⓘ 12 🅿 13 🕸 AE, MC, V

OUGHTERARD

⌂ ROSS LAKE HOUSE
€€€
TEL. 091/55 01 09

FAX 091/55 01 84
E-MAIL rosslake@iol.ie
ROSSCAHILL
Ein hübsches georgianisches
Haus in ruhiger Umgebung
zwischen den ausgedehnten
Wäldern um Oughterard. Die
Zimmer sind entsprechend
dem Ambiente des Hauses im
Stil des 18. Jahrhunderts mit
riesigen, bequemen Betten
und großen Kaminen ausge-
stattet. Rudern, Segeln und
Angeln auf dem Ross Lake
lässt sich leicht organisieren.
ⓘ 13 🅿 150 🕘 Geschl.
Mitte Nov.–März 🕸 Alle
gängigen Karten

RECESS

⌂ LOUGH INAGH LODGE
€€€
INAGH VALLEY
TEL. 095/347 06 ODER 346 94
FAX 095/347 08
E-MAIL inagh@iol.ie
Ein herrlicher Rückzugsort
direkt am See. Die ehemalige
Jagdhütte liegt in einem Tal
zwischen den Twelve Bens auf
der einen und den Maumturk
Mountains auf der anderen
Seite. Alle zwölf Zimmer haben
schöne Ausblicke; fünf davon
sind Luxuszimmer. Kurz gesagt:
wunderbare Bergwelt; äußerst
komfortable Unterkunft.
ⓘ 12 🅿 16 🕘 Geschl.
15. Dez.–15. März 🕸
🕸 Alle gängigen Karten

⌂ BALLYNAHINCH
CASTLE
€€
RECESS
TEL. 095/310 06
FAX 095/310 85
E-MAIL bhinch@iol.ie
Sie müssen sich hier zwar nicht
selbst um Ihr Essen kümmern,
aber der Küchenchef würde
auch Ihren eigenen Fang aus
dem See, dem Fluss oder dem
Meer zubereiten. Sie können
in diesem Restaurant, das sich
in einem der schönsten Castles
Irlands befindet, aber auch ein-
fach nur die gute traditionelle
Küche genießen.
🕸 Alle gängigen Karten

GALWAY

⌂ GALWAY HARBOUR
HOTEL
€€
THE HARBOUR
TEL. 091/56 94 66
FAX 091/56 94 55
E-MAIL info@harbour.ie
Als Teil der Neugestaltung
und der Förderung des
Hafens von Galway ist dieses
Hotel zwar vom Design her
modern, bietet aber traditio-
nellen Komfort mit offenen
Kaminen und plüschigem
Mobiliar.
ⓘ 90 🅿 64 ⬍ 🕸 Alle
gängigen Karten

⌂ ALMARA HOUSE
€
2 MERLIN GATE
MERLIN PARK, DUBLIN RD.
TEL. 091/75 53 45 und 77 15 85
FAX 091/77 15 85
Den Eigentümern des Almara
House gehört auch eine
Metzgerei. Deshalb sind
frischer Speck und Würstchen
zum Frühstück garantiert.
Ebenso selbstverständlich sind
ein herzlicher Empfang und
gemütliche Zimmer. Bushalte-
stelle ins Stadtzentrum direkt
vor dem Haus.
ⓘ 4 🅿 8 🕸 AE, MC, V

⌂ THE ARCHWAY
RESTAURANT
€€
3 VICTORIA PLACE
TEL. 091/56 36 93
FAX 091/56 30 74
E-MAIL archway@indigo.ie
Französisch ist die Geschmacks-
richtung und der Stil dieses
kleinen, edlen Lokals. Sie sollten
einen guten Hunger mitbringen
und sich nicht zu lange mit
der Vorspeise aufhalten, denn
alles auf der Speisekarte ist
verlockend gut.
🕘 Geschl. Mo 🕸 Alle gängigen Karten

⌂ GOYA'S
€
2–3 KIRWANS LANE
TEL. 091/56 70 10
E-MAIL goyas@eircom.net

Kleinigkeiten und Süßigkeiten, um Ihre schlanke Linie zu ruinieren und Sie aufzuwärmen, selbst wenn es gerade eine irische Hitzewelle gibt.

🔒 Geschl. So 🏷 MC, V

COUNTY MAYO

ACHILL ISLAND

🏨 **ACHILL CLIFF HOUSE**
€€
KEEL
TEL. 098/43400
FAX 098/43007
E-MAIL info@achillcliff.com
Von vielen Fenstern des komfortablen, modern eingerichteten Hauses blickt man auf die Berge oder die zerklüftete Küste von Achill Island. Ein warmherziger Empfang ist ebenso garantiert wie ausführliche Informationen und Tipps für den Besuch der Insel.
ℹ 11 🅿 30 🏷 AE, DC, MC, V

🍴 **THE BEEHIVE**
€
KEEL
TEL. 098/43134
FAX 098/43018
Einheimische Produkte wie Räucherlachs, Austern, Krebse, Muscheln und Fisch werden hier in freundlicher Atmosphäre zubereitet und serviert. Dazu kommt der Blick auf eine der romantischsten Inseln Irlands. Mehr kann weiß Gott niemand erwarten.
🔒 Geschl. Nov.–Ostern
🏷 MC, AE, V

CASTLEBAR

🏨 **BREAFFY HOUSE**
€€€–€€€€
CASTLEBAR
TEL. 094/22033
FAX 094/22276
E-MAIL breaffyhotel@anu.ie
Das Haus aus dem 19. Jahrhundert steht auf einem 40 Hektar großen, waldreichen Gelände. Sie können gediegen im alten

Flügel oder mit allem modernem Komfort im neuen Flügel wohnen. In den Sommermonaten bietet das Hotel ein Unterhaltungsprogramm für die Gäste an.
ℹ 59 🅿 300 🔒 Geschl. Weihnachten 🔁 🏷 Alle gängigen Karten

DER BESONDERE TIPP

🍴 **ASHFORD CASTLE**
W enn Sie Cong richtig genießen wollen, sollten Sie sich in den Connaught Room zurückziehen und den guten Service und seine Küche genießen, eines der wenigen absolut hochklassigen Restaurants in Irland in dem schönsten Castle des Landes. Für diejenigen, die nicht ganz so hoch hinaus wollen, ist das Pendant zum Connaught Room, der George V Dining Room mit gleichwertigem Standard, aber etwas weniger außergewöhnlicher Atmosphäre, zu empfehlen.
€€€
CONG
TEL. 092/460 03
FAX 092/462 60
E-MAIL ashford@ashford.ie
🏷 AE, DC, MC, V

🏨 **BALLYWARREN HOUSE**
€€€
BALLYMACGIBBON N
CROSS
TEL. 092/469 89
FAX 092/469 89
E-MAIL ballywarrenhouse@eircom.net
Das Hotel befindet sich im ländlichen Inneren des County Mayo. Ein elegantes Haus, das mit großem Aufwand in ein sehr stilvolles und einladendes Country Hotel umgewandelt wurde. Schönes Treppenhaus und Galerie aus Eiche; einige Zimmer mit Himmelbetten.
ℹ 3 🅿 4 🏷 AE, V

🍴 **ECHOES**
€€
MAIN ST.
TEL. 092/460 59
FAX 092/465 55

Eine freundliche Familie führt dieses bewundernswerte Lokal im Zentrum der Stadt. Weil sie auch eine Metzgerei haben, ist das Fleisch immer frisch und lecker.
🔒 🏷 AE, MC, V

WESTPORT

🏨 **ARDMORE COUNTRY HOUSE**
€€
THE QUAY
TEL. 098/259 94
FAX 098/277 95
Von der erhöhten Lage des Ardmore Country House bietet sich ein herrlicher Blick über Westport Quay, Clew Bay und Croagh Patrick, den Holy Mountain. Ein ruhiger und schöner Platz nicht weit vom Zentrum entfernt.
ℹ 13 🏷 AE, MC, V

🏨 **HOTEL WESTPORT**
€€€
THE DEMESNE
NEWPORT RD.
TEL. 098/251 22
FAX 098/267 39
E-MAIL reservations@hotelwestport.ie
Ein hübsches, modernes Hotel mit Fitnessraum, Sauna, Swimmingpool und Personal, das sich um alles hervorragend kümmert.
ℹ 129 🅿 220 🔁 🏷 Alle gängigen Karten

🍴 **THE LEMON PEEL**
€
THE OCTAGON
TEL. 098/269 29
FAX 098/269 65
E-MAIL robbie@lemonpeel.ie
Jeder mag dieses freundliche Lokal, in dem das Essen mit einem freundlichen Wort serviert wird. Wenn Sie *mashed potatoes* mögen, müssen Sie nicht weiter suchen, aber eigentlich ist alles auf der Karte köstlich.
🔒 Geschl. Mo; Feb.
🏷 MC, V

🏨 Hotel 🍴 Restaurant ℹ Zimmer 🔁 Sitzplätze ♿ Behindertengerecht 🅿 Parkplatz 🔒 Geschlossen

DER NORDWESTEN

SLIGO

🏨 SLIGO PARK
€€€
PEARSE RD.
TEL. 071/919 04 00
FAX 071/916 95 56
E-MAIL sligo@leehotels.com
Das Hotel befindet sich inmitten eines schönen, 3 Hektar großen Parks am südlichen Rand der Stadt Sligo. Gut geeignet, um das Land zu erkunden, das so sehr mit den Brüdern Yeats verbunden ist. Schön eingerichtetes und nett geführtes Hotel mit großen Zimmern im geradlinigen, modernen Design.
🛏 110 🅿 200 🕿 🗝 Alle gängigen Karten

🏨 TOWER
€€
QUAY ST.
TEL. 071/440 00
FAX 071/468 88
E-MAIL towersl@iol.ie
Schönes Hotel mit entspannter Atmosphäre und guter Lage an den alten Kaianlagen im Zentrum der Stadt Sligo. Komfortable, hübsch eingerichtete Zimmer im modernen Stil; einige davon luxuriös mit viel Platz und riesigen Betten, andere sind für Rollstuhlfahrer und andere Behinderte eingerichtet.
🛏 160 🅿 20 🕿 🗝 Alle gängigen Karten

🏨 CHESTNUT LAWN
€
CUMMEEN, STRANDHILL RD.
TEL. 071/627 81
FAX 071/627 81
Ein komfortables und sehr gepflegtes Haus mit modernen, attraktiv eingerichteten Zimmern auf dem Weg von Sligo nach Strandhill in der Nähe der Strände in der Sligo Bay, der Knocknarea Mountains und dem bemerkenswerten steinzeitlichen Friedhof in Carrowmore.
🛏 3 🅿 4 🕒 Geschl. 21. Dez.–21. Jan. 🗝 MC, V

🍴 HARGADON'S
€
O'CONNELL ST.
TEL. 071/709 93
Das Essen im Hargadon's von den Steaks bis hin zum traditionellen Speck mit Kohl ist sehr gut, aber dieser bemerkenswerte Pub im Zentrum der Stadt, bekannt im ganzen Nordwesten, eignet sich eigentlich mehr zum Entspannen. Kleine, private Nebenzimmer und dunkle, charaktervolle Bar.
🕒 Geschl. Karfreitag, 25. Dez.

🍴 MONTMARTRE
€€
MARKET YARD
TEL. 071/699 01
FAX 071/400 65
E-MAIL montmartre@eircom.net
Ein Schuss gälisches Flair, Freude und Ambiente geben einem Essen hier das besondere Etwas. Alles ist sehr französisch, aber vieles auf der Speisekarte (insbesondere die Schalentiere) haben nur den kurzen Weg zurückgelegt, um in die Küche zu gelangen.
🕒 Geschl. 23.–28. Dez.; Mo 🗝 AE, MC, V

COUNTY SLIGO

BALLYSADARE

🏨 SEASHORE HOUSE
€
LISDUFF
TEL. 071/678 27
FAX 071/678 27
E-MAIL seashore@oceanfree.net
Bungalow an einem schönen, ruhigen Ort an der Ballysadare Bay mit ihren Tiden. Speisezimmer im Wintergarten mit Blick über das Meer und auf die Berge.
🛏 4 🅿 6 🗝 AE, MC, V

CASTLEBALDWIN

🍴 CROMLEACH LODGE COUNTRY HOUSE
€€€
CASTLEBALDWIN, ÜBER BOYLE
TEL. 071/651 55
FAX 071/654 55
E-MAIL info@cromleach.com

Wirklich fabelhaftes Essen in leckeren Kombinationen z.B. ein oder zwei Scheiben Rindfleisch mit Kartoffelpüree. Einige köstliche Desserts wie z.B. pochierte Birne oder Bananen-Nougat runden alles ab.
🕒 Geschl. M 🗝 Alle gängigen Karten

COLLOONEY

🏨 MARKREE CASTLE
€€
COLLOONEY
TEL. 071/678 00
FAX 071/678 40
E-MAIL markree@iol.ie
In so einer Umgebung könnten Sie vermutlich auch einen gekochten Schuh essen und ihn trotzdem genießen. Das wunderschöne alte Castle wurde in ein Hotel mit luxuriösen Zimmern und eigenen Reitställen umgewandelt. Es ist seit ewigen Zeiten in Familienbesitz. Auch das Essen ist sehr gut.
🛏 30 🅿 60 🕒 Geschl. Weihnachten 🕿 🗝 Alle gängigen Karten

GRANGE

🏨 ROWANVILLE LODGE
€
GRANGE
TEL. 071/639 58
E-Mail rowanville@hotmail.com
Sehr schön gelegen mit Blick auf W. B. Yeats' großartigen Mountain of Benbulben. Heiteres und freundliches Haus als ausgezeichneter Ausgangspunkt, um die Berge und die Küste des Yeats Country zu erkunden (siehe S. 212ff).
🛏 3 🅿 8 🕒 Geschl. 13. Nov.–12. Feb. 🗝 MC, V

COUNTY DONEGAL

ARDARA

🏨 NESBITT ARMS
€–€€
ARDARA
TEL. 075/411 03
FAX 075/418 95
E-MAIL nesbitta@indigo.ie

🛗 Lift 🚭 Nichtraucher ❄ Klimaanlage 🏊 Hallenbad 🏊 Pool im Freien 🗝 Kreditkarten

Ein sehr charaktervolles und zentral gelegenes Hotel mit komfortablen Zimmern. Freundliches Personal und häufig gute Musik.
 19   MC, V

BALLYBOFEY

KEE'S
€€
STRANORLAR
TEL. 074/310 18
FAX 074/319 17
E-Mail Info@keeshotel.ie
Ein Familienbetrieb mit einem guten Ruf für solide und kompetente Kochkünste. Hier schmeckt der Fisch hervorragend. Probieren Sie den in der Pfanne gebratenen Dorsch oder die Suppe aus geräuchertem Schellfisch.
53   Alle gängigen Karten

BALLYLIFFEN

DER BESONDERE TIPP

OSTAN GWEEDORE
Direkt am Meer nahe Bunbeg mit täglich frischen Meeresfrüchten auf der Speisekarte. Blick auf das Meer bei Regen oder Sonnenschein. Hier lernen Sie einen der abgelegensten Küstenstreifen Donegals kennen. Ein gemütlicher Rückzugsort in einer wirklich wilden Gegend.
€€€
BUNBEG
TEL. 075/311 77 und 311 88
FAX 075/317 26
E-MAIL ostangweedore@ireland.com
39   80   Geschl. Dez.–Jan.; Reservierung nur von Okt.–März   AE, MC, V

ROSSAOR HOUSE
€
BALLYLIFFEN
TEL. 077/764 98
FAX 077/764 98
Schön gelegen in hübschen Gärten im Nordwesten der Halbinsel Inishowen mit Blick über die Pollen Bay hinüber zum Malin Head. Drei komfortable Zimmer im Erdgeschoss

und oben eine Familiensuite. Guter Ausgangspunkt, um den Norden von Donegal zu erkunden.
4   10   MC, V

DER BESONDERE TIPP

THE CORNCRAKE
Die Vorteile des Corncrake haben sich bereits herumgesprochen, aber Carndonaghs Abgeschiedenheit und der Mangel an Chic ganz oben auf der Halbinsel Inishowen hält doch eine Menge Gäste von diesem kleinen, erfreulichen Restaurant fern.
€€
MALIN ST.
CARNDONAGH
TEL. 077/745 34
Geschl. M; in der Nebensaison Mo–Fr
Keine Kreditkarten

DONEGAL

HARVEY'S POINT COUNTRY HOTEL
€€€
LOUGH ESKE
TEL. 073/222 08
FAX 073/223 52
E-MAIL reservations@harveyspoint.com
Genießen Sie die friedliche und schöne Lage nahe Donegal an dem geschützten Ufer des Lough Eske. Modernes Hotel mit allem erdenklichem Komfort. Zimmer im hellen Holz im Schweizer Stil und mit großen Fenstern, die die Sicht auf den See freigeben. Ziemlich formelles, aber nicht übertriebenes Essen. Klassische Küche mit z. B. gebackenem Lachsfilet, gepfefferter Entenbrust, Lammkeule, Wild mit Trüffelsauce.
20 plus 12 im Nebengebäude   300   Alle gängigen Karten

DUNFANAGHY

THE MILL RESTAURANT
€€
FIGART
FAX 074/369 85

TEL. 074/369 85
E-MAIL themillrestaurant@oceanfree.net
Ein wunderschönes Lokal am See mit ausgezeichneter, stilvoller, aber nicht überzogener Küche aus den besten einheimischen Zutaten: Lamm aus Donegal, Rind, Schwein, regional gefangener Fisch und Schalentiere und wirklich schöne Kunstwerke an der Wand, alle von Mitgliedern der Familie des Eigentümers.
Geschl. Mo M   Alle gängigen Karten

GREENCASTLE

KEALY'S SEAFOOD BAR
€
THE HARBOUR
TEL. 077/810 10
FAX 077/810 10
E-MAIL kealys@iol.ie
Großartiges Lokal für diejenigen, die in entspannter Atmosphäre jeden Bissen des perfekten, aber nicht überdrehten Essens genießen. Nicht nur Meeresfrüchte, obwohl sie die Spezialität sind. Probieren Sie den gekochten Dorsch und die Meeresfrüchte-Terrine.
Geschl. Mo–Mi in der Nebensaison   Alle gängigen Karten

KILLYBEGS

THE FLEET INN
€€
KILLYBEGS
TEL. 073/315 18
FAX 073/316 64
E-MAIL fleetinn@irishmarine.com
Wenn Sie in Killybegs sind, machen Sie es den Einheimischen nach: Essen Sie Fisch. Dieses Lokal im oberen Stockwerk ist der ideale Ort dafür. Nirgends ist das Essen frischer und schmackhafter.
Geschl. Mo M; So–Mo in der Nebensaison; 17. Feb.–17. März   Laser, MC, V

LAGHEY

COXTOWN MANOR
€

DONEGAL
TEL. 073/345 75
FAX 073/345 76
E-MAIL
coxtownmanor@oceanfree.net
Wenn Sie im Süden von Donegal der Hunger überkommt, dann sollten Sie in dieses Lokal gehen. Einheimische Produkte mit belgischem Einfluss, gut gewürzte Würstchen, herzhafte Suppen, Kalbsschnitzel, frittierter Fisch — alles in schöner, herzlicher Atmosphäre. Auch belgisches Bier und belgische Schokolade: unwiderstehlich!
🕒 Geschl. Mitte Feb.—Ende März 🍴MC, V

RATHMULLAN

🏨 FORT ROYAL
€€
FORT ROYAL
TEL. 074/581 00
FAX 074/581 03
E-MAIL fortroyal@eircom.net
Ein Landhaus in herrlicher Lage auf der Halbinsel Fanad mit Blick über Lough Swilly. Das Essen ist nicht anspruchsvoll, hat aber moderne Elemente. Sehr viele frische Produkte aus dem Garten des Hotels für hervorragende Gemüse- und Kräutersuppen.
🛏 11 plus 4 im Nebengebäude 🅿 40 🕒 Geschl. Nov.–Ostern 🍴 Alle gängigen Karten

THE ROSSES

🏨 DANNY MINNIE'S
€€
ANNAGARY
TEL. 075/482 01
FAX 075/482 01
Ein herrlicher Ort, um vor dem Wetter und dem wilden Land am westlichen Rand Donegals Zuflucht zu suchen. Warmherzige Gastfreundschaft und eine Speisekarte, die das Beste aus einheimischen Produkten macht. Köstlicher Hummer und als Spezialität zartes Berglamm.
🕒 Geschl. Weihnachten, So; Mo in der Nebensaison
🍴 DC, MC, V

ROSSNOWLAGH

🏨 SAND HOUSE
€€€
ROSSNOWLAGH
TEL. 072/517 77
FAX 072/521 00
E-MAIL info@sandhouse-hotel.ie
Das einladende Sand House hat einen der besten Meeresblicke im Südwesten Donegals an der Bucht von Rossnowlagh. Zimmer im klassischen Landhausstil; einige mit Himmelbetten und Meerblick.
🛏 46 🅿 42 🕒 Geschl. Mitte Okt.—Ostern 🍴 Alle gängigen Karten

CARRICK-ON-SHANNON

🏨 THE LANDMARK
€€€€€
TEL. 078/22 22
FAX 078/222 33
E-MAIL landmarkhotel@eircom.net
Ein sehr luxuriöses und elegantes Hotel über dem Shannon im Herzen des wichtigsten Boot- und Angelgebiets; Bootsfahrten, Angeln, Reiten und Golfen kann arrangiert werden.
🛏 32 🅿 40 🌊 🍴 AE, DC, MC, V

🏨 THE PYRAMIDS
€
CARRICK-ON-SHANNON
TEL. 078/203 33
Ein gutes libanesisches Restaurant bietet würziges, schön angerichtetes Fleisch und vegetarische Gerichte in Leitrims liebenswürdigster Stadt.
🕒 Geschl. Di 🍴 MC, V

BALLINLOUGH

🏨 WHITEHOUSE HOTEL
€€
BALLINLOUGH
TEL. 0907/401 12
FAX 0907/409 93

E-MAIL
thewhitehousehotel@eircom.net
Nahe der Grenze zwischen Roscommon und Mayo sind von diesem gefälligen, kompetent geführten Hotel der Schrein in Knock und der Flughafen gut zu erreichen, aber auch die Angelseen im Grenzland sowie Tuam und das nördliche Galway.
🛏 19 🕒 Geschl. Mitte Okt.—Ostern 🔼 🚭
🍴 AE, MC, V

ROSCOMMON

🏨 ABBEY HOTEL
€€–€€€
GALWAY RD.
TEL. 0903/262 40 und 265 05
FAX 0903/260 21
E-MAIL cmv@indigo.ie
In dem Landhaus aus dem 19. Jahrhundert nahe der Stadt Roscommon können Sie zwischen zeitgemäß eingerichteten Zimmern im modernen Flügel oder viktorianischen Zimmern im Haupthaus wählen. Einheimische gehen abends bevorzugt hierher, um in freundlicher Atmosphäre z. B. Frühlingsrollen, gefolgt von Hühnchenfilet oder Seebarsch, zu genießen.
🛏 25 🅿 100 🕒 Geschl. Weihnachten 🍴 Alle gängigen Karten

DRUMLISH

🏨 CUMISKEYS FARM
€
ENNYBEGS
TEL. 043/233 20
FAX 043/235 16
E-MAIL kc@iol.ie
Ein großes modernes Haus im Tudor-Stil mit verschiedenen ungewöhnlichen Elementen, wie z. B. einer spiralförmigen Treppe vom Salon in die oben gelegene Bibliothek. Herzlicher Empfang und hübsche Zimmer mit Torffeuer.
🛏 6 🅿 20 🍴 MC, V

🔼 Lift 🚭 Nichtraucher ❄ Klimaanlage 🏊 Hallenbad 🌊 Pool im Freien 🍴 Kreditkarten

HOTELS & RESTAURANTS

🏨 TOBERPHELIM HOUSE

Sehr familienfreundliche Ein-
richtungen: separate Aufent-
haltsräume für Familien, eigener
Spielplatz und viele Tiere. Das
Hotel ist ein georgianisches Land-
haus im Seengebiet, nahe der
Grenzen des County Longford zu
Meath, Westmeath und Cavan.

€€
GRANARD
TEL. 043/865 68
FAX 043/865 68
E-MAIL tober2@eircom.net
🛏 3 🅿 10 🖾 AE, MC, V

LONGFORD

🍴 AUBERGINE GALLERY CAFÉ

€
BALLYMAHON ST.
TEL. 043/486 33
»Wenn niemand nach Long-
ford kommt, dann haben wir
umso mehr davon«, so sagen
die Einheimischen. Man würde
auch das großartige Restaurant über der Market Bar im
Herzen der Stadt mit der umfangreichen und guten Speisekarte verspassen: eine gute
Mischung aus Meeresfrüchten,
knuspriger Ente, gebackenem
Hühnchen und Auberginen
mit Feta und Basilikum.
🕐 Geschl. Mo; im Winter
auch Di 🖾 MC, V

BALLYCONNELL

🏨 SLIEVE RUSSELL HOTEL GOLF & COUNTRY CLUB

€€€€–€€€€€
BALLYCONNELL
TEL. 049/952 64 44
FAX 049/952 64 74
E-MAIL
slieve-russell@quinn-hotels.com
Ein großartiges Hotel mit eige-
nem Championship-Golfplatz.
Aufmerksamer Service und alle
modernen Einrichtungen und
Komfort. Zehn Luxussuiten.
🛏 159 🅿 600 🔀 🈺
🖾 Alle gängigen Karten

🍴 MACNEAN BISTRO

Kleiner Familienbetrieb in
dem kleinen Dorf direkt
an der Grenze zu Nordirland.
Internationales 5-Sterne-Koch-
erlebnis mit dem jungen irischen
Meisterkoch Neven Maguire.
Fern sei der Tag, an dem er in
ein größeres, aber nicht notwen-
digerweise besseres Lokal
wechselt.

€€
BLACKLION
TEL. 072/530 22
FAX 072/534 04
🕐 Geschl. M (außer So), Mo,
So A; im Winter Mo–Mi
🖾 MC, V

🍴 POLO D

€€
MAIN ST.
TEL. 049/952 6228
Volkstümliche Dekoration
und eine herzliche Begrüßung:
der Ort für richtig gutes,
sorgfältig zubereitetes Essen.
Meeresfrüchteplatte und
knusprige Ente sind sehr
beliebt bei den kritischen
Gästen.
🕐 Geschl. So 🖾 MC, V

KINGSCOURT

🏨 CABRA CASTLE

€€€
KINGSCOURT
TEL. 042/966 70 30
FAX 042/966 70 39
E-MAIL cabrach@iol.ie
Angeln, Golfen oder Bogen-
schießen wird in diesem
umgestalteten Castle
angeboten. Oder entspannen
Sie einfach nur im 40 Hektar
großen Park, und lassen
Sie sich von dem freund-
lichen Personal ein paar
stilvolle Tage lang verwöhnen.
Die Zimmer passen sich
mit den Kronleuchtern
und dem luxuriösen Mobi-
liar der georgianischen Umgebung an.
🛏 20 plus 46 im Neben-
gebäude 🅿 200 🕐
🖾 Alle gängigen Karten

CARRICKMACROSS

🏨 NUREMORE 🍴 COUNTRY HOUSE

€€€€–€€€€€
CARRICKMACROSS
TEL. 042/966 14 38
FAX 042/966 18 53
E-MAIL nuremore@eircom.net
Ein großes viktorianisches
Haus, geschickt modernisiert:
Luxussuiten mit separatem
Wohnbereich; sehr komfor-
table Einzelzimmer oder große
Familienzimmer. Ziemlich
formelles Ambiente im
Restaurant, aber sehr freund-
lich. Ausgezeichnete Gerichte
(Wachteleier, Ente, heimische
Pilze), nichts Übertriebenes
oder Sensationelles, aber mit
viel Stil im besten Sinne des
Wortes.
🛏 72 🅿 200 🔀 🈺 🈳
🖾 Alle gängigen Karten

MONAGHAN

🏨 HILLGROVE

€€€
OLD ARMAGH RD.
TEL. 047/812 88
FAX 047/849 51
E-MAIL
hillgrovegm@quinn-hotels.com
Neben der Kathedrale mit
Blick über die Stadt. Seit langer
Zeit schon guter Ruf wegen
des Komforts und der ein-
ladenden Atmosphäre.
🛏 44 🅿 430 🔀 🈳
🖾 Alle gängigen Karten

🍴 ANDY'S BAR

€
12 MARKET ST.
TEL. 047/822 77
FAX 047/841 95
Hier essen die Einheimischen,
und die sollten es wissen;
gutes Pub-Essen in der Bar
im Erdgeschoss. Auf der
Speisekarte können Würst-
chen und *mashed potatoes*
stehen oder Speck und Kohl.
Im Obergeschoss ein ver-
nünftiges Mittelklasse-Restau-
rant, wo die erlesenere

Auswahl Fisch und Steaks mit verschiedenen Saucen umfassen kann.
🕐 Restaurant geschl. So M, Mo A, die ersten beiden Wochen im Juli, Karfreitag, 25. Dez. 💳 MC, V

COUNTY WESTMEATH

ATHLONE

🏨 HODSON BAY HOTEL
€€–€€€
HODSON BAY
TEL. 0902/924 44
FAX 0902/805 20
E-MAIL info@hodsonbayhotel.com
Mit Blick auf das wundervolle Panorama am Lough Ree bietet das renovierte und erweiterte Hotel einen hohen Standard bei Komfort und Service. Auch einige Zimmer mit Seeblick. Die großen Panoramafenster sind beeindruckend. Eigener Golfplatz und Bootsanlegestelle.
🛏 133 🅿 300 🛗 🏊
💳 Alle gängigen Karten

🏨 PRINCE OF WALES
€€
CHURCH ST., ATHLONE
TEL. 0902/726 26
FAX 0902/756 58
Ein anspruchsloses Familienunternehmen mit sauberen und komfortablen Zimmern, günstig im Zentrum von Athlone gelegen.
🛏 73 🅿 35 💳 Alle gängigen Karten

🍴 LEFT BANK BISTRO
€€
FRY PLACE
TEL. 0902/944 46
FAX 0902/945 09
E-MAIL leftbank@isite.ie
Vegetarier sind in vergangenen Jahren in Irland ebenso wenig auf ihre Kosten gekommen wie Sonnenanbeter, aber in diesem Lokal versteht man sich auf Gemüse. Die Fleisch- und Fischesser werden dennoch nicht vernachlässigt; auf der Speisekarte treffen moderne Ideen mit solider

Technik zusammen. Kinder sind vor 19 Uhr willkommen.
🕐 Geschl. So; im Winter So–Mi 🛗 🏊 💳 AE, MC, V

🍴 WINEPORT RESTAURANT
€€€
GLASSON
TEL. 0902/854 66
FAX 0902/854 71
E-MAIL restaurant@wineport.ie
Eines der besten Restaurants Irlands befindet sich in einem Gebiet, in dem es nicht viele Lokale dieser Güte gibt. Wunderschöner Seeblick macht noch mehr Appetit auf die Speisekarte, die sich nach den einheimischen Produkten richtet und z. B. Wild, frische Pilze, geräucherten Aal, aber auch irisches Rindfleisch und köstlichen Farmhouse-Käse bietet. Ein unfehlbarer Weg zum Erfolg. Fragen Sie auch nach Unterkünften am See.
🕐 Geschl. M (außer So), So A 💳 Alle gängigen Karten

MULLINGAR

🏨🍴 CROOKEDWOOD HOUSE
€€€
CROOKEDWOOD
TEL. 044/721 65
FAX 044/721 66
E-MAIL cwoodhse@iol.ie
Der herrliche Blick über den Lake Derravaragh am Rande des Dorfes Crookedwood zählt zu den Besonderheiten dieses schönen alten Pfarrhauses, das zu einem freundlichen Gästehaus umgestaltet wurde. Es wird das Beste aus dem einheimischen Fleisch, Gemüse und Kräutern herausgeholt. Besonders lecker ist der Lammbraten. Ohne viel Schnickschnack findet er den direkten Weg zu den Geschmacksnerven.
🛏 8 🅿 🕐 Geschl. 4 Tage an Weihnachten; Restaurant geschl. M (außer So), So A 💳 AE, DC, MC, V

COUNTY OFFALY

BIRR

🏨 COUNTY ARMS
€€€
BIRR
TEL. 0509/207 91
FAX 0509/212 34
E-MAIL countyarmshotel@tinet.ie
Ein hübsches georgianisches Haus im Zentrum der historischen Stadt Birr. Zimmer mit Blick auf den umfriedeten Garten des Hotels, aus dem das frische Gemüse und die Kräuter für die Küche stammen. Die Zimmer sind individuell eingerichtet, und zwei sind speziell für Rollstuhlfahrer geeignet.
🛏 24 🅿 150 💳 Alle gängigen Karten

🍴 THE THATCH
€
CRINKLE
TEL. 0509/206 82
FAX 0509/218 47
Ein großartiger Pub voller Atmosphäre und Freundlichkeit. Die Speisekarte wendet sich an diejenigen, die Appetit auf etwas Exotisches verspüren (z. B. Kängurusteak) oder auf einheimisches Wild (Kaninchen, Taube), oder solche, die einfach nur gutes, traditionelles Pub-Essen mögen (Steaks, Pies).
🕐 Geschl. Karfreitag, 25. Dez. 💳 DC, MC, V

COUNTY LAOIS

ABBEYLEIX

🏨 ABBEYLEIX MANOR HOTEL
€€
ABBEYLEIX
TEL. 0502/301 11
FAX 0502/302 20
E-MAIL info@abbeyleixmanorhotel.com
Das schöne Hotel bietet moderne Zimmer, die in warmen Farben eingerichtet sind. Es befindet sich am südlichen Rand der attraktivsten Städte der irischen Midlands.
🛏 23 🅿 270 🕐 🛗
💳 Alle gängigen Karten

HOTELS & RESTAURANTS

PORTLAOISE

🏨 IVYLEIGH HOUSE
€€
BANK PLACE
TEL. 0502/220 81
FAX 0502/633 43
E-MAIL dinah@ivyleigh.com
Ein freundlicher Empfang erwartet Sie in diesem georgianischen Haus, welches sorgfältig geführt und effizient geleitet wird. Ein sehr komfortabler Zwischenstopp in Portlaoise. Helle und großzügige Zimmer in auffallend freundlichen Farben.
🛏 4 🅿 6 🅢 MC, V

🍴 KINGFISHER INDIAN RESTAURANT
€
PORTLAOISE
TEL. 0502/62 50
FAX 0502/627 00
Das Kingfisher macht seine Sache ausgesprochen gut. Gute, frische Kräuter und Gewürze werden ebenso verwendet wie hochwertiges Fleisch, Fisch und Gemüse. Auf der Karte finden sich auch viele geschmackvolle indische Gerichte, einige altbekannte Favoriten und anderes, was den experimentierfreudigen Enthusiasten in Versuchung geraten lässt.
🕐 Geschl. Sa–Di M 🅢 AE, MC, V

COUNTY MEATH

BETTYSTOWN

🏨 NEPTUNE BEACH HOTEL & LEISURE CLUB
€€
BETTYSTOWN
TEL. 041/982 71 07
FAX 041/982 74 12
E-MAIL info@neptunebeach.ie
In diesem ruhigen Urlaubsort bietet das Hotel seinen Gästen eine Sandbucht für schönes Wetter und einen Wintergarten für kühlere Tage sowie bei jedem Wetter einen herrlichen Blick auf das Meer.
🛏 38 🅿 60 ♿ ☎
🅢 AE, MC, V

🍴 BACCHUS AT THE COASTGUARD
€
BAYVIEW
TEL. 041/982 82 57
FAX 041/982 82 36
Das Restaurant ist wunderschön direkt an der Bucht gelegen. Aber eine Attraktion ist nicht nur der Ausblick. Ausgezeichnete, breit gestreute Angebote auf der Speisekarte; aber Fisch ist hier die Spezialität: Garnelen, Krabben, frischer Hummer, Seebarsch, Lachs, Felchen und Schellfisch.
🕐 Geschl. Mo, M (außer So)

NAVAN

🏨 ARDBOYNE HOTEL
€€
DUBLIN RD.
TEL. 046/231 19
FAX 046/223 55
E-MAIL
ardboyne@quinn-hotels.com
Ein effizient geführtes, gut ausgestattetes Hotel am Rande der Stadt mit Komfort und gutem Service in entspannter Atmosphäre. Interessante, helle Zimmer mit Blick in den Garten.
🛏 29 🅿 186 🕐 Geschl. Weihnachten 🅢 Alle gängigen Karten

🏨 KILLYON
€
DUBLIN RD.
TEL. 046/727 66
FAX 046/727 66
Lehnen Sie sich auf dem Balkon dieses gastfreundlichen Hauses zurück, und blicken Sie über den Boyne, bevor Sie das berühmte Frühstück von Mrs Fogarty genießen: Omeletts mit Feta-Käse, geräucherte Lachseier, Kompott aus saisonalen Früchten und selbst gebackenes Brot.
🛏 4 🅿 12 🅢 MC, V

COUNTY LOUTH

CARLINGFORD

🏨 JORDAN'S TOWNHOUSE
€€–€€€
NEWRY ST.

TEL. 042/937 32 23
FAX 042/937 38 27
E-MAIL info@jordans.ie
Eine Reihe Fischerhütten aus dem 17. Jahrhundert wurden in ein charaktervolles Restaurant mit Fremdenzimmern umgestaltet. In der Stadtmitte am Hafen gelegen. First-Class-Küche und herrlicher Blick über den Lough Carlingford.
🛏 5 🅿 4 🅢 AE, MC, V

🍴 KINGFISHER BISTRO
€
DARCY MAGEE COURT
DUNDALK RD.
TEL. 042/937 37 16
Das kleine Restaurant hat einen besonders guten Ruf, weshalb nicht nur Besucher des Heritage Centre hierher kommen. Gute Küche: Insbesondere die Fischfrikadellen sind vorzüglich, und es gibt auch einige würzige Überraschungen aus dem Fernen Osten. Einige kühne Angebote auf der Weinkarte. Freundliche und tüchtige Bedienung.
🕐 Geschl. Mo 🅢 MC, V

🍴 OYSTERCATCHER
€
MARKET SQ.
TEL. 042/937 39 22
FAX 042/937 39 87
E-MAIL bmckev@eircom.net
Zu den großartigen Gerichten – hauptsächlich Fisch – in diesem hübschen Restaurant können Sie sich jeden Salat und das Gemüse selbst auswählen.
🕐 Geschl. Mo–Mi Okt.–März; Weihnachtswoche
🅢 MC, V

DROGHEDA

🏨 BOYNE VALLEY HOTEL & COUNTRY CLUB
€€€
STAMEEN, DUBLIN RD.
TEL. 041/983 77 37
FAX 041/983 91 88
Ein Freizeitcenter, Tennisplatz, Fitnessstudio und Putting Greens sind nur einige der

---

🏨 Hotel 🍴 Restaurant 🛏 Zimmer 🪑 Sitzplätze ♿ Behindertengerecht 🅿 Parkplatz 🕐 Geschlossen

Einrichtungen dieses gut geführten Hotels. Hübsche, moderne Zimmer.

[i] 35 [P] 200 🏊 🅺 Alle gängigen Karten

🍴 TRIPLE HOUSE
€

TERMONFECKIN

TEL. 041/982 26 16

FAX 041/982 26 16

Wenn Sie sich in Drogheda aufhalten, fahren Sie nach Termonfeckin, wo ein freundliches Restaurant mit einem guten Händchen für Fisch wartet.

🕐 Geschl. Sept.–Mai Mo; 26.–28. Dez. 🅺 MC, V

MONASTERBOICE

🏨 TULLYESKER COUNTRY HOUSE
€–€€

DROGHEDA/BELFAST RD.

MONASTERBOICE

TEL. 041/983 04 30 und 983 26 24

FAX 041/983 26 24

E-MAIL

mcdonnell.family@ireland.com

Ein Familienunternehmen mit großem Grundstück. Die Zimmer dieses Landhotels bieten einen schönen Blick über das Land.

[i] 5 [P] 20 🚻 🅺 🏊 🅺 AE, MC, V

NORDIRLAND

BELFAST

HOTELS

🏨 MALONE LODGE
€€€

60 EGLANTINE AVE.

BT9 6DY

TEL. 028/90 38 80 00

FAX 028/90 38 80 88

E-MAIL

info@malonelodgehotel.com

In einer ruhigen, grünen Straße südlich des Zentrums gelegen. Herzliche Begrüßung, freundliche Atmosphäre und sehr schöne Umgebung. Eines der schönsten Hotels der Stadt

mit äußerst komfortablen Zimmern.

[i] 51 [P] 35 🕐 Geschl. eine Zeit im Juli 🚻 🅺 Alle gängigen Karten

🏨 POSTHOUSE PREMIER BELFAST
€€€

22 ORMEAU AVE.

BT2 8HS

TEL. 0870/40 00 90 05

FAX 028/90 62 65 46

E-MAIL reservations-belfastcity@posthouse-hotel.com

Zimmer mit Klimaanlage und Health Club mit Beauty Salon, Dampfraum und Workout-Fitnessstudio. Eines der besten zentral gelegenen Hotels. Die Golden Mile mit ihrem pulsierenden Nachtleben liegt vor der Haustür.

[i] 170 [P] 40 🏊 🚻 🅺 🅺 Alle gängigen Karten

🏨 THE CRESCENT TOWNHOUSE
€€–€€€

13 LOWER CRESCENT

BT7 1NR

TEL. 028/90 32 3349

FAX 028/90 32 0646

E-MAIL

info@crescenttownhouse.com

Ein anständiges, komfortables Hotel mit herzlichem Empfang sowie freundlichem und tüchtigem Personal. Ein stilvolles Regency-Stadthaus direkt neben dem Bahnhof Botanic Gardens. Belebte Bar im Erdgeschoss; hübsche Zimmer in den oberen Stockwerken.

[i] 11 🕐 Geschl. eine Zeit im Juli, Weihnachten 🅺 Alle gängigen Karten

🏨 CAMERA
€–€€

44 WELLINGTON PARK

BT9 6DP

TEL. 028/90 66 00 26

FAX 028/90 66 78 56

E-MAIL camera-gh@hotmail.com

Ein stilvolles Gästehaus mit hellen, großen und modernen Zimmern in einer friedvollen, sauberen Gegend nahe der Universität.

[i] 9 🅺 Alle gängigen Karten

RESTAURANTS

🍴 RESTAURANT MICHAEL DEANE
€€€

38–40 HOWARD ST.

BT1 PR

TEL. 028/90 33 11 34

FAX 028/90 56 00 01

E-MAIL

deanesbelfast@deanesbelfast.com

Wenn Sie wirklich nobel essen gehen wollen, gibt es in Nordirland nur dieses einzige Lokal. Hier hat der beste Koch des Nordens mit den vollendeten Fähigkeiten auch die Räume eingerichtet und die Weinkarte bestimmt, um seine Fähigkeiten am Herd entsprechend zu unterstreichen. Wählen Sie das großartige achtgängige Menü Prestige, makellosen Fisch (Seeteufel, Muscheln) oder Fleisch (irisches Berglamm, einheimisches Rindfleisch) (siehe auch Deane's Brasserie, S. 378).

🕐 Geschl. So–Di; 1 Woche im Jan.; 2 Wochen im Juli 🅺 AE, MC, V

🍴 ALDEN'S
€€

229 UPPER

NEWTOWNARDS RD.

BT4 3JF

TEL. 028/90 65 00 79

FAX 028/90 65 00 332

Das Alden's ist eines der besten und freundlichsten Lokale in Belfast; herzlicher Empfang, schöne Atmosphäre und ein wenig südeuropäisch beeinflusste Gerichte: gebratener Seebarsch, Ziegenkäse mit Paprika. Alles auf der weniger beliebten Eastside der Stadt.

🕐 Geschl. Sa M, So 🅺 🅺 Alle gängigen Karten

🍴 CAYENNE
€€

7 LESLEY HOUSE

SHAFTESBURY SQ.

BT2 7DB

TEL. 028/90 33 15 32

FAX 028/90 31 20 93

Ein langer, enger Speiseraum; aber auch die Speisekarte ist

🚻 Lift 🅺 Nichtraucher 🅺 Klimaanlage 🏊 Hallenbad 🏊 Pool im Freien 🅺 Kreditkarten

lang. Die Gäste sind dazu aufgefordert, schmackhafte Gerichte aus der ganzen Welt auszuwählen: thailändisches Schwein und Krabben, mediterrane Gemüseterrine, japanische Austern, Fischfrikadellen aus dem Fernen Osten. Lebhafte Atmosphäre, u. a. weil so viele hier auf einen freien Tisch warten.
🕐 Geschl. Sa M, So 🅑
🅑 Alle gängigen Karten

🍴 DEANE'S BRASSERIE
€€
36–40 HOWARD ST.
BT1 6PF
TEL. 028/90 56 00 00
FAX 028/90 56 00 01
Wenn Ihnen das Restaurant Michael Deanes eigentlich gut gefällt, der Stil oder die Preise aber doch etwas zu hoch erscheinen, sollten Sie die Brasserie unter dem Restaurant ausprobieren. Sehr belebte Atmosphäre, und das Essen, das auch unter der Federführung von Michael Deane zubereitet wird, ist genauso gut, wie Sie es erwarten.
🕐 Geschl. So, Weihnachten, 1 Woche im Jan., 1 Woche im Juli 🅑 AE, MC, V

🍴 NICK'S WAREHOUSE
€€
35–39 HILL ST.
BT1 2LB
TEL. 028/90 43 96 90
FAX 028/90 23 05 14
E-MAIL
nicks@warehouse.dnet.co.uk
Viel Hingabe beim Kochen und bei der Bedienung gewährleisten ein erfreuliches Esserlebnis für Vegetarier und Fleischesser. Die Karte bietet weitaus mehr als die sonst übliche Auswahl irischer Gerichte.
🕐 Geschl. Sa M, Mo A; So 🅑 Alle gängigen Karten

🍴 SHU
€€
253 LISBURN RD.
BT9 7EN
TEL. 028/90 38 16 55
FAX 028/90 68 16 32
E-MAIL eat@shu-restaurant.com

Ausgezeichnete Küche im Brasserie-Stil, wo die traditionellen Werte der erstklassigen Zutaten und der wahre Geschmack wirklich zählen. Probieren Sie die Entenstückchen oder einen geräucherten Hecht mit speziellen Pommes frites. Tüchtige und freundliche Bedienung.
🕐 Geschl. Sa M; So 🅑 AE, MC, V

🍴 THE CROWN LIQUOR SALOON
€
46 GREAT VICTORIA ST.
BT2 7BA
TEL. 028/90 27 99 01
Das Crown ist eine Institution in Belfast und gehört auch zu den beliebtesten Touristenattraktionen. Das ist nicht verwunderlich, denn dieser wundervoll geschmückte Pub, der vom National Trust unterstützt wird, ist das beste Beispiel in der Stadt für einen authentischen, viktorianischen Pub. Das Essen ist großartig, und das meiste ist traditionelle irische Küche. Essen Sie hier Würstchen und Kartoffelpüree, bevor Sie Irland wieder verlassen, und Sie werden sich ewig nach dem Crown zurücksehnen.
🕐 Geschl. So (aber das Flannigan's im Obergeschoss hat bis 21 Uhr geöffnet); 25.–26. Dez. 🅑 DC, MC, V

🍴 GINGER
€
217 ORMEAU RD.
BT7
TEL. 028/90 49 31 43
Herrliche, fröhliche und unkomplizierte Atmosphäre. Die Speisekarte ist zwar kurz, bietet aber interessante und hochwertige Gerichte. Lenden vom Lamm mit Kartoffelpüree, Mozzarella und Avocadosalat, Krabben und Ingwer. Sie können Ihren eigenen Wein mitbringen.
🕐 Geschl. Mo–Fr M; So A 🅑 DC, MC, V

🍴 OLIVE TREE COMPANY
€
353 ORMEAU RD.
BT7 5GL
TEL. 028/90 64 88 98
E-MAIL
oliver@olivetreeco.fsnet.co.uk
Essen Sie warm (irisches Fisch-Stew) oder kalt (französisches Gebäck), leicht (Käse und Oliven) oder herzhaft (Entensalat); alles ist köstlich in diesem Café. Und wenn Ihr Essen wirklich gut war, können Sie die Zutaten der Gerichte hier kaufen und es zu Hause noch einmal selbst ausprobieren; im Olive Tree gibt es nämlich auch die besten Delikatessen in Belfast.
🕐 Geschl. 1 Woche Anfang Juli; 24. Dez.–2. Jan.
🅑 Keine Kreditkarten

DER BESONDERE TIPP

🍴 SUN KEE
Mögen Sie chinesisches Essen? Richtiges chinesisches Essen, mit dem westliche Geschmacksnerven schwer zurechtkommen? Sie machen sich nicht viel aus anspruchsvoller Einrichtung, aber dafür mehr aus einer herzlichen Atmosphäre? Dann gehen Sie in dieses Lokal. Sie werden es lieben. Bringen Sie Ihren eigenen Wein mit.
€
28 DONEGAL PASS
BT7 1BS
TEL. 028/90 31 20 16
🕐 Geschl. Fr. M 🅑 Keine Kreditkarten

NORDIRISCHE COUNTIES
COUNTY ANTRIM

BALLYMENA

🏨 GALMGORM MANOR
€€€
BALLYMENA
BT42 1EA
TEL. 028/25 88 10 01
FAX 028/25 88 00 80
E-MAIL mail@galgorm.com
Reiten, Wasserski und Angeln gehören zu den Freizeitaktivi-

täten, die Sie in diesem hübschen viktorianischen Herrenhaus genießen können. Es liegt inmitten eines 35 Hektar großen Grundstücks am Maine. Komfortable Zimmer mit Blick auf den Fluss.

🛏 24 🅿 170 💳 Alle gängigen Karten

🏨 ADAIR ARMS
€€–€€€
1 BALLYMONEY RD.
BALLYMENA
BT43 5TS
TEL. 028/25 65 36 74
FAX 028/25 64 04 36
E-MAIL
reservations@adairarms.com
Ein sehr schönes Hotel mit großen und hellen Zimmern und fröhlichem Personal. Nahe dem Zentrum gelegen.

🛏 44 🅿 50 🛗 ❄
💳 Alle gängigen Karten

BUSHMILLS

🏨 CRAIG PARK
€€
24 CARNBORE RD.
BT57 8YF
TEL. 028/20 73 24 96
FAX 028/20 73 24 79
E-MAIL jan@craigpark.co.uk
Das georgianische Farmhaus wurde in ein komfortables Hotel umgestaltet. Atemberaubende Lage mit Blick über den Lough Foyle und die Hügel von Donegal. An klaren Tagen können Sie die schottische Küste sehen.

🛏 3 🅿 8 🛗 Geschl.
17. Dez.–3. Jan. 💳 MC, V

CARNLOUGH

🏨 LONDONDERRY ARMS
🍴 €€
20 HARBOUR RD.
BT44 0EU
TEL. 028/28 88 52 55
FAX 028/28 88 52 63
Gemütliches, altes georgianisches Gasthaus in einem Fischerdorf an der spektakulären Küste von Antrim. Die umliegende Gegend ist von bekannten Malern aus Ulster in Bildern festgehalten.

Geschmackvolle Einrichtung. Ein Hotel, an das Sie lange zurückdenken werden, nicht nur, weil es einst Winston Churchill gehörte. Unkomplizierter, aber sehr fähiger Umgang in der Küche tragen auch dazu bei, dass man hier gut essen kann, insbesondere den guten, frischen Fisch. Das Hotel liegt an der beeindruckenden Antrim Coast Road.

🛏 35 🅿 50 ❄ 💳 Alle gängigen Karten

PORTRUSH

🍴 ACADEMY
€
NORTHERN IRELAND HOTEL & CATERING COLLEGE
BALLYWILLAN RD.
BT56 8JL
TEL. 028/70 82 62 01
FAX 028/70 82 62 00
Die Köche und das Personal leisten mit Sicherheit ihr Bestes, denn dies ist tatsächlich eine Schule für Catering und Kochen, wo die Jüngsten (unter sorgfältiger Aufsicht) die glücklichen Gäste bewirten, in der entspannten Brasserie oder auch bei einem noblen und formellen Dinner.

🛗 Geschl. Aug.–Mai So–Mo;
Weihnachten 💳 MC, V

🍴 RAMORE RESTAURANT
€
THE HARBOUR
BT56 8BM
TEL. 028/70 82 43 13
FAX 028/70 82 31 94
Das Ramore machte sich einen Namen als hochklassiges Lokal mit hervorragendem Essen. Heute hat sich das etwas geändert, aber Sie werden nicht enttäuscht sein. Es hat sich in ein eher günstiges, sehr lebendiges Lokal, beinahe ein Fastfood-Lokal verwandelt. Gut geeignet für Familien und Touristen, die schmackhaftes, modernes Essen mögen, das schnell serviert wird, wie z. B. mexikanische Garnelen und Steaks, Tortilla-Chips mit Dips.

🛗 Geschl. So, Mo M
💳 MC, V

LONDONDERRY

🏨 BEECH HILL COUNTRY HOUSE HOTEL
€€€
32 ARDMORE RD.
BT47 3QP
TEL. 028/71 34 92 79
FAX 028/71 34 53 66
E-MAIL info@beech-hill.com
Ein frühes georgianisches Herrenhaus auf einem 13 Hektar großen, bewaldeten Grundstück mit Wasserfällen. Gut eingerichtete Zimmer und stilvolle, aber entspannte Atmosphäre.

🛏 17 plus 10 im Nebengebäude 🅿 75 🛗 ❄
💳 Alle gängigen Karten

🏨 TRINITY HOTEL
€€€
22–24 STRAND RD.
BT48 7AB
TEL. 028/71 27 12 71
FAX 028/71 27 12 77
E-MAIL info@thetrinityhotel.com
Modernes und zentral gelegenes Hotel mit viel Stil und Atmosphäre. Hilfsbereites Personal. Das beste Hotel in Derry, mit einem Standard und Komfort wie kein zweites in dieser Region.

🛏 40 🅿 30 ❄ 💳 Alle gängigen Karten

🍴 BROWN'S
€€
1–2 BOND HILL
DERRY, BT47 6DW
TEL. 028/71 34 51 80
FAX 028/71 34 51 80
E-MAIL browns.tinvtee@aol.com
Hierher kommen die kritischen Einwohner von Derry, um bei großartigem Essen im Brasserie-Stil zu entspannen. Auf der Speisekarte stehen z. B. Bohnen mit Roquefort, Schwein und gerösteten Äpfeln, und alles besteht aus den besten und frischesten Zutaten. Erfahrenes Küchenpersonal.

🛗 Geschl. So, Mo, die ersten beiden Wochen im Aug.
💳 DC, MC, V

🛗 Lift 💳 Nichtraucher ❄ Klimaanlage 🏊 Hallenbad 🏊 Pool im Freien 💳 Kreditkarten

HOTELS & RESTAURANTS

COUNTY LONDONDERRY

COLERAINE

🏨 **GREENHILL HOUSE**
€€
24 GREENHILL RD.
AGHADOWEY, BT51 4EU
TEL. 028/70 86 82 41
FAX 028/70 86 83 65
E-MAIL
greenhill.house@btinternet.com
Komfort und etwas Eleganz
wird den Gästen hier geboten,
aber Herzlichkeit und Gastfreundlichkeit leiden nicht
darunter. Außerdem werden
die Gäste angezogen von dem
hübschen georgianischen Haus
mit dem schönen Garten im
Tale des Bann.
🛏 6 🅿 10 🕐 Geschl.
Nov.–Feb. 🅰 AE, MC, V

🍴 **CHARLY'S**
€
34 NEWBRIDGE RD.
BT52 1TP
TEL. 028/70 35 20 20
FAX 028/70 35 52 99
E-MAIL chatroom@charlys.com
Wenn Sie sich nicht feierlich
kleiden wollen und auch nicht
einen Moment lang mit Äußer-
lichkeiten protzen wollen, dann
gehen Sie in Charlys großes,
lebendiges Lokal, und genießen
Sie schnelle Bedienung zu vernünftigen Preisen. Hier können
Sie auch gut Ihre Kinder und
deren Freunde mitbringen.
🕐 Geschl. Mo (außer Hoch-
saison) 🅰 AE, MC, V

GARVAGH

🏨 **GORTIN GLEN HOUSE**
€
52 BALLYAGAN RD.
BT51 4EJ
TEL. 028/70 86 82 60
FAX 028/70 86 81 76
E-MAIL
daphnegortinglen@amserve.net
Die Zimmer befinden sich in
einem Nebengebäude des
Gortin Glen House in der
wunderbar hügeligen Land-
schaft des östlichen Derry.
🛏 3 🅿 6

LIMAVADY

🏨 **RADISSON ROE PARK HOTEL & GOLF RESORT**
€€
LIMAVADY, BT49 9LB
TEL. 028/77 72 22 22
FAX 028/77 72 23 13
E-MAIL
reservations@radissonroepark.com
Ein sehr gut ausgestattetes
Hotel in schöner Lage. 18-Loch-
Golfplatz, Driving-Range mit
Flutlicht, Putting Green und
Golf-Akademie. Andere wer-
den mehr Freude an dem
Waldgebiet und den anderen
Angeboten haben, u. a. gibt es
hier herrliche Fischgründe.
🛏 64 🅿 300 🕐 🅱
🅰 Alle gängigen Karten

🍴 **THE LIME TREE**
€€
60 CATHERINE ST.
BT49 9DB
TEL. 028/77 76 43 00
FAX 028/77 76 43 00
E-MAIL info@limetreerest
Ein einladendes Haus mit soli-
der Küche. Auf der Speisekarte
können z. B. Lammnieren in
Blätterteig stehen, Lenden-
steaks in Pfeffersauce oder eine
sensationelle Krabbenplatte.
🕐 Geschl. Sa M, So A, Mo–Di;
1 Woche im Nov., 1 Woche
im Juli, 1 Woche Ende
Feb.–Anfang März
🅰 AE, MC, V

COUNTY TYRONE

DER BESONDERE TIPP

🏨 **GRANGE LODGE**
Eines der freundlichsten und
komfortabelsten Gästehäuser
Irlands. Die Browns sind sehr zu-
vorkommend, und die Küche nach
Hausfrauenart ist phantastisch.
€€
7 GRANGE RD.
DUNGANNON, BT71 7EJ
TEL. 028/87 78 42 12
FAX 028/87 78 43 13
E-MAIL
grangelodge@nireland.com
🛏 5 🅿 12 🕐 Geschl.
21. Dez.–9. Jan. 🅰 MC, V

GORTIN

🍴 **BADONEY TAVERN**
€
16 MAIN ST.
BT79 8PH
TEL. 028/81 64 81 57
E-MAIL pksmckenna@aol.com
Sehr freundlicher Pub, in dem
Peter McKenna anbietet, alles
zu kochen, was der Gast sich
wünscht, solange er in der
Lage ist, es zuzubereiten …

OMAGH

🏨 **HAWTHORN HOUSE**
🍴 €€
72 OLD MOUNTFIELD RD.
BT79 7EN
TEL. 028/82 25 20 05
FAX 028/82 25 20 05
E-MAIL hawthorn@lineone.net
Hübsches viktorianisches Haus
mit herzlicher Gastfreundlich-
keit, komfortablen Zimmern
und einem hohen Standard in
der Küche. Traditionelle Werte
werden hoch geachtet, die
Zutaten sprechen für sich.
Lachs, Seezunge und Steaks,
aber auch Kurzgebratenes und
Stroganoffs sind lecker, und
für Vegetarier gibt es solche
Leckerbissen wie Pilze mit
Spinat und Ziegenkäse; .
🛏 5 🅿 65 🅰 Alle gängigen
Karten

COUNTY FERMANAGH

BELLEEK

🍴 **THE THATCH**
€
MAIN ST., BT17
TEL. 028/68 65 81 81
Müde und glücklicher, aber
ärmer nach einem Besuch der
Belleek Pottery? Erholen Sie
sich in diesem freundlichen
Café bei guten Sandwiches
und Suppen sowie großartigen,
hausgemachten Kuchen.

ENNISKILLEN

🏨 **KILLYHEVLIN**
€€€
ENNISKILLEN, BT74 6RW

TEL. 028/66 32 34 81
FAX 028/66 32 47 26
E-MAIL info@killyhevlin.com
Ein gemütliches, modernes
Hotel am Rande von
Fermanagh. Zimmer im besten
modernen Stil.
🛏 43 🅿 500 🍴 Geschl.
Weihnachten 🗝 Alle gängi-
gen Karten

🏨 DROMARD HOUSE
€
TAMLAGHT, BT74 4HR
TEL. 028/6638 7250
In dem schönen alten Haus
befinden sich die Zimmer in
umgewandelten Stallungen.
Es liegt inmitten eines weitläufigen Grundstücks, durch
das Wege zum Lough Erne
führen, wo es Angelmöglich-
keiten gibt.
🛏 4 🅿 4 🍴 Geschl. Weih-
nachten

🏨 AGHNACARRA HOUSE
€
CARRYBRIDGE
LISBELLAW, BT94 5HX
TEL. 028/66 38 70 77
FAX 028/66 38 58 11
E-MAIL normaensor@talk21.com
Direkt am Ufer des Upper
Lough Erne, südlich der Stadt,
liegt dieses freundliche Gäste-
haus in friedvoller Umgebung.
Eigener Angelsee.
🛏 7 🅿 8 🗝 MC, V

🍴 BLAKES OF THE HOLLOW
€
6 CHURCH ST.
BT74 7EJ
TEL. 028/66 32 21 43
FAX 028/67 74 84 91
E-MAIL blakep@itconnect.com
Fahren Sie schnell zum Blakes,
bevor die angekündigten
Renovierungsarbeiten ausge-
führt werden. Es könnte gut
werden, aber wer weiß das
schon? Und es wäre schade,
wenn die schöne Atmosphäre
zerstört werden würde. Herrliches Stout und gute Musik im
klassischen Pub. Und wenn Sie
hungrig sind, wird Ihnen auch
ein Sandwich bereitet.
🗝 DC, MC, V

🍴 THE SHEELIN
€
BELLANALECK, BT92 2BA
TEL. 028/66 34 82 32
FAX 028/66 34 82 32
E-MAIL
malcolm.cathcart@virgin.net
Innovative und traditionelle
Gerichte, gut zubereitet in
einem bescheidenen, reet-
gedeckten Cottage. Die haus-
gemachten Suppen und das
einheimische Lamm sind her-
vorragend.
🍴 Geschl. Mo 🗝 MC, V

IRVINESTOWN

🏨 MAHONS
€€
MILL ST., BT74 1GS
TEL. 028/68 62 16 56
FAX 028/68 62 83 44
E-MAIL
mahonshotel@lakeland.net
Praktisch, um nach Enniskillen,
zu den Inseln des Lower Lough
Erne und in den schönen,
hügeligen Südwesten von
Tyrone zu gelangen. Freundliches Familienunternehmen
mit komfortablen und großzügigen Zimmern.
🛏 18 🅿 40 🍴 Geschl.
Weihnachten 🗝 Alle gän-
gigen Karten

COUNTY ARMAGH

ARMAGH

🏨 DE AVERELL HOUSE
🍴 €€
3, THE SEVEN HOUSES
47 UPPER ENGLISH ST.
BT61 7LA
TEL. 028/37 51 12 13
FAX 028/37 51 12 21
E-MAIL
reservations@deaverellhouse.com
Das schöne Gebäude aus
dem 18. Jahrhundert bietet
eine ausgezeichnete Lage zur
georgianischen Stadt Armagh.
Die Zimmer mit hübschen,
alten Möbeln harmonieren
mit dem Gesamtcharakter des
Hauses und den großen Betten. Restaurant mit freundlicher Atmosphäre und gutem
Essen: Meeresfrüchte, Steaks in

unterschiedlichen Ausfüh-
rungen, Tortilla-Taschen mit
Guacamole.
🛏 5 🅿 5 🍴 Restaurant
Mo geschl.; Jan.–April u. Juli
Mo, Di 🗝 AE, MC, V

NEWRY

🏨 LAKEVIEW
€
FORKHILL
T35 9SX
TEL. 028/30 88 83 82
E-MAIL
lakeviewb.bforkhill@talk21.com
Das außergewöhnlich freund-
liche Haus bietet komfortable
Unterkunft und viel Informa-
tion über die Umgebung.
🛏 2 🅿 4 🗝 Keine Kredit-
karten

COUNTY DOWN

BANBRIDGE

🍴 THE ORIEL
€€
GILFORD, NAHE BANBRIDGE
BT63 6HF
TEL. 028/38 83 15 43
FAX 028/38 83 11 80
E-MAIL orielrestaurant@aol.com
Herzliche Atmosphäre;
man fühlt sich wie zu Hause.
Viele kleine Räume dienen
als Speisezimmer. Die Küche
hat internationale Klasse
mit viel Geschmack und
interessanten Kombinationen,
z. B. Ente und Lasagne,
Rinderfilet und Meerrettich-
butter, Hecht mit Nudeln und
Ingwer.
🍴 Geschl. Sa M, So A, Mo
🗝 Alle gängigen Karten

BANGOR

🍴 SHANKS
€€€
THE BLACKWOOD
150 CRAWFORDSBURN RD.
CLANDEBOYE, BT19 1GB
TEL. 028/91 85 33 13
FAX 028/91 85 24 93
Das Shanks setzt den Standard
für andere Restaurants. Ein-
fallsreiche Gerichte wie z. B.
Hecht mit Artischocken, *fritto*

HOTELS & RESTAURANTS

misto aus einheimischen Meeresfrüchten, Carpaccio vom Rind, Tartar vom Thunfisch, thailandische Hühnersuppe oder Penne/Pasta. Aufmerksames, aber unaufdringliches Personal. Trotz des sehr guten Rufs des Lokals kann man hier zu vernünftigen Preisen normal essen gehen. Vegetarische Gerichte.

🕒 Geschl. Sa M, So, Mo ♿ 💳 AE, MC, V

CRAWFORDSBURN

🍴 OLD INN
€
15 MAIN ST.
BT19 IJH
TEL. 028/91 85 32 55
FAX 028/91 85 27 75
E-MAIL info@theoldinn.com
Ausgezeichnete Fischgerichte. Die anderen ebenfalls guten Gerichte haben häufig asiatische Einflüsse.
🕒 💳 AE, MC, DC, V

DOWNPATRICK

🏨 DRUMGOOLAND HOUSE & EQUESTRIAN CENTRE
€€
29 DUNNANEW RD.
SEAFORDE, BT30 8PJ
TEL. 028/44 81 19 56
FAX 028/44 81 12 65
E-MAIL frank.mc_leigh@virgin.net
Komfortables viktorianisches Landhaus inmitten eines 25 Hektar großen Grundstücks. Große, schön eingerichtete Zimmer mit außergewöhnlichem Ausblick auf die umliegende Landschaft. Sie können reiten und Forellen angeln.
ℹ️ 3 🅿️ 20 💳 AE, MC, Switch, V

🏨 PHEASANT'S HILL COUNTRY HOUSE
€€
37 KILLYLEAGH RD.
BT30 9BL
TEL. 028/44 61 72 46
FAX 028/44 61 72 46
E-MAIL info@pheasantshill.com

Herrliche ländliche Lage nördlich von Downpatrick nahe Quoile Pondage in einem Naturschutzgebiet. Biobauernhof mit herzlichem Empfang und gut ausgestatteten Zimmern.
ℹ️ 3 🅿️ 10 🕒 Geschl. 20. Dez.–20. Jan. 💳 Alle gängigen Karten

HOLYWOOD

🍴 FONTANA
€€
61A HIGH ST.
BT18 9AE
TEL. 028/90 80 99 08
FAX 028/90 80 99 11
Helle Einrichtung und freundliche Bedienung tragen noch mehr zu dem Vergnügen bei, das schon durch das gut zubereitete und dargebotene Essen bereitet wird. Der frische Fisch ist besonders gut.
🕒 Geschl. Sa M, So A, Mo 💳 MC, V

NEWTOWNARDS

🏨 BALLYNESTER HOUSE
€€
1A CARDY RD. (AN DER MOUNT STEWART RD.)
BT22 2LS
TEL. 028/42 78 83 86
FAX 028/42 78 89 86
E-MAIL geraldine.bailie@virgin.net
Ein sehr einladendes Gästehaus in herrlicher Lage in den Hügeln über dem Strangford Lough, mit schönem Blick in alle Richtungen. Wählen Sie große, komfortable Zimmer im Haus oder das Self-Catering-Haus mit der rustikaleren Einrichtung nebenan. Alle Zimmer mit herrlichem Blick über die Landschaft.
ℹ️ 3 🅿️ 9 💳 MC, V

🏨 EDENVALE HOUSE
€€
130 PORTAFERRY RD., BT22 2AH
TEL. 028/91 81 48 81
FAX 028/91 82 61 92
E-MAIL
edenvalehouse@hotmail.com
Friedliche und ruhige Stimmung beherrschen diesen georgiani-

schen Rückzugsort mit großem Garten und Blick über den Strangford Lough. Stilgerecht eingerichtete Zimmer.
ℹ️ 3 🅿️ 15 💳 MC, V

PORTAFERRY

🍴 THE NARROWS
€€€
8 SHORE RD.
BT22 IJY
TEL. 028/42 72 81 48
FAX 028/42 72 84 05
E-MAIL info@narrows.co.uk
Gute, leichte Küche. Der frische Fisch hat es hier nicht weit. Wirklich guter Hummer, ebenso das hausgemachte Brot. Freundliche Atmosphäre und großartige Lage am Wasser.
💳 AE, MC, V

🏨 PORTAFERRY HOTEL
🍴 €–€€
10 THE STRAND
BT22 IPE
TEL. 028/42 72 82 31
FAX 028/42 72 89 99
E-MAIL portaferry@iol.ie
Ein gut geführtes Hotel direkt am Wasser im hübschen Portaferry gelegen, mit Blick auf die Narrows vom Strangford Lough und das von vielen Vögeln bevölkerte Wasser. Außerordentlich freundliches Personal und wunderschöne Zimmer mit Blick auf den Lough. Natürlich zieht es die Gäste wegen der Fischgerichte und der Muscheln von weit her in dieses Restaurant.
ℹ️ 14 🅿️ 6 🕒 Geschl. Weihnachten 💳 Alle gängigen Karten

EINKAUFEN IN IRLAND

Wenn Sie in Irland einkaufen wollen, denken Sie wahrscheinlich zunächst an Kunsthandwerk, das überall im Land angeboten wird: Waterford Crystal, gestrickte Aran-Pullover, Tweed aus Donegal, Belleek-Geschirr, Claddagh-Ringe, Marmor aus Connemara und Leinen aus Ulster. Auch viele weniger bekannte Handwerker bieten Keramiken, Spitze, Schmuck, Skulpturen und Malereien zum Verkauf. Kilkenny ist das anerkannte Zentrum für irisches Kunsthandwerk, und in den großen Touristeninformationszentren gibt es immer eine gute Auswahl schöner Produkte – erwähnenswert ist insbesondere die Touristeninformation beim Giant's Causeway. Eine schöne Erinnerung an den Urlaub in Irland ist traditionelle Musik, die die fröhlichen Abende in Pubs oder bei einem *ceilidh* wachruft. Gedichte von Yeats, eine Ausgabe des *The Islandman* von Tomás O'Crohan oder eine Anthologie humorvoller Geschichten von Flann O'Brien sind das Richtige für Literaturfreunde. Die Buchhandlung Eason's ist überall in Irland vertreten.

Zu den kulinarischen Spezialitäten des Landes gehören Bailey's Irish Cream, Gin aus Cork und die irischen Whiskey-Sorten (Bushmills, Powers, Jamesons, Paddy) – natürlich können Sie diese Spirituosen überall kaufen, aber wenn Sie vorher die Brennereien besucht haben, sind das Mitbringsel zum echten Genuss. Es gibt in Irland auch aromatische Käsesorten (probieren Sie den Cashel Blue), geräucherten Lachs und köstliches Sodabrot. Etwas gewöhnungsbedürftig, aber einen Versuch wert ist *dulse*, ein Snack aus getrockneten Rotalgen. Liebhaber von Kitsch finden immer noch viele Läden, die Souvenirs mit hellgrünen Kleeblättern, *shilelaghs*, tanzende *leprechauns* und eine Vielzahl von Kleidungsstücken bieten. Besonders an Orten, wo sich die Geschäftsleute auf zahlreiche Berichte von Visionen und Wundern berufen können, wie z. B. in Knock, County Mayo, finden sich auch viele Devotionalien von Plastikmarien bis hin zu geschmack- und kunstvollen Repliken keltischer Kreuze.

DUBLIN

Dublin bietet schon lange Jahre gute Einkaufsmöglichkeiten. Besonders moderne Geschäfte befinden sich südlich des Flusses. Die Auswahl scheint grenzenlos: klassische Mode, trendige Designerinnovationen und die angesagteste Straßen- und Abendmode, schönes Kunsthandwerk, aber auch alle Arten von technischen Spielereien kann man hier entdecken. Kaufhäuser in traditionellem Stil, die längst vergangene Zeiten wach halten, stehen in direkter Nachbarschaft zu strahlenden Einkaufspassagen.

Die **Grafton Street** ist zweifellos der beste Ausgangspunkt für einen Einkaufsbummel – charaktervoll und sehr belebt. Sie führt zum **St. Stephen's Green Shopping Centre**, einem hellen und großzügigen Einkaufszentrum. In den Seitenstraßen gibt es viele Restaurants und andere Geschäfte. **Powerscourt Townhouse** ist ein ungewöhnliches Einkaufszentrum in einem ehemaligen großen Stadthaus mit hochwertigen Läden und Restaurants. Das Gewirr enger, gepflasterter Gassen in **Temple Bar** ist eine wahre Fundgrube für »One-off-Läden« und Galerien, zwischen denen immer wieder Pubs und Restaurants einladen. Nördlich des Flusses ist es nicht ganz so strahlend, aber diese Gegend erfährt seit einiger Zeit ein Facelifting. Die breite **O'Connell Street** wirkt sehr eindrucksvoll. Die neuen **Liffey Boardwalks** sind einen Spaziergang wert, und auf den Straßenmärkten lebt das alte Dublin fort. Es gibt zahlreiche große Einkaufszentren in den Vororten der Stadt – **Tallaght** am südlichen Stadtrand ist das weitläufigste.

ANTIQUITÄTEN

In der Gegend um die Francis Street sitzen die besten Antiquitätenhändler. Außerdem gibt es während des ganzen Jahres regelmäßige Antiquitätenmessen. Erwähnung verdient die Ausstellung im Newman House, 85–86 St. Stephen's Green, an jedem zweiten Sonntag.

Gerald Kenyon, 10 Lower Ormond Quay, Tel. 01/873 04 88, hat sich auf den Verkauf und das Restaurieren von schönen Möbeln spezialisiert.

Ha'penny Bridge Galleries, 15 Bachelor's Walk, Tel. 01/872 39 50, offeriert Silber, Porzellan und Kuriositäten.

BÜCHER

Books Upstairs, 36 College Green, Tel. 01/679 66 87, gegenüber dem Trinity College, bietet eine grandiose Auswahl an irischer Literatur.

Eason's, 40 O'Connell St., Tel. 01/873 38 11, verkauft hauptsächlich internationale Bestseller. Daneben gibt es Schreibwaren und Artikel für den künstlerischen Bedarf.

Hodges Figgis, 56–58 Dawson St., Tel. 01/677 47 54, ist der größte Buchladen in Dublin – ein historisches Warenhaus, das auch in *Ulysses* Erwähnung fand.

KUNSTHANDWERK

Design Yard, 12 East Essex St., Temple Bar, Tel. 677 84 53. Ein umgebautes Lagerhaus mit einer Auswahl an modernem und hochwertigem Kunsthandwerk und einer außergewöhnlich großen Schmuckkollektion.

Irish Celtic Craftshop, 12 Lord Edward St., Tel. 01/679 99 12, bietet Kunsthandwerk, unter anderem Schmuck, Strickwaren, Keramik und T-Shirts mit keltischem Design.

Kilkenny Shop, 6 Nassau St., Tel. 01/677 70 66, wartet mit einer hochwertigen Auswahl an Strickwaren, Webwaren, Designerkleidung und Keramiken auf.

KAUFHÄUSER

Arnotts, 12 Henry St., Tel. 01/872 11 11. Alteingesessenes Haus. Auf drei Etagen gibt es hier Bekleidung, Haushaltswaren, Sportartikel etc.

Brown Thomas, 88–95 Grafton St., Tel. 01/605 66 66. Das beste und exklusivste Kaufhaus der

Stadt. Designermode, Düfte, Kristall und Haushaltswaren.
Clery and Co, 18–27 Lower O'Connell St., Tel. 01/878 60 00, war früher einmal der Ort zum Einkaufen in der Stadt und lohnt auch heute noch einen Bummel. Konservativere Mode, Haushaltsartikel etc.

MODE
BT2, 28–29 Grafton St., Tel. 01/605 66 66, ist – gegenüber vom Haupthaus – eine moderne Filiale von Brown Thomas. Sie führt Designerlabels für junge Leute.
Design Centre, im Powerscourt Townhouse Centre, 59 S. William St., Tel. 01/689 41 44. Hier sind die besten irischen Designer, z. B. Louise Kennedy und Sharon Hoey, vertreten.
Louis Copeland, 39–41 Capel St., Tel. 01/872 16 00, ist der Laden eines der renommiertesten Schneider Europas, der schicke Anzüge für die Reichen und Berühmten (unter anderem für den US-Präsidenten) entwirft.
Louise Kennedy, 56 Merion Sq., Tel. 01/662 39 93. Exklusives Design für Damen.

SCHMUCK
Appleby's, 5–6 Johnson's Court, Tel. 01/679 95 72, ist ein exklusiver Juwelier mit einer ausgezeichneten Auswahl.
Weir's, 96 Grafton St., Tel. 01/677 96 78, bietet hochwertigen Schmuck und Uhren sowie Silber und Lederwaren.

MÄRKTE
Ein Bummel über die Märkte der Stadt zeigt Ihnen ein schönes Bild vom Alltagsleben in Dublin. Schauen Sie sich den Kunsthandwerker- und Lebensmittelmarkt am **Meeting House Square** in Temple Bar (Sa) an, wo es eine große Auswahl an Käse, Biogemüse, Fisch, Fleisch und Backwaren gibt. Der Markt in der **Moore Street** (Mo bis Sa) ist bekannt für Früchte, Gemüse und Schuhe. Ähnliches, aber auch Kleidung, gibt es in **Georges Arcade** (Mo bis Sa). Am Wochenende findet auf dem Temple Bar Square ein Buchmarkt statt. Der Markt

Mother Redcap's am Christ Church Place und in der Winetavern St. ist bekannt für Antiquitäten und Trödel.

MUSIK
Celtic Note, 12 Nassau St., Tel. 01/670 41 57, bietet eine große Auswahl an keltischer Musik – traditionelle Musik, Pop und Rock, Balladen, Klassik – sowie auch Videos und Instrumente.
Claddagh Records, 2 Cecilia St., Temple Bar, Tel. 01/667 02 62, ist eine Schatztruhe voller CDs, Kassetten und Schallplatten.

DER SÜDOSTEN

ANTIQUITÄTEN
Granny's Attic, 33 North Main St., Naas, County Kildare, ist eine Schatzkiste voller Antiquitäten.
Selskar Abbey Antiques, Selskar Court, Wexford, Tel. 053/236 30, hat sich auf alten Schmuck spezialisiert, bietet aber auch Silber, Gemälde und Porzellan.

BÜCHER
Kilkenny Bookshop, 82 High St., Kilkenny, Tel. 056/234 44, hat eine gute Auswahl an irischer Literatur und internationalen Bestsellern, aber auch Spielsachen. Im Obergeschoss befindet sich ein Café.
Willowsand Bookshop, Ballyteigue, Kilmore Quay, County Wexford, Tel. 053/296 55, bietet Secondhandbücher zum Kauf.

BEKLEIDUNG
Padmore and Barnes of Kilkenny, Wolftone St., Kilkenny, Tel. 056/210 37, hat sich auf handgefertigte irische Schuhe spezialisiert, die in die USA, nach Kanada, Japan und Europa exportiert werden.

KUNSTHANDWERK
Avoca Handweavers, Millmount Mills, Avoca, County Wicklow, Tel. 0402/351 05, liefern von einer alten Wassermühle aus ihre hochwertigen Webwaren in Läden im ganzen Land. Ausgezeichneter Tearoom.
Irish Pewter Mill, Timolin, nahe Moone, County Kildare, Tel. 0507/241 64 – eine Mühle in einem tausend Jahre alten Kloster –,

verkauft Zinnschmuck, Tischdecken und Geschenkartikel aus eigener Herstellung.
Kilkenny ist das irische Zentrum für hochwertiges irisches Kunsthandwerk. Viele Künstler und Kunsthandwerker präsentieren sich in Kilkenny Design Centre im Castle Yard.
Waterford Crystal an der N25 Richtung Cork, Tel. 051/33 25 00, ist weltbekannt für glitzernde Pokale, Gläser und Kronleuchter. Im Ausstellungsraum können Sie alles anschauen und kaufen.
Wicklow Glass Works Studio im Enterprise Centre, Wicklow, Tel. 0404/620 48, verkauft schön verarbeitetes Glas zu günstigeren Preisen als in Waterford.
Wicklow Vale Pottery, The Old School House, Tinahisk, Arklow, County Wicklow, Tel. 0402/394 42, stellt hervorragendes Steingut her.

SCHMUCK
Murphy Jewellers of Kilkenny, High St., Tel. 056/211 27, verkauft Silber- und Goldschmuck im keltischen Design, mit Diamanten besetzten Schmuck und Uhren.

MÄRKTE
Kilkenny Market, Market Yard, Fr und Sa am Vormittag. Hier werden einheimische Produkte, hausgemachte Backwaren, Kunsthandwerk und Pflanzen verkauft.

DER SÜDWESTEN

Im Südwesten des Landes sind einige der besten Kunsthandwerker und einige der ältesten Handwerksbetriebe angesiedelt, wie z. B. die Blarney Woollen Mills (siehe unten). In Cork City wie auch weiter nördlich in Killarney gibt es viele Läden. In einigen abgelegenen Orten wie Ballydehob und Kinsale haben sich Künstlerkolonien angesiedelt.

ANTIQUITÄTEN
Georgian Antiques Ltd., 21 Lavitt's Quay, Cork, Tel. 021/427 81 53, wird seinem Namen gerecht und hat sich auf georgianischen Stil spezialisiert: Möbel, Uhren, Porzellan, Silber etc.

BÜCHER

Bantry Bookstore, New St., Bantry, County Cork, Tel. 027/500 64, ist eines der größten unabhängigen Buchgeschäfte in Irland mit einer großen Auswahl an antiquarischen Büchern und seltenen Ausgaben.

Killarney Bookshop, Main St., Killarney, hat sich auf irische Bücher spezialisiert.

Kinsale Bookshop, 8 Main St., Kinsale, County Cork, Tel. 021/77 42 44, ist ein hübscher kleiner Laden mit einer großen Auswahl an Büchern, davon viele mit irischer Thematik.

KUNSTHANDWERK

Blarney Woollen Mills, Blarney, County Cork, Tel. 021/438 52 80, beherbergt einen der größten Kunsthandwerksläden des Landes. Hier werden nicht nur die eigenen Wollprodukte, sondern auch Waterford-Kristall, Geschirr von Royal Tara, Belleek-Geschirr, Irish Dresden und anderes Kunsthandwerk zum Kauf angeboten.

Kinsale Crystal, Tel. 021/477 44 93, wird von Gerry Dale geführt, der ehemals bei Waterford Crystal gearbeitet und es heute selbst zu weltweiter Anerkennung gebracht hat.

Ladies View Industries, Ladies View, nahe Killarney, County Kerry, Tel. 064/33 43 30, bietet eine hervorragende Auswahl an Spitzen und Kunsthandwerk.

Shandon Craft Centre, Buttermarket, Shandon, Cork, Tel. 021/450 39 36, hat unterschiedliches Kunsthandwerk im Angebot. Sie können Juwelieren, Töpfern und Instrumentenbauern zuschauen.

The Weavers Shop, Green St., Dingle, County Kerry, Tel. 066/915 16 88, verkauft Designartikel von Lisbeth Mulcahy's: gewebte Schals, Wandteppiche, Bekleidung etc. Sie können bei der Arbeit an Handwebstühlen zuschauen.

LEBENSMITTEL

Der **Käse** aus West Cork ist sehr bekannt. Hierzu gehören z. B. der Carrigaline Farmhouse Cheese, der Durrus Cheese (westl. von Bantry) und der Milleens von der Halbinsel Beara.

Und wenn Sie in Clonakilty sind, sollten Sie auf jeden Fall bei dem Metzger Edward Twomey vorbeischauen, der geschmackvollen *black pudding* – eine Art Blutwurst – verkauft.

SCHMUCK

Brian de Staic, The Wood, Cork, Tel. 064/338 22 oder 066/915 12 98, stellt ausgesprochen schöne Schmuckstücke her.

MÄRKTE

Das schönste Einkaufserlebnis in Cork City bietet wohl der überdachte **English Market**, mit Eingängen von der Grand Parade, der Patrick und der Princes Street. Ein Ort voller Atmosphäre, der überquillt von Kunsthandwerk, Delikatessen und eher mondäneren Haushaltswaren – hier ist auch immer Zeit für einen kleinen Plausch. In den meisten Städten dieser Gegend, egal welcher Größe (z. B. Bantry), finden ein- oder zweimal pro Woche Märkte statt. Eine Besonderheit ist der wöchentliche Viehmarkt in Skibbereen.

MUSIK

Ossian: The Living Tradition, 40 MacCurtain St., Cork, Tel. 021/450 20 40, bietet eine riesige Auswahl an irischer und internationaler Musik.

Galway ist die wichtigste Stadt im Westen von Irland mit dem schönen **Eyre Square Shopping Centre** im Zentrum. Hier gibt es viele kleine, charaktervolle Einkaufsstraßen. Die abgelegenen Städtchen in dieser Gegend, wo das Leben sehr gemächlich verläuft, die Verkäufer in den Geschäften nicht unter Stress stehen und immer Zeit für einen kleinen Plausch haben, lohnen immer einen Bummel: Dies gilt besonders für Ennis im County Clare mit seinen engen Straßen und **Westport**, County Mayo, mit den schönen georgianischen Straßen. Ein ganz anderes Einkaufserlebnis bieten die **Bunratty Village Mills** (Tel. 061/35 43 21) im gleichnamigen Dorf im County Clare –

ein großer, moderner Komplex, erbaut für die Touristenscharen, die wegen des Schlosses und des Musikfestivals hierher kommen. Wenn Sie vom Flughafen Shannon aus nach Hause fliegen, sollten Sie für Last-Minute-Souvenirs auf jeden Fall den **Duty-free-Store** aufsuchen.

ANTIQUITÄTEN

Arcadia Antiques, Castle St., Galway, Tel. 091/56 18 61, ist ein eindruckvoller Ort voller hübscher Dinge, Gemälde und einer großen Auswahl an antikem Schmuck.

Bygones of Ireland, Lodge Rd., Westport, County Mayo, Tel. 098/261 32 oder 257 01, wartet mit einem ganzen Saal voller schöner und wirklich alter Kiefernholzmöbel sowie Geschirr, Kupfer- und Messingartikeln auf.

BÜCHER

Kenny's Bookshop, High St., Galway, Tel. 091/56 27 39, ist eine Institution in Galway. Die Inhaber bemühen sich persönlich und kenntnisreich um jeden Kunden.

KLEIDUNG

The Coop, Inishmaan, Tel. 099/730 10, verkauft und exportiert weltweit Aran-Bekleidung, die von einheimischen Strickern hergestellt wird.

Mairéad Sharry, Lurgan Village, Inis Oirr, Aran Islands, County Galway, Tel. 099/751 01, ist ein Designer, der traditionelle Aran-Muster in wunderschöne moderne Kleidung integriert.

KUNSTHANDWERK

Connemara Marbel Industries, Steinbruch in Moycullen, County Galway, Tel. 091/55 51 02 oder 55 57 46, stellt Kunsthandwerk und Haushaltswaren, Schmuck und Geschenkartikel her.

Cranmór Pottery, Bowgate St., Ballinrobe, County Mayo, Tel. 092/416 63, ist Werkstatt und Ausstellungsraum von Hillary Jenkinson mit wunderschönen Haushaltswaren und Dekoartikeln.

Galway Irish Crystal Heritage Centre, Merlin Park, am Rande

von Galway City, Tel. 091/75 72 11.
Führungen durch die Werkstatt
und guter Geschenkartikelladen.

LEBENSMITTEL

McCambridge's, Shop St.,
Galway, Tel. 091/56 22 59, ist ein
Lebensmittel- und Spirituosen-
geschäft mit phantastischen
Delikatessen.

SCHMUCK

Der wichtigste Artikel, mit dem
Galway in Zusammenhang gebracht wird, ist der bezaubernde
Claddagh-Ring mit dem von
zwei Händen umfassten Herzen
und der Krone. Seine lange Geschichte wird in dem kleinen Museum hinter **Dillon's Claddagh
Ring Shop**, Quay St., Galway, Tel.
56 63 65, erzählt. Dort gibt es
Ringe in Gold, Silber und Platin.

MÄRKTE

In **Galway** findet am Samstag-
morgen nahe der St. Nicholas
Church ein Biomarkt statt.

MUSIK

Custy's in Ennis führt traditionelle Instrumente wie z. B. Pfeifen, Fideln und Akkordeons.
Powells, The Four Corners, Williams St., Galway, Tel. 091/56 22 95,
verkauft irische Musikkassetten
und CDs sowie Instrumente und
Noten.
**Roundstone Musical Instru-
ments**, IDA Craft Centre,
Roundstone, County Galway, Tel.
095/358 08, ist wegen der hier
produzierten *bodhráns* (traditionelle irische Trommeln) bekannt
geworden. Das Geschäft führt auch
irische Musikkassetten und CDs.

DER NORDWESTEN

Sowohl in **Sligo** als auch in
Donegal gibt es ein harmoni-
sches Nebeneinander von höher-
wertigen Geschäften für die
Touristen und bodenständigeren
Läden für die Einheimischen:
altmodische Stoffhändler und
Bekleidungsläden (vergessen Sie
nicht, dass hier der Donegal-
Tweed beheimatet ist) sowie
traditionelle Lebensmittel- und
Gemischtwarenläden.

ANTIQUITÄTEN

The Gallery, Dunfahaghy, County
Donegal. In einem ehemaligen
Krankenhaus werden auf zwei
Stockwerken Antiquitäten, Gemäl-
de und Kunsthandwerk verkauft.
Mourne Antiques, 8 Port Rd.,
Letterkenny, County Donegal,
Tel. 074/264 57, ist voller Geschirr,
Schmuck, Silber und Möbel.

KUNSTHANDWERK

Donegal Craft Village, außerhalb von Donegal an der Straße
nach Sligo, Tel. 073/22 25, beherbergt einige Ateliers, in denen
Sie einzigartige Stücke kaufen
können: Metallwaren, Schmuck,
Skulpturen, Batikarbeiten und
uileann-Pfeifen.
Donegal Parian China, Ballyshannon, County Donegal, Tel.
072/518 26, stellt schönes, raffi-
niertes Geschirr aus Mattglas, um-
hüllt von weiteren Glasschichten,
her. Führungen durch die Werkstätten enden im Verkaufsraum.
Leitrim Design House, Market
Yard, Carrick-on-Shannon, County
Leitrim, Tel. 078/505 50, ist eine
Verkaufsgalerie für Kunsthandwerker und Künstler des County.

KAUFHÄUSER

McElhinney's, Main St., Bally-
bofey, Tel. 074/312 17, ist das
größte Kaufhaus im Nordwesten
Irlands.
Magee's, The Diamond, Donegal,
Tel. 073/226 60, ist der Laden für
Tweed – Sie können die Weber
bei der Arbeit beobachten.

LEBENSMITTEL

The Organic Centre, Rossinver,
Tel. 072/543 38, verkauft ökologi-
schen Käse, Fleisch, Gewürze,
Gemüse, Früchte und Süßwaren.

SCHMUCK

The Cat and the Moon, Castle
St., Sligo, Tel. 071/436 86, ist ein
Kunsthandwerk- und Geschenkartikelladen mit einer großen Auswahl auch an keltischem Schmuck.

DIE MIDLANDS

BÜCHER

Bookwise Booksellers, Metges
Lane, Kennedy Rd., Navan, Tel.

046/277 22, bietet eine gute Auswahl und führt auch irische Bücher, Bücher zur Lokalgeschichte,
Karten und Reiseführer.

KUNSTHANDWERK

Carna Craft, Baltrasna, Ashbourne, County Meath, Tel.
01/835 02 73, verkauft die Skulpturen aus Hufeisennägeln von
Michael Mulkerrin.
Carrickmacross Lace Gallery,
Market Sq., Carrickmacross,
County Monaghan, Tel. 042/
966 25 06, verkauft traditionell
hergestellte Spitzen. Vorführungen nach Vereinbarung.
Cavan Crystal Visitor Centre,
Cavan, Tel. 049/433 18 00, ist eine
der ältesten Glasfabriken Irlands.
Celtic Clays Workshop,
2 Riverlane, Carlingford, County
Louth, Tel. 042/938 39 96, ist eine
der führenden Töpfereien in
Irland. Steingut mit reichen, erd-
farbenen Glasuren.

SCHMUCK

Coldrick Jewellers, 8 Trimgate
St., Navan, County Meath, Tel.
046/238 36, führt hochwertigen
Schmuck, darunter auch kelti-
sches Design.

NORDIRLAND

Früher hielt man die Geschäfte
in Nordirland für besser als die
Läden südlich der Grenze. Durch
die Unruhen stagnierte hier aber
das Wachstum. Es findet heute
zwar bereits eine begrüßenswer-
te Wiederbelebung statt, aber es
ist noch ein langer Weg, um an die
Qualität der touristenorientier-
ten Einkaufszentren der Republik
Irland anzuknüpfen. Typische
Souvenir- und Sammlerartikel
sind Belleek-Geschirr, Kristall aus
Tyrone und Fermanagh, irisches
Leinen und Bushmills-Whiskey.

BELFAST

In Belfast gibt es viele große
viktorianische Geschäfte.
Ganz anders geartet ist das
strahlende, ultramoderne
**Castle Court Shopping
Centre** (Tel. 028/ 90 23 45 91),
das sich im Herzen der Stadt
über 3,5 Hektar erstreckt.

ANTIQUITÄTEN

Donegal Pass ist das Zentrum des Antiquitätenviertels in Belfast.
Belfast Antique Market, 126–128 Donegall Pass, Tel. 028/90 23 20 41, wo samstags alles verkauft wird, was Sie sich vorstellen können.
Oakland Antiques, 135–137 Donegall Pass, Tel. 028/90 23 01 76, ist der größte Antiquitätenladen der Stadt mit Möbeln, Silber, Glas, Porzellan und Gemälden aus verschiedenen Epochen.

BÜCHER

Bookshop at Queens, 91 University Rd., Tel. 028/90 66 25 52, ist eine Buchhandlung mit wissenschaftlicher Fachabteilung und einer schönen Auswahl an Gedichtbänden.
Waterstone's befindet sich in den Queen's Buildings, 8 Royal Avenue, Tel. 028/90 24 73 55, und in 44–46 Fountain St., Tel. 028/90 24 01 59.

KUNSTHANDWERK

Ulster Waevers Gift Shop, 44 Montgomery Rd., Castlereagh, Tel. 028/90 40 32 00, ist ein gutes Geschäft für irisches Leinen, wie z. B. Bettleinen, Tisch- und Küchenleinen.
Workshops Collective for Arts and Crafts, 1a Lawrence St., Tel. 028/90 20 07 07, umfasst zwölf Ateliers, einen Verkaufsraum und in alten Stallungen an der Botanic Avenue einen Coffeeshop.

MODE

BT9/Paul Costello, 45 Bradbury Place, Tel. 028/90 23 94 96, führt klassische Waren irischer Designer wie z. B. Paul Costello. Auch irische Leinenbekleidung.
The Bureau, 4 Wellington Place, Tel. 028/90 43 98 00, ursprünglich auf Männermode spezialisiert, führt heute auch Damenbekleidung, unter anderem von Calvin Klein, Dries Van Noten und Katherine Hannet.

LEBENSMITTEL

Aunt Sandra's Candy Factory, 60 Castlereagh Rd., Tel. 028/90 73 28 68, bietet nach alten Rezepten hausgemachte Süßwaren zum Verkauf, wie z. B. Honeycombs und Fondant. Sie können bei der Herstellung zuschauen.
Sawyers, Unit 7, unterhalb des Fountain Centre, Tel. 028/90 32 20 21, ist der beste Delikatessenladen der Stadt. Riesige Auswahl an Käse, Salami sowie an exotischen Fleischsorten (z. B. Wildschwein und Strauß) und Pasteten. Hier bekommen Sie auch frische Rotalgen.

SCHMUCK

Lauren May Jewellery, 10 Queens Arcade, Tel. 028/90 23 26 81, bietet hochwertige Stücke von jungen Designern.

MUSIK

Golden Disks, 29 Donegal Place, Tel. 028/90 32 26 53, hat sich auf irische Künstler spezialisiert.
Good Vibrations, 54 Howard St., Tel. 028/90 58 22 50, ist der Laden für alte Vinylaufnahmen von Punkbands; hat aber auch eine gute Jazzabteilung.
Knight's, 33 Botanic Avenue, Tel. 028/90 32 29 25, ist eine Art Gegengift gegen die großen Ladenketten. Wenig Neuheiten, aber viel Secondhandvinyl und CDs, spezialisiert auf traditionellen Jazz.

NORDIRISCHE GRAFSCHAFTEN

Es gibt viele alte Städte mit traditionellen Hauptstraßen, aber auch moderne Einkaufsmöglichkeiten wie das **Foyleside Shopping Centre** in Derry, dominiert von Dunnes und Marks & Spencer.

ANTIQUITÄTEN

Crannog Antiques, 5 The Brook, Enniskillen, County Fermanagh, Tel. 028/66 32 35 09, hat ein hübsches Sortiment, darunter Glas, Porzellan, Möbel, Schmuck, Messing und Silber.

BÜCHER

Wie auch in der Republik Irland, so gibt es hier in jeder größeren Stadt eine **Eason's**-Filiale. Die hier aufgeführten Geschäfte stellen eine Alternative zu dieser Ladenkette dar und bieten jeweils eine gute Auswahl, auch an irischen Titeln und lokaler Literatur.

Bell's Corner, 2 High St., Carrickfergus, County Antrim, Tel. 028/93 35 14 86.
Bookworm Community Bookshop, 18–20 Bishop St., Derry, County Londonderry, Tel. 028/71 26 16 16.
Cameron's, 23–29 Broughshane St., Ballymena, County Antrim, Tel. 028/25 64 88 21.
L. Hall, 34–36 Darling St., Enniskillen, County Fermanagh, Tel. 028/66 32 22 75.

KUNSTHANDWERK

Belleek Pottery, Belleek, County Fermanagh, Tel. 028/68 65 85 01, ist eine der führenden Touristenattraktionen Irlands und für sein Porzellan weltbekannt.
Buttermarket Craft and Design Centre, Down St., Enniskillen, County Fermanagh, Tel. 028/66 65 44 99, umfasst 16 Werkstätten, die Keramik, Stiche, Skulpturen etc. herstellen. Mit Verkaufsraum und Café.
Irish Linen Centre, Market Square, Lisburn, County Down, Tel. 028/92 66 33 77, zeigt eine Ausstellung über die Produktion von irischem Leinen.
Tyrone Crystal, Killybrackey, Dungannon, County Tyrone, Tel. 028/87 72 53 35, hat eine glänzende Auswahl an Kristallwaren. Sie können der Herstellung beobachten. Im Verkaufsraum gibt es auch Besteck, Tischwäsche und Geschenkartikel.

SCHMUCK

Faller the Jeweller, 12 Strand Rd., Derry, County Londonderry, Tel. 028/71 36 27 10, ist ein Familienunternehmen mit Designerstücken, Uhren und Geschenkartikeln. Auch eigene Kreationen.
Insior Jewellery, 62a Burn Rd., Cookstown, County Tyrone, Tel. 028/86 76 16 06, stellt handgearbeitete Schmuckstücke her. Sie können dem Juwelier bei der Arbeit zuschauen.
Island Turf Crafts, 25 Coalisland Enterprise Centre, 51 Dungannon Rd., Coalisland, County Tyrone, Tel. 028/87 74 90 41, stellt aus irischem Torf Statuen, keltische Kreuze, Schmuck und anderes her.

UNTERHALTUNG UND FREIZEIT

Jeder, der einige Zeit in Irland verbringt, wird davon überzeugt sein, dass die Iren zu den weltbesten, von Natur aus begabten Entertainern gehören. Sie sind keine Clowns, aber sie lieben Unterhaltung, Musik, Gesang, Streitgespräche, Witz und Nonsens – craic (wie englisch crack ausgesprochen). Jede Stadt und jedes Dorf hat seine eigene Bühne, das Pub, wo jeder ein Star und jeder ein Teil des enthusiastischen Publikums sein kann. Ein Pub hat einen solchen Erholungswert und bietet so viel craic, dass viele Reisende gar nicht nach anderen Unterhaltungsmöglichkeiten suchen. Aber eine noch traditionellere Einrichtung ist das ceilidh (Treffen) House, eine wichtige Institution des irischen Gesellschaftslebens, bevor das Fernsehen aufkam. Hier begegnen sich Fremde und Nachbarn, um sich zu unterhalten, Musik zu machen oder zu tanzen. Ceilidh Houses erleben gerade eine Art Revival, und wo immer Sie gerade angekommen sind, lohnt es sich, danach zu fragen.

Das Theater erfreut sich großer Beliebtheit, und auch die Oper findet immer mehr Anhänger, u.a. wegen des Erfolgs des Wexford Opera Festivals. Das irische Kino hat in den vergangenen Jahrzehnten außerordentliche Erfolge gefeiert. Die traditionelle Kultur lebt auf vielerlei Art weiter. Und abgesehen von den informellen Musiksessions in den Pubs, gibt es traditionelle Musik bei ganz normalen Bühnenshows und Spezialveranstaltungen für Touristen. Fast überall finden Feste statt: das Meeresalgenfest in Antrim, das Austernfest in Galway, Hooker Racing (eine Art Bootsrennen) in Connemara, Gedichte in Sligo und Storytelling in Cork.

Das Nachtleben in den großen Städten – Dublin, Belfast, Cork, Limerick, Galway – hat Schritt gehalten mit anderen europäischen Städten, was Diskotheken, Comedy-Häuser und Nachtclubs anbelangt. Aber in den abgelegenen, kleineren Städten, wo die Reisenden schließlich doch die meiste Zeit verbringen, bietet immer noch der Pub Musik und Tanz, Gespräche und Entertainment.

Was den Sport anbelangt, so ist ein Tag auf der Rennbahn (Pferde oder Windhunde) eine schon lang etablierte und beliebte Art der Freizeitgestaltung in Irland. Gaelic Football, Hurling und Fußball ziehen große Menschenmengen an. Golf, Angeln, Bootfahren und Reiten sind populäre Aktivitäten. Auch Wandern gewinnt immer mehr Freunde.

DUBLIN

Im Gleichklang mit den meisten anderen europäischen Städten wurde das Nachtleben in den letzten Jahren auch in Dublin lauter und wilder – Temple Bar ist führend in der Partyszene, und es gibt viele Clubs, wo man bis zum Morgengrauen raven kann. Aber Dublin hat noch viel mehr zu bieten.

BARS

Zu den coolen Bars südlich des Flusses gehören das **Fireworks** an der Pearse St., das sich in einer ehemaligen Feuerwache nahe dem Trinity College befindet, die **Modern Green Bar** an der Wexford Street, eine lockere Lounge mit DJ, und in der South William Street das **Dakota** – hipp, dunkel und in Bluesstimmung. Nördlich des Flusses können Sie sich die afrikanisch beeinflusste **Zanzibar** am Lower Ormond Quay anschauen und in der Nähe die **Pravda** im witzigen Dekor der russischen Kommunisten.

NACHTLEBEN

Moderner Club Dance wird im **POD** an der Harcourt St. (Tel. 01/478 01 66) groß geschrieben. Geschmeidigere Latinoklänge gibt es nicht weit weg im Gaiety in der South King Street (Tel. 01/667 17 17). Drüben in Temple Bar gibt es zwei ausgezeichnete Dance Clubs: **Club M** in der Anglesea St. und das **Kitchen** im trendigen Clarence Hotel direkt am Liffey am Wellington Quay

(Eigentümer sind die Mitglieder der Rock Band U2, Tel. 01/677 66 35). Was das sonstige Nachtleben angeht, so kommen Sie um die Verlockungen des Viertels **Temple Bar** nicht herum. Alle sind immer gut gelaunt, aber gegen Morgen etwas überdreht. In allen Gebäuden, in denen es keine Avantgarde- oder Retro-Geschäfte gibt, finden sich Clubs, Pubs, Straßencafés etc. Der Beliebtheitsgrad der Trink- und Tanzlokale kann sich über Nacht ändern. Momentan stehen das **Front Lounge**, das **Thomas Read's** und das **Turk's Head** ganz oben. Sie alle liegen in der Parliament St. – genauso wie die kleine Brauerei **The Porterhouse** mit besonders schmackhaftem Bier.

PUBS

Ältere Pub-Gänger, die eine schöne Unterhaltung und etwas klassische Pub-Atmosphäre suchen, werden die **Horseshoe Bar** im Shelbourne Hotel am St. Stephen's Green mögen. Oder die konspirativen Gespräche von Politikern und anderen Größen der Stadt in der viktorianischen Atmosphäre des **Dohens & Nesbitt's** in der Lower Baggot St. Lange Zeit hieß es, dass es im **Mulligan's** in der Poolbeg St. das beste Guinness des ganzen Landes gäbe. Das theatralische, aber lustige **Literary Pub Crawl** (Tel. 01/670 56 02, jede Nacht im Sommer; Do–So im Winter) beginnt im Duke Pub in der Duke St. Schauspielernde Führer steuern bekannte Literatur-Pubs an, stellen kleine Szenen nach und liefern Informationen über Autoren.

THEATER

Von den vielen Theatern werden hier drei genannt, die auch experimentelle Stücke zeigen: das **Project Arts Centre** in der Henry Lane (Tel. 01/671 23 21), das angesehene **Gate Theatre** am Parnell Sq. (Tel. 01/874 40 45) und natürlich das berühmte **Abbey Theatre** in der Lower Abbey St. (Tel. 01/878 72 22), das von W. B. Yeats, J. M. Synge, Lady Gregory u. a. gegründet wurde.

TRADITIONELLE MUSIK

Wenn es darum geht, die besten Musiksessions für traditionelle Musik zu finden, werden Sie unterschiedliche Meinungen hören. Das Stadtmagazin *In Dublin* gibt Auskunft darüber, was wo passiert, und Sie müssen dann nur schauen, was Ihnen am besten gefällt. Wirklich gut ist die anspruchslose, aber freundliche **Cobblestone Bar** in der North King St. nördlich des Flusses (Tel. 01/872 17 99). Die täglichen Sessions (So ganztägig) bleiben wirklich in Erinnerung. Die Bar **Oliver St. John Gogarty** (58–59 Fleet St., Tel. 01/671 18 22) ist auch sehr bekannt. So gibt es hier die beliebten Konzerte mit Brunch. Ebenso beliebt ist das **Brazen Head** in der Bridge St. (Tel. 01/679 51 86). Es ist vermutlich das älteste Pub der Stadt mit großartigem Bier und einer außergewöhnlichen Atmosphäre.

DER SÜDOSTEN

GOLF

Das östliche Irland mit seinen weiten Ebenen und den flachen Küstengebieten eignet sich hervorragend zum Golfspielen. Deshalb gibt es hier auch so viele Golfplätze. An der Küste des County Waterford, ca. 16 Kilometer außerhalb von Waterford, liegt der **Tramore Golf Club** (Tel. 051/38 61 70). Er hat täglich geöffnet.

PFERDERENNEN

Kildare ist das Land der Pferderennen. Hier ist auch das National Stud (siehe S. 93 f) angesiedelt sowie die wichtigste Rennstrecke **The Curragh** (Tel. 045/44 12 05), wo die meisten klassischen Pferderennen des Landes stattfinden. Sie liegt nordöstlich der Stadt Kildare nahe der N7. Es gibt zwei Rennplätze in Naas, County Kildare – **Punchestown** und **Naas** –, sowie **Leopardstown** im County Dublin. Nicht ganz so herausragend, aber ebenso interessant sind die Rennplätze **Waterford and Tramore** und **Wexford**.

IRISCHE KULTUR

Das **Bru Boru Heritage Centre** (Tel. 062/611 22) in Cashel ist eine kulturelle Enklave im Schatten des Rock of Cashel. Die hier ansässige Truppe von Musikern und Künstlern ist weltbekannt.

OPER

Wenn Sie Oper gerne ein wenig ausgefallen und nicht ganz so ernst mögen, dann sollten Sie das **Wexford Opera Festival** (siehe S. 117) nicht verpassen.

THEATER

Das **Backstage Theatre and Centre for the Arts** (Tel. 043/478 88) in der Stadt Longford, County Longford, ist ein kleines, altes Theater mit einem ausgezeichneten, abwechslungsreichen Programm mit internationalen Tourneetheatern, irischen Stücken, Comedy und Musik. Das **Theatre Royal** in Waterford befindet sich in der Georgian City Hall und bietet hochwertiges Theater, Musik und Tanz von irischen und internationalen Gruppen. Das andere **Theatre Royal** ist in Wexford im Cornmarket (Tel. 053/222 40) angesiedelt. Hier findet auch das Wexford Opera Festival statt (siehe oben). Im Cornmarket gibt es ein **Arts Centre** (Tel. 053/237 64) mit einem umfangreichen Programm an Musik, Theater und Film, das zugleich Zentrum des Fringe-Festivals ist. Das **Watergate Theatre** in Kilkennys Parliament St. (Tel. 056/616 74) hat einen schönen, kleinen Zuschauerraum und ein sehr interessantes Programm an hochwertigem Theater.

TRADITIONELLE MUSIK

In vielen Pubs wird Irish Folk gespielt. Im County Kildare in Celbridge gibt es am Dienstagabend Konzerte in der Kitchen Bar des **Celbridge House** an der Straße nach Maynooth (Tel. 01/627 27 29). Freitags gibt es hier Livemusik in der Lounge Bar. Im schönen Avocatal im County Wicklow bietet **The Meetings** (Tel. 0402/352 26) jedes Wochenende (April–Sept. sogar täglich) Musik. Im Sommer

finden am Sonntagnachmittag traditionelle irische *ceilidhs* im Freien statt. Im Norden des County Tipperary am Ufer des Lough Derg gibt es von Juni bis Oktober im **Larkin's** in Garrykennedy nahe Portroe (Tel. 067/232 32) jeden Abend Folk. Wenn Sie in Wexford sind, sollten Sie **The Sky and the Ground** (Tel. 053/212 73) aufsuchen, wo in schöner Atmosphäre musiziert und gesungen wird. Einer der bekanntesten Pubs, der deshalb auch oft überfüllt ist, ist das **Johnny Fox's** in Glencullen tief in den Wicklow Mountains (Tel. 01/295 56 47). Hier gibt es jeden Abend sowie am Wochenende nachmittags Livemusik, oft auch Dinnershows mit traditionellen Tänzen.

DER SÜDWESTEN

KONZERTE

Das **National Events Centre** im Glengale Hotel an der Muckross Rd. in Killarney, County Kerry (Tel. 064/360 00), ist die größte Veranstaltungshalle des Landes.

GAELIC FOOTBALL

Absolut irische Freizeitunterhaltung! Es kann gut sein, dass Sie die einzigen Ausländer sind, wenn Sie sonntags zum Austin Stack Park in die John Joe Sheehy Rd. in **Tralee**, County Kerry, gehen, um sich ein spannendes Gaelic Footballmatch anzusehen – es ähnelt dem Fußball, ist aber wesentlich aufregender (Termine unter Tel. 066/712 12 88).

GOLF

Freunde des **Golfsports** können ihrer Leidenschaft in Kerry auf verschiedenen Golfplätzen nachgehen. Einige liegen in spektakulärer Umgebung – z. B. **Ballybunion** (Tel. 068/271 46), **Tralee** (Tel. 066/713 63 79), **Beaufort** (Tel. 064/444 40), **Ross** (Tel. 064/311 25) – die letzten beiden liegen nahe Killarney – oder **Waterville** auf der Halbinsel Iveragh am Ring of Kerry (Tel. 066/947 41 02). Im **Killarney Golf and Fishing Club** (Tel. 064/31 34) können Sie zwei Sportarten ausüben.

WINDHUNDRENNEN

Machen Sie sich darauf gefasst, dass Sie auch aufspringen und die Hunde lauthals anfeuern werden, falls Sie einen Abend mit lockerem Geldbeutel im **Cork Greyhound Stadium** im Curaheen Park an der Curaheen Rd. (Tel. 021/454 30 95) verbringen.

PFERDERENNEN

Rennstrecken gibt es in **Mallow**, County Cork, und in **Killarney** und **Tralee**, County Kerry, wo Sie sich den Reizen dieses Sports mit gleich gesinnter Landbevölkerung hingeben können.

IRISCHE KULTUR

In Tralee im nördlichen County Kerry befindet sich im National Folk Theater in Ivy Terrace das **Siamsa Tire** (Mai–Okt., Tel. 066/712 30 55). Diese Theaterunterhaltung basiert auf der irischen Musik-, Tanz- und Folklorekultur.

PUBS

Am besten geeignet für das Gespräch beim lang ersehnten Pint ist die kleine, gemütliche und im ersten Stock gelegene **Hi-B Bar** gegenüber dem Postamt in der Oliver Plunkett St. in Cork City. In der Nähe von Killarney, County Kerry, am Eingang der romantischen Gap of Dunloe befindet sich das alte Pub **Kate Kearney's Cottage**.

THEATER

Das **Belltable Arts Centre**, 69 O'Connell St., Limerick (Tel. 061/31 98 66), bietet ein Programm, das von Theaterstücken und Konzerten bis hin zu Tanz- und Pantomimedarstellungen, Lesungen und Kunstausstellungen reicht. Das **Cork Opera House** (Tel. 021/427 43 08) ist ein hübsches Stadttheater mit Platz für mehr als tausend Zuschauer. Der bekannte **Everyman Palace** in der MacCurtain St. (Tel. 021/450 16 73) ist ein restauriertes Theater aus dem viktorianischen Zeitalter. Das Programm ist abwechslungsreich, im Sommer werden vor allem irische Stücke aufgeführt.

TRADITIONELLE MUSIK

Das **An Spailpín Fanach** in der South Main St., Cork City, gegenüber der Beamish-Brauerei, bietet Musikperformances. **De Barras** in Clonakilty, **McCarthy's** in Baltimore, **The Shanakee** in Kinsale und **Barry Murphy's** in Bantry sind immer eine gute Wahl.

Im County Kerry gibt es besonders viel traditionelle Musik in Tralee – besuchen Sie **Paddy Mac's** in The Mall, **Baily's** in der Ashe St., **Kirby's Brogue Inn** in der Rock St. oder **Turner's** in der Castle St. In der Stadt Dingle sollten Sie zum **The Small Bridge**, zum **Dick Mack's** oder zum scheinbaren Zungenbrecher **Ua Flaíthbheartaigh's** (keine Panik – es spricht sich aus wie O'Flaherty's) gehen. In Killarneys High St. befindet sich das **O'Connor's Traditional Pub**, der sich ebenso auf traditionelle Musik spezialisiert hat wie das **Laurels** in der Main St. In Limerick gibt es in der Dock Rd. **Dolan's Pub & Restaurant**, in der Denmark St. das **Nancy Blakes** und im Royal George in der O'Connell St. das **An Sibin**.

WESTIRLAND

CLUBBING

Wenn Sie zu den U21-Clubbern gehören, dann sollten Sie den kurzen Weg von Galway zum **Warwick** in Salthill, County Galway (Tel. 091/52 12 44, geöffnet ab 22 Uhr), auf sich nehmen; er lohnt sich sicher.

WINDHUNDRENNEN

Wetten Sie auf die Hunde des **Galway Greyhound Track** an der College Rd. (Tel. 091/56 22 73).

PFERDERENNEN UND REITEN

Bei den alljährlich im Juli und September in Galway stattfindenden **Racing Festivals** kommen Enthusiasten und Touristen zusammen, um einer wirklich irischen Veranstaltung beizuwohnen. Es gibt viele Gelegenheiten, um Connemara mit echten Connemara-Ponys zu entdecken. Fah-

ren Sie zum **Errislannan Manor** an der Westküste in der Nähe von Clifden (Tel. 095/211 34), wo für Erwachsene und Kinder Reiten und Trecking auf dem Programm stehen.

MITTELALTERLICHE BANKETTE

Im Westen, insbesondere im County Clare, werden in Burgen oder Landhäusern häufig mittelalterliche Bankette angeboten. Sie sollten in der richtigen Stimmung sein, denn wenn Sie sich in der richtigen Gesellschaft befinden, kann das Ganze eine sehr lustige Angelegenheit sein. Fahren Sie zum **Bunratty Castle** (Tel. 061/36 07 88), wo Sie mit dem »Earl of Thomond« feiern (hier wird mit Fingern gegessen), oder besuchen Sie eine Show in der Corn Barn. Außerdem kann man das **Knappogue Castle** nahe Quin (Tel. 061/36 07 88) empfehlen (hier wird beim Essen Besteck angeboten). Reservierung erforderlich.

THEATER

In Galway City gehen Theaterliebhaber in das **Town Hall Theatre** am Court House Sq. (Tel. 091/56 97 77) oder in das etwas interessantere **Druid Theatre** nahe der Courthouse Lane (Tel. 091/56 86 17).

TRADITIONELLE MUSIK

Das **Glór Irish Music Centre** in Ennis im County Clare (Tel. 065/684 53 70) hat traditionelle irische Musik auf dem Programm, die von den besten Musikern des Landes präsentiert wird. Wenn Sie in Clare lieber in ein Pub gehen wollen – und dieser County ist bekannt dafür –, dann empfehlen sich in Doolin das **McGann's** (hauptsächlich instrumental), das **O'Connor's** (Gesang) oder die Pubs von Klifenora, Ennistymon oder Lisdoonvarna. In Galway City können Sie es sich im **Taaffes** an der Shop St. bei einem Pint gemütlich machen oder im **O'Malley's** am Prospect Hill, im **Roisin Dubh** in der Upper Dominick St., oder genießen Sie die Atmosphäre im **Crane** an der Sea Road am westlichen Ufer des Flusses, wo vielleicht im oberen Stock irische Tänze vorgeführt werden. Auch im County Mayo ist viel Musik geboten – **Westport** bietet die besten, sehr lebendigen Musiksessions im **Matt Molloy's** (Flötist der Chieftains), im **Hoban's** oder im **McHale's**.

DER NORDWESTEN

SCHIFFFAHRTEN

Der kleine County Leitrim zieht die Reisenden mit seinen Seen und Wasserwegen an. Es gibt eine Reihe Angebote für Bootsfahrten – z. B. **Moon River Cruise** (Tel. 078/217 77) an der Main St. in Carrick-on-Shannon (Bar und Livemusik) und **Sliabh an Iarainn Sunset Riverbus and Davy's BBQ** in der Railway Rd. in Ballinamore (Tel. 078/440 79) mit Livemusik an Bord sowie einem Barbecue an Land.

GOLF

Wegen der schönen landschaftlichen Lage, aber auch weil er eine angemessene Herausforderung darstellt, ist der **County Sligo Golf Club** erwähnenswert (Tel. 071/771 34). Die Einheimischen kennen ihn unter dem Namen Rosses Point. W. B. Yeats hat diesen Golfplatz sogar unsterblich gemacht, weil er der Aussicht am dritten Abschlag ein Gedicht widmete.

IRISCHE KULTUR

Das **Teac Jack** (Tel. 075/311 73) ist ein Kulturzentrum in Derrybeg bei Gweedore im nordwestlichen County Donegal. Hier gibt es Musiksessions und *ceilidh*. Die Stadt Sligo profitiert von ihrer Verbindung zu den berühmten Yeats-Brüdern: Es gibt hier die **Yeats Summer School** und das **Arts Festival** (Tel. 071/612 01).

ALGENBÄDER

Wenn Sie außergewöhnliche Erlebnisse suchen, dann sollten Sie nach Enniscrone an die Küste von Sligo fahren, um dort ein matschiges und glitschiges, aber sehr erfrischendes Bad bei **Kilcullen's Seaweed Baths** (Tel. 096/362 38) zu nehmen.

THEATER

Hochwertige Musicals, klassische Konzerte und Theaterstücke werden im **Hawk's Well Theatre** an der Temple St. in Sligo aufgeführt. Die Sommersaison im **Old Cinema Building** in der Main St. in **Donegal** ist immer innovativ und lebendig. In Letterkenny, County Donegal, an der Port Rd. gibt es das **Grianán Theatre** (Tel. 074/207 77) mit regelmäßigen Veranstaltungen.

TRADITIONELLE MUSIK

Das **Furey's** auf der Brücke ist das beste Musik-Pub in Sligo. Er gehört der Band Dervish aus Sligo. Das freundlichste und spontanste Pub im County Donegal ist der **Scotsman** in der Bridge St. Das Pub **Peter Oliver's** in Ardara, **An Teach Ceoil** in Fintown und die **Central Bar** in der Upper Main St. in Letterkenny bieten auch immer sehr gute Musik.

DIE MIDLANDS

Hier sind die Freizeitveranstaltungen weniger auf Touristen ausgerichtet als in anderen Teilen des Landes. Der Grund ist einfach: In diese Gegend mit vielen Mooren kommen weniger Touristen.

ANGELN

Im County Meath können Sie an jedem der hundert Seen und Flüsse angeln – **Clarke's Sports Den**, Trimgate St., Navan (Tel. 046/211 30), vergibt Angelscheine und erteilt Auskunft.

GOLF

In Meath kann man sehr gut Golf spielen. Gehen Sie zum **Royal Tara Golf Club** in Bellinter nahe Navan (Tel. 046/255 08), zum **Headfort Golf Club**, Navan Rd., Kells (Tel. 046/401 46), oder zum **County Meath Golf Club** in Newtownmoyragh in Trim (Tel. 046/314 63).

WINDHUNDRENNEN

Im County Westmeath findet das irische Kleinstadt-Freizeitvergnügen im **Mullingar Greyhound Stadium** in Ballinderry nahe Mullingar (Tel. 044/483 48) statt.

PFERDERENNEN UND REITEN

Der **Fairyhouse Racecourse** in Ratoath, County Meath (Tel. 018/25-6167), gehört zu den bekanntesten Rennstrecken des Landes. Weniger formell geht es im Juni in **Laytown** zu, wo das Rennen am Strand stattfindet. Wenn Sie selber reiten wollen, gehen Sie zum **Kells Equestrian Centre** in Normanstowns bei Carlanstowns nahe Kells (Tel. 046/466 38).

IRISCHE KULTUR

In Ballyconnell im County Cavan gibt es an der Straße nach Belturbet das ausgezeichnete **Ballyhugh Arts and Cultural Centre** (Tel. 049/952 60 44/67 54), wo mit Ausstellungen, Liveshows und *ceilidhs* der lokalen Kultur von West Cavan nachgespürt wird.

THEATER

Die Stadt Monaghan hat das **Garage Theatre** (Tel. 047/815 97) im St. Davnet's Complex, wo Sie aus einem umfangreichen Programm wählen können. In Drogheda im County Louth an der Stockwell Lane befindet sich das **Droichead Arts Centre** (Tel. 041/98 33 94 60). In Dundalk liegt der **Spirit Store** am Georges Quay (Tel. 041/935 26 97) mit unterschiedlichen kulturellen Aktivitäten.

TRADITIONELLE MUSIK

Im **C.ni Cairbre's**, einem dunklen und charaktervollen Pub am North Strand in Dundalk, County Louth, gibt es ausgezeichnete Musiksessions (So mittags, Di und Mi abends).

NORDIRLAND

BELFAST

Nach Jahren der Apathie, der Vernachlässigung und des Mangels an Investitionen, die aus den politischen Unruhen resultierten, versucht **Belfast** mittlerweile engagiert, sich zu einer Partystadt zu entwickeln, die es mit Dublin aufnehmen kann. Es gibt hier alle erdenklichen Freizeitmöglichkeiten.

KONZERTE

Shows und Megakonzerte profitieren von der wunderbaren Akustik in der **Waterfront Hall** (Tel. 028/90 33 44 55). In der **Ulster Hall** (Tel. 028/90 32 39 00) und in der **King's Hall** (Tel. 028/90 66 52 25) finden große Popmusikkonzerte statt.

NACHTLEBEN

Auf der berühmten **Golden Mile** zwischen der Innenstadt und der Universität finden Sie zahlreiche Bars mit Livemusik.

PUBS

Am besten lernen Sie die ältesten und charaktervollsten Pubs der Stadt kennen, wenn Sie samstags um 14 Uhr an der **Pub Walking Tour** teilnehmen.

THEATER

Opern, Musicals, Konzerte, Comedy-Shows, Theater, Ballett und Pantomime können Sie im prächtigen **Grand Opera House** an der Great Victoria St. (Tel. 028/90 24 19 19) erleben. Ein ausgezeichnetes Repertoire bietet das **Lyric Theatre** in Stranmillis (Tel. 028/90 66 96 60). Das **Crescent Arts Centre** an der Golden Mile (Tel. 028/90 24 23 38) bietet in nicht so großen Räumlichkeiten Musik, Comedy, Tanz und Theater.

TRADITIONELLE MUSIK

Kenner bezeichnen das **Rotterdam** in der Pilot St. (Tel. 028/90 74 60 21) als Heimat der Livemusik in Belfast. Freitags sollten Sie in die **Kitchen Bar** am Victoria Sq. (Tel. 028/90 32 49 01) schauen.

NORDIRISCHE GRAFSCHAFTEN

CLUBBING

Der **Kelly's Complex** an der Bushmills Rd. in Portrush, County Antrim, umfasst sieben Bars, drei Tanzflächen und den wirklich beliebten Club **Lush**.

ANGELN UND BOOT FAHREN

In Fermanagh können Sie am Lough Erne angeln oder Boot fahren (Tel. 028/66 32 31 10). Angler können versuchen, im Fluss Shimna in den Mountains of Mourne Forellen zu angeln (Angelscheine bekommen Sie im **Four Seasons** an der Main St. in Newcastle, Tel. 028/43 72 50 78).

GOLF

In Downpatrick können Sie auf dem **Downpatrick Golf Course** (18 Löcher) an der Saul Rd. (Tel. 028/44 61 59 47) und im **Ardglass Golf Club** (Tel. 028/44 84 12 19) Golf spielen. Einer der besten und ältesten Golfplätze ist der **Royal County Down** in Newcastle (Tel. 028/43 72 33 14).

PFERDERENNEN

Der County Down ist das Land der Pferderennen in Nordirland mit **Down Royal** und **Downpatrick**, der sich selbst als »freundlichste Rennstrecke in Irland« bezeichnet.

IRISCHE KULTUR

Zwei ausgezeichnete Veranstaltungsorte im County Tyrone sind das **Dún Uladh Heritage Centre** (Tel. 028/82 24 27 77) am Rande von Omagh (Sa ab 22 Uhr) und das **An Creagán Visitor Centre** (Tel. 028/82 76 11 12) im Osten von Omagh an der Straße nach Cookstown. Im Süden von Aramgh wird die Tradition lebendig im **Thí Chulainn Centre** (Tel. 028/30 88 88 28), das in dem Dorf Mullaghbane liegt.

NACHTLEBEN

In der Stadt Derry lässt die **Gweedore Bar**, 59–63 Waterloo St., einheimische Bands live auftreten. Es wird dort dann sehr eng und schweißtreibend. **Mullan's Bar** in der 13 James St. – bei den Einheimischen unter **Jackie Mullan's** bekannt – ist ein beliebtes Lokal mit drei Bars auf verschiedenen Stockwerken. Hier wird von Jazz bis Disko alles gespielt. Im County Tyrone gibt es in **Omagh** eine Menge Musik-Pubs. Die **Mc Elroys Bar** in der Castle St. wird hauptsächlich von 18–25-Jährigen besucht. Wenn Sie sich außerhalb der Stadt im County Down aufhalten, gehen Sie

in Bangor in die **Boom Boom Rooms** (Tel. 028/914 68 30) oder ins **Café Ceol** (Tel. 028/914 68 30).

THEATER

Zu den Theatern im County Antrim gehören das **Riverside House** auf dem Campus der University of Ulster in Coleraine (Tel. 028/70 35 13 88), das **McNeil Theatre** in der Tower Rd. in Larne und in Newcownabbey das **Ballyearl Courtyard Theatre** am Lough Erne (Tel. 028/663 20 06). Im County Fermanagh lädt in Enniskillen das **Ardhowen Theatre** am Lough Erne (Tel. 028/663 20 06) ein.

TRADITIONELLE MUSIK

Im County Antrim gibt es in vielen kleinen Städten und Dörfern Musik-Pubs. Besonders erwähnenswert ist das **McCollum's** in Cushendale (die Einheimischen kennen es als **Johnny Joe's**). Das **Peadae O'Donnel's** ist ein charaktervolles Lokal, das wie ein alter Lebensmittelladen eingerichtet ist. Im **Henry Joy McCracken's**, 10a Magazine St., spielen einheimische Bands. Traditionelle Musik und die Vorteile eines *ceilidh* House wurden erst vor kurzem im County Tyrone wiederbelebt. Das **Fernagh Ceili House** östlich von Omagh (Tel. 028/277 15 51) lohnt ebenso wie das **Teach Ceoil** in Rouskey (Tel. 028/81 64 88 82). Es liegt malerisch am Fuße der Sperrin Mountains. Am letzten Samstag im Monat gibt es hier meistens ein Livekonzert. In **Enniskillen**, County Fermanagh, spielt im **Crowe's Nest** in der High St. Livemusik. »Blakes of the Hollow« in der Church St. ist ein Juwel. Die hier regelmäßig stattfindenden Sessions sind herausragend. Im Westen des Lower Lough Erne sollten Sie in dem Dorf Derrygonnelly ins **McGovern's** oder in die **Cosy Bar** schauen. Im County Down gibt es in jeder Stadt Pubs mit traditioneller Musik – eine schöne Abwechslung bietet die Singalongsession in der Bar **Fiddlers Green** in Portaferry.

ABBILDUNGS-NACHWEIS

Abkürzungen: (o) oben; (u) unten; (l) links; (r) rechts; (m) Mitte.

1, S. L. Day/AA Photo Lib. 2/3, L. Blake/AA Photo Lib. 4, M. Short/AA Photo Lib. 9, C. Coe/AA Photo Lib. 11, IFA-Bilderteam. 12/13 The Irish Image Coll. 14, Christopher Hill. 15, The Irish Image Coll. 16/17, The Irish Image Coll. 18/19, Martin McCullough/Rex Features. 20/21, Post Anna Susan/National Geographic Society. 22, The Irish Image Coll. 23, Michael Diggin. 25, National Museum of Ireland. 26, Privatsammlung/Bridgeman Art Lib. 27, The Irish Image Coll. 28/29, Hulton Archive. 29, Privatsammlung/Bridgeman Art Lib. 30, Hulton Archive. 31, Hulton Archive. 32/33, Hulton Archive/Getty Images. 33, Hulton Archive. 34, Hulton Archive/Getty Images. 35, C. Coe/AA Photo Lib. 37, Christopher Hill. 38(l), The Irish Image Coll. 38(r), Hulton Archive. 39(l), Rex Features. 39(r), Marius Alexander/Rex Features. 40, Rex Features. 41, The Irish Image Coll. 42/43, S. L. Day/AA Photo Lib. 44, Alex Maguire/Rex Features. 44/45, Joan Marcus, 2000/Abhann Productions. 46, S. McBride/AA Photo Lib. 47, The Irish Image Coll. 48, S. L. Day/AA Photo Lib. 49, Catherine Karnow. 50, S. Whitehorne/AA Photo Lib. 52, S. McBride/AA Photo Lib. 54/55, The Irish Image Coll. 55, S. McBride/AA Photo Lib. 56, The Board of Trinity College, Dublin, Ireland/ Bridgeman Art Lib. 57(ul), Board of Trinity College, Dublin/Bridgeman Art Lib. 57(ur), Board of Trinity College, Dublin/Ireland/ Bridgeman Art Lib. 57(o), Hulton Archive. 58, National Museum of Ireland. 58/59, S. L. Day/AA Photo Lib. 59, National Museum of Ireland. 60(o), Michael Diggin. 60(u), National Museum of Ireland. 61, National Museum of Ireland. 62, S. L. Day/AA Photo Lib. 63, S. L. Day/AA Photo Lib. 64, S. Whitehorne/AA Photo Lib. 65(o), S. L. Day/AA Photo Lib. 65(u), Catherine Karnow. 66/67, S. L. Day/AA Photo Lib. 67, Chester Beatty Lib, Dublin/Bridgeman Art Lib. 68, Chester Beatty Lib, Dublin/Bridgeman Art Lib. 68/69, Chester Beatty Lib, Dublin/Bridgeman Art Lib. 70, The Irish Image Coll. 71, S. L. Day/AA Photo Lib. 72, S. L. Day/AA Photo Lib. 73, The Irish Image Coll. 74, Guinness Brewery and Storehouse. 75, The Irish Image Coll. 76, The Irish Image Coll. 76/77, Michael Corrigan/The Irish Image Coll. 78/79, S. McBride/AA Photo Lib. 79, S. McBride/AA Photo Lib. 81, S. McBride/AA Photo Lib. 82, M. Short/AA Photo Lib. 84, The Irish Image Coll. 84/85, L. Blake/AA Photo Lib. 86, The Irish Image Coll. 86/87, S. L. Day/AA Photo Lib. 88, S. L. Day/ AA Photo Lib. 89, C. Coe/AA Photo Lib. 92(o), The Irish Image Coll. 92(u), Slide File/AA Photo Lib. 93, S. McBride/AA Photo Lib. 94, Irish National Stud and Japanese Gardens. 94/95, S. L. Day/AA Photo Lib. 96/97, The Irish Image Coll. 97(l), Jill Jennings/Christopher Hill. 97(r), S. McBride/AA Photo Lib. 98/99, C. Coe/AA Photo Lib. 100, The Irish Image Coll. 102/103, M. Short/AA Photo Lib. 103, Jill Jennings/Christopher Hill. 104/105, The Irish Image Coll. 106/107,

The Irish Image Coll. 108, The Irish Image Coll. 109, Michael Diggin. 110, The Irish Image Coll. 111, The Irish Image Coll. 112, The Irish Image Coll. 113, The Irish Image Coll. 114, Michael Diggin. 115(o), S. L. Day/AA Photo Lib. 115(u), Michael Diggin. 116, P. Zoeller/AA Photo Lib. 117, The Irish Image Coll. 118, P. Zoeller/AA Photo Lib. 119(o), C. Coe/AA Photo Lib. 119(u), AA Photo Lib. 120/121, The Irish Image Coll. 121, Michael Diggin. 122, Waterford Crystal Visitor Centre. 123(ul), Waterford Crystal Visitor Centre. 123(ur), Waterford Crystal Visitor Centre. 123(o), The Irish Image Coll. 124/125, S. McBride/AA Photo Lib. 125, The Irish Image Coll. 126/127, The Irish Image Coll. 127, S. McBride/AA Photo Lib. 128, The Irish Image Coll. 129, The Irish Image Coll. 130, Michael Diggin. 132/133, S. McBride/AA Photo Lib. 133, The Irish Image Coll. 134/135, The Irish Image Coll. 136/137, The Irish Image Coll. 137, Irish Tourist Board/Cork/Kerry Tourism. 138, J. Blandford/AA Photo Lib. 140, S. McBride/AA Photo Lib. 140/141, S. McBride/AA Photo Lib. 141, S. Hill/AA Photo Lib. 142/143, The Irish Image Coll. 144/145, S. McBride/AA Photo Lib. 147, J. Blandford/AA Photo Lib. 148/149, The Irish Image Coll. 150/151, J. Blandford/AA Photo Lib. 151, S. McBride/AA Photo Lib. 152, Michael Diggin. 152/153, Michael Diggin. 153, Michael Diggin. 154/155, Michael Diggin. 155, Michael Diggin. 156/157, Powerstock/Superstock. 157, The Irish Image Coll. 158, The Irish Image Coll. 159, Thad Samuels II/National Geographic Society. 160/161, Michael Diggin. 161, Michael Diggin. 162/163, The Irish Image Coll. 165, The Irish Image Coll. 167, The Irish Image Coll. 168, The Irish Image Coll. 169, P. Zoeller/AA Photo Lib. 170/171, S. McBride/AA Photo Lib. 172, Michael Diggin. 173, Christopher Hill. 175, P. Zoeller/AA Photo Lib. 176/177, C. Coe/AA Photo Lib. 178(o), S. McBride/AA Photo Lib. 178(u), The Irish Image Coll. 179, S. McBride/AA Photo Lib. 180, Post Anna Susan/National Geographic Society. 180/181, S. Hill/AA Photo Lib. 182/183, The Irish Image Coll. 184, L. Blake/AA Photo Lib. 184/185, The Irish Image Coll. 186(o), L. Blake/AA Photo Lib. 186(u), Thad Samuels II/National Geographic Society. 187, Jill Jennings/Christopher Hill. 188, M. Diggin/AA Photo Lib. 189, S. L. Day/AA Photo Lib. 190, S. L. Day/AA Photo Lib. 191, Michael Diggin. 192/193, The Irish Image Coll. 194, The Irish Image Coll. 195, L. Blake/AA Photo Lib. 196, The Irish Image Coll. 198/199, The Irish Image Coll. 200/201, The Irish Image Coll. 201, The Irish Image Coll. 202/203, S. L. Day/ AA Photo Lib. 203, Powerstock/Superstock. 205, Liam Blake/The Irish Image Coll. 207, The Irish Image Coll. 208, C. Hill/AA Photo Lib. 209, The Irish Image Coll. 210, Privatsammlung mit freundlicher Genehmigung/Bridgeman Art Library. 211(o), Estate of Jack B. Yeats 2003. Alle Rechte vorbehalten, DACS/Leeds Museums and Galleries (City Art Gallery), U.K./Bridgeman Art Lib. 211(u), Estate of Jack B. Yeats 2003. All rights reserved, DACS/Crawford Municipal Art Gallery, Cork/Bridgeman Art Lib. 212/213, The Irish Image Coll. 214, C. Hill/AA Photo Lib. 214/215, The Irish Image Coll. 217, L. Blake/AA Photo

Lib. 218/219, C. Coe/AA Photo Lib. 219, Christopher Hill. 220/221, C. Coe/AA Photo Lib. 222, The Irish Image Coll. 222/223, The Irish Image Coll. 224/225, Michael Diggin. 227, Jill Jennings/Christopher Hill. 229, The Irish Image Coll. 230/231, The Irish Image Coll. 232, The Irish Image Coll. 232/233, Adam Woolfitt/Corbis UK Ltd. 235, Christopher Hill. 236, S. L. Day/AA Photo Lib. 238, Strokestown Park House and Famine Museum. 238/239, M. Diggin/AA Photo Lib. 240/241, The Irish Image Coll. 242, Christopher Hill. 242/243, The Irish Image Coll. 244/245, BSK Photo Lib. 245, J. Jennings/AA Photo Lib. 246(o), S. McBride/AA Photo Lib. 246(u), L. Blake/AA Photo Lib. 247, The Irish Image Coll. 248/249, Michael Diggin. 250, The Irish Image Coll. 252, M. Diggin/AA Photo Lib. 253, Michael Diggin. 254/255, The Irish Image Coll. 255, C. Coe/AA Photo Lib. 256, The Irish Image Coll. 257, The Irish Image Coll. 258/259, The Irish Image Coll. 260, Michael Diggin. 260/261, M. Short/AA Photo Lib. 263, The Irish Image Coll. 264/265, The Irish Image Coll. 267, The Irish Image Coll. 268/269, The Irish Image Coll. 270, The Irish Image Coll. 272/273, Chris Hill/Christopher Hill. 273, Chris Hill/Christopher Hill. 274/275, The Irish Image Coll. 275, Michael Diggin. 277, Michael Diggin. 279, AA Photo Lib. 280, Christopher Hill. 282, Christopher Hill. 283, Jill Jennings/Christopher Hill. 284, The Irish Image Coll. 285, Christopher Hill/The Irish Image Coll. 286, Khara Pringle/Christopher Hill. 287, Jill Jennings/Christopher Hill. 288/289, Christopher Hill. 290, The Irish Image Coll. 291, The Irish Image Coll. 292, The Irish Image Coll. 293(ul), Richard Gardner/Rex Features. 293(ur), The Irish Image Coll. 293(o), The Irish Image Coll. 294, Richard Gardner/Rex Features. 294/295, C. Coe/AA Photo Lib. 295, Christopher Hill/The Irish Image Coll. 296/297, Jill Jennings/Christopher Hill. 298, George Munday/The Irish Image Coll. 299, Christopher Hill. 300, The Irish Image Coll. 302/303, Christopher Hill. 304, The Irish Image Coll. 305, The Irish Image Coll. 306, Jill Jennings/Christopher Hill. 307, M. Diggin/AA Photo Lib. 308, M. Diggin/AA Photo Lib. 308/309, C. Coe/AA Photo Lib. 310, Jill Jennings/Christopher Hill. 310/311, Sipa Press/Rex Features. 312/313, The Irish Image Coll. 313, Christopher Hill. 314/315, The Irish Image Coll. 315, C. Coe/AA Photo Lib. 317, C. Coe/AA Photo Lib. 318, The Irish Image Coll. 319, Christopher Hill. 320/321, The Irish Image Coll. 322, Jill Jennings/Christopher Hill. 322/323, G. Munday/AA Photo Lib. 324, Christopher Hill. 325, Christopher Hill. 326/327, C. Coe/AA Photo Lib. 328, G. Munday/AA Photo Lib. 329, Christopher Hill. 330, The Irish Image Coll. 331, Christopher Hill. 332/333, The Irish Image Coll. 334, Jill Jennings/Christopher Hill. 335, Jill Jennings/Christopher Hill. 336/227, G. Munday/AA Photo Lib. 338, Mary Evans Picture Lib. 339(ul), Mary Evans Picture Lib. 339(ur), Mary Evans Picture Lib. 339(o), Mary Evans Picture Lib. 340/341, Christopher Hill. 342, M. Diggin/AA Photo Lib. 343, M. Diggin/AA Photo Lib. 344, M. Diggin/AA Photo Lib. 345, Jamie Blandford/The Irish Image Coll.

In der Reihe NATIONAL
GEOGRAPHIC TRAVELER sind
bisher folgende Titel erschienen:

Copyright © der deutschen Ausgabe: National Geographic Society,
Washington D.C., 2003. Alle Rechte vorbehalten.
Deutsche Ausgabe veröffentlicht von G+J/RBA GmbH & Co KG,
Hamburg 2003
2. aktualisierte Auflage, Hamburg 2006
Übersetzung: Simone Wiemken, Tracey J. Evans, Jürgen Scheunemann,
Anja Wiebensohn-Jagla
Gesamtproducing: CLP • Carlo Lauer & Partner
Satz: Typographischer Betrieb Biering Numberger
Produktion: Dirk Beyer
Druck und Verarbeitung: Cayfosa
Printed in Spain
ISBN 978-3-936559-12-5
ISBN 3-936559-12-0

ÄGYPTEN
ALASKA
AMSTERDAM
AUSTRALIEN
BARCELONA
BOSTON UND UMGEBUNG
CHINA
COSTA RICA
FLORENZ UND TOSKANA
FLORIDA
FRANKREICH
GRIECHENLAND
GROSSBRITANNIEN
HAWAII
INDIEN
IRLAND
ITALIEN
KALIFORNIEN
KANADA
KARIBIK
KUBA
LONDON
MADRID
MEXIKO
NEW YORK
PARIS
PIEMONT UND NORDWEST-
   ITALIEN MIT TURIN UND
   DEN ALPEN
PORTUGAL
PRAG UND TSCHECHIEN
PROVENCE UND CÔTE D'AZUR
ROM
SAN FRANCISCO
SIZILIEN
SPANIEN
SYDNEY
USA NATIONALPARKS
THAILAND
VENEDIG
WASHINGTON, D.C.

Weitere Titel in Vorbereitung

Copyright © 2003 National Geographic Society, Washington
Alle Rechte vorbehalten. Reproduktionen, Speicherungen in Datenverarbei-
tungsanlagen oder Netzwerken, Wiedergabe auf elektronischen, foto-
mechanischen oder ähnlichen Wegen, Funk oder Vortrag – auch auszugs-
weise – nur mit ausdrücklicher Genehmigung des Copyrightinhabers.

Alle Angaben in diesem Buch wurden zum Zeitpunkt der Erarbeitung
sorgfältig geprüft. Dennoch können sich natürlich Details ändern, und der
Verlag kann für solche Änderungen, eventuelle Fehler oder Auslassungen
keine Verantwortung oder Haftung übernehmen. Bewertungen von Hotels,
Restaurants oder Sehenswürdigkeiten geben die Sicht der Autoren wieder.

Titel der amerikanischen Originalausgabe:
NATIONAL GEOGRAPHIC TRAVELER IRELAND

Veröffentlicht von der National Geographic Society,
Washington, D.C., 2003. Alle Rechte vorbehalten.

John M. Fahey jr., *Präsident*
Gilbert M. Grosvenor, *Aufsichtsratsvorsitzender*
Nina D. Hoffman, *Vizepräsidentin*
Kevin Mulroy, *Vizepräsident und Chefredakteur*
Elizabeth L. Newhouse, *Reiseführer-Leitung*
Barbara A. Noe, *Redaktion und Projektleitung*
Cinda Rose, *Art Director*
Carl Mehler, *Kartografieleitung*
Joseph F. Ochlak, *Koordination Kartografie*
Gary Colbert, *Herstellungsleitung*
Richard S. Wain, *Projektmanagement Herstellung*
A. R. Williams, *Redaktionelle Beratung*
Lawrence Porges, *Redaktionelle Koordination*

Redaktion und Herstellung: AA Publishing, Basingstoke, England
Virginia Langer, *Internationales Englisch*
Rachel Ra, *Projektmanagement*
David Austin, *Art Editor*
Allen Stidwill, *Redaktion*
Keith Russel, Bob Johnson, *Layout*
Keith Brook und AA Cartography Department, *Kartografie*
Richard Firth, *Herstellungsleitung*
Sarah Reynolds, *Herstellung*
Carol Walker, *Leitung Bildredaktion*
Bildbeschaffung: Zooid Pictures Ltd.
Tourenkarten: Chris Orr Associates, Southampton, England
Aufrisszeichnungen: Maltings Partnership, Derby, England

Karten von Nordirland mit freundlicher Genehmigung des Ordnance
Survey of Northern Ireland (als Vertretung des Controllers of Her Majesty's
Stationery Office, © Crown Copyright 2003), Permit No. 20252
Karten der Republik Irland mit freundlicher Genehmigung des Ordnance
Survey Ireland © Ordnance Survey Ireland und Regierung der Republik
Irland 2003 (Permit No. 7610)

Die National Geographic Society wurde 1888 gegründet,
um »die geographischen Kenntnisse zu mehren und zu verbreiten.«
Seither unterstützt sie die wissenschaftliche Forschung
und informiert ihre mehr als neun Millionen Mitglieder in aller Welt.

Die National Geographic Society informiert durch Magazine, Bücher,
Fernsehprogramme, Videos, Landkarten, Atlanten und moderne Lehrmittel.
Außerdem vergibt sie Forschungsstipendien und organisiert den
Wettbewerb *National Geographic Bee* sowie Workshops für Lehrer.
Die Gesellschaft finanziert sich durch Mitgliedsbeiträge und
den Verkauf der Lehrmittel.

Die Mitglieder erhalten regelmäßig das offizielle Journal der Gesellschaft:
das NATIONAL GEOGRAPHIC-Magazin.
Falls Sie mehr über die National Geographic Society, ihre Lehrprogramme und
Publikationen wissen wollen: Nutzen Sie die Website unter
www.nationalgeographic.com.

Die Website von NATIONAL GEOGRAPHIC Deutschland
können Sie unter
www.nationalgeographic.de
besuchen.